D1733951

Gerhard Rösch

Der venezianische Adel
bis zur Schließung des Großen Rats

Zur Genese einer Führungsschicht

Kieler Historische Studien

Herausgegeben von Erich Hoffmann, Hermann Kulke,
Hartmut Lehmann, Peter Nitsche,
Werner Paravicini, Hain Rebas, Michael Salewski, Peter Weiß

Band 33

Der venezianische Adel
bis zur Schließung des Großen Rats
Zur Genese einer Führungsschicht

Jan Thorbecke Verlag Sigmaringen
1989

Gerhard Rösch

Der venezianische Adel
bis zur Schließung des Großen Rats

Zur Genese einer Führungsschicht

Jan Thorbecke Verlag Sigmaringen
1989

Habilitationsschrift auf Empfehlung der Philosophischen Fakultät
der Christian-Albrechts-Universität zu Kiel,
gedruckt mit Unterstützung der Deutschen Forschungsgemeinschaft
und des Landes Schleswig-Holstein

CIP-Titelaufnahme der Deutschen Bibliothek

Rösch, Gerhard:
Der venezianische Adel bis zur Schließung des
Großen Rats: zur Genese einer Führungsschicht /
Gerhard Rösch. – Sigmaringen: Thorbecke, 1989
   (Kieler historische Studien; Bd. 33)
   Zugl.: Kiel, Univ., Habil.-Schr.
   ISBN 3-7995-5933-7
NE: GT

© 1989 by Jan Thorbecke Verlag GmbH & Co., Sigmaringen

Gesamtherstellung: M. Liehners Hofbuchdruckerei GmbH & Co., Sigmaringen
Printed in Germany · ISBN 3-7995-5933-7

Inhaltsverzeichnis

Vorwort

Die vorliegende Arbeit, die im Wintersemester 1985/86 der hohen Philosophischen Fakultät der Christian-Albrechts-Universität zu Kiel als Habilitationsschrift vorlag, geht auf Material zurück, das ich während eines Aufenthalts am Deutschen Studienzentrum in Venedig in den Jahren 1977–1980 sammelte und in der Folge weiter ergänzte. Dabei erwiesen sich mehrere Aufenthalte am Deutschen Historischen Institut in Rom und ein zweijähriges Habilitationsstipendium der Deutschen Forschungsgemeinschaft als besonders hilfreich. Allen genannten Institutionen sei hiermit gedankt. Der Rat und die Hilfe der Archivare und Bibliothekare in Venedig halfen mir über manche Schwierigkeiten hinweg. Nach Abschluß der Arbeit wurde mir die Einsicht in die Regesten des venezianischen Staatsarchivs ermöglicht, die der ehemalige Direktor Prof. Dr. L. Lanfranchi bis zu seinem Tod von den Urkunden des 13. Jahrhunderts angefertigt hatte. Dadurch konnte in den Amtslisten vor allem aus dem großen Bestand der Prokuratoren von S. Marco manches Material gewonnen werden, das von diesem Kenner der venezianischen Urkunden in einem langen Leben unermüdlich zusammengetragen worden ist. Für die Möglichkeit, dieses Material einzuarbeiten, danke ich Frau Dr. B. Lanfranchi-Strina herzlich. Gerne denke ich auch an die zahlreichen und hilfreichen Gespräche mit Feunden und Kollegen in Venedig zurück, die diese Arbeit mit Rat und Kritik begleitet haben. Prof. Dr. Hans Eberhard Mayer in Kiel unterstützte mit Rat und Kritik den Fortschritt an dieser Arbeit, wofür ihm herzlich gedankt sei. Dank gilt ferner den Herausgebern der Reihe für die Aufnahme in die »Kieler Historischen Studien«. Für die Mitarbeit am Register sei Herrn cand. phil. Fridolin Rossmann (Göttingen) gedankt. Nicht zuletzt muß ich aber Rat, Kritik und Hilfe meiner Frau erwähnen, ohne deren Mitwirken manches nicht oder nicht in kurzer Zeit hätte geschrieben werden können. Ihr sei das Buch auch deshalb gewidmet!

Der Deutschen Forschungsgemeinschaft und dem Land Schleswig-Holstein sei für die Bereitstellung eines Zuschusses für die Druckkosten gedankt.

Kiel, im Sommer 1988   *Gerhard Rösch*

Einleitung

»Concludasi da tutto ciò essere stata la città quasi dalla sua infanzia fornita sufficientemente di leggi proprie«[1]. Diese Feststellung des Marco Foscarini beschreibt ein Leitmotiv der gesamten älteren venezianischen Historiographie. Die Entwicklung Venedigs und besonders die Ausgewogenheit seiner Verfassung galten seit dem Humanismus als einzigartig und dabei gleichzeitig als vorbildlich[2]. Allein durch ihre Lage unterscheide sich die Stadt bereits von allen anderen, der Gemeinsinn ihrer Bürger und die ausgewogene Machtverteilung der Räte und Behörden in der Verfassung hätten Venedig eine Geschichte erleben lassen, die mit nichts zu vergleichen sei.

Für die Anfänge des Dogats und die Epoche der Ausweitung der venezianischen Macht während des hohen Mittelalters erhob sich jedoch zu Beginn dieses Jahrhunderts Widerspruch gegen diese Betrachtungsweise. Dieser ist mit so klangvollen Namen wie A. Pertile[3], W. Lenel[4] und H. Kretschmayr[5] verbunden. Sie zeigten, wie sehr die Verfassungsgeschichte Venedigs und die Entwicklung seiner Gesellschaft mit den gleichzeitigen Tendenzen in den großen oberitalienischen Kommunen in Einklang steht. Zwar seien der Handel und die vielfältigen Bindungen an das byzantinische Reich Faktoren, die Venedig einzigartig gemacht hätten, seine politische Ordnung und seine

---

[1] *M. Foscarini*, Della letteratura veneziana, Venezia 1854, S. 17.

[2] *G. Fasoli*, Nascita di un mito. Il mito di Venezia nella storiografia, in: Studi storici in onore di Gioacchino Volpe, Firenze 1958, S. 445–479; *F. Gaeta*, Alcune considerazioni sul mito di Venezia, Bibliothèque d'Humanisme et Renaissance 23 (1961) S. 58–75; *R. Pecchioli*, Il mito di Venezia e la crisi fiorentina dell '500, Studi Storici 3 (1962) S. 451–492; *M. Gilmore*, Myth and Reality in Venetian Political Theory, in: *J. R. Hale* (Hg.), Renaissance Venice, London 1973, S. 431–444; *E. Muir*, Civic Ritual in Renaissance Venice, Princeton 1981, S. 13–61; *E. Blackstein*, Der venezianische Staatsgedanke im 16. Jahrhundert und das zeitgenössische Venedigbild in der Staatstheorie des republikanischen Florenz, Frankfurt 1973 (phil. Diss.); *F. C. Lane*, Medieval Political Ideas and the Venetian Constitution, in: *Ders.*, Venice and History, S. 285–308. *A. Buck*, »Laus Venetiae« und Politik im 16. Jahrhundert, Archiv f. Kulturgeschichte 57 (1975), S. 186–194; *B. Marx*, Venezia – Altera Roma? Ipotesi sull'umanesimo veneziano, Centro Tedesco di Studi Veneziani, Quaderni 10, Venezia 1978 (mit weiterer Literatur im Anhang); *Dies.*, Venedig – »altera Roma«? Transformationen eines Mythos, QFIAB 60 (1980) S. 325–373.

[3] *A. Pertile*, Storia del diritto italiano 2/1, 2. Aufl. Torino 1896, S. 250 ff.

[4] *W. Lenel*, Die Entstehung der Vorherrschaft Venedigs an der Adria. Mit Beiträgen zur Verfassungsgeschichte, Straßburg 1897, bes. S. 107 ff.

[5] *H. Kretschmayr*, Geschichte von Venedig 1–2, Gotha 1905 ff.

Gesellschaftsstrukturen unterschieden sich jedoch nicht wesentlich von der Stadtkultur der oberitalienischen Zentren.

Zwischen diesen scheinbar unvereinbaren Polen bewegt sich noch heute die Forschung zur Geschichte des venezianischen Mittelalters. Während aber die Verfassungsgeschichte immer wieder Bearbeiter gefunden hat[6], bleiben die Studien zu den Anfängen der venezianischen Gesellschaft spärlich, soweit sie einen wissenschaftlichen Anspruch erheben können. An erster Stelle ist hier Margarete Merores zu nennen, die kurz vor dem Ersten Weltkrieg den Plan faßte, eine Geschichte des venezianischen Adels bis zur Schließung des Großen Rats zu schreiben. Die historischen Ereignisse verhinderten das Erscheinen dieser Monographie, so daß es ihr nach langen Jahren nur noch möglich war, die Ergebnisse in zwei Aufsätzen zusammenzufassen[7]. Durch das genaue Studium der urkundlichen Belege und die kritische Auseinandersetzung mit den Legenden der venezianischen Historiographie blieben diese ihre Bemerkungen das Belangvollste, was die moderne Geschichtswissenschaft zur Entwicklung der einheimischen Oberschicht zu sagen hatte.

Auch Roberto Cessi hat in einer kleinen Studie zu diesem Problem Stellung genommen, wobei er vor allem durch die Einbeziehung moderner Forschungsergebnisse zur Verfassungsgeschichte in Einzelpunkten über die bisherigen Feststellungen hinauskam[8]. Die jüngste Untersuchung zur Frühzeit der venezianischen Gesellschaft durch Giorgio Cracco hat dagegen im Sinne der dargelegten Polarität der Forschungsmeinungen in sehr radikaler Weise Stellung bezogen: Für sie ist die venezianische Entwicklung identisch mit derjenigen des benachbarten Festlands[9]. Da viele Thesen der Untersuchung sich nicht auf

---

[6] Unter den allgemeineren Werken seien genannt: *G. Cappelletti*, Storia delle magistrature venete, Venezia 1873; *M. Claar*, Die Entwicklung der venezianischen Verfassung von der Einsetzung bis zur Schließung des Großen Rates, München 1895; *W. Lenel*, Vorherrschaft (wie Anm. 4); *E. Besta*, Intorno a due opere recenti sulla costituzione e sulla politica veneziana nel medioevo, NAV NS (1908) S. 195–245; *E. Mayer*, Italienische Verfassungsgeschichte 2, Leipzig 1909, S. 131–152; *Kretschmayr*, Geschichte, bes. 2, S. 68–140; *G. Maranini*, La costituzione di Venezia 1, Venezia 1927; *G. Cassandro*, Concetto, caratteri e struttura dello stato veneziano, Rivista del Diritto Italiano 36 (1964) S. 23–49.

[7] *M. Merores*, Der venezianische Adel. Ein Beitrag zur Sozialgeschichte, VSWG 19 (1926) S. 193–237; *Dies.*, Der Große Rat von Venedig und die sogenannte Serrata vom Jahre 1297, VSWG 21 (1928) S. 33–113.

[8] *R. Cessi*, Le origini del patriziato veneziano, in: *Ders.*, Le orgini del ducato veneziano, Napoli 1954, S. 323–339.

[9] *G. Cracco*, Società e stato nel medioevo veneziano (secoli XII–XIV), Firenze 1967. Zu den Ausführungen von Cracco ist mit den kurzen, völlig zutreffenden Ausführungen von *J. Heers*, Le clan familial au moyen âge, Paris 1974, S. 122 f. zu entgegnen: Tout d'abord pour expliquer le célèbre »mouvement communal« …L'emancipation communale aurait été, toujours, le fruit d'une vilence et aurait porté au pouvoir de nouveaux venus, les marchands, qui auraient formé une »classe bourgeoise« et se seraient, alors, dégagés de l'emprise des seigneurs, des »féodaux«. Mais nous savons que cette analyse, qu'il n'est pas possible de longtemps discuter ici, ne répond absolument pas à la réalité pour tous les villes du midi: Italie, Provence, Languedoc, Catalogne, où la commune s'est

schriftliche Aufzeichnungen stützen können, neigt der Verfasser zu Analogieschlüssen, die trotz mancher zutreffender Einzelfeststellungen das Bild der Gesellschaft des Dogats stark verzeichnen. Daß dagegen die moderne Forschung zur Sozialgeschichte Italiens die Eigenart der Entwicklung Venedigs betont, verdeutlicht die Notwendigkeit einer neuerlichen Beschäftigung mit diesem Thema[10].

Es sind vor allem Gründe der Überlieferung, wenn eine Untersuchung der sozialen Entwicklungen bis zum 13. Jahrhundert wie von selbst zur Geschichte des Adels wird. Eng verbunden mit der Diskussion um die Einmaligkeit der Geschichte Venedigs ist dabei freilich die Frage nach der Berechtigung des Begriffs »Adel« für die venezianische Oberschicht. Für das europäische Hochmittelalter haben sich zahlreiche Kriterien herausgebildet, nach denen »Adel« zu erkennen ist[11]: Partizipation an der Macht, wobei die Verbindung mit einem Lehen typisch ist, Kriegerkaste, Rittertum, Grundbesitz. Schon ein kurzer Blick auf die venezianische Oberschicht zeigt, daß diese Kriterien zu ihrer Beschreibung untauglich sind. Um solchen Problemen zu entgehen, wird immer wieder der Versuch gemacht, diese Führungsschicht als Patriziat zu bezeichnen. Da dieser Begriff sehr viel stärker mit der Vorstellung einer städtischen Oberschicht verbunden ist, scheint er besser geeignet, die herrschende Klasse Venedigs zu beschreiben[12]. Diesem Vorgehen steht allerdings die Terminologie der Quellen im Weg: Während ein Begriff, der der Bezeichnung »Patriziat« nahekäme, dem hohen Mittelalter fremd ist, werden die Mitglieder der Oberschicht in den Urkunden und Chroniken bis zum Ende des 13. Jahrhunderts mit einer gewissen Konstanz als *nobiles* bezeichnet. »Adel« ist somit derjenige Begriff, der dem Selbstverständnis dieser Gruppe am nächsten kommt.

---

imposée sans heurts, où l'aristocratie des nobles tient à la fois les biens fonciers dans la ville, les fiefs dans les campagnes, les moyens de commercer et les pouvoirs politiques. En Italie du Nord et du Centre, les émeutes urbaines n'ont pas porté au pouvoir une nouvelle »classe sociale«; elles naissent, non d'un conflit de »classes«, mais plutot d'oppositions internes à l'aristocratie des nobles-marchands dont les intérets sont, pour tous, les mêmes.

[10] G. *Tabacco*, Art. Adel/Italien, in: Lexikon des Mittelalters 1, München-Zürich 1982, S. 129–131.

[11] Die Ausführungen von *M. Bloch*, Die Feudalgesellschaft, Berlin 1982 (dt. Ausgabe von La société féodale 1–2, Paris 1939/40), S. 341 ff., der einen Adelsstand erst seit dem späten 12. Jahrhundert erkennen wollte, haben eine lebhafte Diskussion hervorgerufen. Vgl. dazu G. *Tabacco*, Su nobilità e cavalleria nel medioevo. Un ritorno a Marc Bloch?, in: Studi di storia medievale e moderna per E. Sestan, Firenze 1980, S. 31–55 und *K. F. Werner*, Art. Adel, in: Lexikon des Mittelalters 1, S. 118–128. Dort ist auch die weitgestreute Literatur zum Adelsbegriff gesammelt.

[12] »Patriziat« ist ein Begriff, der erst dem Humanismus geläufig ist, der den Begriff aus dem antiken Rom übernahm. *R. B. Notestein*, The Patrician, International Journal of Comparative Sociology 9 (1968); *P. Burke*, Venice and Amsterdam. A study of Seventeenth Century Élites, London 1974, S. 15. Für die Verwendung in der modernen Sozialgeschichte Venedigs vgl. S. *Chojnacki*, In Search of the Venetian Patriciate: Family and Factions in the Fourteenth Century, in: *J. R. Hale* (Hg.), Renaissance Venice, London 1973, S. 47–90 und *J. C. Hocquet*, Oligarchie et patriciat à Venise, Studi Veneziani 17/18 (1975/76) S. 401–410.

»...die tatsächliche Offenheit der städtischen Führungsgruppen, unter denen die Grenze zwischen *nobiles* und ihren *concives* selbst in rechtlicher Hinsicht schwer zu fixieren ist«, konstatierte für die oberitalienischen Kommunen A. Haverkamp[13]. Dies gilt in vollem Umfang auch für die ersten Jahrhunderte der venezianischen Geschichte. Es ist kein geschlossener Stand, der im Dogat als adlig gilt. Es ist im Gegenteil eine starke soziale Mobilität feststellbar. Hervorgerufen durch die rasche Entwicklung des Handelsemporium Rialto, mit dem eine Agrargesellschaft nicht Schritt halten konnte, steigen kontinuierlich neue Familien in die politische Führungsschicht auf, um innerhalb einer Generation mit der vorgefundenen politischen Elite zu einer Einheit zu verschmelzen. Der Gegensatz zwischen *homines novi* und alten Geschlechtern, wobei sich die Grenzen zwischen beiden Gruppen immer ändern, bestimmt bis weit in das 13. Jahrhundert die Geschichte der venezianischen Oberschicht. Gelang es einer Familie, sich über mehr als eine Generation in der politischen Führung zu halten, war ihre Ebenbürtigkeit keine Frage mehr.

»Trotz aller Bedeutung wirtschaftlicher Faktoren bei der Entstehung von Adel ist dieser primär nicht durch Reichtum (Besitz an Sachen) gekennzeichnet, sondern durch Teilhabe an der Macht«, bemerkt K. F. Werner[14]. Ganz ähnlich beschreibt J. C. Hocquet die Führungselite Venedigs: *Le patriciat se définit par une prérogative: le droit de tenir un office, d'occuper une charge politique, une magistrature*[15]. Dieses Kriterium muß gerade auch für die Frühzeit Venedigs betont werden, da nach dem Untergang des Tribunats im 9. Jahrhundert in den Urkundentexten keinerlei Hinweise auf Standeszugehörigkeit zu

[13] *A. Haverkamp*, Die Städte im Herrschafts- und Sozialgefüge Reichsitaliens, in: HZ Beiheft NF 7, München 1982, S. 200.

[14] *Werner*, Adel, in: Lexikon des Mittelalters 1, S. 119. Die Frage der Definition von Adel hat in der deutschen Forschung besonders im Zusammenhang mit der Untersuchung des frühen fränkischen Adels eingesetzt. Während *R. Wenskus*, Amt und Adel in der frühen Merowingerzeit, in: Mitteilungsheft des Marburger Universitätsbundes 1959, S. 83–142, und vor allem *F. Irsigler*, Untersuchungen zur Geschichte des frühfränkischen Adels, Bonn 1969, sich für eine weitere Verwendung des Adelsbegriffes aussprechen, hat dies aber auch erhebliche Widersprüche hervorgerufen: *H. Grahn-Hoek*, Die fränkische Oberschicht im 6. Jahrhundert. Studien zu ihrer rechtlichen und politischen Stellung, Sigmaringen 1967; *K. Schreiner*, Adel oder Oberschicht? Bemerkungen zur sozialen Schichtung der fränkischen Gesellschaft im 6. Jahrhundert, VSWG 68 (1981) S. 225–231. Ihnen scheint die rechtliche Abgrenzung als unerläßlich für das Vorhandensein von Adel. Andererseits ist gerade mit Blick auf Venedig zu bemerken, daß eine Schicht, die ihre Mitglieder selbst als »nobiles« bezeichnet, im Sinne einer quellennahen Interpretation durchaus als »Adel« angesprochen werden darf. *R. Wenskus*, Adel, in: Reallexikon der germanischen Altertumskunde 1, 2. Aufl. Berlin-New York 1973, Sp. 60–75; *W. Conze*, Adel, Aristokratie, in: Geschichtliche Grundbegriffe 1, Stuttgart 1977, S. 1–49. *J. Fleckenstein*, Die Entstehung des niederen Adels und das Rittertum, in: *Ders.* (Hg.), Herrschaft und Stand, Untersuchungen zur Sozialgeschichte im 13. Jahrhundert, Veröffentlichungen des Max-Planck-Instituts für Geschichte 51, Göttingen 1977, S. 17–39 bes. S. 18 ff.: »Das Leitwort aller Adelsforschung lautet nobilis.«

[15] *Hocquet*, Oligarchie et Patriciat, Studi Veneziani 17–18 (1975/76) S. 405. Den Aspekt des öffentlichen Amtes auch im übrigen Italien betont *J. K. Hyde*, Padua in the Age of Dante, Manchester 1966, S. 57 ff.

finden sind. Wenn eine Familie im Umkreis der politischen Ämter auftaucht und sich dauerhaft im Kreis der politisch führenden Familien hält, so ist ihre Zugehörigkeit zu jener Schicht anzunehmen, die die Quellen als *nobiles, nobiliores, magnates, primates, maiores* oder gar *principes* bezeichnen.

Mit der Feststellung, daß der venezianische Adel durch das Innehaben politischer Führungsämter bzw. durch das Anrecht auf die Besetzung der Führungsämter definiert ist, ergibt sich das Vorgehen der vorliegenden Untersuchung. Will man der venezianischen Historiographie mit ihren zahllosen Geschichten und Geschichtchen über den Ursprung der heimischen Geschlechter entgehen, bleibt nur die Analyse des Urkundenmaterials. Dabei muß die Sammlung und Erfassung der Träger politischer Ämter im Vordergrund stehen. Während sich die *tribuni* der frühesten Zeit nur sehr unvollkommen belegen lassen, erlaubt es die anschwellende Überlieferung, seit dem 10. Jahrhundert die Führer des Dogats – unter ihnen besonders die *iudices* und seit dem 12. Jahrhundert die Amtsträger des *comune Venetiarum* – zu benennen[16]. Wertvolle Nachrichten

---

[16] Von den venezianischen Archivalien her ist das Material bis zum Jahr 1199 durch den im venezianischen Staatsarchiv verwahrten Codice diplomatico veneziano erschlossen, den L. Lanfranchi zusammengestellt hat. Er umfaßt in dreißig Bänden die Urkunden der frühen Zeit in Maschinenabschrift. Gedruckt liegt ebenfalls ein beträchtlicher Teil der Urkunden vor: Das Material bis zum Jahre 1000 bietet, wenn auch nicht in kritischer Edition, *R. Cessi*, Documenti relativi alla storia di Venezia anteriori del mille, 2 Bde., Padova 1940/41. Immer noch unersetzt, auch für das 13. Jahrhundert, ist für die Belange der Beziehungen Venedigs zur Levante und für die Staatsverträge *G. L. Tafel/G. M. Thomas*, Urkunden zur älteren Handels- und Staatsgeschichte der Republik Venedig 1–3, Fontes Rerum Austriacarum II, 14, 1–3, Wien 1856–57. Die Handelsurkunden sind fast in ihrer Gesamtheit enthalten in: *R. Morozzo della Rocca/A. Lombardo*, Documenti del commercio veneziano 1–2, Torino 1940; *Dies.*, Nuovi documenti del commercio veneto, Venezia 1953. Die Verträge, soweit sie nicht in den oben genannten Sammlungen enthalten sind, sind verstreut publiziert und werden in der Arbeit am jeweiligen Ort genannt. Für die Geschichte des venezianischen Adels von besonderer Bedeutung sind die Dogenurkunden. Für sie gibt es kein Hilfsmittel, neben den oben genannten Sammlungen sind hervorzuheben *S. Romanin*, Storia documentata di Venezia 1–10, 3. Aufl., Venezia 1973, wo in den Anhängen zu den Bänden jeweils Archivalien veröffentlicht sind. Daneben ist für die frühe Zeit von Bedeutung *A. Gloria*, Codice diplomatico padovano 1–3, Padova 1877–1881 und *F. Corner*, Ecclesiae venetae antiquis documentis nunc etiam primum illustratis 1–14, Venezia 1749. Für die Geschichte der wirtschaftlichen Stellung des venezianischen Adels besonders interessant sind die Privaturkunden. Dabei haben sich Familienarchive kaum erhalten, veröffentlicht ist: Famiglia Zusto (ed. *L. Lanfranchi),* Venezia 1955. Teile von Familienarchiven der Frühzeit enthält der Kirchenfonds des Klosters S. Zaccaria, dessen ausstehende Veröffentlichung eine der bedauerlichsten Lücken in der venezianischen Frühgeschichte hinterläßt. Zahlreiche Kirchenarchive veröffentlichte bis zum Jahr 1200 das Comitato per la pubblicazione delle fonti per la storia di Venezia: S. Lorenzo di Ammiana (ed. *L. Lanfranchi),* Venezia 1947; S. Giovanni Evangelista di Torcello (ed. *L. Lanfranchi),* Venezia 1948; S. Giorgio di Fossone (ed. *B. Strina),* Venezia 1957, Ss. Secondo ed Erasmo (ed. *E. Malipiero-Ucropina),* Venezia 1958; S. Lorenzo (ed. *F. Gaeta),* Venezia 1959; Ss. Ilario e Benedetto e S. Gregorio (ed. *L. Lanfranchi/B. Strina),* Venezia 1965; S. Giorgio Maggiore (ed. *L. Lanfranchi)* 2–4, Venezia 1968–86 (alles erschienene); S. Maria Formosa (ed. *B. Lanfranchi-Strina),* Venezia 1972; Ss. Trinità e S. Michele Arcangelo di Brondolo (ed. *B. Lanfranchi-Strina)* 2, Venezia 1981.

verdanken wir auch den Dogenurkunden: In ihnen unterfertigen zahlreiche Konsens-zeugen, Mitglieder jener Versammlung, die mit dem Dogen den schriftlich niedergeleg-ten Beschluß gefaßt hat. Diese Zeugen, deren Zahl in einem Fall über dreihundert beträgt, geben wertvolle Hinweise, welche Familien an der politischen Führung des Dogats beteiligt gewesen sind.

Während die Materialien zur venezianischen Geschichte bis zum Ende des 12. Jahr-hunderts gut erschlossen sind, liegt die Sammlung der Quellen für das 13. Jahrhundert im Argen. Aus den reichhaltigen Kirchenfonds und dem Archiv der Prokuratoren von San Marco ist nur weniges veröffentlicht. Systematisch können nur die offiziellen politischen Sammlungen der Archive herangezogen werden, in erster Linie die Amtsbücher des Großen Rats[17], die mittelalterlichen Kompilationen der venezianischen Verträge und Privilegien[18] sowie die diplomatischen Urkundensammlungen[19]. Wertvoll ist auch ein Anhang des als Chronik Giustinian bekannten Geschichtsbuchs, der die venezianischen Ämter und ihre Träger verzeichnet[20]. Die Zusammenstellung aus der Mitte des 14. Jahrhunderts hat zwar erkennbar manches in Unordnung gebracht, doch konnte sich der Kompilator auf gute Quellen, vielleicht sogar Ämterlisten stützen. Für das Kolonial-reich, das die Venezianer sich nach dem Vierten Kreuzzug schufen, kann deshalb ein reiches Material erschlossen werden. Dagegen verdienen ähnliche Sammlungen der frühen Neuzeit, die sich in den venezianischen Handschriftenbeständen finden, äußer-stes Mißtrauen[21].

Die Auswertung des auf diese Weise gewonnenen Namenmaterials wird durch eine Eigenheit erleichtert, die den venezianischen Adel seit dem 9. Jahrhundert auszeichnet: Zumindest die Führungsschicht trägt, vielleicht in Anklang an byzantinische Bräuche, mit großer Regelmäßigkeit Familiennamen[22]. Dadurch kann die agnatische Zugehörig-keit zu einer Adelsfamilie stets sicher festgestellt werden. Ausgehend von den Trägern politischer Ämter kann mit Hilfe der Namen auch der wirtschaftliche und geschäftliche Hintergrund einzelner Familien leichter erhellt werden. Dieses Vorgehen läßt eine Unterscheidung einzelner Familienzweige zwar nicht zu, doch steht dies auch im

[17] Deliberazioni del Maggior Consiglio di Venezia (ed. *R. Cessi*), 3 Bde., Bologna 1931–1950.
[18] Zusammengestellt seit der Mitte des 13. Jahrhunderts als ASV Libri pactorum 1–9. Aus ihnen Auszüge und Ergänzungen bieten ASV Liber Blancus und ASV Liber Albus. Als bedeutende Zusammenstellung, die vielleicht auf die Sammlung venezianischer offizieller Dokumente zurück-geht, ist der ASV Codex Trevisaneus anzusprechen. Zu diesen Sammelwerken vgl. *L. Fr. Tafel/ G. M. Thomas*, Der Doge Andreas Dandolo und die von demselben angelegten Urkundensammlun-gen, Abhandlungen der bayer. Akad. d. Wiss. 3. Kl. 8. Bd. 1. Abt., München 1855 und M. de Mas-Latrie, Rapport sur le recueil des archives de Venise intitulé Libri Pactorum ou Patti, Archives de Missions Scientifiques et Litteraire 2 (1851) S. 261–300 und S. 341–358.
[19] Vgl. hierzu die Urkundenbücher in Anm. 16.
[20] Venetiarum Historia (ed. *Cessi/Bennato*) S. 277 ff.: Regimina.
[21] Z. B. Cod. Marc. It. cl. 7, 198 (8383): Regimina (saec. XVIII). Weitere Beispiele dieser privaten Sammlung, die jedoch in der Regel die Herkunft ihrer Informationen nicht preisgeben, finden sich in den Beständen der Bibliotheca Marciana und des Museo Correr. Vgl. auch ASV Segretario alle voci und ASV Miscellanea Codici Nr. 905.

Einklang mit den Quellen. Die hochmittelalterlichen Adelsverzeichnisse der Origo vermitteln das Bild einheitlicher, nicht in rami unterteilter Geschlechter. Auch in der venezianischen Verfassung galten alle Träger eines Namens als zusammengehörig. Die von den Genealogen der frühen Neuzeit scharf herausgearbeiteten Zweige der venezianischen Adelssippen, die sich in späterer Zeit auch durch das Tragen unterschiedlicher Wappen von einander abhoben, sind in dieser frühen Zeit erst im Entstehen[23].

So begünstigt das venezianische Quellenmaterial die Untersuchung ganzer Familienverbände, jedoch gestaltet sich die Erforschung der Geschicke des Einzelnen äußerst schwierig. Personengeschichte läßt sich nur in Ausnahmefällen sicher ermitteln, gerade für die großen Familien bleiben stets Unsicherheiten[24]. Mit dem Aufkommen der Familiennamen ging nämlich eine Vereinheitlichung der Vornamen einher. Deutlich treten zwar Vorlieben einzelner Familien hervor, doch finden zumeist mehrere Träger des gleichen Namens Verwendung in der Politik. Da in den Urkunden und vor allem bei der Nennung der Amtsträger keine Zusätze eine sichere Identifizierung ermöglichen, bleibt die Zuschreibung zu einer bestimmten Person dieses Namens mit Zweifeln behaftet. Nur dort, wo mehrere gleichnamige Mitglieder eines Geschlechts auftreten, mußte eine Unterscheidung erfolgen. Die Mitgliedslisten des Großen Rats im 13. Jahrhundert gaben deshalb in Zweifelsfällen den Namen des Vaters an oder sie nannten den Spitznamen, um eindeutig die Person zu kennzeichnen[25].

Anhand der Quellen läßt sich hingegen die cognatische Abstammung kaum ermitteln: In den Urkunden wird bis auf wenige Ausnahmen eine verheiratete Frau nur mit dem Familiennamen ihres Mannes bezeichnet. Angaben für das 13. Jahrhundert machen erst

---

[22] Vgl. *L. A. Muratori*, De cognominum origine, Antiquitates 2, S. 722: *Hoc ergo statuo, saeculi Christi X et latius XI, latissime tandum XII cognomina ab Italis coeptum fuisse... Primi qui inter Italos cognominibus viam aperuisse videntur... Veneti fuere.* Vgl. *G. Folena*, Gli antichi nomi di persona e la storia civile di Venezia, Atti del Istituto Veneto, Scienze, lettere ed arti 129 (1970/71) S. 445–484. Es erscheint notwendig, gegen Folena und mit Muratori am byzantinischen Ursprung des Brauchs der Familiennamen festzuhalten. Zwar sind die Familiennamen, wie Folena richtig sieht, romanische Namen des Westens, aber der Brauch, in der Oberschicht Familiennamen zu führen, beginnt im byzantinischen Reich im 8. Jahrhundert. Vgl. *L. Maksimović*, Adel/Byzanz, in: Lexikon des Mittelalters 1, Sp. 131.

[23] Zur Familie des italienischen Adligen vgl. *Heers*, Le clan familial au moyen âge, passim und *Larner*, Italy in the age of Dante and Petrarch 1216–1380, S. 59 ff. Für Venedig wichtig der Anhang über die *proles Venetiarum nobilium* in der Venetiarum Historia (ed. *Cessi/Bennato*), sowie *Barbaro*, Famiglie nobile venete, Cod. Vind. 6155–6156; Cod. Marc. It. cl. 7 Nr. 925–928 (8594–8597) (Saec. XVIII); ASV Miscellanea Codici I, Storia Veneta 17–23 (già Misc. Codd. 893–900); Museo Correr Mss. II, 174 (2498–2504).

[24] Vgl. dazu unten Kap. 5.

[25] Vgl. *Cessi*, Maggior Consiglio 1, S. 269 ff., und zu den dortigen Angaben *Folena* (wie Anm. 22). Eine Reihe von Beispielen mag genügen: Petrus Bobizo l'orsato, Petrus Susenullo lo grasso, Thomas Dandulo zotus, Marcus Dandulo lo cuzolo, Leonardus Michiel tartaro, Iohannes Dandulo can, Marinus Zorzi lo santo, Marinus Soranzo beccafumo, Marinus Contarini bel e grasso, Iohannes Mudazzo lo beco, Petrus Contarini zaramella, Andreas Dandulo lo calvo, Nicolaus Falier lo porpora, etc.

die Genealogien des 16. Jahrhunderts, deren Wert für die Frühzeit nur als gering einzustufen ist. Die in der modernen französischen Adelsforschung immer wieder aufgeworfenen Fragen nach der Heiratspolitik lassen sich deshalb anhand des venezianischen Quellenmaterials nicht beantworten. Immerhin scheint nach den dürftigen Angaben die Tendenz feststellbar zu sein, daß der venezianische Adel in der Regel unter seinen Standesgenossen geheiratet hat. Nur einzelne Dogengeschlechter und vornehmste Familien heirateten in den europäischen Adel ein, so die Ziani in das normannische Königshaus, die Morosini in das ungarische.

In bezug auf den Beginn bestimmt die Quellenlage den zeitlichen Rahmen der Untersuchung. So bekannt durch die venezianische Historiographie die Tribunen der Frühzeit auch geworden sind, vor dem 10. Jahrhundert kann eine Sozialgeschichte Venedigs nur in groben Umrissen skizziert werden. Erst unter den Dogen aus dem Haus Candiano und danach Orseolo beginnt eine stärkere Urkundentradition. Das Ende der Entwicklung bestimmt jener Vorgang, den eine spätere Geschichtsschreibung unter dem Begriff *Serrata* des Großen Rats bekannt gemacht hat. Zwar ist sich die moderne Forschung einig, daß es diese Schließung des Rats im Jahre 1297 gar nicht gegeben hat, doch führte eine Reihe von Umständen dazu, daß zu Ende des 13. Jahrhunderts und in der ersten Hälfte des vierzehnten eine ständische Trennung zwischen politisch mitwirkungsberechtigten Adligen und dem übrigen Volk stattgefunden hat. Aus dieser Entwicklung ergeben sich neue, andere Fragestellungen, die nicht mehr Inhalt dieser Untersuchung sein können.

Anhand des Urkundenmaterials und der erstellten Ämterlisten kann ein Bild der frühen Gesellschaft des Dogats gewonnen werden, das durch eine Jahrhunderte alte heimische Tradition verschüttet war. Die venezianischen Bibliotheken sind gefüllt mit Genealogien und Adelsgeschichten, die mit der Wirklichkeit des frühen und hohen Mittelalters nichts gemein haben [26]. Während einzelne dieser Sagen bereits in der hier behandelten Epoche entstanden sind, datieren die meisten erst aus späteren Jahrhunderten. Stellen also die hochmittelalterlichen Geschlechterkataloge wichtige Quellen der vorliegenden Arbeit dar, sind die späteren Elaborate ein Teil des Mythos von Venedig. Auf eine Auseinandersetzung mit ihm wurde bewußt verzichtet [27].

---

[26] Eine Übersicht über den Bestand Cod. Marc. It. cl. 7 der italienischen Handschriften, wobei nur die allgemeinen Adelsabhandlungen Berücksichtigung finden, zeigt die Zahl der Überlieferungen: Nr. 538 (7734) saec. XVI; 549 (7942) saec. XVII; 577 (8579) saec. XVI; 576 (8470) saec. XVII; 579 (8312) saec. XVII – Marc'Antonio Rizzi; 585 (8499) saec. XVIII; 587 (8753) saec. XVII; 606 (7952) saec. XVI; 634 B (8361) saec. XVI; 678 (88212) saec. XVII; 703 (7374) saec. XVII–XVIII; 719–726 (74255, 7901, 7534, 7902, 8041, 7903, 7904, 7956) saec. XVI–XVIII; 2000 (7716) saec. XVII; auch andere Handschriftenabteilungen der Marciana haben reiches genealogisches Material zur Geschichte des venezianischen Adels, ebenso das Museo Correr. Vgl. hierzu *R. Bratti*, I codici nobiliari del Museo Correr di Venezia, Roma 1908. Neben Marco Barbaro (wie Anm. 23) ist vor allem zu nennen *G. A. Cappellari-Vivaro*, Il Campidoglio veneto, cioè alberi delle famiglie venete patrizie 1–4, Cod. Marc. It. cl. 7 Nr. 15–18 (8304–8307) = ASV Codici Soranzo 34 (già Misc. Codd. 889).

[27] Vgl. dazu jetzt die Abhandlung von *D. E. Queller*, The Venetian Patriciate. Reality versus Myth, Urbana–Chicago 1986.

1. KAPITEL

Die ältesten venezianischen Geschlechterkataloge

Jeder kritischen Auseinandersetzung mit der Frühgeschichte der venezianischen Gesellschaft steht die heimische Tradition entgegen. Sieht man von einigen Familien ab, die im späten Mittelalter und im 17. oder 18. Jahrhundert in den Adel aufgenommen wurden, so wollen alle anderen zumindest schon bei der Verlegung des Regierungssitzes des Dogats an den Rialto zu Beginn des 9. Jahrhunderts führend beteiligt gewesen sein. Daß der venezianische Adlige von jenen byzantinischen *tribuni* abstamme, die den provinzialen Beamtenadel der Frühzeit gestellt haben, gilt dieser Tradition als sicher[1]. Entsprechend der Ausgestaltung der Sagen und Mythen über die Anfänge der venezianischen Geschichte – die trojanische Abstammung der Veneter oder die Flucht vor Attila in das uneinnehmbare Lagunengebiet – konnte dieser Traditionskern beliebig erweitert werden[2]. Auf diese Weise bekam jede Familie einen ursprünglichen Herkunftsort in Italien, Istrien oder Dalmatien zugewiesen, von wo sie als römischer Provinzialadel die dortige Bevölkerung auf die sicheren Inseln in Schutz gebracht haben soll.

Dies berichten bereits die ältesten Adelskataloge Venedigs, und mit Ergänzungen über Kirchengründungen, Wappenwesen und Taten versehen, werden diese immer wieder kopiert und Zug um Zug weiter ausgestaltet. Die zahlreichen Geschlechterlisten des späteren Mittelalters[3] fanden schließlich zu Beginn des 16. Jahrhunderts einen kritischen

---

[1] Als Verzeichnis der später aufgenommenen Familien sei stellvertretend genannt Cod. Marc. It. cl. 7, 947 (7429), Le aggregazioni principali alla Veneta Nobilità (saec. XVIII). Eine Zusammenfassung der traditionellen Sicht des Ursprungs der Geschlechter findet sich bei *B. Cecchetti*, I nobili e il popolo di Venezia, AV 3 (1872) S. 421–448.

[2] Vgl. grundlegend zu diesen Problemen *G. Fasoli*, Nascita di un mito, S. 445–479. Zuletzt hierzu *A. Carile*, La coscienza civica di Venezia nella sua prima storiografia, in: La coscienza cittadina nei comuni italiani del duecento. Convegni del Centro di Studi sulla spiritualità Medievale 11, Todi 1972, S. 95–136; *Ders.*, Le origini di Venezia nella tradizione storiografica, in: Storia della Cultura Veneta 1. Dalle origini al trecento, Vicenza 1976, S. 135–166; *Ders.*, Le origini di Venezia nella tradizione storiografica, in: *A. Carile/G. Fedalto, Le origini di Venezia, Bologna 1978, S. 19–123.*

[3] *A. Carile*, La cronacistica veneziana (secoli XIII–XVI) di fronte alle spartizione della Romania nel 1204, Civiltà Veneziana. Studi 25, Firenze 1969, gibt S. 3–171 ein Verzeichnis der spätmittelalterlichen Chronikhandschriften Venedigs, wobei er die Beifügung von Geschlechterkatalogen in der Beschreibung vermerkt. Als Beispiel eines gedruckten Katalogs sei genannt: Marin Sanudo, Le vite dei dogi (ed. *Monticolo*), RIS 22/4, S. 17–47. Als Beleg für die Richtigkeit der Einteilung Cariles: *R. Loenertz*, La guerra di Curzola e la classifica delle cronache veneziane, in: *Ders.*, Byzantina et Franco-Graeca 2, Roma 1978, S. 395–404.

Bearbeiter in Marco Barbaro[4]. Seine Genealogien besitzen für die Zeit seit dem 14. Jahrhundert hohen Wert, da er die Angaben der Adelsfamilien sammelte und mit ihm zugänglichen Amtskatalogen verglich. Da ihm für die ältere Zeit Vergleichsmaterial fehlte, konnten alle Ursprungssagen – nunmehr durch seine Autorität gesichert – weitertradiert werden. In dieser systematisierten Form wurden die Familiensagen oft kopiert[5] und noch weitaus häufiger in Auszügen für Familienarchive[6] oder in Drucken des Libro d'Oro[7] weiterverbreitet. Auf diese Weise wurde die Geschichte des venezianischen Adels in seiner mythischen Form allgemein bekannt.

Diese späte Überlieferung ist in ihrem quellenkritischen Wert durchaus bedeutungslos, doch bedürfen die hochmittelalterlichen Wurzeln der Tradition einer eingehenden Betrachtung. Zwei Geschlechterkataloge tradiert die »Origo civitatum Italie seu Venetiarum«[8], eine Fortführung dieser Verzeichnisse enthält die sogenannte Chronik Giustinian. Dabei ist der Wert und die Entstehungszeit der Nachrichten der Origo umstritten. Gelingt es, die umstrittenen Kataloge zu datieren, so können diese zwar nicht als Quelle für die Sozialgeschichte des 9. Jahrhunderts oder die früheste Zeit der venezianischen Geschichte herangezogen werden, jedoch als Dokument einer sich selbst als adlig von anderen abgrenzenden Schicht. Da der Katalog in der zweiten Fassung zudem neben der Aufzählung der Geschlechternamen weitergehende Nachrichten enthält, gibt er Zeugnis davon, was in den Augen der heimischen Oberschicht »adlig« bedeutete.

Die disparaten Fragmente der Origo, die von der Forschung eine Entstehungszeit zwischen dem 6. und 12. Jahrhundert zugewiesen bekamen, wurden von der Mehrzahl

---

[4] Marco Barbaro (1511–1575), Famiglie nobile venete (Cod. Vind. 6155–6156, Autograph mit Ergänzungen des 17. Jahrhunderts). Vgl. hierzu *R.-J. Loenertz*, Les Ghisi. Dynastes vénitiens dans l'Archipel 1207–1390, Civiltà Veneziana. Studi 26, Firenze 1975, S. 346 f.

[5] Ein Verzeichnis der späteren Bearbeitungen Barbaros bei *Loenertz*, Les Ghisi, S. 347 ff.

[6] Handschriftliches Material in reichem Umfang in den Cod. Marc. It. cl. 7, aber auch in den Manoscritti Cicogna der Biblioteca del Museo Correr. Gedrucktes Material verzeichnet *E. A. Cicogna*, Saggio di bibliografia veneziana, Venezia 1847, S. 311 ff. Nr. 2199 ff., und *G. Soranzo*, Bibliografia veneziana in aggiunta e continuazione del »saggio« di E. A. Cicogna, Venezia 1885, S. 269 ff. Nr. 3241 ff.

[7] Ein offizielles Libro d'Oro der Republik Venedig als Verzeichnis adliger Familien hat es in dieser Form nicht gegeben (vgl. *Kretschmayr*, Geschichte 3, S. 584). Die Avogaria comun führte jedoch offizielle Verzeichnisse der Geburts- und Todesfälle aller venezianischen Adelsfamilien, was auf einen Beschluß des Maggior Consiglio aus dem Jahre 1506 zurückgeht. Was die Öffentlichkeit des 18. Jahrhunderts als Libro d'Oro ansah, waren gedruckte Adelsverzeichnisse, die in großen Massen erschienen. Vgl. *J. Georgelin*, Venise au siècle des lumières, Paris–La Haye 1978, S. 619. Ein Verzeichnis dieser Drucke bietet Cicogna, Saggio di bibliografia veneziana, S. 316 ff. Nr. 226 ff.

[8] Origo civitatum Italiae seu Venetiarum (ed. *R. Cessi*), Fonti per la storia d'Italia 73, Roma 1933. Durch diese Edition ist die Ausgabe des Hauptbestandteils der Origo, des sogenannten Chronicon Altinate, durch *H. Simonsfeld* in MG SS 14, S. 1–69, ersetzt worden.

der Bearbeiter in das 10. Jahrhundert datiert[9]. Erst Roberto Cessi gelang es in seiner heute maßgeblichen Edition, den Nachweis verschiedener Redaktionen zu führen[10]. Er zeigte eine Entstehung in drei Stufen auf: Ein erster Traditionskern wurde in den Jahren 1081–1118 zusammengestellt, eine weitere Ausgestaltung erfolgte zwischen 1145 und 1180, während eine letzte Redaktion dem späten 12. und beginnenden 13. Jahrhundert angehört.

Es muß freilich festgehalten werden, daß diese Chronologie des Herausgebers, die auf dem genauen Studium der beigegebenen Dogen- und Bischofslisten beruht, nur für die Origo in ihrer Gesamtheit gelten kann. Das Werk ist stilistisch und in der Terminologie keineswegs eine Einheit, so daß eine Datierung der einzelnen Fragmente nur aus ihren Aussagen heraus erfolgen kann. Dies bedeutet für die Geschlechterkataloge, daß durch einen Vergleich mit den offiziellen Dokumenten eruiert werden muß, welche Familien bereits unter den *nobiliores* verzeichnet sind, welche noch fehlen, welche Familien, die später ausstarben, hier noch als Mitglieder des venezianischen Adels verzeichnet sind.

Nach Roberto Cessi gehört bereits der ersten Redaktion ein Verzeichnis jener Tribunen an, die zu Beginn des 9. Jahrhunderts bei der Verlegung des Regierungssitzes des Dogats an den Rialto gezogen seien[11]. Dieser Katalog ist nach der These von Cessi in der letzten, dritten Redaktion schließlich mit einer ausführlichen Erzählung über die Anfänge der heimischen Adelsfamilien verbunden worden[12].

Die Ausführungen über die Herkunft des venezianischen Adels und seine Taten, die auch nach ihrer Stellung in den drei überkommenen Handschriften der Origo aus dem 13. Jahrhundert eine Einheit darstellen[13], beginnen mit einer Liste von Kirchengründungen und der Aufzählung der Stifterfamilien. Über den historischen Gehalt dieser Erzählungen können nur Mutmaßungen angestellt werden[14]. Es folgt ein ausführlicher Katalog der heimischen Adelsfamilien. Jedem Geschlecht ist ein ursprünglicher Herkunftsort in Oberitalien oder an den Küsten der Adria zugewiesen. Es wird versichert,

---

[9] Die zahlreiche ältere Literatur zu dieser Quelle, die zumeist von den grundlegenden Ergebnissen von *H. Simonsfeld*, Das Chronicon Altinate, München 1878, ausging, findet sich verzeichnet bei *R. Cessi* im Vorwort seiner Ausgabe der Origo, S. VII–VIII Anm. 1. Zur Lage der Forschung, die seither nicht grundlegend über die Ergebnisse von Cessi hinausgekommen ist, vgl. *G. Fasoli*, I fondamenti della storiografia veneziana, in: *A. Pertusi* (Hg.), La storiografia veneziana fino al secolo XVI, Civiltà Veneziana. Saggi 18, Firenze 1970, S. 11–44, bes. S. 33 ff.

[10] Vgl. *Cessi*, Origo, S. VII–XLVII, und ausführlicher *Ders.*, Studi sopra la composizione del cosidetto »Chronicon Altinate«, Bulletino dell'Istituto Storico Italiano 49 (1933) S. 1–116.

[11] Origo (ed. *Cessi*) S. 46–47.

[12] Origo (ed. *Cessi*) S. 142–160.

[13] Das bei *Cessi*, Origo, in der sog. Editio tertia gedruckte Material S. 142–160 Nr. 7–10 bildet auch in den drei Handschriften eine Einheit, obwohl die anderen Fragmente sich in den drei Codices mischen: Vgl. *Cessi*, Origo, S. L.

[14] Vgl. *Cessi*, Bulletino dell'Istituto Storico Italiano 49 (1933) S. 99 ff.; Origo (ed. *Cessi*) S. 142–145 Nr. 7.

daß es sich um *tribuni* handle, danach werden die Eigenschaften des Geschlechts beschrieben, wobei der Verfasser nicht mit Bosheiten spart. Dann schildert der einheimische Geistliche, der offenbar den Text niedergeschrieben hat[15], wie diese Familien nach und nach Venetien besiedelt hätten, wo sie lange Zeit lebten. Von dort seien sie vor Attila in die Lagunen geflüchtet. Als zu Beginn des 9. Jahrhunderts der Regierungssitz an den Rialto verlegt wurde, seien alle dorthin gezogen. An dieser Stelle folgt der knappere Familienkatalog, den Cessi bereits der ersten Redaktion der Origo zugeschrieben hatte.

Allerdings ist dieser um einige Geschlechter bereichert, die angeblich vor Attila aus Padua an den Rialto geflüchtet sein sollen. Abgeschlossen wird die Erzählung von den Ursprüngen der heimischen Oberschicht durch eine Verherrlichung der alten Zeiten: In diesen frühen Zeiten seien alle Familien täglich in Frieden zusammengekommen, den hohen Anforderungen eines gottgefälligen Lebens wurde vollauf Genüge geleistet, und die Gerechtigkeit wurde durch strenges Gericht und unnachgiebige Strafen aufrecht erhalten[16].

Diese zusammenhängende und in sich folgerichtige Theorie über die Ursprünge des venezianischen Adels soll nach Cessi der dritten Redaktion der Origo angehören und mithin am Ende des 12. oder im beginnenden 13. Jahrhundert entstanden sein. Er räumt freilich ein, daß es durchaus möglich ist, daß ältere Materialien in dieser Erzählung eingearbeitet sein könnten. Immerhin scheint bereits der älteste Kern der Geschlechterkataloge die Verbindung der Oberschicht mit den Tribunen der byzantinischen Zeit hergestellt zu haben. Für die Überprüfung der Angaben der Geschlechterkataloge muß ein Vergleich mit dem erhaltenen Urkundenmaterial durchgeführt werden, wie ihn Cessi bereits als methodisch notwendig beschrieb, selbst aber nie durchgeführt hat.

Nimmt man die beiden Adelsverzeichnisse der Origo zur Hand und vergleicht diese mit dem venezianischen Urkundenmaterial, so zeigt sich bald, daß die Datierung der dreistufigen Entstehung des Geschichtswerks, wie sie Cessi herausgearbeitet hat, mit dem Befund der diplomatischen Überlieferung nicht in Einklang zu bringen ist. Mag auch die Entstehungsgeschichte der Origo in ihrer Gesamtheit in das 12. und beginnende 13. Jahrhundert zu datieren sein, so schließt das ein Entstehen der einzelnen Fragmente in einer früheren Epoche nicht aus. Allein eine Aufzählung derjenigen Familien, die in den Urkunden als die führenden Venedigs erscheinen und in der Origo keine Beachtung fanden, schließt eine Entstehung der Listen im 12. Jahrhundert aus. Kein Venezianer, der nach Aussagen des jüngeren Verzeichnisses *totos ... antiquiores et nobiliores Veneticos* verzeichnen will, hätte die Michiel, Polani, Ziani, Mastropetro und Dandulo unerwähnt gelassen. Von allen Dogengeschlechtern des 12. Jahrhunderts sind allein die Falier im

---

[15] So schon *Merores*, Der venezianische Adel, S. 204. Die Charakteristik der guten alten Zeit in Origo (ed. *Cessi*) S. 160, deutet stark auf einen geistlichen Autor hin: *caritatem nimium erant habentes cum omni ornatione, orphanorum et viduarum consolatores, ecclesiarum edificatores, orationibus et elemosinis nimium erant facientes, ecclesiasticis frequentes, nullum malum unus ad alterum inter se ipsos dicentes, decimas Deo persolventes.*

[16] Origo (ed. *Cessi*) S. 159 f.

Katalog enthalten[17]. Dafür sind Familien wie die Bulzano[18], Badoer da Noale[19] und Badoer da Spinale[20], die zu Beginn des 12. Jahrhunderts aussterben, unter den Adelsfamilien verzeichnet. Offenbar haben die Kompilatoren der Origo älteres Material in ihren Familienkatalogen verarbeitet.

Aufgrund der obigen Überlegungen scheint das Jahr 1096 der Terminus ante quem für die Entstehungsgeschichte zu sein. Es ist nicht anzunehmen, daß der Verfasser eines Adelsverzeichnisses[20a] ausgerechnet die Familie des herrschenden Dogen ausgelassen hätte, zumal diese Familie in den nächsten acht Jahrzehnten die führende unter dem venezianischen Adel gewesen ist.

Versucht man eine genauere Datierung der Kataloge vor diesem Datum vorzunehmen, so ist zunächst festzuhalten, daß auch die beiden Kataloge voneinander abhängen. Das ausführlichere Verzeichnis ist – die Reihenfolge der Namen und die zahlreichen angeblichen Namensänderungen beweisen dies – erkennbar nach dem knapperen gearbeitet worden[21]. Zur Festlegung des Terminus post quem der Entstehungszeit ist es deshalb notwendig, zunächst eine Datierung dieses älteren Verzeichnisses zu versuchen.

Bei diesem Vorgehen ist es jedoch nötig, die urkundliche Überlieferung in ihrem Wert zu gewichten. Wie die Gründungsurkunde des Klosters San Giorgio Maggiore aus dem Jahre 982 ausdrücklich bestätigt, verzeichnen die Zeugenlisten der Dogenurkunden die Namen des zustimmenden venezianischen Adels: *nos Tribunus divina gratia dux Venecie ... hortantibus et consentientibus nobis, videlicet domino Vitale aegregio patriarcha, insimul cum episcopis nostris et cum primatibus seu et populo Venetiae, quorum manus obtimorum partim ob firmitatis iuditia subter adscripte sunt*[22]. Erst wenn diese Überlieferung versagt, können als Hilfe auch andere Dokumente herangezogen werden. Privaturkunden, welche niemals die Standeszugehörigkeit nennen, können hierbei nur den Beweis für das Vorhandensein einer Familie bieten.

Mit den Particiaco (Badoer), Candiano und Orseolo werden die drei großen Dogengeschlechter des 10. und des beginnenden 11. Jahrhunderts an der Spitze der knapp einhundert Namen des älteren Familienkatalogs genannt. Es liegt somit nahe, Doku-

---

[17] Origo (ed. *Cessi*) S. 153, 25–26.

[18] Der bedeutendste Vertreter der Familie war wohl Dominicus filius Cipriani Bulzani, der etwa um das Jahr 1044 den Patriarchenstuhl von Grado innehatte: *Kretschmayr*, Geschichte 1, S. 403. In der Origo sind die Bulzano in beiden Geschlechterkatalogen enthalten (S. 47, 5, und S. 150, 27–28), die letzte Erwähnung als Zeuge in einer Dogenurkunde stammt von 1094 (Vitalis Michiel für Loreo): *Minotto*, Acta et diplomata 3/1, S. 1 ff.

[19] Die Badoer da Noale müssen vor 1118 Juni ausgestorben sein. Vgl. *M. Pozza*, I Badoer. Una famiglia veneziana dal X al XIII secolo, Abano Terme 1982, S. 15.

[20] Die Badoer da Spinale sind zuletzt 1112 urkundlich nachweisbar. Vgl. *Pozza*, I Badoer, S. 15.

[20a] Origo (ed. *Cessi*) S. 153, 25–26.

[21] So bereits *Cessi*, Bulletino dell'Istituto Storico Italiano 49 (1933) S. 97.

[22] *Cessi*, Documenti 2, S. 116 Nr. 61 = S. Giorgio Maggiore (ed. *Lanfranchi*) 2, S. 19 Nr. 1.

mente aus dieser Epoche heranzuziehen, obwohl die Überlieferung keine günstige ist. Da im Jahre 976 beim Sturz des Dogen Petrus IV. Candiano das gesamte Archiv mit dem Dogenpalast verbrannte, haben sich aus der ersten Hälfte des 10. Jahrhunderts keine Dogenurkunden mit venezianischen Zeugenlisten erhalten. Auch für die zweite Hälfte des Jahrhunderts und die Zeit bis zum Sturz der Orseolo 1031/32 ist nur weniges erhalten geblieben[23].

Es muß deshalb um so mehr überraschen, daß in den wenigen bekannten Urkunden über die Hälfte der in der Origo aufgezeichneten Familiennamen wiederkehrt: Adoaldo, Albino, Andreado, Armado, Badoer, Badoer da Noale[24], Badoer da Spinale[25], Barbani, Barbarigo, Barbolani, Barino, Bonoaldo, Bragadin, Bulzano, Calbo (Calvo), Caloprini, Calpino, Campulo, Candiano, Caroso, Casolo, Centranico, Cerbano (Cerbono), Contarini, Daneo, Dodono (Deodono), Falier, Flabianico, Flabiano, Garilesio, Gursoni (Grausoni), Ianaseni (Ioanaceni), Lodoyto, Lupanico (Luparino), Marcello, Marignoni, Mastalico, Mataduro, Mauro, Morosini, Orseolo, Regini, Rosso, Sapino, Saponario,

[23] Als Dogenurkunden mit verwertbaren Zeugenlisten sind zu nennen: 1. Das Sklavenhandelsdekret von 960 (*Tafel/Thomas* 1, S. 17–25 Nr. 13 = *Cessi*, Documenti 2, S. 70–74 Nr. 41). – 2. Das Verbot des Handels mit den Sarazenen (*Tafel/Thomas* 1, S. 25–30 Nr. 14 = *Cessi*, Documenti 2, S. 86–91 Nr. 49). – 3. Die Gründungsurkunde von S. Giorgio Maggiore 982 (*Cessi*, Documenti 2, S. 115–121 Nr. 61 = S. Giorgio Maggiore 2, S. 15–26 Nr. 1). – 4. Das Verbot, Tumulte im Palast anzuzetteln von 998 (*Cessi*, Documenti 2, S. 161–165 Nr. 81 = *Romanin*, Storia documentata 1, S. 276–277 Nr. 14). – 5. Das Legat des Dogen Petrus II. Orseolo an seine Untertanen 1007 (*O. Kohlschütter*, Venedig unter dem Herzog Peter II. Orseolo 991–1009, Göttingen 1868, S. 93–94 = *Monticolo*, Cronache veneziane antichissime, S. 169 Anm. 1 – dort allerdings ohne Zeugenliste). 6. Otto Orseolo für Cittanova vom Jahre 1024 (*Corner* 14, S. 376 f., zum Jahre 1015 = *Romanin*, Storia documentata 1, S. 278–280 Nr. 17, zu 1009 = *G. Pavanello*, Di una anticha laguna scomparsa, AV Tridentino 3 (1923) S. 263–364, hier S. 281 f. Anm. 1 – mit dem besten Text, aber ohne Zeugenliste).

[24] In der Origo (ed. *Cessi* S. 46, 29) wird eine Familie Noelles genannt. Diese Familie ist sonst nicht bezeugt, wenn man nicht die Zeugenunterschrift von 982 *signum manus Noheli, filii item Noheli* (*Cessi*, Documenti 2, S. 1231 Nr. 61 = S. Giorgio Maggiore 2, S. 21–22 Nr. 1) dafür ansehen will. Gut bezeugt ist hingegen die Familie Badoer da Noale (in den Urkunden und in der Origo meist *Noeli* oder ähnlich), die unter anderem einen Patriarchen von Grado hervorbrachte (Petrus 1092–1105; vgl. *Kretschmayr*, Geschichte 1, S. 404) und am Beginn des 12. Jahrhunderts ausstarb. Vgl. dazu Anm. 19.

[25] In der Origo (ed. *Cessi* S. 47, 3; 148, 6–7; 158, 13; 159, 8, als *Daspinales* erwähnt. Auch diese Familie, die ihren Namen von der Giudecca-Insel trägt, ist urkundlich nicht bekannt, wohl aber die Familie Badoer da Spinale, die zur Schicht der *iudices* gehörte und 1112 zuletzt urkundlich belegt ist. Vgl. Anm. 20. In der Origo sind die drei Familien Badoer, Badoer da Spinale und Badoer da Noale eigenständige Geschlechter, weshalb es nicht gesichert erscheint, daß dies drei Zweige eines Familienverbandes sind, wie *Pozza*, I Badoer, passim, annimmt. Der Vorname Badoer war weit verbreitet und konnte als Patronymikon durchaus drei verschiedenen Familien eigen sein, die sich durch Zusatz der Herkunft unterschieden.

Sgaldario, Silvo, Sirano, Stornato, Talarico, Tanolico (Talonico), Vasauno (Vasano), Valaresso, Vigloni, Vitriniaco, Zopolo. Das ansehnliche Material der Dogenurkunden läßt sich um weitere Nachrichten bereichern. Die Familien Barzigesso[26], d'Arbore[27], Marisago[28] und Viliareno[29] sind erst in der zweiten Hälfte des 11. Jahrhunderts als Konsenszeugen in den Dogenurkunden belegt, doch zeigen andere Erwähnungen, daß die Geschlechter bereits älter sind. Trundomenico und Sagredo sind erst im 12. Jahrhundert als Mitwirkende an politischen Entscheidungen urkundlich faßbar, doch bestanden sie nachweislich schon weit früher: Trundomenico nannten sich die Nachfahren des Dogen Petrus Tribunus (888–911) aus dem Haus des Apoli Tribuni[30]. Die Familie Sagredo ist sicher im 10. Jahrhundert nachweisbar, wenn es auch eine spätere Tradition ist, daß der zweite Abt des Klosters S. Giorgio Maggiore aus diesem Geschlecht stamme und mit dem heiligen Gerhard zu identifizieren sei[31]. Für das 10. und beginnende 11. Jahrhundert sind urkundlich weitere Geschlechter der Origo sicher nachweisbar: Aulipato[32], Bennato[33], Gardoco[34], Men-

---

[26] Zeugen in Dogenurkunden: 1089 Vitalis Falier für Ss. Secondo ed Erasmo (Ss. Secondo ed Erasmo [ed. *Malipiero/Ucropina*] S. 5–8 Nr. 1); 1090 Vitalis Falier für S. Giorgio Maggiore (S. Giorgio Maggiore *[ed. Lanfranchi]* 2, S. 168–175 Nr. 69).

[27] Zeugen in Dogenurkunden: Vitalis Falier für San Giorgio Maggiore (S. Giorgio Maggiore [ed. *Lanfranchi]* 2, S. 168–175 Nr. 69). Vgl. aber 991–1008 Zehntliste: Dominicus de Arbore (*Cessi*, Documenti 2, S. 144 Nr. 70).

[28] Zeugen in Dogenurkunden: Vitalis Falier für San Giorgio Maggiore 1090 (S. Giorgio Maggiore [ed. *Lanfranchi]* S. 168–175 Nr. 69). Marisago ist ein kleiner Ort auf dem Festland in der Nähe von Venedig: vgl. Ss. Secondo ed Erasmo (ed. *Malipiero/Ucropina*) S. 28 f. Nr. 14.

[29] Die Familie ist vielleicht identisch mit der später oft belegten Familie Viglari (Villiari). Diese findet sich in Dogenurkunden erstmals 1098, Vitalis Michiel für S. Benedetto (*Corner* 14, S. 188). Für einen früheren Beleg vgl. *Monticolo*, Cronache veneziane antichissime, S. 33 mit Anm. 1: Constantinus Hvillarem ist Zeuge einer Urkunde von 1001 (aus dem Codice del Piovego, Nr. 43).

[30] Vgl. *Merores*, Der venezianische Adel, S. 198 Anm. 1, und *Cessi*, Venezia ducale 1, S. 299 Anm. 1.

[31] Sicher belegt in der Zehntliste von 994–1008: *Ioannes Secreto iuravit et dedit* (*Cessi*, Documenti 2, S. 139 Nr. 70). Die Tradition, daß der heilige Gerhard aus dieser Familie stamme und Abt von S. Giorgio Maggiore gewesen sei, bestritt *J. Leclercq*, San Gerardo di Csanád e il monachesimo, in: *V. Branca* (Hg.), Venezia e Ungheria nel rinascimento, Civiltà veneziana. Studi 28, Firenze 1973. Als gesichertes historisches Faktum wertet dies hingegen *L. Szegfü*, La missione politica ed ideologica di San Gerardo, ebd., S. 23–36, bes. S. 29.

[32] Urkunde von 880, Rialto: *signum manus Iubiano Aulibado primato de Iubrius* (*Cessi*, Documenti 2, S. 21 Nr. 15).

[33] Im 10. Jahrhundert nachweisbar durch die Erwähnung bei Iohannes Diaconus (ed. *Monticolo*) S. 147, im 11. Jahrhundert am Handel nach Korinth beteiligt (Urkunden von 1092: *Morozzo/Lombardo* 1, S. 23 f. Nr. 20).

[34] Die Familie stellte vor dem Jahre 840 einen Bischof von Torcello: *Kretschmayr*, Geschichte 1, S. 405.

guno[35], Paresso[36], Salviano[37], Saraioni[38], Serzini[39], Tornarico[40] und Vicencio[41]. Für zwei weitere Geschlechter Liado[42] und Mussolino[43] liegen Nachrichten aus dem späteren 11. Jahrhundert vor.

Es erweist sich somit als möglich, selbst bei derart beschränktem Urkundenmaterial, etwa drei Viertel aller in der Origo festgehaltenen Geschlechter bereits in der Zeit vor dem Sturz der Orseolo nachzuweisen. Fast ebenso wichtig ist jedoch der Umstand, daß die Namen der verbleibenden, nicht urkundlich in dieser Zeit nachweisbaren Geschlechter auch in späteren Epochen der venezianischen Geschichte keine Rolle mehr gespielt haben. Bereits der jüngere Adelskatalog der Origo kennt eine Reihe der Adelsnamen nicht mehr[44], andere sind mit neuen, anderen Familien gleichgesetzt[45]. Offenbar handelt es sich hier um Geschlechter, die in der zweiten Hälfte des 10. Jahrhunderts bereits ausgestorben waren oder ihre politische Bedeutung verloren hatten.

Einen weiteren Hinweis auf mögliche Datierungen des älteren Familienkatalogs der Origo ergibt das Namensmaterial der Dogenurkunden, soweit es nicht mit diesen Verzeichnissen übereinstimmt. Es kann nach den Nennungen kein Zweifel bestehen, daß in der zweiten Hälfte des 10. Jahrhunderts bereits eine breite Schicht an der Beratung der politischen Geschäfte im *placitum* des Dogen beteiligt ist und auch in den Zeugenlisten aufgeführt wird, deren Erwähnung in den Adelslisten als nicht notwendig angesehen wurde. Die mehr als einhundert Zeugen, die der Gründung des Klosters San Giorgio

---

[35] Urkunde von 828/29: *Dominicus Mengoni presbiter et notarius* (Ss. Ilario e Benedetto e S. Gregorio [ed. *Lanfranchi/Strina*] S. 24 Nr. 2). Der Name ist nur in dieser kritischen Edition genannt, im älteren Druck bei *Cessi*, Documenti 1, S. 99 Nr. 53, fehlt er völlig.

[36] Urkunde von 1031, Konstantinopel: *Morozzo/Lombardo* 1, S. 7 Nr. 7.

[37] Beim Aufstand gegen den Dogen 864 sind *duo fratres Salbiani filii* genannt: Iohannes Diaconus (ed. *Monticolo*) S. 117.

[38] Zeuge in zwei Urkunden von 1030, Rialto: *Morozzo/Lombardo* 1, S. 3 f. Nr. 4 und S. 4 f. Nr. 5.

[39] Zehntliste von 978/79: *Iohannes Serzem de Methamauco iuravit et dedit* (*Cessi*, Documenti 2, S. 110).

[40] Zehntliste von 991 bis 1008: *uxor Ioannis Tornariaci de Gradense urbe, pro viro defuncto, iuravit et dedit* (*Cessi*, Documenti 2, S. 141 Nr. 70).

[41] Zehntliste von 991 bis 1008: *Dominicus Vincentius iuravit et dedit* (*Cessi*, Documenti 2, S. 142 Nr. 70).

[42] Urkunde von 1093, Korinth: S. Giovanni Evangelista di Torcello (ed. *Lanfranchi*) S. 17 ff. Nr. 8.

[43] Urkunde von 1072, Rialto: *Morozzo/Lombardo* 1, S. 10 f. Nr. 11.

[44] So zum Beispiel Cavatorta, Glusuni, Ianobri, Marcuni, Masuni, Miralachius, Picanus.

[45] Belege für Familien des 9. und 10. Jahrhunderts, die nach der Zusammenstellung der Origo ihren Namen gewechselt haben sollen (die Angaben finden sich bei Iohannes Diaconus [ed. *Monticolo*] und *Cessi*, Documenti 1–2): Calabrisini 864; Aulipati 880/Calbonici 979; Apoli Tribuni/ Trundominici (seit dem Dogen Petrus II. 888–911); Tornarici 819/Tanolici 982/Storlati 982 und 1037; Aborlini 880/Zopoli 960/Ronzi 971; Gubanici 863/Barbarigo 971; Transmundi 829/Stornati 982; Ausibiaci 852/Bracioculum 1094; Brandonici 819/Bradani 982; Massi 864/Marcelli 982. Vgl. zu diesem Problem auch *Merores*, Der venezianische Adel, S. 198.

Maggiore im Jahre 982 ihre Zustimmung gaben, kommen nur etwa zur Hälfte aus den in der Origo verzeichneten Geschlechtern. Zu den Zeugen der Klostergründung gehören aber auch Vertreter nachmals so geachteter Familien wie Aurio, Bembo, Dandulo, Giustinian, Gradenigo, Storlato und Zen[46]. Einige dieser Namen kennt der jüngere Katalog bereits als adlig, was ein weiteres Argument dafür ist, daß das ältere venezianische Adelsverzeichnis auf eine Epoche vor der Orseolo-Herrschaft zu datieren ist[47].

Legt die Tatsache, daß bereits in der zweiten Hälfte des 10. Jahrhunderts die Schicht des venezianischen Adels eine von der Aufzählung der Origo abweichende Zusammensetzung angenommen hat, eine möglichst frühe Datierung des Verzeichnisses nahe, so ergibt die Quelle selbst unzweifelhaft einen Terminus post quem der Niederschrift: Für den Verfasser sind die Adelsfamilien Particiaco, die zahlreiche Dogen des 9. Jahrhunderts stellte, und Badoer identisch. Es ist jedoch erst seit der Regierungszeit des Dogen Petrus Badoer (939–942) üblich geworden, den allein weiterlebenden Zweig der alten Dogenfamilie mit dem gesamten Geschlecht zu identifizieren[48]. Somit deuten alle Vergleiche mit den urkundlich erwähnten Mitgliedern der venezianischen Oberschicht darauf hin, daß der ältere der beiden Adelskataloge um die Mitte des 10. Jahrhunderts entstanden sein muß.

Der zweite, jüngere Geschlechterkatalog hat das Material aus der Mitte des 10. Jahrhunderts in mannigfacher Weise erweitert und bearbeitet. Entsprechend der geschilderten Ursprünge Venedigs muß der Überarbeiter jeder Familie einen Ort zuteilen, von welchem sie einst ausgezogen ist. Es kann nur das Mißtrauen gegen diese Angaben wecken, daß sich der Herkunftsort zumeist eng an den Klang des Familiennamens anlehnt. Einige Beispiele mögen genügen: *Candiani de Candiana parte venerunt. Cencanici, Centranici appellati sunt, de Cesena venerunt. Gardocus Gardolicus de veteri Aquileia venerunt; tribuni ante fuerunt et argumentosi nimium, sed Veneticus populus exortatione istorum Gradensem civitatem edificavit, et a nomine istorum civitas illa Gradus vocatur. Faletri de Fano venerunt. Faraldi, qui appellati sunt Bonoaldi, de Forli venerunt. Calabrisini Aulipati, Calbonici appellati sunt, de Cadubrio venerunt. Adoaldi de Adres venerunt. Mauri nigri de Nigrisia venerunt. Cerbani de Cerbia venerunt. Regini de Recio venerunt.*

---

[46] Es ist unwahrscheinlich, daß die in der Origo (ed. *Cessi*) S. 47, 9–10, genannte Familie Genuo mit der Familie Zen (Genus, Geno) zusammenhängt. Origo 153, 10–11, heißt die Familie Gemo, ebenso 158, 20. Eher könnte sie mit der Familie Gemani zusammenhängen.

[47] Daß die Familie Orseolo nicht genannt sei, meint *Merores*, Der Venezianische Adel, S. 200. Dagegen spricht, daß die jüngere Liste, Origo (ed. *Cessi*) S. 146, zunächst genau der Reihenfolge der Familien im Katalog 1 folgt. An jener Stelle, wo man die Orseolo finden müßte, steht folgender Eintrag: *Macoyli ab ignorantia dicti sunt, de Este venerunt; Ystoyoli appellati sunt; tribuni ante fuerunt et sapientes ad elati nimium.* Nun ist eine solche Familie gänzlich unbekannt, außerdem weist die Stelle deutlich Spuren einer Korruptel auf. Es spricht viel dafür, daß es sich bei den Ystoyoli um verschriebene Orseoli handelt (belegt sind hier auch Namensvarianten wie Ursiolus, Ursiulus, Ursoylus, Ursoyolo). Diese Verschreibung muß allerdings in einem frühen Stadium erfolgt sein, da alle Codices korrumpierte Formen ausweisen.

[48] Vgl. *Merores*, Der venezianische Adel, S. 197 ff., und *Pozza*, I Badoer, passim.

Daß der Katalog einer anderen Stufe der Entwicklung der venezianischen Gesellschaft angehört, verdeutlichen Änderungen in der Nennung der Familien. Zahlreiche Familien sollen nun einen ursprünglichen Geschlechternamen getragen haben, der sich in der Zwischenzeit geändert hat. Manche der angeblichen alten Namen sind in den Urkunden des 9. Jahrhunderts noch auffindbar[49], andere sind noch in dem älteren der beiden Verzeichnisse als lebende Adelsfamilien bezeichnet worden[50]. Es wird dabei überdeutlich, daß der Autor bemüht ist, eine Kontinuität der venezianischen Adelsfamilien der byzantinischen Provinz zu seiner Gegenwart herzustellen. Ob diese Kontinuität der Führungsschicht wirklich bestand, scheint sehr fraglich. Die Zugehörigkeit zu den alten Tribunenfamilien, zu den *tribuni anteriores*, betont der Autor jedoch bei jedem Namen[51].

Wie sehr diese Schilderungen des Anonymus unser Mißtrauen verdienen, zeigen die Namen neu hinzugekommener Geschlechter, die der ältere Katalog noch nicht enthielt: Albano, Amanciaco, Barbarini, Barbato, Barbaromano, Bassano, Berentano, Bradano, Calanico, Calbono, Cirino, da Canal, Fundacino, Gemano, Iani, Matro, Renzo, Storlato, Taurello und Venier. Ein Blick auf die Urkunden zeigt, daß hier ein Teil jener Schicht, die erst im 10. Jahrhundert aufgestiegen ist, bereits zum alten Adel gezählt wird[52].

---

[49] Vgl. *Merores*, Der venezianische Adel, S. 198, bes. Anm. 2.

[50] So etwa Gratici, Busignago und andere.

[51] Ausgehend von der Tatsache, daß die Origo *tribuni anteriores* nennt und daß einmal – allerdings in einem anderen Teil der Fragmentsammlung – *tribuni noviter facti* erwähnt werden, hat *Merores*, Der venezianische Adel, S. 199f., die These vertreten, daß es sich hierbei um zwei Schichten handle, die sich gegenüberstehen. Dagegen spricht, daß die Origo nicht durchgehend *tribuni anteriores* nennt, sondern an dieser Stelle auch formelhaft einfügt: *tribuni ante fuerunt, ante fuerunt, anteriores fuerunt.* Seit zudem durch die Arbeiten von Cessi deutlich wurde, daß es sich bei dem Werk um eine Kompilation handelt, kann auch nicht von einer durchgängigen Begrifflichkeit ausgegangen werden. Was die Formel besagen will, wird deutlich, wenn man sich die Tatsache vor Augen hält, daß es zur Zeit der Abfassung der Origo keine Tribunen mehr gegeben hat. Dann wird klar, daß der Autor, wie auch die Varianten nahelegen, zum Ausdruck bringen will, daß es sich um ehemalige Tribunengeschlechter gehandelt hat, das heißt, daß die Familien schon über ein Jahrhundert zur Führungsschicht gehört haben.

[52] Albano: Dogenurkunden 960 und 982; Amanciaco: Armaco Dogenurkunde 982; Barbarini Barbati: Barbani? Dogenurkunde 971, 982; Barbaromano: Soll der Familie Vilinico entsprechen, diese 1090 in Dogenurkunde für S. Giorgio Maggiore (ed. *Lanfranchi*) 2, S. 169–175 Nr. 69, oder schon in Zehntliste von 979 bis 991 (*Cessi*, Documenti 2, S. 111 Nr. 59); Bassano: Dogenurkunde 960 und 1030 (?) *Morozzo/Lombardo* 1, S. 4 Nr. 4; Berentano: Betegano in Dogenurkunde für Cittanova 1024; Bradano: Dogenurkunde 982, Zehntliste 978/79 (*Cessi*, Documenti 2, S. 109 Nr. 58); Calbonici: Calboni Zehntliste 979–991 (*Cessi*, Documenti 2, S. 110 Nr. 59); Cirino: Dogenurkunde 982; da Canal: Zehntliste von 979 bis 991 (*Cessi*, Documenti 2, S. 111 Nr. 59), Zehntliste 991–1008, ebd., S. 141 Nr. 70; Fundacino: Dogenurkunde 982; Gemano: Dogenurkunde 1090 für S. Giorgio Maggiore (siehe oben); Iani: sollen Pentani/Pentoni sein, diese um 1090 S. Giorgio Maggiore; Matro: Dogenurkunde 982 und Zehntliste 979–991 (*Cessi*, Documenti 2, S. 112 Nr. 59); Ronzi: Renzi Dogenurkunde 971; Storlato: Dogenurkunde für S. Giorgio Maggiore 1090; Venier: Zehntliste 991–1008 (*Cessi*, Documenti 2, S. 142 Nr. 70).

Eine Besonderheit des geistlichen Anonymus ist die kurze Charakteristik der Adelsgeschlechter, die Sympathien und Antipathien kraß hervortreten läßt. Zwar überwiegen die positiven Meinungen, doch in seiner Kritik hält sich der Verfasser keineswegs zurück. So sind die Mastalico für ihn *mendaces et stulti*[53], die Flabiano *durum sensum habentes*[54], die Saraioni *molesti et negligentiosi de omni opere*[55], die Valaresso *nimium derisores et faciles sensu, …nichil in fide credentes sed ecclesiarum edificatores*[56], die Zopolo schließlich *parvi de personis, equali sensu sed nimium elati*[57]. Es fehlen leider genauere Quellen über die Parteien im venezianischen Adel, um aus diesen Charakterisierungen den politischen Standort des Verfassers oder eine Datierung der Quelle erschließen zu können.

Obwohl der Bearbeiter dieses zweiten Kataloges weitaus mehr Informationen über die Ursprünge der venezianischen Geschlechter und auch über seine Weltanschauung preisgibt, ist es dennoch schwierig, eine zeitliche Einordnung des Textes vorzunehmen. Ausgangspunkt aller Überlegungen, die über den Rahmen von 942 bis 1096 hinaus Eingrenzungen vornehmen wollen, muß jene politische Stellungnahme sein, die der Anonymus an die Spitze seiner Angaben stellt. Für ihn ist der Herrschaftsanspruch der Familie Badoer uneingeschränkt gültig: *Particiaci, qui Baduarii appellati sunt, tribuni anteriores fuerunt et ypeti imperiali honore fruebantur: de Papia venerunt et sapientes et benevoli omnes erant, unde factum ut ab omni populo laudaretur perpetualiter ex eorum prole duces esse*[58]. Daß es jemals einen derartigen Beschluß gegeben habe, berichtet allein der Kompilator der Origo. Seit den Zeiten des Petrus Badoer (939–942) ist jedoch kein Mitglied der Familie mehr zum Dogen gewählt worden. Da zudem ein derartiger Anspruch in Zeiten des inneren Friedens und einer gefestigten Herrschaft einer Dynastie nicht denkbar ist, scheiden die Zeiten der Herrschaft der Candiano und Orseolo aus. Aus denselben Gründen kommt die zweite Hälfte des 11. Jahrhunderts nicht in Betracht, als nach innen der Frieden hergestellt war. Gegen eine Spätdatierung spricht auch, daß von den führenden Familien dieser Zeit, die auch einige *iudices* für Venedig gestellt haben, Aurio und Zusto nicht im Katalog genannt sind[59]. In der Tat lesen sich die Bemerkungen des Anonymus über die alte Zeit des inneren Friedens wie ein Rückblick auf eine bessere Epoche in einer Zeit der Wirren[60]. Es gilt deshalb, die großen politischen Krisen des 10. und 11. Jahrhunderts genauer zu betrachten.

---

[53] Origo (ed. *Cessi*) S. 146, 19–20.

[54] Ebd., S. 147, 7–8.

[55] Ebd., S. 149, 1.

[56] Ebd., S. 149, 22–24.

[57] Ebd., S. 150, 16–18.

[58] Ebd., S. 146, 1–5; vgl. *Merores*, Der venezianische Adel, S. 197f.

[59] Vgl. Kapitel 3, Liste der *iudices*. Die Aurio waren Tribunen aus Torcello und sind vielleicht deswegen hier nicht genannt. Im 11. Jahrhundert ziehen sie nach Rialto.

[60] Origo (ed. *Cessi*) S. 159–160. Vgl. S. Giorgio Maggiore (ed. *Lanfranchi*) 2, S. 92–99 Nr. 31; *Corner* 3, S. 155 (1088); S. Giorgio Maggiore a. O. S. 168–175 Nr. 69.

Beim Sturz des Dogen Petrus IV. Candiano (976), dessen Ermordnung Petrus I. Orseolo an die Spitze des Dogats brachte, fehlen alle Anzeichen dafür, daß Mitglieder des Hauses Badoer nach der Macht gestrebt hätten[61]. Völlig verschieden hiervon ist jedoch die Lage in der Regierungszeit des Dogen Tribunus Menio (979–991), als der Dogat nicht zur Ruhe kommen wollte. Gegen den neuen Dogen, als dessen hervorstechendstes Merkmal sein Reichtum galt[62], erhoben sich zunächst die Adelsfamilien in ihrer Gesamtheit. Zuletzt arteten die Unruhen jedoch zu einer blutigen Fehde zwischen den Familien Morosini und Caloprini aus, die mit Mord und Totschlag in der Stadt Venedig ausgetragen wurde[63].

Es ist bemerkenswert, daß der jüngere Katalog der Origo die venezianische Dogenfamilie Menio (Tribunus 979–991) nicht erwähnt[64]. Noch bemerkenswerter ist freilich die Verwicklung des Hauses Badoer in die Wirren der Zeit. Unter Führung des Stephanus Caloprini versuchten – mit ausdrücklicher Billigung Kaiser Ottos II. – verschiedene venezianische Adlige, vom Festland aus den Dogen zu stürzen[65]. Daß unter ihnen Vertreter des Hauses Badoer gewesen sind, ist sicher belegt[66]. So einleuchtend deshalb eine Abfassung des jüngeren Katalogs in Kreisen der Opposition gegen den Dogen Tribunus Menio auch sein mag, schwerwiegende Gründe sprechen dagegen: Die Quellen lassen keinen Zweifel daran, daß der Führer des Aufstandes und Prätendent für das Dogenamt Stephanus Caloprini gewesen ist[67], von einem Anspruch der Badoer auf die Lenkung des Dogats mithin keine Rede sein kann. Schwer wiegt jedoch, daß die eigentlichen Führer der Gegenpartei, die Familie Morosini, sehr zurückhaltend charakterisiert werden, ohne daß eine Feindschaft gegen dieses Geschlecht zu erkennen ist[68].

Noch einmal kam es zu einer ernsthaften Revolte im Dogat, als die Familienherrschaft der Orseolo beendet wurde. Die venezianische Überlieferung, die allerdings zeitlich großen Abstand zu den Ereignissen hat, nennt als Ziel der Unruhen die Beseitigung der

---

[61] Vgl. zuletzt *Cessi*, Venezia ducale 1, S. 331 ff.

[62] Iohannes Diaconus (ed. *Monticolo*) S. 143 f.: *Quem* [sc. Petrus I. Orseolo] *Tribunus, cognomento Menius, dignitate successit, qui licet secularis sollertia careret, maximus tamen fortunae copiis exuberabat.*

[63] Iohannes Diaconus (ed. *Monticolo*) S. 144 ff.

[64] Vgl. auch *Merores*, Der venezianische Adel, S. 200. Zu den dort genannten Orseolo vgl. jedoch oben Anm. 47.

[65] Hauptquelle: Iohannes Diaconus (ed. *Monticolo*) S. 146 f. Vgl. hierzu: *K. Uhlirz*, Jahrbücher des deutschen Reiches unter Otto II. und Otto III. 1, Otto II. 973–983, Leipzig 1902, S. 194–197, und *G. Rösch*, Venedig und das Reich, S. 14.

[66] Iohannes Diaconus (ed. *Monticolo*) S. 147 nennt unter denen, die von den Grenzen des Dogats die Handelsblockade ausführen: *Ursus Badovarius Athesim fluvium previderet.*

[67] Zum Angebot des Stefanus Caloprino an Otto II. Iohannes Diaconus (ed. *Monticolo*) S. 146: *centum libras auri purissimi se illi daturum spopondit, si, devicta patria, sibi ducatus dignitatem concederet.*

[68] Origo (ed. *Cessi*) S. 146, 23–24: *Mauroceni de Mantua venerunt; tribuni ante fuerunt, sed protervi de voluntate et bellatores fortes.*

Dynastiebildung[69]. Sollte diese teilweise bezweifelte Darstellung richtig sein, so liefe sie dem Anspruch der Badoer in der Origo völlig entgegen.

Der jüngere der beiden Adelskataloge kann nach den genannten Familien nur wenig später als der ältere entstanden sein, da die Entwicklungen der Oberschicht seit der Herrschaft der Orseolo keine Berücksichtigung gefunden haben. Am ehesten ließe sich die Beanspruchung der ewigen Herrschaft des Hauses Badoer auf die wirren Ereignisse unter dem Dogat des Tribunus Menio beziehen. Sichere Schlüsse können aus dem dürftigen Material nicht gezogen werden, doch scheint eine Datierung des Katalogs auf das späte 10. oder beginnende 11. Jahrhundert am wahrscheinlichsten.

Als Beobachtungen zur Entstehungsgeschichte der beiden Geschlechterverzeichnisse der Origo kann deshalb festgehalten werden: 1. Entgegen der Entstehungstheorie für die Gesamtheit der Origo, welche Cessi darlegte, können die einzelnen Fragmente, aus denen die Erzählung zusammengesetzt ist, bereits älteren Ursprungs sein. Die Möglichkeit, daß der Kompilator ältere Quellen verwendete, ist nicht auszuschließen. 2. Ein Vergleich der Familienlisten mit den Urkunden kann zeigen, für welche Zeit eine weitgehende Übereinstimmung des Familienverzeichnisses mit der für uns feststellbaren Oberschicht gegeben war. Entsprechend schließt eine Zusammensetzung der Führungsschicht, die erheblich von den Nennungen der Origo abweicht, eine Abfassung in diesem Zeitraum aus. 3. Aufgrund eines derartigen Vergleichs ist mit Merores gegen Cessi daran festzuhalten, daß zumindest das ältere der Verzeichnisse mit Sicherheit noch dem 10. Jahrhundert zuzurechnen ist. Die politischen Gewichtungen, die in der Reihenfolge der ersten drei Geschlechter Particiaco, Candiano und Orseolo erkennbar sind, deuten auf eine Zeit kurz nach der Regierung des Dogen Petrus Badoer (939–942) hin. Erst seit damals wird der Seitenzweig der Particiaco mit dem Beinamen der Badoer mit der gesamten Familie gleichgesetzt, wie dies die Origo tut. 4. Der jüngere Katalog ist erkennbar als Ausarbeitung des knapperen älteren entstanden. Er aktualisiert die Namensangaben, und seine politischen Aussagen ließen sich am besten in die Zeit der Auseinandersetzungen unter dem Dogat des Tribunus Menio einordnen. Trotzdem kann keine endgültige Sicherheit gewonnen werden. Das Jahr 1096, in dem das nicht im Katalog aufgeführte Geschlecht der Michiel erstmals den Dogat erlangte und danach für Jahrzehnte die führende Familie Venedigs geblieben ist, muß als Terminus ante quem angesehen werden.

Für die Einstellung des Anonymus zu einer »adligen« Lebensweise geben seine Charakterisierungen der Familien Auskunft. Durchaus kritisch steht der Autor dem Handelsgeschäft und seinen Erscheinungsformen gegenüber; Geiz ist eines der großen

---

[69] Nach der Tradition des 14. Jahrhunderts (Andreae Danduli Chronica [ed. *Pastorello*] RIS 12, S. 209), soll damals ein Verbot ergangen sein, sich zu Lebzeiten einen Mitherrscher zu erwählen. *Cessi*, Venezia ducale 2, 1, S. 10, leitet diese Aussage aus der Promissio des Dogen ab. Somit hätte die Nachricht keinen historischen Hintergrund. Überprüft werden kann dies nicht, freilich ist nach diesem Zeitpunkt kein Mitherrscher mehr ernannt worden.

Laster, die er an seinen Mitbürgern tadelt[70]. Er versteht es nicht, wenn Mitglieder der Oberschicht außerhalb der eigenen Grenzen umherziehen, eine Grundvoraussetzung jeder kaufmännischen Tätigkeit[71]. Dagegen finden Bautätigkeit und künstlerisches Schaffen die Billigung des unbekannten Geistlichen[72].

Auch in politischen Fragen tritt die Meinung des Anonymus scharf hervor: Er spricht sich für die Bildung einer Dynastie und die Herrschaft eines Hauses aus. In der Rechtspflege stellt er der Praxis seiner eigenen Zeit die rigiden Strafen einer besseren Vergangenheit gegenüber[73]. Wichtigster Teil und Grundlage der wirtschaftlichen Tätigkeit ist für ihn die Agrarwirtschaft[74], doch sind auch alte und adlige Geschlechter für ihn selbstverständlich am Handel beteiligt. Einen wirklichen Gegensatz zwischen Grundbesitzer und Kaufmann kennt er nicht.

Was folgt aus der Datierung der beiden Adelskataloge für die Geschichte der venezianischen Adelsschicht? Zeigt das ältere Verzeichnis nur in aller Deutlichkeit die Zusammengehörigkeit einer Schicht, deren entscheidendes Merkmal die Zugehörigkeit zum damals seit zwei Generationen nicht mehr bestehenden Tribunat gewesen ist, so ist die jüngere Kompilation erkennbar auch Parteischrift. Damals sind die genannten Geschlechter nur ein Teil jener an der Herrschaft beteiligten Schicht, die in den Urkunden manifest ist. Dieser Teil der politischen Elite führte – ob zu Recht oder nicht – seinen Ursprung auf den byzantinischen Provinzialadel zurück. Grundbesitz als Grundlage der eigenen wirtschaftlichen Stellung ist dieser Schicht geläufig, der Handel ist Teil des täglichen Lebens auch in der Oberschicht, wenn auch reiche Kaufmannstätigkeit auf Mißtrauen stößt.

---

[70] Vgl. zum folgenden: *Merores*, Der venezianische Adel, S. 203 ff. Zum Geiz: Origo (ed. *Cessi*) S. 150, 16–18: *Copoli ... non aliud operabantur nisi negocia, sed avari et increduli.*

[71] Origo (ed. *Cessi*) S. 148, 3–5: *Barbarini Barbari ... non in patria stantes sed per orbem ludentes.* Ebd., S. 149, 5–8: *Danii, Danei ... per totum mundum exierunt euntes.*

[72] Origo (ed. *Cessi*) S. 148, 13–14: *Cerbani ... de omni artificio ingeniosi.* Ebd., S. 148, 17–19: *Moysolini ... multitudo servorum suorum et Flabianici laborabant multa artificia.* Ebd., S. 150, 3–5: *Iani ... mirabilia artificia facere sciebant caliditate ingenii.* Ebd., S. 150, 24–26: *Barbadici ... ecclesiarum et domorum edificiis eruditi erant.* Ebd., S. 151, 16–19: *Saponarii ... per sapientiam illorum et per calliditatem ingenii multa pulcherrima edificia in nova Venecia fiebant.* Ebd., S. 152, 3–4: *Domarci ... mirabilem picturam facere sciebant.*

[73] Origo (ed. *Cessi*) S. 160: *cuius terra non furtum, non latrocinia, nullus detentus erat, sed, si illorum fuisset frater, quod ad illorum esset dicentem, quod iste est malefactor et consiliator, et duos fuissent venerabiles peribendi testimonium, nichil enim eum erunt observantes, sed statim illi unum oculum illius evulserunt aut manum illius inciderunt, in secunda enim declarata culpa alium oculum, et, si tercia inventus fuerit, suspenderunt.*

[74] Eine klare Schilderung der Grundbesitzerschicht bietet Origo (ed. *Cessi*) S. 157, wo der Auszug von Cittanova beschrieben wird *nullus enim remansit in predicta civitate nisi tantummodo libertini et servi et cultores vinearum ... tribuni tributum de eis circumhabitantes recipiebant: et multorum in litore Pineti cultores erant; vineis campis, saletis, pascuis, seu molendinis occupabant, hii vero omnes per unumqueque modium unum perfictum persolvebant in annum ipsis tribunis.*

Die Betonung der eigenen altadligen Abkunft ist Reflex der sozialen Bewegung, die im 10. Jahrhundert den Dogat ergriffen hat. Die »alten« Familien sehen sich zunehmend in Konkurrenz mit einer neuen, politisch aktiven Schicht, deren Machtstellung auf dem angesammelten Reichtum beruht. Die einstige Zugehörigkeit zum Tribunat, das heißt mit anderen Worten, das Alter der Familie, wird deshalb zum entscheidenden Kriterium für die Zugehörigkeit zu den *nobiliores* erhoben[75]. Dieser Anspruch ließ sich freilich nicht halten, da die Entwicklung schnell voranschritt: Die neuen Familien des 10. Jahrhunderts sind bereits im 11. Jahrhundert etablierte Mitglieder der Oberschicht, denen nun wiederum neue Aufsteiger gegenüberstehen. Auf diese Weise sind die beiden Geschlechterlisten der Origo eine Momentaufnahme der venezianischen Oberschicht, deren Zusammensetzung einem beständigen Wandel unterworfen war.

Diese alte Theorie, die eine Verbindung zwischen der Adelsqualität und der Abstammung aus der provinzialbyzantinischen Tribunenschicht herstellte, fand in Venedig auch weiterhin Beachtung. Auch wenn die Quellen bis zum 14. Jahrhundert schweigen, deuten doch die drei Handschriften der Origo aus dem 13. Jahrhundert auf ein Interesse an diesen Erzählungen hin. In der Mitte des 14. Jahrhunderts zeigt dann das große Geschichtswerk des Dogen Andreas Dandulo, daß die Diskussion um die Adelsverzeichnisse in vollem Gange war.

Er verzeichnet zu den Anfängen der Geschichte des Dogats die ältere und knappere Geschlechterliste in vollem Umfang, sieht sich dann aber genötigt, das Dokument zu kommentieren: Es gäbe Stimmen, die behaupteten, alle Familien, deren Namen sich hier nicht fänden, seien den genannten nicht ebenbürtig. Aus dem Wortlaut des Dokuments gehe jedoch eindeutig hervor, daß dieses nur die Namen der Tribunen enthalte, die aus Cittanova (Eraclea) an den Rialto gekommen seien. Es sei aber klar, daß andere Tribunen aus anderen Orten auch an den Rialto gezogen seien, dazu hätten hier auch von Anfang an einheimische Tribunen gewohnt. Auch all diese anderen hätten sich – dies zeige der Inhalt seiner Chronik – um das Vaterland verdient gemacht[76].

Das Ergebnis dieser Diskussion zeigt zur Mitte des 14. Jahrhunderts in aller Deutlichkeit die Chronik Giustinian. In diesem Werk, das mit der Historiographie des Andreas Dandulo fast gleichzeitig entstanden ist, steht am Ende der historischen Schilderung eine Abhandlung mit dem Titel »Proles Venetiarum nobilium«[77]. Als Quelle muß den

---

[75] Zum Verschwinden der Tribunen vgl. Kapitel 2.

[76] Andreae Danduli Chronica (ed. *Pastorello*) RIS 12, S. 129–130: *Ceterum, quia ystoriografi quidam, clade, Heracliane urbis describentes, has cognaciones solum in Rivoalto advenisse commemorant, adsunt aliqui existimantes plurimas, que presencialiter nobilitate perfulgent, hiis adequandas non fore; quorum credulitas reprobatur; cum ante hec tempora, tribuni et proceres aliqui in Rivoalto degebant, et alii qui in Torcello et in Constanciaco et aliis insulis aderant, subsequenter cum plurimis Ytalie viris, diversis temporibus tamen, in Rivoalto habitare venerunt; qui suis strenuis actibus et meritis se et patriam non minus illis gloriosis titulis illustrarunt ut per subscribenda clare patebit.* Der Chronist spricht auch hier *pro domo*, da seine Familie ebenfalls nicht genannt gewesen ist.

[77] Venetiarum Historia (ed. *Cessi/Bennato*) S. 254 ff.

Ausführungen ohne Zweifel ein Manuskript der Origo oder eine uns unbekannte Bearbeitung dieses Werks zugrunde gelegen sein. Allerdings zeigen zahlreiche Zusätze und Änderungen, daß der Autor um eine Aktualisierung des Stoffes bemüht gewesen ist. So ist es bereits in einzelnen Lesarten der Handschriften der Origo zu spüren gewesen, daß die angeblichen Nachfahren der angeblichen Tribunen ihre Vorväter gegen die Anwürfe des Anonymus in Schutz nehmen wollten. In der Chronik des 14. Jahrhunderts verstärkt sich diese Tendenz.

Origo S. 150:	Origo, Dresdner Kodex:	Venetiarum Historia S. 258:
Contareni	Contareni de	Contareni de
de Concordia	Concordia	Concordia venerunt;
venerunt; tribuni	venerunt; tribuni	tribuni
anteriores	anteriores	anteriores
fuerunt simplices	fuerunt in	fuerunt in
omnes in	conquestu prudentes	conquestu prudentes
conquestu	et multa	omnia bona
concupiscientes	bona facientes	facientes sed
nichil boni	et in consilio	in prelio
facientes.	sapientes.	animosi.

Neben der Aufgabe, den eigenen Vorfahren ein ehrendes Andenken zu verschaffen, blieb es dem Verfasser der Chronik Giustinian, die Namensliste der Origo mit den Tatsachen des 13. und 14. Jahrhunderts in Einklang zu bringen. Zahlreiche Geschlechter waren ausgestorben, dafür war die Mehrheit des lebenden Adels dort überhaupt nicht erwähnt. Zu diesem Zweck konnten zwei Verfahren gewählt werden, deren eines bereits die älteren Adelslisten aufgegriffen hatten und deren anderes durch die Argumentation bei Andreas Dandulo vorgezeichnet war. Da an Namen, die damals keiner mehr trug, kein Mangel war, konnte man kurzerhand ausgestorbene Familien zu Vorfahren lebender Geschlechter ernennen.

Daneben blieb noch ein weiter Raum, um neben den bekannten Tribunen von Cittanova (Eraclea) auch andere aus Malamocco, Torcello, Caorle, Jesolo sowie dem Rialto ins Spiel zu bringen. Damit bereitete es keine Schwierigkeiten mehr, die große Mehrheit der Adelsfamilien des späten Mittelalters, die zuallererst in der Origo nicht verzeichnet war, auf tribunizischen Ursprung zurückzuführen. So konnte die gesamte venezianische Führungsschicht des 14. Jahrhunderts behaupten, aus dem byzantinischen Beamtenadel hervorgegangen zu sein.

Auf das Zeugnis unserer Chronik geht die Gleichsetzung von Candiano und Sanudo zurück, für deren Berechtigung keine Urkunde spricht[78]. Bei der Familientradition, daß die Baseggio auf die Mastalico zurückgehen sollten, kamen dem Anonymus selbst

---

[78] Ebd., S. 255: *Candiani qui modo Sanuti dicti sunt.*

Bedenken[79]. Für die Mehrzahl der seit der Jahrtausendwende in die Oberschicht aufgestiegenen Geschlechter wie Ziani, Zen, Dandulo, Zorzi, Soranzo, Foscarini, Navazoso oder Tiepolo behauptet der Chronist die Herkunft von kleinen Laguneninseln. Allerdings fehlt es auch nicht an phantastischen Familientraditionen: Offenbar durch den Namen inspiriert, wollen die Giustinian aus Konstantinopel und aus kaiserlichem Hause stammen[80]. Dies reichte für die Michiel[81] und Corner[82] noch nicht aus, sie leiteten sich von altrömischen Familien ab.

Entstammen die Angaben, die einen Teil der Führungsschicht des 14. Jahrhunderts unter die Tribunen aufnahmen und ihnen eine Theorie ihrer Abstammung erarbeiteten, offensichtlich aus älteren Traktaten, so fand der Chronist doch für zahlreiche kleinere Geschlechter keine Traditionen vor. Sie verzeichnet er in langer Reihe, wobei er für die Eintragung der Herkunft Platz gelassen hat.

Waren die Traditionen der Origo noch mit der Realität des 10. Jahrhunderts in Beziehung zu setzen, so war mit den Ausführungen der Chronik Giustinian jeder Bezug zur Frühgeschichte Venedigs verlorengegangen. Allerdings besaß Venedigs Adel jetzt eine Theorie über seine Ursprünge. Wer zur *nobilitas* zu zählen war, stammte aus einem der alten Tribunengeschlechter und war durch Zuzug an den Rialto gekommen. Die Oberschicht des 14. Jahrhunderts erklärte sich mit derjenigen des 9. Jahrhunderts identisch.

Offenbar nahm man diesen Anspruch der angeblichen Tribunengeschlechter im 14. Jahrhundert als rechtlich ebenso bedeutend wie den Nachweis, daß bereits die

---

[79] Ebd., S. 357: *Mastalici qui hodie secundum quosdam Baxilii vocati sunt, de Regio venerunt, tribuni anteriores fuerunt ... Sunt oppiniones aliquorum, quod Baxilii non fuerunt Mastalici, neque de dicto loco venerunt, sed origo eorum fuit primitus de Grecia, et in Torcello habitare venerunt, et deinde in Rivoalto.*

[80] Ebd., S. 256: *Iustiniani de Constantinopolitana civitate venerunt, ex imperiali sanguine procreati, tribuni anteriores fuerunt, sapientes, benivoli, ab omnibus dilecti et animosi, sed nimium elati.* Diese Legende, versehen mit einem Stammbaum, der die Herkunft des Geschlechts auf den byzantinischen Kaiser Justin II. (565–578) zurückführt, findet sich bei *Barbaro*, Famiglie nobile venete, Cod. Vind. 6155, f. 169'–170.

[81] Venetiarum Historia (ed. *Cessi/Bennato*) S. 256: *Michaeles de urbe Romana venerunt, ex nobilissimo sanguine, scilicet Mutio, antiquitus procreati, tribuni anteriores fuerunt, sapientes, audaces, placibiles et elargitate plenissimi.* Für die humanistischen Ursprünge und Beziehungen zwischen Venedig und Rom vgl. *B. Marx*, Venezia – altera Roma. Ipotesi sull'umanesimo veneziano, Centro Tedesco di Studi Veneziani. Quaderni 10, Venezia 1978, und ausführlicher *Dies.*, Venedig – altera Roma? Transformationen eines Mythos, QFIAB 60 (1980) S. 325–373. Vgl. zu diesen »römischen« Traditionen *D. Chambers*, The Imperial Age of Venice, London 1970, S. 12 ff. Die Familie Polani, deren Aufstieg durch die Heiratsverbindungen mit den Michiel bedingt wurde, soll aus königlichem Hause stammen: Venetiarum Historia (ed. *Cessi/Bennato*) S. 256: *Polani, qui dudum regali fungebantur honore, de Polana parte venerunt ... pauci de personis.*

[82] Venetiarum Historia (ed. *Cessi/Bennato*) S. 257: *Cornelii, qui Caronarii nominati sunt, et post modum Cornarii usque ad presens nuncupati sunt, de Roma venerunt, tribuni nobiles et anteriores fuerunt, sapientes sagaces et valde ingeniosi, sed litigosi et concupiscientes nimiuim.*

Vorfahren im Großen Rat gesessen seien. Auf andere Weise ist die Aufnahme der Familie Avonal in den Großen Rat und damit in den Adel nicht zu erklären. Die Familie war in Besitz eines Ritterlehens auf Kreta, hatte aber sonst keine Rolle in der venezianischen Geschichte gespielt. Grund ihres Aufstiegs war die durch nichts zu beweisende Behauptung, die Nachfahren jener Tribunen aus dem Hause Da Noale zu sein, das nach dem Ausweis der Urkunden zu Beginn des 12. Jahrhunderts ausgestorben ist[83]. Die Namensähnlichkeit reichte offenbar aus, während sonst an den Nachweis der Ratsfähigkeit strenge Maßstäbe angelegt wurden.

Neben dieser allgemeinen Theorie über die Abstammung des venezianischen Adels geht eine weitere Tradition auf die Chronik Giustinian zurück. Der Chronist hebt eine Gruppe von zwölf Geschlechtern aus der Vielzahl heraus, deren Rang alle anderen übertreffen soll. Ihnen stellt er zwölf weitere zur Seite, die den anderen ebenfalls rangmäßig überlegen sein sollten[84]. Obwohl diese vierundzwanzig Familien erkennbar die politischen Führer des 13. und frühen 14. Jahrhunderts sind, bildeten die Aufzählungen dennoch den Kern einer weiteren Legende: Es sind dies diejenigen Familien, die eine spätere Historiographie als die »tribunizischen« heraushob. Diese sollen bereits bei der eigentlichen Gründung Venedigs im 5. Jahrhundert dabeigewesen sein. Neuzeitliche Autoren unterschieden zudem auch »apostolische« und »evangelische« Familien unter den vierundzwanzig[85]. Auf diese Weise ist der Exkurs in der Chronik Giustinian das älteste Zeugnis der auf Fabeln beruhenden venezianischen Geschlechtergeschichte.

Soweit die Feststellungen der Chronisten des 14. Jahrhunderts mit den Angaben in den Listen der Origo differieren, ist ihnen keinerlei eigenständiger Quellenwert beizumessen. Auf der anderen Seite erweisen sich die Mitteilungen der Origo als wertvolle Quelle für die Vorstellungswelt des 10. und 11. Jahrhunderts in Venedig. Die Aussage, daß die Mitglieder der Oberschicht damals ihre Herkunft auf die Tribunen der byzantinischen Provinz bezogen, ist ebenso von Belang wie die Tatsache, daß die Urkunden des 10. Jahrhunderts gegenüber den Adelskatalogen bereits eine starke soziale Mobilität zeigen.

---

[83] *Barbaro*, Famiglie nobile venete, Cod. Vind. 6155 f. 9'.

[84] Venetiarum Historia (ed. *Cessi/Bennato*) S. 276.

[85] Zur traditionellen venezianischen Unterteilung der Adelsgeschlechter vgl. *R. Bratti*, I codici nobiliari del Museo Correr di Venezia, Roma 1908, S. 5, und zuletzt *Georgelin*, Venise au siècle des lumières, S. 648 f.

Der venezianische Adel von den Anfängen
bis zum 10. Jahrhundert

Von den großen Umwälzungen, die Italien im 6. Jahrhundert betrafen, hat die Entwicklung der politischen und sozialen Geschichte Venedigs ihren Ausgang genommen. In spätantiker Zeit war der Lagunengürtel der Adria politisch mit dem Hinterland in der *regio decima* vereint, auch das Sozialgefüge unterschied sich in nichts von den anderen Teilen des römischen Reiches[1]. Auf das Leben auf den Laguneninseln im 6. Jahrhundert werfen die Bemerkungen Cassiodors ein wenig Licht: Eine relativ arme Bevölkerung ernährt sich von Salzgewinnung und Fischerei, den einzigen bedeutenden heimischen Gewerben. Einen weiteren Wirtschaftsfaktor bildet die Schiffahrt als Küsten- oder Lagunenfahrt, die Istrien mit dem Regierungssitz Ravenna verbindet. Da dieser Verkehrsweg auch politisch bedeutsam war, wachten über ihn *tribuni marittimorum*, ein erster Ansatz zu einer eigenen Verwaltung des Küstenstreifens[2]. Ein weiteres wertvolles Dokument zur Sozialgeschichte dieser Zeit ist das Fußbodenmosaik der Kirche S. Eufemia in Grado, das die Stifter mit ihrer Herkunft und ihren Berufen verzeichnet[3].

Die politischen Wirren, die dem Fall der gotischen Herrschaft in Oberitalien folgten, haben jene politischen Teilungen hervorgerufen, die Venedig erst entstehen ließen. Bald nachdem Kaiser Justinian I. den Kern des weströmischen Reiches wieder seiner Herrschaft unterworfen hatte, ging das oberitalienische Festland erneut verloren. Die Langobarden unterwarfen es, nur der Lagunengürtel konnte unter byzantinischer Herrschaft verbleiben, da die germanischen Eindringlinge nicht über die zur Eroberung notwendige Flotte verfügten[4]. Allerdings erfolgte die Unterwerfung des Festlandes nur sehr langsam, und die byzantinische Provinzialverwaltung konnte ihren Sitz in Oderzo zunächst beibehalten. Offenbar ging mit der Besetzung des Festlands durch die Langobarden die Flucht eines Teils der romanischen Bevölkerung der römischen *regio decima* in die unter byzantinischer Verwaltung verbleibenden Küstenstriche einher. War diese Bewegung zu Beginn sicherlich nicht als eine endgültige Besiedlung der Lagunen gedacht, so gewann sie durch den Gang der politischen Ereignisse dauerhaften Charakter. In einem raummäßig beengten Inselgebiet, dem das Hinterland fehlte, mußte sich eine angewachsene Bevölkerung in ein neues politisches und soziales Umfeld finden.

---

[1] Vgl. Storia di Venezia 1 (Centro Internazionale delle Arti e del Costume), Venezia 1958; *S. Mazzarino*, L'area veneta nel »Basso Impero«, in: Storia della Civiltà veneziana 1, S. 41–50.

[2] Brief an die *Tribuni marittimorum* von Venetien Variae 12, 24 (MG AA 12, S. 379–380).

[3] CIL 5, S. 149 ff. Nr. 1583–1616 = *Cessi*, Documenti, S. 5–7 Nr. 3. Vgl. *P. L. Zovatto*, Grado. Antichi monumenti, Bologna 1971.

[4] *Cessi*, Venezia ducale 1, S. 31 ff.; *Ders.*, Le origini territoriali del ducato veneziano, in: *Ders.*, Le origini del ducato veneziano, S. 13 ff.

1. See-Venetien als byzantinische Provinz

Die byzantinische Provinz Venetien nahm erst im Laufe des 7. Jahrhunderts feste Formen an[5]. Das Gebiet gehörte zum Exarchat von Ravenna und unterstand einem *magister militum*, der zunächst auch noch das byzantinische Istrien beherrschte. Geographisch bestand die Herrschaft zum überwiegenden Teil aus Lagunengebiet. Hinter den Lidi, die die Adria und die Lagunen trennten, lagen die Siedlungen auf Inseln. Es war jedoch zunächst nicht einmal möglich, den gesamten Küstenstreifen unter byzantinischer Hoheit zu halten. Das Gebiet um Marano wurde durch die Langobarden erobert, so daß die Herrschaft des *magister militum* in zwei Hälften zerfiel: An den istrischen Komplex schloß sich Grado an, der übrige Teil, Kern des späteren Venedig, erstreckte sich von Cittanova bis nach Cavarzere an der Etsch[6]. Nur an wenigen Punkten reichte die Macht der Byzantiner über die Lagunen hinaus. Bei dem späteren Kloster S. Ilario, bei Chioggia und weiter südlich gegen die Etsch hin gab es vereinzelt Festlandbesitz, im übrigen beschränkte sich Byzanz auf das Lagunengebiet, dessen Einnahme den Besitz einer Flotte vorausgesetzt hätte.

Dieses Rückzugsgebiet ohne Hinterland, wie es sich nach der langobardischen Eroberung herausgebildet hatte, zerfiel – wirtschaftlich gesehen – in zwei Hälften, wobei die Grenze etwa bei der heutigen Stadt Venedig verlief. Der Nordosten der Provinz besaß keinerlei Landreserven, die für den Anbau von Lebensmitteln in größerem Maße oder für die Viehwirtschaft ausgereicht hätten. Es ergab sich deshalb von selbst, daß zur Ernährung der Bevölkerung nur der Ausbau von Salinen und die Seefahrt dienen konnten. Etwas günstiger sah die Lage im Südwesten aus. Es gab genügend Land, um in bescheidenem Maße Ackerbau betreiben zu können. Gemüse und Reben sind als heimische Produkte bekannt. Dagegen hat man niemals Getreide angebaut, so daß die Provinz von Anbeginn an bei diesem Grundnahrungsmittel auf Importe angewiesen war. Das Lagunensalz bot sich hiefür als notwendiges Tauschmittel an.

Von den Ortschaften des Lagunengebiets konnten im 7. und 8. Jahrhundert vor allem zwei einen gewissen städtischen Charakter bewahren: Grado als Sitz des Patriarchen war das geistliche Zentrum, zum Regierungssitz wurde Eraclea (Cittanova) gewählt, nachdem das bisherige Verwaltungszentrum Oderzo von den Langobarden zerstört worden war[7]. Die übrigen Ortschaften, die als *castra* genannt werden, sind unbedeutende Flecken, denen aber immerhin noch als kleinere Einheiten *vici* politisch angegliedert waren[8].

---

[5] *Cessi*, Venezia ducale 1, S. 51–54 und 74–82. Obwohl nur für das Hochmittelalter mit Quellenbelegen ausgestattet, ist als Darstellung wichtig *L. Lanfrachi/G. G. Zille*, Il territorio del ducato veneziano, in: Storia di Venezia 2, Venezia 1958, S. 3–65 (mit Kartenskizzen).

[6] Vgl. *Hartmann*, Die wirtschaftlichen Anfänge Venedigs, VSWG 2 (1904) S. 434–442.

[7] *Cessi*, Venezia ducale 1, S. 74 ff.

[8] So hatte Torcello unter sich die *vici* Burano, Mazzorbo, Costanziaca und Ammiana; Murano die *vici* S. Michele und S. Cristoforo; Olivolo die *vici* Germine, Luprio, Spinalunga, Rialto; *Cessi*, Venezia ducale 1, S. 77.

Im Laufe des 8. und zu Beginn des 9. Jahrhunderts beginnt sich die traditionsreiche Funktion der einzelnen Ortschaften und Inseln in der Lagune zu verschieben. Als man den Regierungssitz nach Malamocco verlegte, bildete es ein gewisses Zentrum des Dukats, das bald durch Rialto abgelöst wurde. Hier hatte seit den Angriffen Pippins die Provinzverwaltung einen sicheren Sitz inmitten der Lagune[9]. Als auch der Handel als Wirtschaftszweig Bedeutung gewann, stieg Torcello zum Haupthafen der Lagunen auf, der durch den Zuzug der Kaufleute Wichtigkeit erlangte[10].

Der Aufbau der politischen Macht entsprach in Venetien genau dem Vorbild aller übrigen Gebiete Italiens, die unter byzantinischer Herrschaft verblieben waren[11]. Unter dem Exarchen regierte zunächst ein *magister militum*, dem auch Istrien unterstellt war[12]. Wann diese Einheit aufgegeben wurde, ist nicht sicher auszumachen, sie soll nach heimischer Tradition im 7., sicherlich aber im 8. Jahrhundert gelöst worden sein.

Entsprechend der kleineren Herrschaft über Venetien allein durfte der neue Provinzialstatthalter nur mehr den Titel *dux* tragen[13]. Sowohl der *magister militum* als auch der spätere *dux* waren keine Einheimischen, sondern wurden aus der Beamtenhierarchie des Exarchats bestimmt. Solange die Macht des Exarchen wirksam war, wurde dieser Brauch beibehalten. Spätestens seit der allgemeinen Revolte des byzantinischen Italien gegen die ikonoklastische Zentralregierung im Jahre 727 jedoch, gelang der heimischen Oberschicht der Zugriff auf das höchste politische Amt Venetiens. Die Richtigkeit der Tradition, daß die provinzialen Großen bereits im Jahre 797 den ersten Dogen Paulitius gewählt hätten, ist nicht zu beweisen[14]. Die Übernahme der Macht durch die bedeutendsten lokalen Geschlechter bewirkte auch einen Wechsel des Regierungssitzes. Seit der Zerstörung von Oderzo war Eraclea (Cittanova) der Regierungssitz Venetiens gewesen[15], dessen Tribunenfamilien deshalb eine besondere Bedeutung für die Politik besaßen. Es war ein Tribun aus Malamocco, der – zum Dogen ernannt – die politische Führung an seinen Heimatort verlegte[16]. Die weitere Verlegung nach Rialto war eine Antwort auf die drohende Gefahr eines fränkischen Angriffs, dem die Insel inmitten der Lagune trotzen konnte[17].

---

[9] So ausdrücklich Constantinus Porphyrogenitus, De administrando imperio (ed. *G. Moravcsik/ R. J. H. Jenkins*) CFHB 1, Washington 1967, S. 120.

[10] Vgl. *Kretschmayr*, Geschichte 1, S. 34 f. *Ders.*, Die Beschreibung der venezianischen Inseln bei Konstantin Porphyrogenitus, BZ 13 (1904) S. 482–506.

[11] Vgl. *Ch. Diehl*, Études sur l'administration byzantine dans l'exarchat de Ravenne, S. 23 ff. und 46 ff.; *L. M. Hartmann*, Untersuchungen zur Geschichte der byzantinischen Verwaltung in Italien, Leipzig 1889, S. 52 ff.

[12] *Kretschmayr*, Geschichte 1, S. 38 ff.; *Cessi*, Venezia Ducale 1, S. 90 ff.

[13] *Kretschmayr*, Geschichte 1, S. 38 ff.; *Cessi*, Venezia ducale 1, S. 19 ff.

[14] Vgl. *R. Cessi*, Paulitius dux, in: *Ders.*, Le origini del ducato veneziano, S. 155 ff.

[15] *Cessi*, Venezia ducale 1, S. 68 ff.; *Ders.*, L'iscrizione torcellana del sec. VII, in: *Ders.*, Le origini del ducato veneziano, S. 33 ff.; *V. Lazzarini*, Un' iscrizione torcellana del secolo VII, in: *Ders.*, Scritti di paleografia e diplomatica, S. 387–397.

[16] *Kretschmayr*, Geschichte 1, S. 50 ff.; *Cessi*, Venezia ducale 1, S. 106 ff.

[17] *Kretschmayr*, Geschichte 1, S. 60 ff.; *Cessi*, Venezia ducale 1, S. 155 ff.

Die Zentren der Verwaltung Venetiens bildeten die *castra*. In ihnen hatten die lokalen Beamten ihren Sitz, die in dem Lagunengürtel ähnlich wie im übrigen byzantinischen Italien auch den Titel *tribunus* trugen[18]. Das Amt war ursprünglich aus dem eines Kommandanten der *numeri* hervorgegangen, doch vereinigten sich bald militärische, zivile und richterliche Gewalt. Der lokale *tribunus* war der eigentliche Herrschaftsträger geworden, in dessen lokale Befehlsgewalt keine vorgesetzte Stelle hindernd eingriff. Theoretisch blieb das Amt von der byzantinischen Hierarchie abhängig, doch wurde die Würde bald erblich. Aus dem byzantinischen Amt war eine lokale Herrschaft hervorgegangen, die auf dem Übergewicht der reichsten und einflußreichsten lokalen Familien beruhte. Sobald alle Mitglieder der herrschenden Sippe den Tribunentitel trugen, war aus dem Amtsadel der byzantinischen Zeit der älteste venezianische Geburtsadel geworden.

2. Das venezianische Tribunat

Da die venezianischen Quellen für das 7. und 8. Jahrhundert nur sehr spärlich erhalten sind, muß die genaue Struktur dieser Oberschicht aus Vergleichen mit dem besser dokumentierten übrigen byzantinischen Italien erschlossen werden[19]. Es scheint sicher, daß das Amt eines *tribunus* sehr schnell an lokale Familien gelangte, die es an ihre Nachkommen vererbten. Es ist in der Regel die größte Grundbesitzerfamilie, die sich die politische Macht sichern kann und weitgehend autonome Herrschaften bildet[20].

Mit dem 9. Jahrhundert setzt eine reichhaltigere schriftliche Überlieferung ein. In den frühesten erhaltenen Urkundenbelegen zeigt sich eine Fortentwicklung der ältesten Zustände, wie sie auch aus dem weitaus besser erschlossenen benachbarten Istrien wohlbekannt ist[21]. *Tribunus* ist längst kein Amtstitel mehr, er bezeichnet nunmehr den Angehörigen eines Geburtsstandes, der seine Herkunft auf die alten Amtsträger zurückführt. Es scheint, daß die Inhaber jenes lokalen Führungsamtes, die einst den Titel *tribunus* trugen, nunmehr als *primas* bezeichnet werden[22]. Daß diese politischen Herrschaftsträger wohl ohne Ausnahme aus der Tribunenschicht stammen, sichern die wenigen erhaltenen Quellen.

---

[18] *Kretschmayr*, Geschichte 1, S. 41 f.; *Merores*, Der venezianische Adel, S. 199 ff. Wichtigste Quelle, wenn auch sehr fragwürdig, Origo (ed. *Cessi*) passim.

[19] *Ch. Diehl*, Études sur l'administration byzantine dans l'exarchat de Ravenne, S. 23 ff., 46 ff. und öfter. *Hartmann*, Untersuchungen zur Geschichte der byzantinischen Verwaltung in Italien, S. 52 ff., 57 ff. und 61; *Ders.*, Geschichte Italiens 2, 2, S. 101 ff.

[20] Vgl. *Lenel*, Vorherrschaft, S. 114 f.; *Cessi*, Venezia ducale 1, S. 220.

[21] Hauptquelle ist das *placitum* von Risano vom Jahre 804 (*Cessi*, Documenti 1, S. 60–67 Nr. 40).

[22] Dies geht wohl aus der Zeugenliste (*Cessi*, Documenti 1, S. 99 Nr. 53) hervor, wo ein *Carosus, filius Bonizos, tribuno et primato* genannt wird. Da andere nur als Tribunen angesprochen werden, ist der *primas* wohl ein Amt, das vor dem eines Tribunen rangierte. Vgl. *Cessi*, Venezia ducale 1, S. 221; *Lenel*, Vorherrschaft, S. 116, sieht in den *primates* Vorläufer der späteren *iudices*. In der Einleitung des Pactum Lotharii (MG Const. 2, S. 131) wird in das Abkommen eingeschlossen *cum omnibus hüs locis habitantibus tam episcopis ac sacerdotibus quam et primatibus seu reliquo populo.*

War der langsam entstehende Staat Venedig schon durch die äußeren Gefahren schweren Bedrohungen ausgesetzt, so sorgte die Rivalität unter den Tribunenfamilien für ständige Instabilität. Die moderne Forschung hat versucht, verschiedene Parteien in diesen Auseinandersetzungen zu erkennen, wobei meist eine probyzantinische von einer Festlandspartei unterschieden wird, doch geben die Quellen für derartige Schlüsse zu wenig Hinweise[23]. Fest steht nur, daß die einheimischen Adelsfamilien nach der Loslösung von der Zentralgewalt untereinander völlig uneins waren. Auch wenn die Wahl der *duces* durch den Hof in Konstantinopel bestätigt wurde, fehlte dem aus der Tribunenschicht hervorgegangenen Führer gegenüber seinen Standesgenossen die Legitimität. In den meisten Fällen endete die Herrschaft des Dogen durch den Aufstand einer Tribunenpartei[24]. Es stellt einen ersten Ansatz zur Einschränkung der Dogengewalt durch die Großen dar, wenn im 9. Jahrhundert dem obersten Gerichtsherrn regelmäßig zwei Tribunen an die Seite gestellt werden[25]. Dennoch blieb die venezianische Adelsschicht im gesamten 9. Jahrhundert in sich gespalten.

Über die Lebensweise dieser Schicht im 9. Jahrhundert ist so gut wie nichts bekannt, nur das Testament des Dogen Iustinianus Particiaco aus dem Jahr 829 verdeutlicht die wirtschaftlichen Grundlagen, auf denen die Macht der Tribunen beruhte[26]. Das erste Geschlecht des Dogats verfügte über einen großen städtischen Grundbesitz mit dem Familiensitz, im Dogat besaßen die Particiaco Äcker, Wiesen, Weiden und Vieh. Auf dem Festland hatten sie Güter bei Treviso. Auch wertvolles Hausgerät und Kostbarkeiten zählte das Testament auf. Was dieses Bild eines großen Grundbesitzers jedoch von dem seiner Standesgenossen auf dem Festland abhebt, ist die Beteiligung am Seehandel. Der Doge hat nicht weniger als 1200 lib. in laufende Geschäfte investiert, über die er unter Vorbehalt einer glücklichen Rückkehr verfügt[27]. Bereits im 9. Jahrhundert stellt sich die Alternative, entweder Grundherr oder Kaufmann zu sein, in Venedig nicht.

Diese in sich gefestigte Tribunenschicht beginnt sich gegen Ende des 9. Jahrhunderts aufzulösen. Der Titel *tribunus* verschwindet aus den Urkunden, während gleichzeitig die Verfassung des Dogats einer völligen Änderung unterworfen ist. Nur die Fabeleien der einzelnen Fragmente der Origo erzählen weiterhin von Tribunen. Die venezianische Gesellschaft des 10. Jahrhunderts hat bereits ein anderes Gesicht, die byzantinische Provinz beginnt sich an die Verfassung Oberitaliens anzugleichen, ohne daß die Verhältnisse identisch werden.

---

[23] Dies gezeigt zu haben, ist eines der großen Verdienste von *Cessi*, Venezia ducale, passim.

[24] Vgl. unten Kap. 3.

[25] Iohannes Diaconus (ed. *Monticolo*) S. 98 beschreibt die erstmalige Einsetzung der Tribunen sehr unfreundlich: ... *Dominicum, cognomento Monegarium Metamaucensem, ducem sibi fecerunt, et ut mos vulgi est, qui numquam in praeposita voluntate persistens, sed quondam superstitiae stultitia alias atque ac inventiones excogitans, primo illius ducati anno tribunos duos, qui sub ducali decreto consisterent, sibi prepossuerunt; quod etiam per singulos annos prenominati ducis vite facere conati sunt.* (756–764). Endgültig wohl unter Agnellus Particiaco eingesetzt: Iohannes Diaconus (ed. *Monticolo*) S. 106: *sub dignitate etiam cuius duos tribunos per singulos annos fieri constituerunt.*

[26] *Cessi*, Documenti 1, S. 93–99 Nr. 53.

[27] *Cessi*, Documenti 2, S. 96 Nr. 53.

3. Die venezianische Gesellschaft des 10. Jahrhunderts

Die reichere Urkundenüberlieferung des 10. Jahrhunderts und die Nachrichten erzählender Quellen erlauben es, einen Querschnitt durch die venezianische Gesellschaft zu zeichnen. Es kann kein Zweifel bestehen, daß die zahlenmäßig stärkste Schicht des Dogats die Unfreien und Sklaven gewesen sind[28]. Ihre Lebensbedingungen waren freilich sehr unterschiedlich. Vor allem in den kleineren Orten Venetiens lebte eine große Zahl unfreier Arbeiter, die auf den Besitzungen des Adels in der Landwirtschaft und als Salinenbewirtschafter ihr Leben fristeten[29]. Wohl etwas besser gestellt waren die Hausdiener, deren Freilassung beim Tod des Herrn üblich gewesen zu sein scheint[30]. Ebenfalls im Haus der Besitzer angesiedelt waren Arbeiter, die durch Gewerbe ihren Besitzern Gewinn brachten[31]. Darüber hinaus ist sogar sicher bezeugt, daß sich der Doge bei Handelsgeschäften mit Oberitalien unfreier Kaufleute bediente[32].

Daß diese unfreie Bevölkerung an Zahl nicht kleiner wurde, besorgte der venezianische Sklavenmarkt. Venedig ist eines der Hauptzentren des Sklavenhandels, das, unbeirrt von kirchlichen Geboten und freiwilligen Verzichtserklärungen der Dogen, im internationalen Großhandel tätig ist[33].

Die rechtlich freie Bevölkerung des Dogats teilen die Urkunden in *maiores, mediocres et minores*[34], wie es auch sonst in Italien in dieser Zeit üblich ist. Es liegt an der schriftlichen Überlieferung, daß fast alles, was bekannt ist, die *maiores* betrifft. Sicherlich unter die *minores* zu zählen sind in aller Regel die Freigelassenen[35]. Sicher bezeugt ist ihre Mitarbeit in der Landwirtschaft, doch werden freigelassene Hausdiener etwa in den meisten Fällen der städtischen Unterschicht angehört haben. Ebenfalls zu den Kleinen sind wohl die Handwerker zu zählen, deren Unterdrückung eine Quelle des frühen

---

[28] Ihre Bedeutung erhellen die Erzählungen in den Fragmenten der Origo (ed. *Cessi*) mehr als die Urkunden.

[29] Origo (ed. *Cessi*) S. 157 schildert, wie die Adelsgeschlechter Cittanova (Eraclea) verlassen: *nullus enim remansit in predicta civitate nisi tantummodo libertini et servi ac cultores vinearum.*

[30] Testament des Iustinianus Particiaco 829 (*Cessi*, Documenti 1, 96 f. Nr. 53): *Servi vero et ancillas mias vollo, ut omnes sunt liberi et liberos secundum suas voluntates conscriptas.*

[31] Origo (ed. *Cessi*) S. 148: *Monchanici, qui Moysolini appellati sunt, da Mosestre venerunt; tribuni ante fuerunt. multitudo servorum suorum et Flabianici laborabant multa artificia.*

[32] 924 Feb. 29, MG Capit. 2, S. 148–150 Nr. 240 (Paktum König Rudolfs): *nam vero praedictus dux suique heredes suique negociatores nullo in loco persolvant.*

[33] Vgl. *J. Hoffmann*, Die östliche Adriaküste als Hauptnachschubbasis für den venezianischen Sklavenhandel bis zum Ausgang des 11. Jahrhunderts, VSWG 55 (1968) S. 165–181; *Ch. Verlinden*, L'esclavage dans l'Europe médiévale 2, Gent 1977, S. 115 ff. und S. 550 ff.; Verbote des Sklavenhandels aus dem Jahr 945 bei *Tafel/Thomas* 1, S. 16 f. Nr. 12 und von 960 ebd., S. 17 ff. Nr. 13.

[34] Vgl. Kap. 3 Anm. 73.

[35] Zahlreich in den Zehntlisten des 10. Jahrhunderts: *Cessi*, Documenti 2, S. 109 f. Nr. 58; S. 110 ff. Nr. 59; S. 139 ff. Nr. 70.

11. Jahrhunderts erhellt[36]. Ihre Zahl dürfte nicht bedeutend gewesen sein, da das Gewerbe in Venedig noch kaum entwickelt war.

Eine mittlere Schicht, die sich in den Handelsurkunden immer wieder manifestiert, dürfte aus einem Teil der Kaufmannschaft bestanden haben[37]. Diese Händler scheinen über nicht unbedeutende Mittel verfügt zu haben, doch erscheinen die Familiennamen weder in den Adelsverzeichnissen der Origo noch in den Zeugenlisten der Dogenurkunden.

Sind diese Schichten der venezianischen Gesellschaft nur schwer und durch einzelne Überlieferung sicher auszumachen, so tritt die Oberschicht des 10. Jahrhunderts in den Urkunden deutlicher hervor. Während im 9. Jahrhundert die Oberschicht ein geschlossener Geburtsstand gewesen ist, der sich durch die Anrede als *tribunus* von allen anderen Schichten unterschied, tritt im 10. Jahrhundert eine zunehmende Verwirrung in der Terminologie ein. Länger als der Standestitel *tribunus*, der bereits zu Ende des 9. Jahrhunderts aus der Urkundensprache verschwand, hielt sich der Amtstitel *primas*, doch auch der wurde in der zweiten Hälfte des 10. Jahrhunderts immer seltener[38]. Die Angehörigen der venezianischen politischen Führungsschicht werden nunmehr gewöhnlich als *nobiles, nobiliores, magnates* bezeichnet, ohne daß sich aber eine feste Terminologie durchsetzen konnte. Eine Übernahme der Bräuche des benachbarten Festlandes ist es wohl gewesen, daß die Teilnehmer an der politischen Beratung des Dogen in dieser Eigenschaft als *boni homines* bezeichnet werden[39]. Insgesamt konnte sich jedoch kein Titel für ein Mitglied der venezianischen Oberschicht behaupten.

Der Verwirrung in der Bezeichnung der Mitglieder der heimischen Oberschicht muß eine Entwicklung in der venezianischen Gesellschaft entsprechen. *Tribunus* reichte als Bezeichnung nicht mehr aus, da der Titel nicht alle jene umfaßte, die an der politischen Beratung führend beteiligt waren. Das Namensmaterial der Urkunden zeigt in der Tat deutlich, daß vom 9. bis zur Mitte des 10. Jahrhunderts ein Wandel erfolgt ist. Dabei machen die Urkunden aber auch deutlich, daß die Veränderungen an der Spitze der Gesellschaft nicht mit dem Untergang der alten Tribunenschicht einhergingen. Für eine nicht geringe Zahl der Familien ist selbst bei beschränktem Material die Kontinuität vom Tribunenadel zur Führungsschicht des 10. Jahrhunderts sicher nachzuweisen[40]. Die

---

[36] Urkunde über ein *placitum*, das die Eisenarbeiter betrifft: Iohannes Diaconus (ed. *Monticolo*) Anhang Nr. 1, S. 175 f.

[37] Vgl. *Morozzo/Lombardo* 1 (Urkunden aus der ersten Hälfte des 11. Jahrhunderts), wo Namen wie Spicator da Molin, Traculo, Caytava, Fay, Roso und Barbarigo auftauchen, die im *placitum* der Zeit nicht nachweisbar sind.

[38] Vgl. Kap. 3 Anm. 74.

[39] Vgl. *Lenel*, Vorherrschaft, S. 112; zum Bezug nach Oberitalien *Pertile*, Storia del diritto italiano 2/1, S. 244. Zu den *boni homines* allgemein *K. Nehlsen-von Stryk*, Die boni homines des frühen Mittelalters, Berlin 1981, für den langobardischen Raum bes. S. 289 ff.

[40] So finden sich von der Elite des 9. Jahrhunderts folgende Familien in späteren Urkunden wieder: Bradani (Bradanisso, Bradonici): Iohannes Diaconus (ed. *Monticolo*) S. 111; Origo (ed. *Cessi*) S. 142–144, 151, 155. Candiano. Caloprini (im 9. Jahrhundert Bischof von Torcello):

Origo, deren ältere Adelsliste eben aus der Zeit dieser Umwälzungen stammt, behauptet diese Kontinuität für zahlreiche andere Geschlechter[41]. Daß die jüngere Adelsliste die Zahl der angeblichen Tribunenfamilien noch einmal vermehrt, verdeutlicht, wie sehr diesen Angaben im Einzelfall mißtraut werden muß[42]. Dennoch zeigen diese Quellen, daß man sich einer Kontinuität bewußt war und jüngere Familien der Oberschicht bemüht waren, diese angebliche Kontinuität auch für das eigene Geschlecht zu behaupten.

Aus den Zeugenlisten der Dogenurkunden geht jedoch unbezweifelbar hervor, daß zu den alten Tribunenfamilien eine nicht unbedeutende Zahl aufgestiegener Geschlechter hinzugestoßen war[43]. Diese neuen Mitglieder der Führungsschicht stehen gleichberechtigt neben den älteren Familien, ohne daß die Zahl der unterfertigenden Mitglieder einer Familie oder die Reihenfolge der Nennung einen Standesunterschied erkennen lassen. In der Gründungsurkunde des Klosters S. Giorgio Maggiore aus dem Jahre 982 stehen unter den etwa einhundert Namen Mitglieder der *nobiliores* der Origo und andere Familien in etwa gleicher Zahl nebeneinander. Die Zahlen der übrigen Zeugenlisten der Dogenurkunden des 10. Jahrhunderts zeigen, daß dies kein Einzelfall ist. Zugleich legen sie aber auch Zeugnis davon ab, wie gegen Ende des Jahrhunderts der Aufstieg neuer Familien und deren sich ausbreitende Mitwirkung an der Politik erkennbar wird. Das Verbot des Sklavenhandels unterzeichnen 28 *nobiliores* und 30 Vertreter anderer Familien. Das Verbot des Sarazenenhandels 971 bestätigen mit ihrer Unterschrift 20 Vertreter der alten Geschlechter und 50 Sonstige. Als 998 ein Verbot ergeht, im Dogenpalast bewaffnete Tumulte anzuzetteln, sind 26 Adelsgeschlechter der Origo 60 Vertretern anderer Familien gegenübergestellt[44]. Durch die Verschmelzung alter Adelsfamilien mit einer breiten

---

Kretschmayr, Geschichte 1, S. 405; Origo, S. 46 f., 143, 145, 147, 158. Falier: Iohannes Diaconus, S. 117; Origo, S. 47, 143, 147, 158. Flabianico: Iohannes Diaconus, S. 118; Origo, S. 47, 147, 158. Gradenigo: Iohannes Diaconus, S. 117. Granzarolo: *Cessi*, Documenti 2, S. 21 Nr. 15. Lodoyto (Bischof von Torcello): *Kretschmayr*, Geschichte 1, S. 405; Origo, S. 46, 148, 158. Magistraco (Magistrerso): *Cessi*, Documenti 1, S. 118 Nr. 60. Mastalici: Iohannes Diaconus, S. 112; *Cessi*, Documenti 1, S. 118 Nr. 60; ebd. 2, S. 21 Nr. 15; Origo, S. 46 f., 143, 146, 158. Mataturi (Bischof von Castello): *Kretschmayr*, Geschichte 1, S. 407. Monetario: Iohannes Diaconus, S. 108, 112. Particiaco. Pasqualigo: *Cessi*, Documenti 1, S. 95 Nr. 53. Patricio: *Cessi*, Documenti 2, S. 21 Nr. 15; Iohannes Diaconus, S. 112. Senatori (Bischof von Torcello): *Kretschmayr*, Geschichte 1, S. 405. Talonico (Tanolico): *Cessi*, Documenti 1, S. 74 Nr. 44; Origo, S. 44, 145, 158.

[41] Origo (ed. *Cessi*) S. 146–153.

[42] Zum Beispiel Calbonici, Catelessi (Barbati), Fundacini, Gemani, Iani, Maximi Bassani, Ronzi, Storlato, Venier.

[43] Antolino, Aurifex, Barozzi, Bembo, Boso, Bragadin, Capello, Caraciacanevo, Caucanino, Cirino, Dolfin, Emiliano, Encio, Feolo, Florencio, Foscari, Fuschello, Giustinian, Greco, Maciamano, Magno, Manni, Martinacio, Minigo, da Molin, Navazoso, Pantaleo, Rapedello, Sadulo, Sgaldario, Sulmulo, Vitaliano, Zulian. Bereits im 10. Jahrhundert in Dogenurkunden und später regelmäßig im *placitum*.

[44] *Cessi*, Documenti 2, S. 70 ff. Nr. 41; S. Giorgio Maggiore (ed. *Lanfranchi*) S. 15 ff. Nr. 1 = *Cessi*, Documenti 2, S. 115–122 Nr. 61. *Cessi*, Documenti 2, S. 86 ff. Nr. 49; ebd., S. 161 ff. Nr. 81.

Schicht von Aufsteigern entstand die venezianische Führungsschicht des 10. Jahrhunderts.

Grund und Boden und Verfügung über Produktionsmittel wie Salinen dürften auch im 10. Jahrhundert noch in starkem Maße die wirtschaftliche Grundlage dieser Führungsschicht gewesen sein. Das im Dogat nur begrenzt vorhandene Ackerland sowie Salinen, Fischerei- und Mühlenrechte sind besonders bei den alten Tribunenfamilien als Rückhalt des Vermögens anzusehen. Als bewegendes Element der venezianischen Wirtschaft tritt jedoch in zunehmendem Maß der Handel hinzu. Von diesem Wirtschaftszweig berichten erstmals die Quellen des 8. Jahrhunderts[45], und es kann kein Zweifel daran bestehen, daß sich ein großer Teil der begüterten Familien an diesem einträglichen Geschäft beteiligt hat. Die Möglichkeiten, Grundbesitz zu erwerben, waren im Lagunenbereich zu gering, um eine neue Schicht von Grundbesitzern entstehen zu lassen. Wohl allein aufgrund der Anhäufung von Reichtum aus einer Kaufmannstätigkeit ist der Aufstieg einer derart großen Zahl neuer Familien in die politische Führung des Dogats zu erklären.

4. Die ethnische Zusammensetzung der venezianischen Gesellschaft

Die venezianischen Theorien über die Ursprünge des eigenen Staates ließen erwarten, im Namensmaterial der frühen Zeit fast ausschließlich provinzial-romanische Elemente zu finden. Ein Blick auf die übrigen Teile des byzantinischen Italien zeigt, daß in der Tat die Gleichheiten in der Namensgebung überwiegen[46], daß es jedoch auch bemerkenswerte andere Gruppen in der Bevölkerung bis in die Adelsschicht hinein gegeben hat.

Die Familiennamen, deren Aufkommen mit gleichzeitigen Tendenzen im byzantinischen Reich zusammenhängen dürfte, erweisen sich in ihrer Mehrheit als Patronymika, daneben spielen Herkunftsbezeichnungen eine größere Rolle[47]. Die Familiennamen geben in jedem Falle bessere Auskunft über die Herkunft einer Familie als die Vornamen, da diese in stärkerem Umfang Moden unterliegen können.

---

[45] *Cessi*, Venezia ducale, S. 238 ff., mit Quellenmaterial. Vgl. auch *Hartmann*, Die wirtschaftlichen Anfänge Venedigs, VSWG 2 (1904) S. 434–442.

[46] Vgl. etwa die Zustammenstellung der Bevölkerungsgruppen im byzantinischen Ravenna bei *Guillou*, Régionalisme, S. 78 ff., gegen dessen statistische Interpretation des Themas jedoch *P. Classen*, Italien zwischen Byzanz und dem Frankenreich, in: Nascita dell'Europa ed Europa Carolingia, Settimana 27, Spoleto 1981, S. 925 Anm. 9, zu Recht Einspruch erhebt. Über dieses Problem im Frühmittelalter in Italien vgl. *E. Sestan*, La composizione etnica della società in rapporto allo svolgimento della civiltà in Italia nel secolo VII, Caratteri del secolo VII, Settimana 5, Spoleto 1958, S. 649–677.

[47] Vgl. *Merores*, Der venezianische Adel, S. 196. *Folena*, Gli antichi nomi di persona, Atti del Istituto Veneto, Scienze, Lettere ed Arti 129 (1970/71) S. 445–484.

Es kann unter den politischen Umständen des frühen Mittelalters nicht überraschen, daß neben provinzialromanischen Namen besonders auch solche des griechisch-byzantinischen Raumes zu finden sind. Es gibt etliche Namen, die aus dem Osten stammen dürften, daneben sind manche Eigenheiten der Formen byzantinisch beeinflußt[48]. Gerade bei diesen Befunden ist jedoch stets zu fragen, ob hinter der Gräzisierung nicht das bewußte politische Programm einer Adelspartei stand. Ohne Zweifel spielt ein byzantinisches Element in der venezianischen Oberschicht eine nicht unbedeutende Rolle.

Die Verbindung zwischen Venetien und der dalmatinischen Küste hatte durch ständigen Adriaverkehr bereits in römischer Zeit bestanden. Wenn auch vor allem das 9. Jahrhundert wegen der Piraterie der Narentaner eine ständige Feindschaft zwischen dem Dogat und seinen südöstlichen Nachbarn gesehen hat, so dürften doch die Handelsbeziehungen niemals ganz abgerissen sein[49]. Bereits vor dem Eroberungszug des Dogen Petrus II. Orseolo gegen die dalmatinische Küste ist mit Kontakten zu rechnen, da Dalmatien in besonderem Maß Lieferant von Nachschub für den venezianischen Sklavenmarkt war[50]. Gerade in unfreien Schichten und bei den Freigelassenen ist mit einem Anteil an Dalmatinern zu rechnen.

Sehr viel schwerer sind die Verbindungen des Dogats mit Istrien nachzuweisen. Es sind in der Regel dieselben Namen, die in den beiden Provinzen in Gebrauch waren, von einem ethnischen Gegensatz kann keine Rede sein. Landbesitz der toten Hand und Grundbesitz des Dogats verbanden Istrien mit Venedig, was seit dem 10. Jahrhundert

---

[48] 994–1008: Iohannes Greculo (*Cessi*, Documenti 2, S. 140 Nr. 70). Helliadi (*Cessi*, Documenti 2, S. 70 ff. Nr. 41; ebd., S. 161 ff. Nr. 81); Iohannaceni (*Cessi*, Documenti 2, S. 86 ff. Nr. 49); Teoduni (*Cessi*, Documenti 2, S. 86 ff. Nr. 49); Badoer, ein Name den drei venezianische Geschlechter tragen, scheint ebenfalls griechisch zu sein (Baduarios hieß der Schwiegersohn Kaiser Iustins II., der im 6. Jahrhundert als Feldherr nach Italien ging; vgl. *Hartmann*, Geschichte Italiens 2, S. 47 mit Anm. 10). Darüber hinaus ist der im 9. Jahrhundert feststellbare Zusatz *kata* zum Familiennamen byzantinischer Herkunft. Zu griechischen Namensbräuchen vgl. auch *Merores*, Der venezianische Adel, S. 196. Aus byzantinischem Italien: *Gauli qui Sgaudarii appellati sunt, de Gaeta civitate venerunt* (Origo [ed. *Cessi*] S. 147). Nach *Guillou*, Régionalisme, standen im 6. Jahrhundert in Ravenna 50 lateinischen oder gotischen Namen 53 Namen orientalischer Herkunft gegenüber.

[49] Vgl. *E. Sestan*, La Conquista veneziana della Dalmazia, in: Storia della civiltà veneziana 1, S. 159–174; zahlreiches Material bei Iohannes Diaconus, Cronaca veneziana (ed. *Monticolo*). Für die angebliche Herkunft der Oberschicht aus Dalmatien vgl.: *Danii Danei de Chroacia venerunt* (Origo [ed. *Cessi*] S. 149); *Abri, Liadi appellati sunt, de Iadra venerunt civitate* (Origo [ed. *Cessi*] S. 149); *Armuni, qui appellati sunt Armadi, de Absaro venerunt* (Origo [ed. *Cessi*] S. 150); *Sirani de Syria Dalmaciae venerunt* (Origo [ed. *Cessi*] S. 151).

[50] Vgl. hierzu *J. Hoffmann*, Die östliche Adriaküste als Hauptnachschubbasis für den venezianischen Sklavenhandel bis zum Ausgang des 11. Jahrhunderts, VSWG 55 (1968) S. 165–181. Als Beispiel eines slawischen Namens mag genügen: Ioannes Spetamiri (994–1008, *Cessi*, Documenti 2, S. 142 Nr. 70). Zu Personen avaro-slawischer Herkunft in Ravenna vgl. *Guillou*, Régionalisme, S. 98.

wieder eine stärkere politische Bindung nach sich zog[51]. Es ist auffällig, wie oft gerade die Origo die Abstammung venezianischer Adelsfamilien aus Istrien postuliert[52].

Lassen die bisher besprochenen Elemente der Bevölkerung des Dogats vor allem traditionelle Bindungen aus römischer und byzantinischer Zeit erkennen, so sind die Verbindungen zwischen Venedig und dem langobardischen Oberitalien komplizierterer Natur. Zwar behauptete die einheimische Tradition, daß die Bevölkerung als Flüchtlinge auf die Insel gekommen sei, doch ist gerade in den Urkunden des 9. und 10. Jahrhunderts eine zunehmende personelle Verflechtung zwischen Venedig und dem *Regnum Italiae* feststellbar. Mehrere Geschlechternamen deuten auf die Abkunft ihrer Träger aus der Gegend von Treviso und aus dem Paduanischen hin[53]. Die Grenzen zwischen dem byzantinischen Venedig und dem fränkischen Festland scheinen für einen Austausch durchaus offen gewesen zu sein. Darauf deutet auch der Grundbesitz hin, wie er etwa für die Familie Particiaco belegt ist. Daß auch von Pavia, der Hauptstadt des italienischen Königreiches, Zuzug zum Rialto beweisbar ist, darf wohl als Folge der Handelsbeziehungen gelten[54].

Neben diesem normalen Menschenaustausch zwischen zwei benachbarten Gebieten kann eine weitere Quelle für das langobardische Element in der Bevölkerung ausgemacht werden. Zwar war der Sklavenhandel geächtet und bereits im Paktum Kaiser Lothars I. mit Venedig als Geschäft ausdrücklich verpönt worden[55], doch kümmerte sich sichtlich niemand um diese Verbote. Die venezianischen Steuerlisten des 10. Jahrhunderts, denen

---

[51] Vgl. dazu *Lenel*, Vorherrschaft, S. 28 ff.; *G. De Vergottini*, Venezia e l'Istria nell'alto medioevo, in: Storia della civiltà veneziana 1, S. 71–83; *Rösch*, Venedig und das Reich, S. 101 ff. (mit weiterer Literatur). Wichtigste Urkunden: Vertrag mit Capodistria 932 (*Tafel/Thomas* 1, S. 5–10 Nr. 10 = *Cessi*, Documenti 2, S. 52–55 Nr. 35); Vertrag mit Markgraf Winitherius von Istrien und einer Anzahl von Städten 933 (*Tafel/Thomas* 1, S. 10–16 Nr. 11 = *Cessi*, Documenti 2, S. 55–59 Nr. 36); Vertrag mit Capodistria 976 (*Tafel/Thomas* 1, S. 31–35 Nr. 15 = *Cessi*, Documenti 2, S. 105–108 Nr. 56).

[52] *Calbani de Capra Ystrie venerunt* (Origo [ed. *Cessi*] S. 147); *Tribuni Apoli, Trundonici appellati sunt, de Pola venerunt* (Origo [ed. *Cessi*] S. 147).

[53] Am deutlichsten ist dies feststellbar bei der Familie Trevisan, doch stammt der Name Centraco etwa von dem *centracus* als Führer einer Hundertschaft in Padua oder Vicenza ab (*Merores*, Die venezianischen Salinen, S. 94). Zahlreich sind auch die Beispiele von Familien aus Padua in der Origo (ed. *Cessi*) S. 150: *Scugnati tribuni, Iani appellati sunt, de Patua venerunt*; S. 150: *Transmundi, qui Stornati modo appellati sunt, de Tarvisio venerunt*; S. 152: *Paressi de Patua venerunt*; S. 153: *Karabi Kalabrisini, de Canales appellati sunt, de Patua venerunt.*

[54] Steuerliste von 994 bis 1008, *Cessi*, Documenti 2, S. 141 Nr. 70: *Zorchus, Papie qui fuit.* Zu den Beziehungen zwischen Venedig und Pavia sind die wichtigste Quelle die sogenannten Honorantiae civitatis Papiae (ed. *Brühl/Violante*), Wien–Köln–Graz 1982, daneben für das frühe Mittelalter Odo von Cluny in der Vita des heiligen Gerald von Aurillac. Vgl. hierzu *Schaube*, Handelsgeschichte, S. 709; *A. Solmi*, L'amministrazione finanziaria del regno italico nell'alto medioevo, Pavia 1932, bes. S. 91 ff., und *Rösch*, Venedig und das Reich, S. 130.

[55] § 3–5 MGH Capit. 2, S. 130–136 Nr. 233.

wir zahlreiches Namensmaterial verdanken, verzeichnen auch eine Anzahl zehntpflichtiger Freigelassener, bei denen der Rufname Langobardus als Eigenname nicht selten ist[56]. Offenbar ist in allen Schichten der Bevölkerung durch die Jahrhunderte während Nachbarschaft ein germanisches Element vorhanden gewesen.

In diesem Zusammenhang sind auch einige Urkunden von Bedeutung, in denen sich Venezianer in Streitfällen zu dem Recht bekennen, nach dem sie leben. Im Dogat hatte dies keinerlei Bedeutung, da hier unbeschränkt die Territorialität des Rechts in römischer Tradition Geltung hatte. Deshalb kennt das Urkundenformular das Bekenntnis zu einem Stammesrecht nicht. Nur wenn Venezianer im langobardischen Bereich an Beurkundungen teilnahmen, kann festgestellt werden, nach welchem Recht sie leben wollten. Es unterstreicht die Bedeutung des germanischen Elements in der Bevölkerung, daß in Privaturkunden des oberitalienischen Festlandes so wichtige venezianische Familien wie Candiano und Falier bekennen, nach langobardischem Recht zu leben[57].

Bis zum Ende des 10. Jahrhunderts hatte der venezianische Adel sich bereits von den Zuständen der byzantinischen Provinz entfernt. Aus der Tribunenschicht des 9. Jahrhunderts, die als Geburtsstand anzusprechen ist, hatte sich durch den Aufstieg zahlreicher Geschlechter, deren Vermögen wohl in großem Umfang auf Handelsgeschäften beruhte, eine neue Oberschicht entwickelt. Daß ein starkes kaufmännisches Element den Aufstieg in der Gesellschaft ermöglichte, sollte für die folgende Zeit von grundlegender Bedeutung werden.

---

[56] In den Steuerlisten von 978/79, *Cessi*, Documenti 2, S. 109 Nr. 58: *Ioannes Longobardo, libertus Urso Daneo, iuravit et dedit.* Steuerliste von 979/991, *Cessi*, Documenti 2, S. 111 Nr. 59: *Ioannes Langobardo, liberto Petro presbitero de Sancto Iacobo, dedit et iuravit*; ebd. *Iohannes Longobardo, liberto Ioannis Cypriani, dedit et iuravit.* Steuerliste von 994 bis 1108, *Cessi*, Documenti 2, S. 140 Nr. 70: *Marinus Celso Langobardo iuravit et dedit«.* Vgl. hierzu auch P. *Dockès*, Medieval Slavery and Liberation, London 1982.

[57] Vgl. *Kretschmayr*, Geschichte 1, S. 191.

Venedig in vorkommunaler Zeit:
Die venezianische Verfassung zwischen der Amtsgewalt des Dogen und der Oberschicht von Rialto

Im Laufe des langwierigen Prozesses, in dem sich aus der byzantinischen Provinz Venetien ein eigenständiger Dogat entwickelte, entstand zwischen dem späten 9. und dem beginnenden 11. Jahrhundert ein politischer Verband, dessen Verfassung einerseits eine Hinwendung an das benachbarte Festland bemerken läßt, andererseits aber Eigenständiges aus spätantiker und byzantinischer Tradition wahrt[1].

Unter der erheblichen Zahl der verfassungshistorischen Studien ist kaum eine, welche die Zeit zwischen der Jahrtausendwende und dem 12. Jahrhundert nicht unter dem Aspekt des werdenden *comune Venetiarum* sehen und bewerten möchte. Diese Betrachtungsweise erzwingt dann die Betonung des Gegensatzes zwischen dogaler Monarchie und politisch weitgehend rechtlosen Untertanen. Diese hätten zwar die Möglichkeit der Mitwirkung an dem dogalen *placitum* oder in der tumultuarischen Volksversammlung, der *concio*, gehabt, doch war ihre Hinzuziehung freiwilliger Natur. Erst mit der kommunalen Bewegung habe sich die Bevölkerung ein Recht auf die Beteiligung an der Macht erkämpft.

Die Vorstellung vom Bürger, der sich seine politischen Rechte gegen eine absolute politische Gewalt erkämpft, entstammt der bürgerlichen Gedankenwelt des vorigen Jahrhunderts, mit der venezianischen Realität des hohen Mittelalters hat sie wenig gemein[2]. Stellt man dem Dogen in dieser Weise die rechtlosen Untertanen entgegen, bleibt im Bild der Gesellschaft kein Platz mehr für einen am politischen Prozeß beteiligten Adel, wie ihn uns die Urkunden zeigen. Die Struktur der venezianischen Gesellschaft kann deshalb erst dann ermittelt werden, wenn die Eigenheit der Verfassung deutlich herausgearbeitet worden ist. Erst dadurch können Gemeinsamkeiten und Besonderheiten Venedigs im Vergleich zur oberitalienischen Entwicklung erkannt werden.

---

[1] Stellvertretend und wichtig mit weiterführenden Literaturangaben seien für die Verfassungsgeschichte der Zeit genannt: *Lenel*, Vorherrschaft, S. 110 ff.; *Kretschmayr*, Geschichte 1, S. 190–197; G. *Maranini*, La costituzione di Venezia 1, Venezia 1927, S. 21–109; *R. Cessi*, Venezia Ducale 2/1; G. *Fasoli*, Comune Venetiarum, in: Storia della civiltà veneziana 1, 2. Aufl. Firenze 1979, S. 261–278.

[2] Dies gilt vor allem auch für die Diskussion der kommunalen Bewegung und des Kampfes der italienischen Städte mit den Staufern. Vgl. dazu *R. Manselli*, in: Federico Barbarossa nel dibattito storiografico in Italia e in Germania, Bologna 1982, S. 7 ff., und G. *Fasoli*, ebd., S. 131 ff.

1. Die venezianische Verfassung vom 10. bis zum 12. Jahrhundert

Als Ravenna, die Hauptstadt des byzantinischen Exarchats, in die Hände der Langobarden gefallen war, blieb Venetien der Rest der oströmischen Herrschaft in Oberitalien. Es entspricht dieser politischen Isolation, daß sich die Provinz unter einem politischen Führer, der weiterhin den byzantinischen Beamtentitel *dux* trug, von der Zentralgewalt zu lösen begann[3]. Im Laufe dieser Ablösung vom oströmischen Reich mußte sich zwangsläufig die Frage nach der Legitimation von Herrschaft stellen.

Es entspricht byzantinischen Herrschaftsvorstellungen, daß der Hof in Konstantinopel niemals bereit gewesen ist, einen Anspruch auf Unabhängigkeit anzuerkennen. Im Interesse des immer stärker werdenden venezianischen Engagements im Handelsverkehr zwischen Ost und West hat auch kein Doge diese Forderung gegenüber dem βασιλεύς allzu laut erhoben. Dennoch ging im Laufe des 9. Jahrhunderts der Einfluß des Kaiserhofs auf die Dogenwahl immer weiter zurück[4]. Während in der Frühzeit die Übertragung hoher kaiserlicher Hofämter an den Dogen eine große und erstrebenswerte Ehre gewesen ist, verlieren sich diese Titel mehr und mehr[5]. Seit dem beginnenden 11. Jahrhundert unterlassen die Venezianer etwas, das seit Kaiser Justinian I. im täglichen Leben die Anerkennung der Herrschaft Konstantinopels zum Ausdruck brachte: Das Datieren nach den Jahren des herrschenden Kaisers in den Urkunden[6]. Es entspricht

---

[3] *E. Lentz*, Der Übergang Venedigs von faktischer zur nominellen Unabhängigkeit von Byzanz, BZ 3 (1894) S. 64–115; *H. Antoniadis-Bibicu*, Note sur les relations de Byzance avec Venise. De la dépendance à l'autonomie et à l'alliance: un point de vue byzantin, Thesaurismata 1 (1962) S. 162–178. Zuletzt *R.-J. Lilie*, Handel und Politik zwischen dem byzantinischen Reich und den italienischen Kommunen Venedig, Pisa und Genua in der Epoche der Komnenen und Angeloi (1081–1204), Amsterdam 1984, S. 2 ff. und S. 47 ff. Die Frage der Venezianer als *extranei* 992 ist nicht zu klären.

[4] Vgl. die Literaturangaben in Anm. 3 und 7.

[5] Ehrentitel, die allerdings keine Beamtentitel im engeren Sinne mehr waren, trugen die Dogen vereinzelt bis zum Jahr 1204. Noch Henricus Dandulo nennt sich *nobilissimus dux Venetie et protosevastos*. Vgl. *V. Lazzarini*, I Titoli dei dogi di Venezia, in: *Ders.*, Scritti di paleografia e diplomatica, S. 183–219; *A. Pertusi*, L'impero bizantino e l'evolvere dei suoi interessi nell'alto adriatico, in: Storia della civiltà veneziana 1, 2. Aufl. S. 58 ff.

[6] Venezianische Dokumente mit einer Anfangsdatierung gemäß der Novelle 44 Justinians finden sich vom 8. bis zum 11. Jahrhundert: Inschrift von 736: *IMPERANTE DOMINO NOSTRO HERACLIO PERPETUO AUGUSTO ANNO XXVIIII INDICTIONE XIII* (Cessi, Documenti 1, S. 39 Nr. 24). Testament des Iustinianus Particiaco 829: *Imperantibus dominis nostris piisimis perpetuis augustis, Michaele et Theophilo, a Deo coronatis, pacificis, magnis imperatoribus, Michaelio quidem maiore imperatore anno nono, Theophilo vero a Deo coronato eiusdem dilecto filio anno octavo decimo, indictione septima* (Cessi, Documenti 1, S. 93 Nr. 53). Testament des Ursus Particiaco 853: *Imperante domno nostro, piissimo perpetuo augusto Michaelio, a Deo coronato, pacifico, magno imperatore, anno autem imperii eius tercio decimo, mense februariarum, indictione prima* (Cessi, Documenti 1, S. 114 Nr. 60). Vertrag zwischen Venedig und dem Patriarchen von Aquileia 880: *Imperantibus dominis nostris Basilio et Leone, a Deo coronatis, pacificis et magnis imperatoribus, anno autem imperii eorum tercio decimo, mensis ianuarii, indictione tercia decima*

demgegenüber byzantinischem Weltverständnis, daß alle Abmachungen zwischen Venedig und dem Hof weiterhin in Form eines Herrscherprivilegs ausgestellt werden[7].

(*Cessi*, Documenti 2, S. 20 Nr. 15). Petrus Tribunus für das Kloster S. Stefano in Altino 880: *Anno ab incarnatione domini nostri Jesu Christi nongentesimo, imperantibus dominis piissimis, perpetuis augustis Leone et Alexandro, coronatis, pacificis, magnis imperatoribus, anno autem imperii eorum terciodecimo, mense februarii, indictione tercia, curtis palacii* (*Cessi*, Documenti 2, S. 34 Nr. 25). Urteilsspruch für das Kloster Ss. Felice e Fortunato 919: *Imperante domino Constantino augusto, magno et pacifico imperatore, anno autem imperii eius vicentesimo tercio, mensis februarii, indictione octava, Rivoalti, curtis palacii* (*Cessi*, Documenti 2, S. 44 Nr. 31). Petrus III. Candiano verkauft eine Saline 958: *Imperantibus dominis nostris Constantino et Romano, eius filio, magnis imperatoribus, anno autem imperii Constantino quadragesimo sexto et Romano eius filio duodecimo, mense marcii, indictione prima, Rivoalto* (*Cessi*, Documenti 2, S. 68 Nr. 40). Sklavenhandelsverbot 960: *Imperante domino Romano, gloriosissimo imperatore, anno autem imperii eius XXIIII, mense iunii, indictione III, Rivoalto in curte palatii* (*Tafel/Thomas* 1, S. 19 Nr. 13 = *Cessi*, Documenti 2, S. 70 Nr. 41). Sarazenenhandelsverbot 971: *Imperante domino nostro Ioanne, magno imperatore, anno autem imperii eius secundo, mense iulio, indictione quarta decima, Rivoalto* (*Tafel/Thomas* 1, S. 26 Nr. 14 = *Cessi*, Documenti 2, S. 87 Nr. 49). Zehntliste 978: *Imperantibus dominis nostris Basilio et Constantino, magnis imperatoribus, anno autem imperii eorum tercio, indictione vero sexta, curtis palacii* (*Cessi*, Documenti 2, S. 108 Nr. 57). Gründungsurkunde des Klosters S. Giorgio Maggiore 982: *Anno ab incarnatione eiusdem redemptoris nostri DCCCLXXXII, imperantibus dominis nostris Vasilio et Constantino, fratribus, filiis Romano, magnificis et pacificis imperatoribus, anno autem imperii eorum post hobitum Iohanni Cymysky undecimo, mensis decembris, die vigesimo, indictione undecima, Rivoalto* (S. Giorgio Maggiore [ed. *Lanfranchi*] 2, S. 19 Nr. 1 = *Cessi*, Documenti 2, S. 115 Nr. 61). Loreo erkennt die Rechte des Dogats an, 1000 (verfälscht): *Anno ab incarnatione eiusdem redemptoris nostri millesimo, imperantibus dominis nostris Vasilio et Constantino fratribus, filiis Romani, magnis et pacificis imperatoribus, anno autem imperii eorum post obitum Ioannis Cimischei vigesimo septimo, mense madii, indictione duodecima, Rivoalti* (*Cessi*, Documenti 2, S. 188 Nr. 88). Pactum Clugiae 1023 (Fälschung aufgrund echter Vorlagen): *Imperante domno Constantino serenissimo imperatore anno autem imperii eius octavo, mensis aprilis, indictione octava Rivoalti* (*Cessi*, Documenti 2, S. 193 Nr. III). Erneuerung der vorigen Urkunde (Fälschung) 1023: *Imperante serenissimo imperatore, filio Romani imperatoris, anno autem imperii eius octavo, mensis iunii, indictione octava, Rivoalti* (*Cessi*, Documenti 2, S. 197 Nr. IV). Datierungen nach byzantinischen Herrschern sind in den venezianischen Privaturkunden des 11. Jahrhunderts nur noch selten nachweisbar: 1013 (Ss. Trinità e S. Michele Arcangelo in Brondolo (ed. *Lanfranchi/ Strina*) 2, S. 26 Nr. 5; 1016 ebd., S. 28 Nr. 6; 1027 ebd., S. 33 Nr. 8; 1035/36 S. Giorgio Maggiore (ed. *Lanfranchi*) 2, S. 53 Nr. 14. *Pertusi* (wie Anm. 5), S. 61, betont, daß erstmals 1076 ein Dokument offizieller Natur ohne Kaiserdatierung erlassen wurde, doch bleibt diese Aussage relativ, da vorher über drei Jahrzehnte keine offiziellen Dokumente vorhanden sind. Zu den Titelformen der Datierung vgl. G. *Rösch*, Onoma Basileias. Studien zum offiziellen Gebrauch der Kaisertitel in spätantiker und frühchristlicher Zeit, Byzantina Vindobonensia 10, Wien 1979, S. 135 ff. Zur staatsrechtlichen Bedeutung von Datierungsformeln vgl. H. *Fichtenau*, »Politische« Datierungen des frühen Mittelalters, in: H. *Wolfram* (Hg.), Intitulatio II, MIÖG Erg. Bd. 24, Wien–Köln–Graz 1973, S. 453 ff.

[7] Vgl. W. *Heinemeyer*, Die Verträge zwischen dem oströmischen Reiche und den italienischen Seestädten Genua, Pisa und Venedig vom 10.–12. Jahrhundert, AfD 3 (1957) S. 79–161; P. *Lamma*, Comneni e Staufer. Ricerche sui rapporti fra Bisanzio e l'occidente nel secolo XII, 2, Roma 1957,

Kaum weniger umfassend war jedoch auch der universelle Anspruch des westlichen Imperium[8]. Zwar hatte Karl der Große nach einer kurzzeitigen Unterwerfung des Dogats unter fränkische Herrschaft im Frieden von Aachen 812 ausdrücklich die byzantinische Oberhoheit über Venetien anerkannt, doch blieb die fränkische Macht stets unmittelbarer für den Dogat bedrohlich als der byzantinische Anspruch. In allen Kaiserpakta, wie sie seit Lothar I. überliefert sind, blieb die staatsrechtliche Frage gewollt ungelöst[9].

In der Phase der Auflösung des Karolingerreichs und unter den italienischen National-königen konnte niemand eine Macht entwickeln, die dem sich formenden Dogat hätte gefährlich werden können. Erst mit den Ottonen bekam Venedig wieder Nachbarn, die seiner Unabhängigkeit gefährlich werden konnten. Hatte Otto der Große noch freund-schaftliche Beziehungen zum Dogat unterhalten, so verschlechterte sich die Lage unter der Herrschaft seines Sohnes beträchtlich[10]. Er fand sich, als ob er ein oströmischer Kaiser wäre, nur noch bereit, den Venezianern anstelle eines Pactum ein Privileg zu gewähren, das er an seine *fideles* richtete[11]. Damit war ein Herrschaftsanspruch ausgesprochen, der jedoch nach dem mißlungenen Kriegszug nach Süditalien nicht mehr in die Tat umgesetzt werden konnte. Unter Otto III., der zudem zum Dogen Petrus II. Orseolo persönliche freundschaftliche Bindungen hatte, konnten die Beziehungen verbessert werden. Sein Plan, Venedig in sein erneuertes Imperium einzubinden, brachte nicht die Gefahr der unmittelbaren Eroberung mit sich[12].

Nachdem Heinrich II. Italien und damit auch die Frage der Beziehungen zu Venedig während seiner gesamten Herrschaft weitgehend unbeachtet ließ, erfolgte unter Konrad II. noch einmal ein Versuch, den venezianischen Dogat zu unterwerfen. Der Kaiser unterstützte die Angriffe des Patriarchen Poppo von Aquileia auf den rivalisieren-den Patriarchat Grado. Dabei hegte er die Hoffnung, den innerkirchlichen Zwist zur

---

S. 205 ff.; *Pertusi*, L'impero bizantino e l'evolvere dei suoi interessi (wie Anm. 3) S. 51–69; *Ders.*, Venezia e Bisanzio nel secolo XI, in: Storia della civiltà veneziana 1, 2. Aufl. S. 175–198. Zum Inhalt der Verträge vgl. jetzt ausführlich *Lilie*, Handel und Politik, S. 1 ff.

[8] Zu den Beziehungen Venedigs zum Westen vgl. *Kretschmayr*, Geschichte 1, passim, zu den Kaiserpakta S. 431 ff. mit der älteren Literatur. Einen Überblick mit neuerer Spezialliteratur bei *Rösch*, Venedig und das Reich, S. 7 ff.

[9] Zu den Vorgängen unter Karl dem Großen vgl. *P. Classen*, Karl der Große, das Papsttum und Byzanz, 3. Aufl. Sigmaringen 1985. Zur staatsrechtlichen Konstruktion des Dogats in den frühen Kaiserpakta vgl. *Cessi*, Pacta Veneta 2, in: *Ders.*, Le origini del ducato veneziano, S. 245 ff.

[10] Vgl. *Kretschmayr*, Geschichte 1, S. 120 ff.; *Rösch*, Venedig und das Reich, S. 12 ff.

[11] DO II. Nr. 300 = MG Const. 1, S. 40–44 Nr. 19. Vgl. dazu *Uhlirz*, Otto III., S. 158, und *Rösch*, Venedig und das Reich, S. 13 mit Anm. 21. Zur These von *Schmeidler*, Venedig und das Reich 983–1024, MIÖG 25 (1904) S. 515 ff., daß Venedig unter Otto II. zum Reichsverband gehört habe, bereits *Kretschmayr*, Geschichte 1, S. 439 zu Recht ablehnend.

[12] M. *Uhlirz*, Venezia nella politica di Ottone III, in: Storia della civiltà veneziana 1, 2. Aufl. S. 131–137; *Rösch*, Venedig und das Reich, S. 14 ff.

politischen Unterwerfung des Dogats nützen zu können[13]. Nachdem dieser Versuch fehlgeschlagen war, hat kein abendländischer Kaiser mehr ernsthaft die Unterwerfung Venedigs versucht.

Der Dogat sah sich in der Außenpolitik zwei Reichen mit universellen Ansprüchen gegenübergestellt, doch blieb auch die Frage der Legitimität der Herrschaft nach Innen strittig. In dem Maß, wie die Kenntnis der Ableitung der Amtsgewalt aus Konstantinopel verfiel, mußte der Doge seine Stellung über den einheimischen Geschlechtern begründen. Dies ist zunächst nur sehr unvollkommen gelungen, wie die zahlreichen Staatsstreiche zeigen, die im 9. und 10. Jahrhundert die Herrschaft verschiedener Dogen beendeten[14]. Stets blieb als erkennbarer Grund der Revolte der Anspruch eines anderen Kandidaten auf das höchste Amt im Dogat.

Diesen Mangel an Legitimität der dogalen Herrschaft suchten die politisch führenden Kreise in mehrfacher Hinsicht auszugleichen. Der Doge wurde mit monarchischer Repräsentation umgeben, die ihre Vorbilder im Abendland hatte[15]. Zumindest ein Bericht über die Wahl des Dogen im 11. Jahrhundert zeigt, daß der in tumultuarischer Volksversammlung akklamierte Doge durch den Weiheakt in San Marco die Verbindung seiner Herrschaftsrechte mit der religiösen Sphäre erreicht hatte[16]. Die Laudes, die dabei angestimmt wurden, entsprachen ebenfalls abendländischem Brauch[17]. Als Zeichen seiner religiösen Legitimation führte der Doge den Titel *Dei gratia dux*[18]. Alle diese

---

[13] *Bresslau*, Konrad II., S. 150ff. und 456ff.; *P. F. Kehr*, Rom und Venedig bis ins 12. Jahrhundert, QFIAB 19 (1927) S. 70ff.; *C. Violante*, Venezia fra papato e impero nel secolo XI, in: Storia della civiltà veneziana 1, 2. Aufl. S. 139–158; *Rösch*, Venedig und das Reich, S. 16ff.

[14] Eindrucksvoll sind die Ergebnisse, wenn man in einer Dogenliste die gestürzten Regenten Venedigs vermerkt. Von 742 bis 1032 starben von 29 Dogen nur acht im Amt, alle anderen wurden gestürzt, umgebracht oder geblendet. Vgl. *Fasoli*, Comune Venetiarum, S. 265. Zur Bedeutung der Familie in der Politik vgl. *D. Herlihy*, Family Solidarity in Medieval Italy, in: *Ders.*, Economy, Society and Government in Medieval Italy, Kent 1969, S. 173–184.

[15] *A. Pertusi*, Quaedam regalia insignia. – Ricerche sulle insegne del potere ducale a Venezia durante il medioevo, Studi Veneziani 7 (1965) S. 3–123; *H. M. Peyer*, Stadt und Stadtpatron im mittelalterlichen Italien, Zürich 1955, S. 63ff.; *Fasoli*, Comune Venetiarum, S. 270f.

[16] Vgl. den Bericht des Dominicus Tino zur Dogenwahl 1071 bei *Galliciolli*, Delle memorie venete antiche, profane ed ecclesiastiche 6, Venedig 1795, S. 123–125.

[17] Vgl. die vorige Anm. und *Martin da Canal*, Les Estoires de Venise (ed. *Limentani*) II, 115, 3 (S. 284): »Et premierement fist lever les loenges a monsignor li dus, tot en tel maniere: »Criste vince, Criste regne, Criste impere: le nostre signor Laurens Teuple, Des gracie inclit dus de Venise, Dalmace atque Groace, et dominator quarte partie et demi de tot l'enpire de Romanie. sauvement, henor, vie et victoire: saint Marc, tu le aie«. Vgl. *Fasoli*, Comune Venetiarum, S. 270f. Wenig für Venedig im grundlegenden Werk von *E. Kantorowicz*, Laudes Regiae, 2. Aufl. Berkeley – Los Angeles 1958. Zu den spätantiken Befunden vgl. *J. Burian*, Die kaiserliche Akklamation in der Spätantike, Eirene 17 (1980) S. 17–43.

[18] *V. Lazzarini*, I titoli dei dogi di Venezia, in: *Ders.*, Scritti di paleografia e diplomatica, S. 183–219.

Elemente der Rechtfertigung von Herrschaft, die aus dem abendländischen Bereich übernommen wurden, erwiesen sich jedoch gegenüber der Entstehung eines eigenen venezianischen Staatskultes als weniger wirksam.

Seit es zwei venezianischen Kaufleuten im 9. Jahrhundert gelungen war, die Überreste des Heiligen Markus aus Alexandria zu entführen und nach Venedig zu bringen, wurde der Evangelist nach und nach zum Staatsheiligen des Dogats. Es setzte sich sehr bald die Überzeugung durch, daß der Dogat im eigentlichen Sinne der Besitz des Heiligen sei, den der Doge auf Erden zeitweise regiere[19]. Im Zeremoniell der Dogenwahl wird dies deutlich zum Ausdruck gebracht. Es ist nicht der Patriarch von Grado, der den Neugewählten weiht, dieser empfängt vielmehr aus der Hand des Primicerius von San Marco in früherer Zeit ein *baculum*, seit der zweiten Hälfte des 11. Jahrhunderts aber ein *vexillum* als Zeichen seiner Herrschaft[20]. Auf den Bleisiegeln wird diese Idee manifestiert, indem der Heilige Markus selbst dem Dogen seine Fahne überreicht. Der politische Führer des Dogats ist der Vertreter des Evangelisten auf Erden.

Neben der Angleichung des Herrscherzeremoniells und des Titels an abendländische Bräuche und der Ausbildung eines staatstragenden Heiligenkults, machte sich auch eine Änderung im politischen Denken bemerkbar: Der Begriff der *patria* wird für die venezianische Politik bestimmend[21]. Im Geschichtswerk des Iohannes Diaconus hat die Verherrlichung der *aurea Venetia* als der *patria* ihren ersten großen Höhepunkt gefunden[22]. Darüber hinaus wird die Politik und Verwaltung des Dogats ausdrücklich von einem Ziel geleitet: *Pro salvatione patriae* erfolgen die politischen Beratungen im *placitum* des Dogen[23], mit eben dieser Formel wird die Einnahme der Steuern begründet[24] und selbst der Errichtung des *comune Venetiarum* liegt als Motiv die Rettung des

---

[19] Hierzu grundlegend *Peyer*, Stadt und Stadtpatron, S. 8–24, neuerdings, mit Betonung der Renaissance *E. Muir*, Civic Ritual in Renaissance Venice, Princeton 1982, S. 78–92.

[20] Im Bericht des Dominicus Tino zur Wahl von 1071 ist das Herrschaftszeichen noch ein *baculum*, doch ist wenig später eine Fahne bezeugt; vgl. *Peyer*, Stadt und Stadtpatron, S. 63 ff.

[21] Die *patria* Venetia wird erstmals im Testament des Ursus Particiaco vom Jahre 853 angesprochen: *Cessi*, Documenti 1, S. 114–118 Nr. 60. Vgl. hierzu *Carile*, La coscienza civica, in: La coscienza civica cittadina nei comuni italiani del duecento, Todi 1972, S. 95–136, bes. S. 100 ff.

[22] Vgl. die Literatur Kapitel 1 Anm. 2 und besonders *G. Fasoli*, La coscienza civica nelle »laudes civitatum«, in: La coscienza civica (wie vorige Anmerkung) S. 9–44.

[23] *Cessi*, Documenti 2, S. 44 Nr. 31 (919): *in publico placito... inveniebamus et loquebamur de salute nostre patrie*. Die Zustimmung zur Gründung des Klosters S. Giorgio Maggiore erfolgte im Jahre 982 (S. Giorgio Maggiore (ed. *Lanfranchi*) 2, S. 15–26 Nr. 1 = *Cessi*, Documenti 2, S. 116 Nr. 61): *assensum peticioni tue cum successoribus nostris damus eandem aecclesiam perpetualiter fieri monasterium ad laudem omnipotentis Dei et nostre patriae tuicionem.*

[24] Decima von 978 (*Cessi*, Documenti 2, S. 109 Nr. 57): *omnes se adconsiliaverunt pro salvatione patriae, ut decimo... dedissent.* Decima von demselben Jahr (*Cessi*, Documenti 2, S. 109 Nr. 32): *Omnes elegerunt pariter consilium pro salvatione patriae, ut decimas... dedissent.* Im Jahre 983 wird bestimmt, daß der Patriarch Vitalis von Grado über das Vermögen seiner Vorfahren bestimmen

Vaterlandes zugrunde[25]. Die Erhaltung des Dogats als einer allen gemeinsamen Einrichtung liegt als Ziel jedem politischen Handeln zugrunde.

So sehr in dem bisher Gesagten deutlich wird, wie stark sich Venedig in der Verfassungsentwicklung der nachbyzantinischen Zeit an abendländische Vorbilder gehalten hat, eine ganz Europa im Mittelalter bestimmende Einrichtung übernahm man nicht vom benachbarten Festland: Das Lehenswesen, wie es die soziale und verfassungsmäßige Entwicklung des übrigen europäischen Mittelalters geprägt hat, blieb dem venezianischen Dogat unbekannt[26]. Gerade in einer Situation wie im Herrschaftsbereich des Dogen, wo die politische Legitimität der Herrschaft gegenüber rivalisierenden Familien stets in Frage gestellt blieb, hätte die Einbindung der Tribunenfamilien in einen Lehensnexus die Lage im Innern stabilisieren können. Es ist jedoch eine alle Elemente der Verfassung bestimmende Tatsache, daß dem gesamten Dogat – von Grado bis nach Cavarzere – das Lehenswesen als Instrument politischer Herrschaft unbekannt geblieben ist.

Es unterscheidet die Entwicklung Venedigs von der Sozialgeschichte Oberitaliens, daß eine Feudalisierung der Gesellschaftsstrukturen ausgeblieben ist[27]. Herrschaftsrechte und Gerichtsbarkeit werden niemals an Vasallität gebunden, die Verleihung von Rechten oder Besitz steht nicht in Zusammenhang mit der Übernahme herrschaftlicher Aufgaben. Dagegen ist in der ständischen Gliederung der oberitalienischen Gesellschaft das Lehensrecht eine Kategorie zur Unterscheidung einzelner Gruppen geworden[28]. Auch

kann (Cessi, Documenti 2, S. 130 Nr. 65): *extra illum, quod usque nunc datum est pro salvatione patriae.*

[25] Erwähnung des comune Venetiarum im Jahre 1143 (Cessi, Maggior Consiglio 1, S. 236): *congregatis igitur nobis in nostro palatio una cum nostris iudicibus et ipsis viris sapientibus, qui praeerant consilio, quod hoc in tempore pro honore, utilitate seu et salvatione nostre patrie habebatur.*

[26] Die klassischen Werke zum Feudalismus wie *H. Mitteis*, Lehensrecht und Staatsgewalt, Weimar 1933, bes. S. 3855 ff.; *F.-J. Ganshof*, Was ist das Lehenswesen?, Darmstadt, 2. Aufl. 1972; *M. Bloch*, Die Feudalgesellschaft, Berlin 1982, berühren Italien nur am Rande. Die beste Zusammenfassung bietet *G. Tabacco*, Egemonie sociali e strutture del potere nel medioevo italiano, 2. Aufl. Torino 1979, S. 145 ff. und S. 189 ff. Wichtig auch *Keller*, Adelsherrschaft und städtische Gesellschaft, S. 1–16. Zu Feudalitätsformen in der unmittelbaren Nachbarschaft vgl. *G. Rippe*, »Feudum sine fidelitate«. Formes féodales et structures sociales dans la région de Padoue à l'époque de la première comune. 1131–1237, Mélanges d'Ecole Française de Rome 87 (1975) S. 187–239.

[27] *Doren*, Italienische Wirtschaftsgeschichte 1, Jena 1934, S. 467 ff., ging von einer feudalen Herkunft des venezianischen Adels aus, was jedoch von *Cessi*, Venezia ducale 2/1, S. 145 Anm. 2, zu Recht zurückgewiesen wurde. Auch als *C. G. Mor*, Aspetti della vita costituzionale veneziana fino alla fine del X secolo, in: Storia della civiltà veneziana 1, 2. Aufl. S. 85–93, von der Verwendung einzelner Begriffe des Feudalrechts in Venedig auf das Vorhandensein des Lehenswesens schließen wollte, wurde dies überzeugend zurückgewiesen: *Fasoli*, Comune Venetiarum, S. 266 f., die Belege im einzelnen ebd., S. 276 Anm. 16.

[28] Grundlegend hierzu *Keller*, Adelsherrschaft und städtische Gesellschaft, passim.

in den oft zum Vergleich herangezogenen italienischen Seestädten Genua[29], Pisa[30] und Amalfi[31] bestimmt sich die Standesqualität einer Person in starkem Maße nach lehensrechtlichen Grundsätzen.

Eine Konsequenz des Ausbleibens der Feudalisierung ist die Beibehaltung des Amtscharakters aller politischen Gewalt, weshalb es bereits früh möglich ist, bei venezianischen Amtsträgern von Beamten zu sprechen[32]. Diese Tendenz beginnt bei der Person des Dogen selbst: Nachdem im 10. Jahrhundert eine Dynastiebildung noch möglich schien, wurden seit dem Sturz der Orseolo alle Tendenzen zur Familienherrschaft unterdrückt. Das Amt ging auf einen auf Lebenszeit gewählten Vertreter der einheimischen Großen über, dessen Herrschaft mit dem Tod endete[33]. Dies hatten die Dogen vor allem mit den Prälaten gemein, mit denen sie auch im Todesfall ein gemeinsames Schicksal teilten: Zumindest im 11. Jahrhundert wurde der Palast nach dem Tode ausgeplündert, für die Wiederherstellung der Ordnung war erst der Nachfolger zuständig[34].

Amtscharakter hatte daneben jedoch alle lokale Herrschaft, die mit dem Untergang der byzantinischen Provinz zur Gänze umgestaltet wurde. Dabei machen bereits die Amtstitel die Herkunft der neuen Institutionen aus dem benachbarten, fränkisch beherrschten Italien deutlich.

War für die Verwaltung der *castra* zunächst ein Tribun zuständig gewesen, dessen Titel im 9. Jahrhundert *primas* gelautet hatte, so werden die neuen Beamten nunmehr Gastalden genannt[35]. Wie die gleichnamigen Beamten des langobardischen Rechts sitzen sie dem lokalen Gericht vor, dessen Beisitzer *iudices* genannt werden[36]. Soweit es

---

[29] Vgl. *E. Bach,* La cité de Gênes au XIIe siècle, S. 41 ff., über die Oberschicht und S. 109 ff. über die Beteiligung der Oberschicht am Wirtschaftsleben; *A. Haverkamp,* Die Städte im Herrschafts- und Sozialgefüge Reichsitaliens, S. 203; *D. Owen-Hughes,* Urban Growth and Family Structure in Medieval Genoa, Past and Present 66 (1975) S. 3–28.

[30] *E. Cristiani,* Nobiltà e popolo nel comune di Pisa, Napoli 1962, S. 64 ff. und 89 ff.; *M. Tangheroni,* Famiglie nobili e ceto dirigente a Pisa nel XIII secolo, in: I ceti dirigenti dell'età comunale nei secoli XII e XIII, Pisa 1982, S. 323–346.

[31] *U. Schwarz,* Alle origini della nobiltà amalfitana: i comites e la loro discendenza, in: Amalfi nel Medioevo, Salerno 1977, S. 367–380; *Ders.,* Amalfi im frühen Mittelalter, Tübingen 1980, passim.

[32] Vgl. dazu allgemein *H. Hattenhauer,* Geschichte des Beamtentums, Köln 1980.

[33] Vgl. *Kretschmayr,* Geschichte 1, S. 193–195; *Lenel,* Vorherrschaft, S. 111–123; *Hain,* Der Doge von Venedig, passim.

[34] *Galliciolli* 6, S. 125: *Nec mora palatii ianuas et sedilia, tabulataque et coenacula, in quibus post obitum Dominici Contareni ducis laesa fuerant, restaurari et meliorari iussit.* Zu ähnlichen Vorgängen an der Kurie vgl. *R. Elze,* Sic transit gloria mundi. Zum Tod des Papstes im Mittelalter, DA 34 (1978) S. 1–18.

[35] Vgl. *Bellemo,* Il territorio di Chioggia, Chioggia 1893, S. 287 ff. *Gloria,* Codice diplomatico padovano 1, S. 41 Nr. 28 und S. 50 Nr. 32; *Cessi,* Documenti 2, S. 92 Nr. 51; ebd., S. 192 Nr. III; *Ders.,* Venezia ducale 1, S. 260; *Kretschmayr,* Geschichte 1, S. 193. Zur Parallele mit dem langobardischen Italien *Pertile,* Storia del diritto italiano 2/1, S. 244.

[36] Vgl. *Kretschmayr,* Geschichte 1, S. 193.

erkennbar ist, vollzog sich dieser Wandel in der lokalen Verwaltung des Dogats ohne irgendwelche Widerstände.

Die genaue Datierung der Neuerung kann mangels geeigneter Quellen nur sehr unvollkommen erfolgen, doch ist die Neuordnung im 11. Jahrhundert abgeschlossen. Die Namen. der uns bekannten Amtsträger verdeutlichen hinreichend, warum die Einführung des Gastaldiats mit keinen Auseinandersetzungen verbunden war. Wie die Amtsträger der byzantinischen Zeit stammen auch die Gastalden aus den führenden lokalen Familien[37]. Allerdings scheint das Amt nicht auf Lebenszeit vergeben und auch nicht in den Händen einer Familie geblieben zu sein. Die Unvererblichkeit des Gastaldiats entsprach dem Brauch bei der Besetzung des Dogenamts.

Die Einführung des Gastalden als Herrschaftsträger beschränkte sich nicht nur auf die lokalen Verwaltungen. Aufsichtsbeamte in der Stadt Rialto/Venedig tragen diesen Titel ebenso wie ein Vertreter, den der Doge in Treviso unterhielt[38]. Mit dem Titel eines Gastalden scheint man allgemein einen höheren Vertreter der politischen Macht bezeichnet zu haben.

Unter diesen höheren Chargen der Verwaltung rangierten nur noch Amtsleute, deren Titel *ministerialis* oder *riparius* lautete[39]. Sie blieben stets niedere Vollzugsbeamte, die mit der Oberschicht nichts zu tun hatten. Der Dienst im Gefolge des Dogen hatte für sie keinerlei soziale Verbesserung zur Folge.

Die wichtigste Einrichtung der venezianischen Verfassung zwischen dem 10. und 12. Jahrhundert blieb jedoch die den Dogen beratende Versammlung, das *placitum*[40]. Der Name geht sicherlich auf die entsprechende fränkische Einrichtung zurück[41], auch die Art der Mitwirkung an Beschlüssen zeigt große Ähnlichkeiten. Konstituiert sich das *placitum* als Gerichtshof, wird es als *curia* bezeichnet. Ist ein Aufruf zur Mitwirkung allgemein ergangen, wird aus der Versammlung die allgemeine Volksversammlung *(concio)*, die vor allem bei der Bestellung eines neuen Dogen eine wichtige Rolle spielte.

[37] Venier, Viti, Bolli, Centraco, Cortese, in Chioggia: S. Giovanni Evangelista di Torcello (ed. *Lanfranchi*) S. 14 Nr. 6; ebd., S. 27 f. Nr. 14; ebd., S. 31 ff. Nr. 17 f.; ebd., S. 64 Nr. 38; ebd., S. 73 f. Nr. 47; Ss. Secondo ed Erasmo (ed. *Malipiero-Ucropina*) S. 41 f. Nr. 23; ebd., S. 53 Nr. 31; ebd., S. 55 Nr. 33; S. Giorgio Maggiore (ed. *Lanfranchi*) 3, S. 173 Nr. 401; ebd., S. 264 f. Nr. 477; ebd., S. 288 f. Nr. 495; ebd., S. 318 f. Nr. 518; S. Giovanni Evangelista di Torcello (ed. *Lanfranchi*) S. 131 f. Nr. 92; ebd., S. 70 f. Nr. 46; ebd., S. 137 f. Nr. 97.

[38] Vgl. die Urkunde im Anhang zu Iohannes Diaconus (ed. *Monticolo*) S. 175 f. Nr. 1; Urkunde von 1000/1001 bei *Ughelli*, Italia sacra 5, Sp. 507 f. = *Cessi*, Documenti 2, S. 182–184 Nr. 89. Vgl. *Rösch*, Venedig und das Reich, S. 51 f.

[39] Vgl. *Cessi*, Politica, economia, religione, S. 412 f., doch ist über diese Funktionen bisher kaum geforscht worden.

[40] Versammlungen um den Dogen auch im 8. Jahrhundert nachweisbar (*Cessi*, Documenti 1, S. 70, 93), doch im Jahr 900 stellt der Doge eine Urkunde aus, *residente in publico placito* (*Cessi*, Documenti 2, S. 34 Nr. 25). *Lenel*, Vorherrschaft, S. 111 ff.; *Cessi*, Venezia ducale 1, S. 294 ff.

[41] Zu den Quellen über diese Institution vgl. C. *Manaresi*, I placiti del »Regnum Italiae« 1–3 (in 5 Bdn.), Roma 1957–1960.

In der Regel beschränkte sich jedoch die Erledigung laufender Aufgaben auf die Beratung des *placitum*. Dies ist der Ort, wo sich die Interessen des Dogen und seiner Untertanen treffen.

Das *placitum* des Dogen, das regelmäßig am Regierungssitz Rialto tagte, war theoretisch eine Einrichtung des gesamten Dogats. Für rein lokale Belange gab es unter dem Vorsitz der zuständigen Gastalden örtliche Versammlungen[42]. Selbst wenn – wie die Literatur immer wieder, jedoch ohne jegliche direkte Quellen, erörtert – die Teilnahme an den Beratungen theoretisch allen Freien des Dogats zugestanden haben sollte, schloß der Tagungsort bereits weite Kreise aus. Nur den wirtschaftlich potentesten Familien aus entfernteren Orten konnte ein Erscheinen in Rialto öfter zumutbar sein. Es kann deshalb wenig verwundern, wenn die Urkunden in ihren Zeugenunterfertigungen eine zunehmende Konzentration auf bekannte Familien aus der Hauptstadt ausweisen.

Auswärtige Familien wie die Centraco aus Chioggia werden immer seltener als Teilnehmer des *placitum* nachweisbar oder sie ziehen, wie die Aurio aus Torcello, an das Geschäftszentrum am Rialto, wo sie in der lokalen Oberschicht aufgehen[43]. Mehr und mehr wird die politische Führungsschicht des Dogats Venedig identisch mit den herausragenden Geschlechtern seiner Hauptstadt. Zunehmend wird an den Namen der Konsenszeugen der Dogenurkunden deutlich, daß es sich fast ausschließlich um Geschlechter aus der Stadt Venedig selbst handelt, die in den Privaturkunden nach dem *confinium*, dem Kirchspiel ihres Wohnsitzes in Venedig, näher bestimmt werden.

---

[42] Vgl. *Kretschmayr*, Geschichte 1, S. 193; *Fasoli*, Comune Venetiarum, S. 267.
[43] *Kretschmayr*, Geschichte 1, S. 196 f.

2. Die venezianische Oberschicht
vom 10. bis zur Mitte des 12. Jahrhunderts

Unter den Teilnehmern des *placitum* lassen sich in dem behandelten Zeitraum drei Gruppen deutlich voneinander trennen. Zum einen nahmen an den Beratungen die Mitglieder des hohen Klerus teil, den engsten Kreis der weltlichen Berater des Dogen bildeten die *iudices*, während die Urkundensprache die übrigen teilnehmenden Personen als *populus Venetiae* bezeichnet. Diesem beschränkten Kreis war die Teilnahme an den politischen Beratungen gestattet, wobei die feststellbaren politisch aktiven Geschlechter immer wieder in allen drei Kategorien auftreten[44].

Der Klerus

Mit dem Patriarchen von Grado als höchstem Prälaten des Dogats an der Spitze, nahm der Klerus regelmäßig an den Verhandlungen teil. Allerdings beschränkte sich die Teilnahme auf die Bischöfe und Äbte, ohne daß deren Erscheinen eine Notwendigkeit gewesen wäre. Im 10. Jahrhundert, als in Venedig vor allem unter Candiano und Orseolo die Bildung einer Dynastie betrieben wurde, stammten zahlreiche Geistliche aus dem regierenden Hause, waren somit die natürlichen Verbündeten des regierenden Dogen. Seit dem 11. Jahrhundert ändert sich dieses Bild, doch werden auf die Prälaturen weiterhin ausschließlich Vertreter einflußreicher Familien berufen, deren Verwandtschaft auch sonst am *placitum* teilnahm[45]. Das *placitum* hatte auch das Recht zur Verhandlung geistlicher Angelegenheiten, wobei sogar in Abwesenheit des Klerus

---

[44] Für die verwertbaren Urkunden bis zum Sturz der Orseolo vgl. Kapitel 1, Anm. 23. Danach sind zu nennen: 1065 Gerichtsurkunde: *Gloria*, Codice diplomatico Padovano 1, S. 222 Nr. 193; 1074 Ausstattungsdekret für das Patriarchat Grado: S. Giorgio Maggiore (ed. *Lanfranchi*) 2, S. 92–99 Nr. 31 (modernste Edition, die jedoch die Schwierigkeiten der handschriftlichen Überlieferung auch nicht klären kann). Zwei wesentlich voneinander abweichende Texte bei *Muratori*, Antiquitates 1, S. 243–245, und *Cicogna*, Inscrizioni 4, S.290f.; 1089 Urkunde für das Kloster Ss. Secondo ed Erasmo (ed. *Malipiero/Ucropina*) S. 5–8 Nr. 1; 1090 Urkunde für das Kloster S. Giorgio Maggiore (ed. *Lanfranchi*) 2, S. 168–175 Nr. 69; 1094 Urkunde für Loreo: *Minotto* 3/1, S. 1 ff.; Urkunde 1098 für S. Benedetto: *Corner* 14, S. 188; 1107 Vertrag mit Verona: *Cipolla*, Note di storia veronese, NAV 15 (1898) S. 29 ff. = *Ders.*, Scritti 2, S. 569 ff.; 1107 Urkunde für S. Cipriano und das Patriarchat Grado: *Corner* 16, S. 192–194; 1109 Dogaler Konsens zu einer Schenkung an das Kloster S. Ilario (ed. *Lanfranchi/Strina*) = *Corner* 7, S. 107–108; 1110 Verlegung des Bistums Malamocco nach Chioggia: *Ughelli*, Italia sacra 5, 2. Aufl., S. 1344–1346; 1112 der Doge Ordelafus Falier verkauft Grund bei der Kirche S. Bartolomeo: ASV Miscellanea ducali ed atti diplomatici B. 4; Privileg 1122 für Bari: *Marin Sanudo*, Le vite dei Dogi (ed. *Monticolo*) RIS 22/4, S. 196–216 = G. *Monticolo*, Il testo del patto giurato dal Doge Domenico Michiel al Comune di Bari, NAV 18 (1899) S. 96–140, 127 ff., bietet Monticolo für die Zeugen weitere Nachweise in Urkunden.

[45] Vgl. unten Kapitel 7.

Beschlüsse gefaßt wurden[46]. Auf der anderen Seite verhandelten die Bischöfe mit derselben Selbstverständlichkeit über Handelsverträge und Kriegsbündnisse[47].

Die Iudices

Unter den Laien, die den Dogen beraten, ragen die *iudices* heraus[48]. Die neue Institution wird bereits im 9. Jahrhundert erwähnt, als sie offenbar jene Tribunen ablösen sollte, die als Beisitzer des Dogen an seinem Gericht teilnahmen[49]. Waren sie in der Mitwirkung an der Herrschaft zunächst vielleicht noch auf die Rechtsprechung beschränkt, so gewannen sie in der Folgezeit allumfassende Kompetenz. Soweit aus den Urkunden zu ersehen ist, trifft der Doge seine Entscheidungen stets in Anwesenheit einiger seiner *iudices*, deren Unterschriften sogleich hinter denen des Klerus erscheinen. Sie sind die ständigen Berater des Dogen geworden.

Über die Entstehung des neuen Amtes in Venedig und sein Verhältnis zu den Ämtern der byzantinischen Provinz, allen voran zu den *tribuni*, ist die Forschungsmeinung kontrovers[50]. Die Meinungsverschiedenheiten beruhen jedoch auf einer mangelnden Trennung von Institutionengeschichte und Sozialgeschichte. Im Gegensatz zur häufig vertretenen Meinung sind die *iudices* nicht die Nachfolger der Tribunen im Rahmen des venezianischen Verfassungsaufbaus gewesen. Die Verwaltung der Ortschaften des Dogats, wie die *tribuni* sie innegehabt hatten, fiel an die Gastalden. Wohl sind die *iudices* aber die Nachfolger jener beiden Tribunen, die seit dem 9. Jahrhundert jährlich als Beisitzer im Dogengericht gewählt worden sind[51]. Sozialgeschichtlich ist eine weitgehende Kontinuität feststellbar, da die Tribunenfamilien, soweit sie ihre führende Rolle beibehalten konnten, in der neuen Führungsschicht aufgehen. Die Quellen erwähnen das neue Amt bereits im 9. Jahrhundert, doch erst seit dem 10. Jahrhundert sind die Namen von Amtsträgern bekannt.

---

[46] S. Giorgio Maggiore (ed. *Lanfranchi*) 2, S. 168 ff. Nr. 69; *Lenel*, Vorherrschaft, S. 114.

[47] *Lenel*, Vorherrschaft, S. 113 f. Am bemerkenswertesten ist die Beteiligung am Bündnis und der Handelsvertrag mit Verona 1107: *Cipolla*, Note di storia veronese, NAV 15 (1898) S. 29 ff. = *Ders.*, Scritti 2, S. 569 ff.

[48] Vgl. *Cessi*, Venezia ducale 1, S. 257 ff.; *Lenel*, Vorherrschaft, S. 111 ff.; *Kretschmayr*, Geschichte 1, 193 ff.; *Roberti*, Magistrature 1, S. 29 ff. Zum Begriff »iudex« und seinen Varitationen vgl. *Fried*, Zur Entstehung des Juristenstandes im 12. Jahrhundert, Köln 1974, S. 24 ff., zur Übernahme der langobardischen *iudices* im byzantinischen Italien sonst *Merores*, Gaeta im frühen Mittelalter, S. 68 Anm. 3; *Fasoli*, Comune Venetiarum, S. 267, betont die andersartige Rolle der venezianischen *iudices* im Unterschied zum Festland.

[49] Vgl. Kapitel 2 Anm. 25.

[50] Die Diskussion basiert zu sehr auf der Origo (ed. *Cessi*), deren verschiedene Kategorien von *tribuni anteriores, tribuni novi facti, tribuni iudices* jedoch sonst keinerlei Entsprechung in den Urkunden haben. Es ist ein Verdienst von *Cessi*, Venezia ducale 1, S. 257 ff., dies klar herausgestellt zu haben (vgl. sonst die Literatur Anm. 48).

[51] Vgl. Kapitel 2, Anm. 27.

Die venezianischen Iudices vor der Errichtung des Comune Venetiarum[52]

Jahr	Namen
991–1008	Adamaus filius Cari iudicis[53].
1064	Florencius Flabianico, Petrus Flabiano, Augustinus Aurio[54].
1065	Dominicus Mauro.
1072	Petrus Orseolo.
1074	Petrus Orseolo, Dominicus Mauro, Iohannes Gradenigo, Bonfilius Zusto, Stephanus Silvo[55].
1087	Henricus Orseolo.
1087	Iohannes Gradenigo, Iohannes Badoer, Badovarius Aurio, Iohannes Morosini[56].
1088	Dominicus Polani[57].
1088	Badovarius Aurio.
1089	Iohannes Gradenigo, Henricus Orseolo, Iohannes Badoer, Iohannes Morosini, Badovarius Aurio[58].
1090	Leo Saponario[59].
1090	Iohannes Badoer, Henricus Orseolo, Iohannes Morosini, Badovarius Aurio, Iohannes Gradenigo.
1090	Iohannes Morosini[60].
1094	Henricus Orseolo, Iohannes Badoer.

[52] Die Liste der *iudices* ist zusammengestellt nach *M. Roberti*, Dei giudici veneziani prima del 1200, NAV NS 8 (1904) S. 230–245. Bis zur Regierungszeit des Dogen Aurius Mastropetrus wieder abgedruckt in: *Ders.*, Le magistrature giudiziarie veneziane 1, S. 140 ff. Quellenbelege wurden nur für Ergänzungen angegeben, die sich nicht bei Roberti finden. Nicht aufgenommen sind die Fälschungen, wobei vor allem auf die Fälschungen von Chioggia hinzuweisen ist, die vielleicht auf echten Originalen beruhen, doch hier nicht zu verwenden sind; vgl. *R. Cessi*, Pactum Clugie, Atti del R. Istituto Veneto, Scienze, Lettere ed Arti 87, S. 991 ff.

[53] *Cessi*, Documenti 2, S. 143 Nr. 70.

[54] Ss. Trinità e S. Michele di Brondolo (ed. *Lanfranchi/Strina*) 2, S. 677 Nr. 24.

[55] Anstelle von »Iohannes Gradonicus« liest Roberti »Iohannes Tradonicus«. Das Ausstattungsdekret für das Patriarchat in Grado ist in sehr disparater handschriftlicher Tradition erhalten, die deutlich in den beiden Drucken von *Muratori*, Antiquitates 1, S. 243–245, und *Cicogna*, Inscrizioni 4, S. 290–291, zum Ausdruck kommt. Der moderne Text bei S. Giorgio Maggiore (ed. *Lanfranchi*) 2, S. 92–99 Nr. 31, kann die Schwierigkeiten der Textgestaltung nicht vollständig lösen, doch folgt die Namensliste dem dortigen Text.

[56] Ss Trinità e S. Michele di Brondolo (ed. *Lanfranchi/Strina*) 2, S. 85 Nr. 32.

[57] S. Giorgio Maggiore (ed. *Lanfranchi*) 2, S. 161 Nr. 65.

[58] Ss. Secondo ed Erasmo (ed. *Malipiero/Ucropina*) S. 5 ff. Nr. 1.

[59] S. Giorgio Maggiore (ed. *Lanfranchi*) 2, S. 48 Nr. 11.

[60] Ebd., S. 179 Nr. 71.

Jahr	Namen
1095	Iohannes Badoer[61].
1098	Iohannes Morosini, Vitalis Michiel, Iohannes Badoer.
1100	Iohannes Badoer, Iohannes Morosini, Aurius *(maior iudex)*, Petrus Marcello.
1105	Petrus Gradenigo.
1107	Petrus Marcello, Andreas Michiel.
1107	Iohannes Falier, Petrus Marcello.
1108	Petrus Mauro, Dominicus Badoer, Petrus Badoer, Dominicus Falier, Dominicus da Canal.
1109	Andreas Michiel, Dominicus Badoer da Spinale, Petrus Mauro.
1110	Andreas Michiel, Dominicus Badoer, Dominicus da Canal, Petrus Badoer, Dominicus Falier.
1111	Iohannes et Federicus Aurio, *ambo fratres et filios quondam Aurii maioris iudicis*[62].
1112	Andreas Michiel, Petrus Mauro, Dominicus Falier, Dominicus Badoer da Spinale, Petrus Badoer, Dominicus da Canal.
1115	Petrus Badoer, Dominicus Falier[63].
1115	Andreas Michiel.
1121	Tribunus Andreado, Iohannes Michiel, Dominicus Basedello, Dominicus Baseggio, Dominicus Stornato[64].
1122	Dominicus Basedello, Dominicus Stornato, Dominicus Baseggio, Adam Bon.
1124	Iohannes Michiel, Dominicus Basedello, Dominicus Stornato.
1125	Dominicus Michiel, Dominicus Basedello, Iohannes Michiel[65].
1126	Iohannes Michiel, iudex de Rivoalto.
1131	Bonus Dandulo, filius Dominici Danduli iudicis.
1134	Otto Gradenigo.
1134	Otto Gradenigo, Dominicus Badoer[66].
1138	Iohannes Aurio, Archilian Sanudo, Darius Dauro[67].
1140	Dominicus Basedello, *iudex* + [68].
1140	Iohannes Aurio, Stephanus Sanudo.

[61] Urkunde aus dem Bestand von Brondolo nach Codice diplomatico veneziano des dortigen Staatsarchivs. Im bisherigen Material Ss. Trinità e S. Michele di Brondolo (ed. *Lanfranchi/Strina*) nicht veröffentlicht.

[62] *Morozzo/Lombardo* 1, S. 35 ff. Nr. 33.

[63] ASV S. Zaccaria B. 5 Perg.

[64] Famiglia Zusto (ed. *Lanfranchi*) S. 25 ff. Nr. 8.

[65] Ss. Trinità e S. Michele di Brondolo (ed. *Lanfranchi/Strina*) 2, S. 137–139 Nr. 67.

[66] S. Giorgio Maggiore (ed. *Lanfranchi*) 2, S. 374 f. Nr. 177.

[67] Cod. Marc. It. 7,551 (7281) f. 37.

[68] *Morozzo/Lombardo* 1, S. 79 f. Nr. 76.

Während der Blick auf die Institutionengeschichte die Betonung der Erneuerung nahelegt, ergibt die Liste der urkundlich nachweisbaren *iudices* ein völlig anderes Bild. Es kann nicht bezweifelt werden, daß eine Reihe alter Tribunengeschlechter an führender Stelle im gewandelten Dogat mitgearbeitet hat[69]. Daß darüber hinaus auch die Gastalden als Vorsteher der einzelnen Ortschaften regelmäßig aus den lokalen führenden Familien berufen wurden, rundet das Bild ab[70]. Der Aufbau einer neuen, an oberitalienischen Vorbildern orientierten Verfassung ging nicht mit einer sozialen Umwälzung einher.

Es entspricht dem Fehlen einer Rezeption des Lehensrechts, daß dem Amt des *iudex* in Venedig stets der Amtscharakter erhalten blieb. Über die Ernennung oder Wahl in dieses Amt ist nichts bekannt. Im Einzelfall sind sehr lange Amtszeiten in den Urkunden zu verfolgen, ohne daß daraus auf eine Berufung auf Lebenszeit geschlossen werden könnte[71]. Sicherlich war der Doge bemüht, die politische Erfahrung altgedienter Berater zu nutzen. Eine Erblichkeit des Amtes konte sich jedoch niemals durchsetzen. Es ist deshalb nicht korrekt, wenn man in den venezianischen *iudices* einen Amtsadel sehen will, der an die Stelle der Tribunen getreten ist[72]. Die Amtsträger sind nur besonders erfahrene und herausragende Persönlichkeiten unter den Teilnehmern am *placitum* des Dogen. Zur Ausbildung eines neuen Amtsadels fehlte dem Amt die Kontinuität in der Berufung von Vertretern einzelner Familien.

Der »Populus Venetiae«

In der Terminologie der Urkunden, die die weiteren Teilnehmer an den politischen Beratungen des Dogen bezeichnen, macht sich seit dem 10. Jahrhundert ein steter Wandel bemerkbar. Der Tribunentitel geht mit dem Aufkommen neuer Verfassungseinrichtungen am Ende des 9. oder im frühen 10. Jahrhundert verloren[73]. Die Einteilung der Beratenden in die *maiores, mediocres* und *minores*, die in Oberitalien im Formular der Urkunden noch lange weiterlebte, ist in Venedig nur im 10. Jahrhundert geläufig, vereinzelte Beispiele finden sich auch noch im 11. Jahrhundert[74]. Bereits vor der Jahrtausendwende geht der Amtstitel eines *primas* verloren, da seine Funktionen die neugeschaffenen Gastalden übernehmen[75].

---

[69] Vgl. unten die Gruppen 1 und 2 der Tabellen.

[70] Vgl. oben Anm. 37.

[71] Vgl. *Lenel*, Vorherrschaft, S. 120f.

[72] Vgl. dazu *Cracco*, Società e Stato, S. 8ff.

[73] Letzter urkundlicher Beleg vom Jahre 900: *Ego Dominicus, filius Dominici tribuni, manu mea subscripsi* (Cessi, Documenti 2, S. 36 Nr. 25).

[74] Zur Terminologie in Italien *Goetz*, Die Entstehung der italienischen Kommunen, S. 53; *Keller*, Adelsherrschaft, S. 41ff. Für Venedig Cessi, Documenti 1, Nr. 116 (853); ebd., 2, Nr. 70 (971), Nr. 87 (971), Nr. 101 (976). *Lenel*, Vorherrschaft, S. 112.

[75] *Lenel*, Vorherrschaft, S. 112; Cessi, Venezia ducale 1, S. 260; *Merores*, Der venezianische Adel, S. 209.

Im Verlauf des 11. Jahrhunderts sollte sich die Terminologie der Urkunden in bezug auf die *adstantes* des dogalen *placitum* verfestigen: Sie sind *boni homines* oder *fideles nostri* oder *boni homines fideles nostri*[76]. Im 12. Jahrhundert erfährt das Diktat eine neue Wandlung. Die Beschlüsse des Dogen ergehen *cum iudicibus nostris et populo Venetiae*[77].

Wer waren nun die Teilnehmer des dogalen *placitum* in Venedig, die vor der Ausbildung der kommunalen Räte neben und mit dem Dogen Beratung hielten und Beschlüsse faßten? Die Schwierigkeiten einer Antwort beginnen bei der Tatsache, daß die Übergänge zwischen einem *placitum* und der Volksversammlung, die die venezianische Verfassungsgeschichtsschreibung als zwei verschiedene Kategorien herausgearbeitet hat, offensichtlich fließend sind. Die Urkunde des Dogen Dominicus Michiel, die dieser 1122 vor Bari ausstellte, weist 372 unterfertigende Zeugen aus, wohl ausgewählte Vertreter der venezianischen Flotte, die hier als seine Berater fungieren[78]. In der Urkunde des Jahres 998, die die Erregung von Tumulten im Dogenpalast verbot, heißt es: »...*decrevimus omnes tam iudices et nobilles homines Venetie qui et mediocres a maximo usque ad minimum*«[79]. Nach der Terminologie der venezianischen Verfassungsgeschichte hat es sich offenbar eher um eine Volksversammlung als um ein *placitum* gehandelt, doch unterscheidet dies die Urkunde nicht. Eine Urkunde, die um das Jahr 1000 erlassen ist, bemerkt: »...*venimus in legem et iudicium ante vestram presentiam et vestrorum nobilium iudicum terre et parte bonorum hominum ibidem astante etiam mediocrum et minorum*«[80]. Daneben gibt es jedoch zahlreiche Beispiele für Urkunden, die nur die *nobiles, proceres, primates* oder auch *boni homines* anführen[81]. Offensichtlich konnten

---

[76] *Lenel*, Vorherrschaft, S. 112 f. mit Anm. 3.

[77] Vgl. *Lenel*, Vorherrschaft, S. 113, mit zahlreichen Belegen. Die venezianische Urkundensprache versteht den Begriff niemals im Sinne einer Gegenüberstellung von Adel und Volk, der *populus* ist die Gesamtheit der freien Bürger, vertreten durch seine hervorragendsten Mitglieder. Zum Gebrauch des Begriffes in Oberitalien vgl. *Keller*, Adelsherrschaft, S. 38 f., *Merores*, Der venezianische Adel, S. 215 ff., geht zu sehr von der Vorstellung des *populus* als der Gesamtheit der Freien aus. Völlig unhaltbar ist *Cracco*, Società e stato, S. 28, der unter dem *populus* einen »terzo stato« (sic!) versteht, der unter dem Dogen und seinen *iudices* steht.

[78] Die venezianische Urkunde für Bari gedruckt bei *Sanudo*, Le vite dei Dogi (ed. *Monticolo*) S. 196–216 (mit zahlreichen Kommentaren); vgl. Anm. 44.

[79] *Cessi*, Documenti 2, S. 162 Nr. 81.

[80] Vgl. *Lenel*, Vorherrschaft, S. 118.

[81] Vgl. die Schilderung der Origo (ed. *Cessi*, S. 167), die jedoch keinesfalls entstanden ist, als es in Venedig noch Tribunen gab. Die Schilderung zeigt vielmehr, wie der Verfasser, der wohl das *placitum* aus eigener Anschauung kannte, sich eine Versammlung der venezianischen Frühzeit vorstellte: ...*transmisit autem dux Obelerius per omnes partes Venecie et congregavit omnes tribunos, qui erant in Matamauco et in Rivoalto, et alios plures homines venerunt insimul ad duces in litore Pineti.* Im 10. Jahrhundert sind außer den bisher genannten Urkunden heranzuziehen: 1. Urkunde von 900: ...*residente in publico placito nos Petro domino protegente, imperiali protospatario et Veneticorum duce, simul cum domno Vitale sanctissimo patriarcha et cunctis episcopis, abbatis, qui subter adscripti sunt, pariterque primatibus et populo terre nostre* (Cessi, Documenti 2, S. 34 Nr. 25). 2. Urkunde von 919: ...*residente me Ioanne, divina gratia Venetiarum*

die Beratungen des Dogen in einem Kreis seiner *fideles* erfolgen, der nach den Bedürfnissen sehr unterschiedlich gewesen ist. Deutlich geht jedoch aus den Formulierungen hervor, daß die *iudices* und der venezianische Adel in diesem Kreis das Sagen hatten und gegebenenfalls auch ohne *mediocres* und *minores* entscheiden konnte.

Von der Frage nach der Zusammensetzung des *placitum* sorgfältig zu trennen ist die Frage nach der Bedeutung der Konsenszeugen, die in den venezianischen Dogenurkunden die Niederschrift der Beschlüsse bestätigen. Ihre Zahl schwankt beträchtlich, doch es kann kaum ein Zweifel bestehen, daß die Unterschriften nicht alle Teilnehmer der Beratung umfaßten, wie einmal ausdrücklich bemerkt wird[82]. Wer zur Zeugenunterfertigung herangezogen wird, bemerkt die Gründungsurkunde des Klosters S. Giorgio Maggiore ausdrücklich: »...*nos Tribunus divina gracia dux Venecie, motus tuis precibus, hortantibus et consentientibus nobis videlicet domno Vitale aegregio patriarcha insimul cum episcopis nostris et cunctis primatibus seu et populo Venecie, quorum manus obtimorum partim ob firmitatis indicia subter adscripti sunt*«[83]. Neben dem Dogen und den Prälaten treten die *primates* als die lokalen Amtsträger auf. Daneben unterfertigt als Vertreter des *populus* ein Teil der *optimi*, deren Zahl sich nach der Bedeutung des Rechtsgeschäfts und den Erfordernissen des Augenblicks gerichtet haben mag.

Um die Bedeutung der Konsenszeugen der venezianischen Dogenurkunden zu bewerten, bleibt somit festzuhalten: Wer eine Dogenurkunde unterfertigt, ist bereits aus der Masse der übrigen Venezianer und aus den Teilnehmern des *placitum* hervorgehoben. In der Terminologie der Urkunde vom Jahre 982 zählt er zu den *optimi*. Dennoch

---

duce, in publico placito una cum nostris primatibus et ibique circumstantibus fidelibus et una parte populi terrae nostrae (ebd., S. 44 Nr. 31). 3. Urkunde von 960: ...residente nobis quidem Petro Deo auxiliante Venetiae duce, condam domino Petro duce Candiano, una cum domino Bono egregioque patriarcha et cum venerabilis episcopis et primatibus nostris in publico palatio (recte placito?) (ebd., S. 70 Nr. 41). 4. Urkunde von 971: ...residente domino Petro excellentissimo duce, seniore nostro, una cum Vitale, sanctissimo patriarcha, filio suo, nec non Marino, reverentissimo olivolensis ecclesiae episcopo, et cum reliquis suae provinciae episcopis, adstante in eorum praesentia magna parte populi, maiores videlicet, mediocres et minores (ebd., S. 87 Nr. 49). 5. Zehntverzeichnis von 978: ...residente ibidem in palatio domnus Petrus dux Ursoyolo cum cunctos suos primates et proceres Venetiae hominum (ebd., S. 108 Nr. 57). 6. Zehntverzeichnis von 978/979: ...residente ibidem in pallatio cum cunctis suis primatibus (ebd., S. 109 Nr. 58). 7. Zehntverzeichnis 979–991: ...residente in curia palatii cum cunctis suis primatibus (ebd., S. 110 Nr. 59). 8. Urkunde von 1023 (Fälschung der Zeit): ...facimus nos omnes tocius Venecie, maiores et minores (ebd., S. 193 Nr. III). 9. Notiz aus der ersten Hälfte des 11. Jahrhunderts: ...residebat in pallacio suo cum suis iudicibus et ibi adstante maxima pars suorum fidelium (Cronache veneziane antichissime [ed. Monticolo] S. 176). 10. Notiz von 1009 bis 1023: Otto dux in publico placito cum maiores, iudices terrae nostrae, mediocres et minores (ebd., S. 178). Seit dem 11. Jahrhundert wird die Aussage immer formelhafter, vgl. *Lenel*, Vorherrschaft, S. 114 ff.

[82] Urkunde von 998 (*Cessi*, Documenti 2, S. 165 Nr. 81) bemerkt z. B. am Ende der Zeugenreihe: *et plures alii.*

[83] S. Giorgio Maggiore (ed. *Lanfranchi*) 2, S. 19 Nr. 1.

mag die Standesqualität der Zeugen nicht einheitlich gewesen sein. Besonders dort, wo eine große Zahl unterfertigt, etwa in der erwähnten Urkunde für Bari 1122, mögen neben den Vertretern jener Gesellschaftsschicht, die als *nobiles, proceres* oder *maiores* bezeichnet werden, auch Vertreter der *mediocres* zu finden sein. Nicht immer wird man zu einem Urteil über die Standeszugehörigkeit gelangen können, zumal derartiges in den Privaturkunden niemals verzeichnet ist, doch können weitere Kriterien helfen, die bekannten Zeugen einzuordnen.

Dabei ist zunächst die Aussage der Origo von Bedeutung: Wen das Adelsverzeichnis unter den *nobiliores* führt und wer zudem in den Dogenurkunden unter den Zeugen auftritt, über dessen Zugehörigkeit zum venezianischen Adel kann kaum ein Zweifel bestehen. Gleiches muß für diejenigen gelten, die noch nicht in den Geschlechterlisten stehen, die jedoch als Dogen oder *iudices* genannt sind: Aurio, Basedello, Baseggio, Bon, Dandulo, Menio, Michiel, Polani, Sanudo und Zusto. Die Gruppe derjenigen, die zu verschiedenen Zeiten als Konsenszeugen auftreten, ohne aber in der Origo verzeichnet oder zu den hohen Staatsämtern gelangt zu sein, kann nur in jedem Einzelfall gewertet werden. Besonders wenn die Familie auch in der kommunalen Zeit und im 13. Jahrhundert unter den Adel gezählt wurde, wird man geneigt sein, der Familie auch in vorkommunaler Zeit die Zugehörigkeit zum Adel zuzuschreiben. Dennoch bleiben hier Vorbehalte, die die Knappheit des Materials nicht zu beseitigen erlaubt.

Diese Vorbehalte gelten in weit stärkerem Maße noch für die Gruppe derjenigen, die nur sporadisch unter den Zeugen zu finden sind. Auch hier finden sich zahlreiche Namen, die aus der späteren venezianischen Geschichte einen guten Klang haben, doch mag es der Überlieferungsverlust, mag es aber auch die geringe Bedeutung der Familie in der damaligen Zeit sein, Sicherheit wird sich in diesen Fällen nicht gewinnen lassen.

Gerade für eine Gesellschaft wie die venezianische, die sich durch das Fehlen des Lehenswesens von der Umwelt abhob, muß es von besonderer Bedeutung sein, ob auch die Nachbarn die Führungsschicht Venedigs als adlig begriffen. Die Beispiele sind nicht eben zahlreich, doch geben sie den Eindruck, daß dies in der Tat der Fall war. Als König Koloman von Ungarn im Jahre 1100 an den Dogen von Venedig schreibt, gedenkt er ausdrücklich der *optimates.* Wiederholt ist in diesem Brief von dem Dogen und seinen *proceres* die Rede und schließlich wird der mit dem Dogen und seinen *maiores* geschlossene Vertrag erwähnt[84]. In einem Privileg Heinrichs IV. wird der Doge als »*prudentium virorum sapiens ac discretus Venetici regni rector*« angesprochen[85]. Anna Komnena schließlich, die freilich in der kommunalen Epoche Venedigs schreibt, erwähnt neben dem Dogen auch dessen Archonten[86].

---

[84] Vgl. *Lenel*, Vorherrschaft, S. 118f.

[85] MGDH IV. 442.

[86] Anne Comnène, Alexiade IV, 2, 6 (ed. *Leib*), 1, S. 148. Bedeutsam wird die Stelle weiterhin dadurch, daß ausdrücklich die Geschenke der byzantinischen Gesandten nicht nur an den Dogen, sondern auch an seine Archonten verteilt werden. Zum Begriff der Archonten in der byzantinischen Gesellschaftsordnung vgl. *D. Jacoby*, Les archontes grecs et la féodalité en Morée franque, Travaux et Mémoires 2 (1967) S. 421–481.

*Die venezianische Führungsschicht vor Errichtung des comune Venetiarum:
Geschlechter der Dogen und iudices (Gruppe I)*:*

Name	Origo	Doge	Iudex	Dogenurkunden 960–1031/32	1032–1099	1100–1141
Andreado	×		×	×	×	×
Aurio			×	×	×	×
Badoer	×	×	×	×	×	×
Badoer da Spinale	×		×	×	×	×
Basedello			×	×		
Baseggio			×		×	×
Bon			×			
da Canal	×		×		×	×
Candiano	×	×		×		
Centranico	×	×		×		
Contarini	×	×		×	×	×
Dandulo			×	×		×
Dauro			×			
Falier	×	×	×	×	×	×
Flabianico	×		×	×	×	
Flabiano	×	×		×		
Gradenigo	×		×	×	×	×
Marcello	×		×	×	×	
Mauro	×		×	×	×	×
Menio		×		×		
Michiel		×	×	×	×	×
Morosini	×		×	×	×	×
Orseolo	×	×	×	×	×	×
Polani		×	×	×	×	×
Sanudo			×	×	×	×
Saponario	×		×	×		×
Silvo	×	×	×	×	×	
Stornato	×		×	×	×	×
Zusto			×	×	×	×

* Die Einteilung der Zeugen in den Dogenurkunden erfolgt in Epochen: 1. Bis zum Sturz der
Orseoler. 2. Bis zum 1. Kreuzzug. 3. Bis zur Errichtung des *comune Venetiarum.*

Die venezianische Führungsschicht vor Errichtung des comune Venetiarum:
Die Geschlechter des Origo in den Dogenurkunden (Gruppe II):

Name	Origo	Dogenurkunden 960–1031/2	1032–1099	1100–1141
Adoaldo	×	×	×	
Albano	×	×	×	×
Albino	×	×		
d'Arbore	×		×	×
Armado	×	×		
Badoer da Noale	×	×		×
Barbani	×	×	×	×
Barbarigo	×	×		
Barbaromano	×		×	
Barbolani	×	×		
Barzigesso	×		×	
Bonoaldo	×	×	×	×
Bradano	×	×		
Bulzano	×	×	×	
Calbani	×		×	×
Calbo	×	×	×	×
Caloprini	×	×		
Calpino	×	×		
Campulo	×	×	×	
Caroso	×	×	×	×
Casolo	×	×		×
Cerbano	×	×	×	
Dodono	×	×		
Gausoni	×	×	×	

Name	Origo	Dogenurkunden 960–1031/2	1032–1099	1100–1141
Gemano	×		×	
Gumbario	×		×	×
Lodoyto	×	×		
Lupanico (Luparini)	×	×		×
Marignoni	×	×		
Mastalico	×	×		
Mataduro	×	×		
Matro	×	×		
Navaglaro	×		×	×
Regini	×	×	×	×
Rosso	×	×		×
Sagredo	×			×
Serzini	×			×
Sirano	×	×		
Storlato	×	×	×	×
Talarico	×	×		
Tanolico	×	×		
Valaresso	×	×		
Vasano	×	×		
Venier	×		×	
Vigloni	×		×	×
Zopolo	×		×	×

Die venezianische Führungsschicht vor Errichtung des comune Venetiarum: Geschlechter mit erhöhter Präsenz in den Zeugenlisten der Dogenurkunden ohne Erwähnung in der Origo (Gruppe III):

Name	Dogenurkunden		
	960–1031/2	1032–1099	1100–1141
Antolino	×		×
Aurifex	×	×	
Barozzi	×		×
Batiauro		×	×
Bellegno		×	×
Bembo	×	×	
da Borea		×	×
Bosio	×	×	
Bragadin	×	×	×
Capello	×	×	×
Caput in Collo		×	×
Caraciacanevo	×		×
Caucanino	×	×	
Cirino	×	×	
Corner		×	×
Cupo		×	×
Decem et Nove		×	×
Dolfin	×	×	×
Donà		×	×
Donzorzi		×	×
Emiliano	×	×	
Encio	×	×	×
Feolo	×	×	
Florencio	×	×	
Foscari	×	×	×
Foscarini		×	×
Franco		×	×
Fuschello	×	×	

Name	Dogenurkunden		
	960–1031/32	1032–1099	1100–1141
Giustinian	×	×	×
Gorio		×	×
Greco	×	×	×
Guriano		×	×
Istrigo		×	×
Maciamano	×	×	×
Magiscoli	×		×
Magno	×	×	×
Malipiero		×	×
Manni	×		×
Martinacio	×	×	
Minigo	×		×
da Molin	×	×	×
Monetario		×	×
Navazoso	×	×	×
Pantaleo	×	×	×
Pepo		×	×
da Putheo		×	×
Rapedello	×	×	
Roybolo		×	×
Sadulo	×		×
Sgaldario	×	×	×
Soranzo		×	×
Sulmulo	×	×	
Viglari		×	×
Vitaliano	×	×	×
Ziani		×	×
Zulian	×		×

Die venezianische Führungsschicht vor Errichtung des Comune Venetiarum:
Geschlechter mit unregelmäßiger Unterfertigung der Dogenurkunden (Gruppe IV):

Vorbemerkung: Die Präsenz der Familien in den Dogenurkunden wird in folgender Weise
gekennzeichnet:

960–1031/32 = 1   1032–1099 = 2   1100–1141 = 3

Acotanto	3	Figario	1	Martino	1
Alberto	1	Fiolario	1	Mastelallo	1
Ardizon	3	Firiulfo	2	Mastropetro	3
Argisi	1	Fradello	3	Masulo	2
Arimundo	3	Fumaria	1	Maulato	1
Autecario	1	Fundoni	1	Maysso	3
Bado	1	Garilesio	1	Macarion	3
Baffani	1	Gatulo	2	Memnonio	1
Bagesso	3	Godico	1	Memo	1
Baglessuni	3	Granzarolo	3	Miglani	2
Bentanello	1	Grandi	1	Minigeri	1
Bertanico	1	Grasso	1	Mocenigo	2
Bondondini	1	Greculo	2	Nadal	1
Braciolano	2	Gregorio	2	Naizo	3
Bumbraco	1	Gretulo	2	Nanni	2
Buzario	1	Gricioso	2	Nellobarino	1
Capelessi	3	Hellaro	1	Nepori	1
Carimano	1	Honoradi	3	Paganovio	1
Cavallo	1	Ianaseni	1	Papacasio	1
Celso	3	Incicopo	3	Papaziza	2
Ceppo	1	Ioieiorio	3	Paradiso	1
Cipriano	1	Iolo	2	Partedaco	1
Correr	3	Iuvardo	2	Partegenci	1
Cospario	1	Lippemano	3	Pasqualigo	3
Cumbarino	3	Lugaressi	2	Patricio	1
Curtolo	1	Maestrorso	3	Pentani	2
Dandaco	1	Magister	1	Pietrolongo	1
Daneo	1	Magister Demetrius	1	Pigianico	1
Dauro	2	Malani	1	Piscator	1
Dondi	2	Malcalcardo	1	Pitulo	1
Donini	3	Marano	1	Pladuni	3
Dono	2	Marco	2	Pleseghi	1
de Dulcia	1	Marianesico	2	Polo	2
Duonico	1	Marifelsi	1	da Ponte	2
Elliadi	1	Marin	1	da Puzo	2
de Equilo	3	Marineschi	1	Querini	2

Ractanasio	1	Stanier	3	Victor	1
Renzo	1	Sten	3	Vidal	2
Rorso	1	Stuvaldi	1	Vidoso	1
Salomon	2	Sucugullo	1	Vigelli	1
Salvo	2	Susenullo	1	Vitabio	2
Sapino	1	Tassanico	3	Vitriniaco	1
Scalboni	1	Tentoretto	1	Zabari	1
Scutario	1	Tiepolo	3	Zahireto	1
Senatori	3	Trevisan	1	Zane	3
Sipilziaco	2	Trodoio	1	Zantani	3
Sodimpioggia	1	Valerio	1	Zen	1
Sparesso	1	Vamario	1	Zorzi	3
Spesso	1	Vasallo	2		
Spicaco	3	Vasilio	1		

3. Zur Charakteristik der venezianischen Oberschicht in vorkommunaler Zeit

Wie bereits in der Verfassungsentwicklung dargelegt, hat auch für die Sozialstruktur das Fehlen des Lehenswesens unmittelbare Konsequenzen bei der Charakterisierung der venezianischen Oberschicht. Wie alle Freien im Dogat war der venezianische Adlige dem Dogen durch einen allgemeinen Untertaneneid verbunden, ein Lehensnexus mit seinen besonderen Verpflichtungen zur Treue bestand nicht. Der Doge verfügte in seinem Staat nicht über Vasallen, die Lehen und öffentliche Funktion verbanden, neben den Gastalden und *iudices* gebot er nur über eine Reihe niederer Vollzugsorgane.

Daß man in Venedig das Instrument des Lehens aus der Nachbarschaft Oberitaliens gut gekannt hat, deutet die Terminologie der Urkunden in Ansätzen an[87]. So gebührt dem Dogen vom 10. bis zum 12. Jahrhundert die Anrede *senior noster* durch seine *fideles*[88]. Ebenso wird der Grundbesitz der Venezianer im Dogat öfters als *allodium* bezeichnet, ohne daß die zahlreichen Urkunden deshalb das Instrument des Lehens kennen[89]. Offensichtlich kannte man das Lehenswesen genau, lehnte jedoch die Übernahme im Dogat ab.

---

[87] *C. G. Mor*, Aspetti della vita costituzionale veneziana fino alla fine del X secolo, in: Storia della civiltà veneziana 1, 2. Aufl., S. 85–93, betont diese Terminologie, doch konnte sich seine Ansicht von einem stärkeren Einfluß des Lehenswesens in Venedig nicht durchsetzen; vgl. *Fasoli*, Comune Venetiarum, ebd., S. 276 Anm. 16.

[88] Beispiele zusammengestellt bei *Mor*, Aspetti della vita costituzionale veneziana fino alla fine del X secolo, S. 85 ff.

[89] *Kretschmayr*, Geschichte 1, S. 191.

Sobald politische Fragen über die eigenen Grenzen hinauswiesen, zeigte sich der Dogat fähig, den Lehensnexus als Herrschaftsinstrument anzuwenden. Als im Jahre 1064 Uberto di Fontanive, kein Venezianer also, die Vogtei des am Rande der Lagune gelegenen Klosters S. Ilario übernahm, wies ihm der Doge als Ausstattung ein Lehen zu, das aus Ländereien auf dem nahen Festland bestand[90]. Die Eroberung Dalmatiens im 12. Jahrhundert sicherte sich der Doge, indem er die eingesetzten venezianischen *comites* unter seine Lehenshoheit stellte. Das sich ausbildende *comune Venetiarum* errang über den Dogen einen wichtigen Sieg, als es ihm gelang, die dalmatinischen Herrschaften an die Lehensoberhoheit der Kommune zu binden[91].

Daß die Umwandlung von Grundbesitz in Lehen niemals verwirklicht worden ist, zeigt das Verfahren, das bei Bodenübertragungen angewandt wurde. Die dabei eingehaltenen Rechtsformen wiesen Parallelen zu spätantiken Rechtsbräuchen auf, wie sie in frühmittelalterlicher Zeit im benachbarten Ravenna bekannt gewesen sind[92]. Waren die beiden Parteien über den Kauf und den Preis übereingekommen, so bedurfte eine rechtmäßige Übertragung der Beteiligung der öffentlichen Gewalt. Ein Beamter, in Venedig selbst meist ein *ministerialis curiae*, begleitete die Parteien auf das Grundstück und nahm die Übergabe vor. Über diesen Rechtsakt stellte er eine Urkunde aus, die den neuen Besitzer in seinen Rechten sicherte[93]. Grundsätzlich unterschied man zwei Vorgangsweisen: Handelte es sich um eine zeitweilige Übergabe wie bei der Sicherheitsleistung für ein Darlehen, so nahm man eine *investitio sine proprio* vor, gingen die Eigentumsrechte endgültig an den Erwerber über, so nannte man den Akt eine *investitio ad proprium*. Von der Beteiligung irgendwelcher Lehensträger ist im Verfahren niemals die Rede.

Eine Grundvoraussetzung für die Beibehaltung alter Strukturen gegenüber den Entwicklungen auf dem Festland war die Regelung der Heerfolge, neben der Zahlung der Steuern wichtigste Pflicht eines freien Venezianers. Da infolge der exponierten Lage im Hochmittelalter Krieg für Venedig stets Seekrieg bedeutete, blieben die Umwälzungen, die das ritterliche Reiterheer gebracht hatte, weitgehend unbekannt. Grundlegende Bedeutung hatte im Flottenwesen die Bemannung der Galeeren. Die Stadt Venedig war für die Zwecke der Aushebung in Contrade eingeteilt, die je nach den Bedürfnissen eine gewisse Anzahl an Bewaffneten zu stellen hatten[94]. Von den übrigen Städten des Dogats

---

[90] Urkunde von 1064 Aug. 28: Ss. Ilario e Benedetto e S. Gregorio (ed. *Lanfranchi*) S. 44 ff. Nr. 11. Ausdrücklich heißt es dort: *propter feudum concedisti.*

[91] *Cessi*, Maggior Consiglio 1, S. 245 ff. Nr. 10; *Schmeidler*, Dux und Comune, S. 28 ff.

[92] Vgl. die Landübertragung in den ravennatischen Papyri bei *J. O. Tjäder*, Die nichtliterarischen lateinischen Papyri Italiens aus der Zeit 445–700, Bd. 1, Lund–Uppsala 1955.

[93] Über die Investitio in Venedig vgl. *Roberti*, Magistrature giudiziarie veneziane 1, S. 184 ff.

[94] Vgl. hierzu bes. *F. C. Lane*, Venetian Seamen in the Nautical Revolution of the Middle Ages, in: *A. Pertusi* (Hg.), Venezia e il Levante fino al secolo XV 1/1, Firenze 1973, S. 403–429, bes. 405 ff. Für das 12. Jahrhundert von Bedeutung ein Dokument von 1196 bei *Tafel/Thomas* 1, S. 216 ff. Nr. 78.

und von unterworfenen Kommunen verlangte Venedig je nach Stärke des eigenen Aufgebots die Stellung entsprechend ausgestatteter Galeeren[95].

Diese Zusammensetzung des *stolus Veneciae* verhinderte die Ausbildung einer Schicht von Kriegern, deren Mitglieder allein als schwerbewaffnete Reiter mit ihrem Gefolge den Heerdienst versahen. Die nobilitierende Wirkung des Reiterdienstes konnte sich nicht entfalten, weshalb dem venezianischen Hochmittelalter konsequenterweise auch der Begriff des *miles* fremd geblieben ist[96]. Der venezianische Adel, mochte er auch seine Erfahrungen in der Lenkung von Schiffen und Flotten in den Dienst der Kriegspolitik stellen, unterschied sich nicht als Kriegerkaste von anderen freien Teilen der Bevölkerung.

Eng mit den bisher besprochenen Entwicklungen hängt es zusammen, daß es im gesamten Dogat von Venedig keinen landsässigen Adel gegeben hat. Das Gebiet der Lagunen gab dazu auch kaum Gelegenheit. Wohl aber besaß die venezianische Oberschicht, wie sie uns als Teilnehmer in den *placita* gegenübertritt, einen großen Teil des nutzbaren Landes. Zwar zog der venezianische Adlige Abgaben und Leistungen aus seinen Pächtern und abhängigen Bauern, er selbst blieb stets in der Stadt ansässig[97]. Unterschied sich durch seine Stadtsässigkeit bereits der Adlige Oberitaliens von seinen Standesgenossen im Norden, so übertrifft ihn hierin der Venezianer: Der Familiensitz auf dem Lande im Contado ist ihm unbekannt, auch Adelssitze oder Burgen außerhalb der alten Ortszentren wurden nicht errichtet[98]. Über die Ortschaften und ihr Umland

---

[95] Für die istrischen Städte und ihre Unterwerfungsverträge 1150–1152 vgl. *Minotto* 3/1, S. 6 ff., und *Rösch*, Venedig und das Reich, S. 103 Anm. 40. Für die Unterwerfung Fanos 1141 und die dortigen Verpflichtungen G. *Luzzatto*, I più antichi trattati tra Venezia e le città Marchigiane, NAV NS 11 (1906) S. 43 Nr. 1.

[96] Allein Iohannes Diaconus (ed. *Monticolo*) S. 137, 151, nennt *milites* des Dogen Petrus Candiano IV., der allerdings starke Bindungen zu dem Adel des oberitalienischen Festlands hatte. Vgl. *Fasoli*, Comune Venetiarum, S. 167. Für die Verhältnisse in Oberitalien vgl. H. *Keller*, Militia, Vasallität und frühes Rittertum im Spiegel oberitalienischer miles-Belege des 10. und 11. Jahrhunderts, QFIAB 62 (1982) S. 59–118. Die Übernahme höfisch – ritterlicher Lebensformen erfolgte in Venedig erst im 13. Jahrhundert: L. *Kretzenbacher*, Alt-Venedigs Sport und Schaubrauchtum als Propaganda der Republik Venedig zwischen Friaul und Byzanz, in: *Beck/Manoussacas/Pertusi*, Venezia, Centro di mediazione tra oriente ed occidente 1, Firenze 1977, S. 249–277; R. *Predelli*, Documenti relativi alla guerra pel fatto de Castello di Amore, AV 30 (1885) S. 439 ff.

[97] Darüber geben die Privaturkunden erschöpfend Auskunft. Besonders auch die Salinen waren gegen Tagesleistungen an Salz verpachtet. Für die Frühzeit bemerkt der Autor der Origo (ed. *Cessi*) S. 157: *tribuni tributum de eis circumhabitantibus recipiebant: et multorum in litore Pineti cultores erant; vineis, campis, saletis pascuis seu molendinis occupabant. hii vero omnes per unamquemque modium unum perfictum persolvebant in annum istis tribunis ab omne iussione illorum seu defensione hii stantes et habitantes erant. quorum nomina tribunorum postea dicenda sunt.*

[98] Dies wird am deutlichsten in der Bezeichnung der venezianischen Oberschicht in den Privaturkunden nach den Kirchspielen (*confinia*), die 1083/84 eingeführt wurde (vgl. *Cessi*, Venezia ducale 2/1, S. 131). Kein Venezianer wurde jemals – wie sonst überall üblich – nach seinem Familiengut bezeichnet.

gebot der dogale Gastalde, dessen Amtsgewalt nicht durch adlige Machtansammlung gehindert wurde.

Das Fehlen der Rezeption des Lehenswesens unterscheidet die Zusammensetzung der venezianischen Oberschicht grundlegend von den Verhältnissen in Oberitalien. Dort wird im Hochmittelalter in immer stärkerem Maß die lehensrechtliche Stellung entscheidend für die Zugehörigkeit zu einem Stand. In Venedig fehlte dieses Unterscheidungsmerkmal, weshalb durch die Ähnlichkeit der Lebensweise von adligem Venezianer und nichtadligem Kaufmann der Aufstieg einzelner Familien erleichtert war. Die Origo kennt im 10. Jahrhundert eine Adelsschicht, die sich durch angebliche Abstammung von den Tribunengeschlechtern vom Rest der freien Bevölkerung unterscheidet. Daneben finden sich zahlreiche Geschlechter, die bereits im 10. Jahrhundert politisch mit den alten Sippen gleichberechtigt sind. Beide Gruppen verschmelzen zu einer neuen Führungsschicht, die sich im 11. und 12. Jahrhundert stetig durch erfolgreiche Aufsteiger ergänzt. Mochten manche dieser *homines novi* ihre Stellung nicht behaupten können, so sind doch die Geschlechter zahlreich, deren Aufstieg erst nach der Jahrtausendwende begann. Fast die gesamte Führungselite des 12. Jahrhunderts ist aus neuen Familien hervorgegangen[99].

Es kann kein Zweifel daran bestehen, daß die Oberschicht Venedigs sich selbst als adlig begriff[100]. Daß dabei ständische Unterscheidungen auf Grund des Lehensrechts nicht im Wege standen, verhinderte stärkere Auseinandersetzungen zwischen alten und neuen Familien. »Adlig war, der von seinen Genossen für adlig gehalten wurde und in ihrer Mitte bei Beratungen und religiösen, gesellschaftlichen Veranstaltungen geduldet wurde«[101]. Der Aufstieg eines Geschlechts läßt sich für uns allein in den Zeugenlisten der Dogenurkunden erkennen. Werden die Mitglieder der Familien häufiger in den Kreis derer aufgenommen, die einen Beschluß zur feierlichen Beglaubigung unterzeichnen durften, so legt das Zeugnis davon ab, daß sie im *placitum* unter die *optimi* gerechnet wurden.

Grundlage des sozialen Aufstiegs scheint im 11. Jahrhundert fast immer der Erfolg als Kaufmann gewesen zu sein. In einem Staat, dessen territoriale Grundlagen derartig beschränkt waren wie die Venedigs, blieb nur der Erfolg im Handel als Mittel des sozialen Aufstiegs[102]. Wesentlich erleichtert wurde diese Aufnahme von Kaufmannsge-

---

[99] Vgl. oben Kap. 2: Polani, Corner, Donà, Foscarini, Malipiero, Ziani, Acotanto, Celso, Correr, Dauro, Mastropetro, Mocenigo, Querini, Salomon, Stanier, Sten, Tiepolo, Vidal, Zane, Zorzi.

[100] Die Urkunden geben keine Auskunft über Standesbezeichnungen, und die Benennung der Teilnehmer des *placitum* ist formelhaft. Anders die wenigen Fragmente der Historiographie. Die Origo (ed. *Cessi*) S. 153, redet fortwährend von Tribunen, manchmal jedoch auch von *nobiliores Veneticos*. Der Bericht des Dominicus Tino über die Wahl des Dogen Dominicus Silvo erzählt von der Teilnahme der *nobiles Venetiae* (*Galliciolli* 6, S. 124).

[101] *Merores*, Der venezianische Adel, S. 224.

[102] Deutlich anhand der Handelsurkunden feststellbar (vgl. *Morozzo/Lombardo* 1–2; *Morozzo/Lombardo*, Nuovi documenti) für Familien wie da Molin, Ziani, Tiepolo, Sten; vgl. auch *Cessi*, Venezia ducale 2/1, S. 144 ff. Zum analogen Aufstieg durch Handel in römischer Zeit vgl. *K. Hopkins*, Elite, Nobility in the Roman Empire, Past and Present 32 (1965) S. 12–36. Zu den Ziani vgl. *Fees*, Reichtum und Macht, S. 189 ff.

schlechtern durch die Tatsache, daß auch die adlige Oberschicht stark im Handel engagiert war. Der Gegensatz von adliger Lebensweise und Handel konnte sich in Venedig niemals durchsetzen.

Eine Erleichterung des sozialen Aufstiegs bedeutete es auch, daß die Oberschicht durch das Aussterben zahlreicher Familien zahlenmäßig geschwächt war[103]. Der Anteil der Namen, die bereits in der Origo genannt sind, geht in den Dogenurkunden ständig zurück, die frei werdenden Plätze nahmen neue Familien ein. Auf diese Weise veränderte sich die Zusammensetzung der Oberschicht zwischen dem 10. und 12. Jahrhundert beträchtlich.

4. Die wirtschaftlichen Grundlagen der venezianischen Oberschicht

Zentrum der Lebensinteressen des venezianischen Adligen, der seit dem 11. Jahrhundert in der Regel in Rialto Wohnung nahm, war der städtische Familienpalast. Dieser Stadtpalast mit seinen Nebengebäuden und Brunnenanlagen stellte bereits ein beträchtliches Vermögen dar[104]. Aber auch sonst befand sich der städtische Grundbesitz zu einem nicht unwesentlichen Teil in den Händen der Oberschicht: Gebäude, die vermietet oder als Lagerräume für Waren genutzt wurden, Verkaufsstände, Marktflächen, Wasserläufe, Wege und unbebautes Gelände besaßen die venezianischen Adligen in reichem Maß[105]. Durch die Knappheit von Grund und Boden war dieser Besitz besonders geeignet, seinen Inhaber aus der Masse der übrigen herauszuheben. Die *proprietates casarum et terrarum* werden deshalb in aller Regel allein an den Haupterben übergeben, alle anderen mit Geldzahlungen abgefunden. Neben den kirchlichen Institutionen dürfte die Oberschicht Venedigs in weitem Maße die Immobilien der Stadt in ihren Händen gehalten haben.

---

[103] Von den etwa 100 Namen der Origo tauchen in den Zeugenlisten der Dogenurkunden nur noch 64 auf, davon eine Reihe zuletzt im 10. Jahrhundert. Vgl. oben in den Listen Gruppe 1 und 2.

[104] Welche enormen Werte eine *casa maior* darstellte, zeigen die Summen, mit denen man die Liegenschaften im 12. Jahrhundert beleihen konnte. 1145 verpfändete Marinus Roybolo, cappellanus S. Marci, ein Haus bei S. Giulian für 3000 lib., 1154 erfolgte ein ähnliches Geschäft mit 1500 lib., 1160 mit 1000 lib., 1160 schließlich ein halbes Haus für 800 lib. Die Beispiele stellte *Cecchetti*, AV 2 (1871) S. 100, zusammen.

[105] *Merores*, Der venezianische Adel, S. 203ff., gelangte nach dem gründlichen Studium der Origo zu einem Bild, das die Bedeutung des Grundbesitzes wesentlich stärker betont. Natürlich kam dem Besitz von Immobilien große Wichtigkeit zu, doch ist es schwierig, sich aufgrund der Aussagen der Origo festlegen zu wollen. Die einzelnen Fragmente entstammen verschiedenen Zeiten, wie Cessi herausgearbeitet hat, wobei zahlreiche Mitteilungen darauf hindeuten, daß von der Frühzeit der venezianischen Geschichte ein Idealbild geschaffen werden sollte. Es ist jedoch keineswegs auszuschließen, daß dieses Idealbild, das sich der oder die Kompilatoren machen, in Wirklichkeit mit der venezianischen Frühzeit nur wenig gemein hat. Die Aussage der Urkunden erlaubt es in weitaus geringerem Maße, den venezianischen Nobile als adligen Grundherrn zu definieren. Allein der Markt von Rialto fand in Gebäuden statt, die zwei Adelsfamilien gehörten: Urkunde bei *Romanin*, Storia documentata 1, S. 284ff. Nr. 20; vgl. *Cessi*, Rialto. L'isola, il ponte, il

Die neue Oberschicht, die sich durch Zusammenschluß der alten Tribunenfamilien mit einer Schicht von Aufsteigern im 10. Jahrhundert ausgebildet hatte, erwarb im Verlauf des 11. Jahrhunderts in weitem Umfang Grundbesitz im Dogat von Venedig[106]. Dabei konzentrierte sich der Besitz wie von selbst auf die Gebiete um Chioggia und weiter südlich gegen Brenta und Etsch. Hier lagen jene Landgebiete des Dogats, die einen Anbau von Wein und Gemüse erlaubten. Die Zufuhr dieser Nahrungsmittel in das Lagunengebiet sicherte sich die Oberschicht von Rialto. Allerdings blieb die Nutzung auf die Ausgabe von Streubesitz gegen Pacht beschränkt, die Bildung von Grundherrschaften oder auch nur ausgedehnteren Landerwerb hinderte die Natur der Landschaft.

Einzig die Nutzung von Bebbe scheint zu einem größeren Besitzkomplex geworden zu sein. Die angestammten Güter der Familie Garilesio gingen durch Verkauf im Jahre 1137 zu je einem Drittel auf die Polani, Dolfin und Garilesio über, wobei der Gesamtwert der Herrschaft mit 5000 lib. geschätzt wurde[107]. Noch im 12. Jahrhundert konnten die Gradenigo die wirtschaftlichen Rechte an Bebbe erwerben und für einen langen Zeitraum halten[108]. Insgesamt blieb es jedoch bei einem Streubesitz an Ackerland, den der heimische Adel im Dogat in seine Hand bringen konnte.

mercato, Bologna 1934, S. 22ff.; *Ders.*, Venezia ducale 2/1, S. 135 Anm. 1. Den städtischen Grundbesitz lassen die Privaturkunden erkennen:

Name	Art des Besitzes	Jahr
Falier	*edifici* (!) *maiores vel minores*	1014
Badoer	*domus* mit Weinberg, Nebengebäuden und Wasserversorgung	1038
Tiberio	*domus* mit Nebengebäuden und unbebautem Grund	1048
Caput in Collo	Grundbesitz mit Anbauflächen	1086
Michiel	Grundbesitz mit Nebengebäuden	1115
Zusto	Grundstück mit Nebengebäuden	1130
Baseggio	Mansio mit Nebengebäuden	1134
Michiel	*casa maior* aus Stein mit Nebengebäuden	1145/46
Aurio	Garten mit Gebäuden	1154

Vgl. hierzu *Dorigo*, Venezia Origini. Fondamenti, ipotesi, metodi 1–3, Milano 1983, 2, S. 522. Auch die fischbaren Gründe bei der Stadt *(piscaria)* waren im Besitz der Oberschicht: 1060 Anxius, 1060 Gausoni, 1081 Bonoaldo, 1085 Scutario, 1086 Caput in Collo, 1129 Boldù, 1144 Michiel (?), 1145 Michiel und Roybolo, 1177 Ziani, 1195 Aymo. Vgl. *Dorigo* 2, S. 508. Die Belege für den Besitz von Gewässern und Uferstücken *(aque et fondamenta)*: Badoer 1038 und öfter, Bonoaldo 1079 und öfter, Morosini 1080 und öfter, Cipriano 1118, Vidal 1188. Vgl. *Dorigo* 2, S. 509.

[106] Vgl. dazu *Cessi*, Venezia ducale, S. 137f., der zu Recht feststellt, daß die Erwerbsbewegung vom Rialto zum Umland geht, was den Theorien über den Ursprung der Oberschicht als Grundbesitzer des Dogats widerspricht.

[107] Urkunde bei *Minotto* 4/1, S. 8f.: ... *sicut extenditur a Babia vetere usque ad mare et a Brenta usque in Aticem, tam terras et silvas, quam etiam aquas, tam cultum quam incultum.*

[108] Vgl. *Lanfranchi/Zille*, Il territorio del ducato veneziano, S. 45; *Rösch*, Venedig und das Reich, S. 35.

Weit wichtiger als die Verfügung über landwirtschaftliche Nutzflächen, die nur in beschränktem Umfang und zur teilweisen Befriedigung der heimischen Nachfrage zur Verfügung standen[109], war der Besitz von Salinen. Salz war seit alters her der wichtigste Artikel, den die Lagunen für den Handel bereithielten. Im 10. Jahrhundert bestand bereits ein Monopol für die Belieferung des italienischen Hinterlandes[110] und hohe Erträge waren bei der Akkumulation von Kapital hilfreich, ohne das sich Handel nicht betreiben ließ. Die Besitzgeschichte der großen Salinen bei Chioggia, denen an Bedeutung nur die Salzgewinnung um Torcello nahekam, zeigt eindeutig, wie sich die neue Oberschicht im 11. Jahrhundert bemühte, diese wichtigen Produktionsstätten in ihre Hand zu bekommen. Kaufverträge und Pfändungen, emphyteutische Pachtverträge und Schenkungen an die Klöster lassen die neue Schicht der Salinenbesitzer deutlich hervortreten.

Über die Salzproduktion verfügten auf diese Weise die Aurio, Bellisorio (eine reiche Familie aus Chioggia), Bello, Bon, Bonoaldo, Candiano, Encio, Falier, Foscari, Gradenigo, Lupanico, Lupari, da Molin, Michiel, Orseolo, Polani, Saponario, Sten, Stornato, Tiepolo, Ziani und Zopolo[111]. Es fällt auf, daß unter den neuen Salineneignern vor allem die vornehmsten Geschlechter, die die Dogen und *iudices* stellen, zahlenmäßig herausragen. Allerdings vermögen auch die Tiepolo, deren Aufstieg damals erst langsam begann und die im Handel emporkamen, Salinen bei Chioggia zu erwerben. Die Salinen als wichtigste Produktionsstätten des Dogats gingen im 11. Jahrhundert an die neu formierte Oberschicht über.

Vom 10. bis zum 12. Jahrhundert konzentrierte sich der Grundbesitz der venezianischen Oberschicht in seinen großen Teilen im heimischen Dogat. Zwar hat es Landbesitz der Venezianer auf dem benachbarten Festland schon immer gegeben[112], doch sind es nur einige wenige Familien, die hervorzuheben sind. An erster Stelle ist hier das Haus

---

[109] Was *Lane*, Investment and Usury, S. 59, für eine etwas spätere Zeit bemerkte, gilt auch für diese Zeit: »Indeed nice opportunities to invest in land were restricted in Venice, colleganze and government loans were almost the only means by which widows or pious foundations or wealthy merchants on their retirement could obtain an income of their funds.«

[110] Zur Frage des Salzmonopols von Venedig im 10. Jahrhundert vgl. Iohannes Diaconus (ed. *Monticolo*) S. 151. Zur Frühzeit des venezianischen Salinenwesens vgl. *M. Merores*, Die venezianischen Salinen der älteren Zeit in ihrer wirtschaftlichen und sozialen Bedeutung, VSWG 13 (1916) S. 71–107; *C. Bauer*, Venezianische Salzhandelspolitik bis zum Ende des 14. Jahrhunderts, VSWG 23 (1930) S. 273–323; grundlegend, jedoch mit Betonung der späteren Zeit *J. C. Hocquet*, Le sel e la fortune de Venise 1–2, Villeneuve d'Asq 1978 ff.

[111] Die Privaturkunden sind zusammengestellt bei *Merores*, Salinen, VSWG 13 (1916) S. 71–107.

[112] Politisch bedeutsamstes Dokument des venezianischen Festlandbesitzes ist das sogenannte Praeceptum, wie es für Venedig erstmals Lothar I. 841 ausstellte (D Loth. I. 62 = MGH Capit. 2, S. 136 f. Nr. 234), doch geht die Bestätigung der Sicherheit Venedigs in den Landbesitzungen auf den Frieden von Aachen zurück. Die zahlreichen Bestätigungen wiederholen nur schematisch den Wortlaut, ohne konkrete Zeugnisse venezianischen Besitzes zu sein. Zu den Besitzungen in Oberitalien vgl. *M. Pozza*, Mercanti e proprietari. Il possesso fondiario veneziano in terraferma (saec. VIII–XIV) 1–2, Venezia 1979/80 (Tesi di Laurea), bes. 1, 6 ff.

Candiano zu nennen, das mit dem ottonischen Herrscherhaus verwandtschaftliche Bindungen hatte, und eine Zeit lang neben dem Dogat von Venedig auch den Comitat in Padua und Vicenza innehatte[113]. Allein diese Bindungen erklären den Festlandsbesitz der Familie, der bedeutend gewesen sein muß. Weiter Streubesitz in Treviso und dem Patriarchat Aquileia, den im 11. Jahrhundert die Familie Foscari besaß, stammte ebenfalls aus ehemaligen Rechtstiteln der Familie Candiano[114].

Ansonsten fehlen für den Besitz des Adels weitgehend die Quellen, nur die Erwerbungen der toten Hand sind gut belegt. Daß hierbei allerdings in der Regel die Seelgerätstiftungen nicht von adligen Laien getätigt werden, unterstreicht das weitgehende Fehlen venezianischen Besitzes auf dem Festland[115]. Die Auseinandersetzungen zwischen Grado und dem Patriarchat Aquileia unter Poppo haben die Entstehung von Grundvermögen nicht gefördert[116]. Erst im 13. Jahrhundert sollte Landbesitz auf der Terraferma zu einem festen Bestandteil des Vermögens venezianischer Adliger werden.

War somit die Verfügungsgewalt über den Boden, sei es im städtischen Bereich, sei es in Form von Streubesitz an Ackerland oder Salinen, ein wesentlicher Teil des Familienguts der venezianischen Oberschicht, so gewann daneben der Handel immer stärkere Bedeutung[117]. Es ist bekannt, daß nach einem durch Sarazeneneinfälle und Ungarnstreifzüge hervorgerufenen Tief im 9. und beginnenden 10. Jahrhundert der Handel einen neuen Aufschwung erlebte[118]. Bereits durch die Privilegien, die der venezianische Kaufmann im byzantinischen Reich erhielt, konnte sich der Dogat an diesem Aufschwung des Geschäftslebens einen bedeutenden Anteil sichern[119]. Durch den Erfolg des

---

[113] *Pozza* (wie vorige Anm.), und *Ders.*, Vitale Ugo Candiano. Alle origini di una famiglia comitale del regno italico, Studi Veneziani NS 5 (1981) S. 15–32, der mit der Ansicht von *G. Fasoli*, Per la storia di Vicenza dal IX al XII secolo, AV V^a ser. 36/37 (1946) S. 213, übereinstimmt, die die venezianische Dogenfamilie im Comitat annimmt. Demgegenüber hielt *R. Pauler*, Das Regnum Italiae in ottonischer Zeit, S. 131 f., eine Abstammung der *comites* von Vicenza von den Otbertinern für möglich.

[114] Urkunde von 1072 für S. Giorgio Maggiore (ed. *Lanfranchi*) 2, S. 87 ff. Nr. 29; *Cessi*, Venezia ducale 2/1, S. 139.

[115] Das ergibt am gedruckten Material am besten der Urkundenbestand von S. Giorgio Maggiore (ed. *Lanfranchi*) 2–3. In der überwiegenden Zahl der Fälle sind es Seelgerätstiftungen kleiner Leute, die den Festlandsbesitz mehren, so etwa in der Romagna um Fano. Für S. Zaccaria vgl. *K. Modzelewski*, Le vicende della »pars dominica« nei beni fondiari del monasterio di San Zaccaria di Venezia (sec. X–XIV), Bolletino dell' Istituto di Storia della Società e dello Stato 4 (1962) und 5–6 (1963/64).

[116] *Bresslau*, Konrad II., S. 150 ff. und 456 ff.; *Kehr*, Rom und Venedig, S. 70 ff.; *Rösch*, Venedig und das Reich, S. 16.

[117] Vgl. *Luzzatto*, Les activités économiques du Patriciat vénitien (X^e–XIVe siècle), in: *Ders.*, Studi di storia economica veneziana, Padova 1954, S. 125–165.

[118] Vgl. *Schaube*, Handelsgeschichte, S. 1 ff.

[119] Vgl. *Borsari*, Il commercio veneziano nell' impero bizantino nel XII secolo, RS 76 (1964) S. 982–1011; *Ders.*, Per la storia del commercio veneziano col mondo bizantino nel XII secolo, RIS 88 (1976) S. 104–126; *W. Heinemeyer*, Die Verträge zwischen dem oströmischen Reiche und den italienischen Städten Genua, Pisa und Venedig vom 10. bis 12. Jahrhundert, AfD 3 (1957) S. 79–161, und bes. *Lilie*, Handel und Politik, S. 1 ff., S. 117 ff.

ersten Kreuzzugs und der Errichtung fränkischer Herrschaften im Heiligen Land verstärkte sich diese Entwicklung beträchtlich[120]. Bereits die frühesten Zeugnisse des venezianischen Handelslebens lassen eine starke Beteiligung der Oberschicht am Geschäftsleben erkennen, die sich im Lauf des 11. Jahrhunderts noch erheblich steigern sollte[121].

Dabei sind jedoch die vielfältigen Möglichkeiten zu beachten, die den interessierten Gruppen eine Beteiligung am Seehandel erlaubten. Wollte jemand in der venezianischen Politik seinen Einfluß zur Geltung bringen, so war ihm die Tätigkeit eines aktiven Kaufmannes verwehrt. Handelsgeschäfte dieser Epoche brachten durch die damit verbundenen Reisen lange Abwesenheiten von der Heimat mit sich, die eine Teilnahme am *placitum* ausschlossen. Erst mit dem Aufkommen der Kontorführung seit dem Ende des 12. Jahrhunderts änderte sich dieser Zustand langsam[122]. Bestenfalls konnten in einem derartigen Fall andere Mitglieder der Familie ihren Einfluß auf die Politik des Dogats geltend machen. Allerdings dürfte dieser Typus des reinen fahrenden Kaufmanns nicht überaus häufig in der Oberschicht zu finden gewesen sein. In der Regel gingen Erfolge im Handel, Aufstieg in die politische Führungsschicht des Dogats und Erwerb von Grundbesitz Hand in Hand.

In der »Commenda«, dem Seedarlehen, fand die venezianische Oberschicht ein Instrument, das die Interessen des fahrenden Kaufmanns, des reichen Rentiers und des Grundbesitzers verbinden konnte[123]. Das Kreditgeschäft zwischen einem Geldgeber *(stans)* und einem Kreditnehmer *(procertans)* war flexibel genug, um die unterschiedlichsten Interessen am Handel befriedigen zu können. So konnten die verschiedensten Kapitalien einer Familie für ein großes Geschäft zusammengefaßt werden. Dem Rentier

---

[120] Vgl. *Heyd*, Commerce 1, S. 131 ff. und 310 ff., sowie *Schaube*, Handelsgeschichte, S. 122 ff.

[121] Einziges Kriterium, das eine solche Aussage ermöglicht, ist der Vergleich der Teilnehmer des *placitum*, wie sie in den Dogenurkunden genannt sind, mit den Namen in den Handelsurkunden. Die Aussage von *Pozza*, Mercanti e proprietari, S. 32, die Kaufleute seien im 11. Jahrhundert vorzugsweise *populares* gewesen, ist unverständlich, zumal *populares* erst die Bezeichnung einer Schicht im comune des 12. Jahrhunderts ist.

[122] Vgl. *Lane*, Venice, S. 136 ff., der sich aber erst auf die voll ausgebildeten Verhältnisse am Ende des 13. Jahrhunderts beruft. In Venedig sind Ansätze dazu schon sehr viel früher spürbar, da sonst die Wahl in die Ämter und die gleichzeitige Geschäftsausübung unvereinbar gewesen wären. Vgl. auch *R. de Roover*, The Commercial Revolution of the Thirteenth Century, Bulletin of the Business Historical Society 16 (1942) S. 34–39.

[123] Aus der reichen Literatur vgl. vor allem *G. Luzzatto*, La commenda nella vita economica dei secoli XIII e XIV con particolare riguardo a Venezia, in: *Ders.*, Studi di Storia economica veneziana, S. 59–79; *Ders.*, Capitale e lavoro nel commercio veneziano, ebd., S. 89–116; *Ders.*, Les activités économiques du patriciat vénitien (X^e–XIVe siècle), ebd., S. 125–165; *Lane*, Investment and Usury, in: *Ders.*, Venice and History, S. 56–68; *J. H. Pryor*, The Origins of the Commenda Contract, Speculum 52 (1977) S. 5–37 (mit weiterer Literatur). Über Familienzusammenschlüsse für Handelsunternehmen *Lane*, Family Partnership and Joint Ventures in the Venetian Republic, in: *Ders.*, Venice and History, S. 36–55 (zur fraterna compagnia; dazu jetzt auch *Fees*, Reichtum und Macht, S. 22 f.), und *Heers*, Le clan familial, S. 232 f.

oder Grundbesitzer war es möglich, ohne eigenen Arbeitseinsatz an den Möglichkeiten des Seehandels zu profitieren. Der aktive Kaufmann konnte durch Aufnahme von Geldern und den Verleih eigener Kapitalien das *periculum maris et gentis* gegebenenfalls auf verschiedene Schiffe und Zielorte verteilen.

Aus den verschiedenartigen Interessen und vielfältigen Abschlüssen, die die Handelsfahrten der venezianischen Kaufleute begleiten, entsteht so ein Geflecht von Geschäftsverbindungen, das alle Beteiligten in der Sorge um die Sicherheit der Handelswege und Absatzmärkte eint. Auch der Grundbesitzer, der in der venezianischen Politik eine Rolle im *placitum* spielt, war am Rückfluß seiner Gelder interessiert, die er in eine erfolgreiche Handelsfahrt investiert hatte. Die Commenda erreichte so den Ausgleich der Interessen von Kaufmann und Grundbesitzer, Kapitalisten und fahrendem Händler, *stans* und *procertans*. An Gewinn oder Verlust der Handelsflotte waren so alle beteiligt.

Um die Beteiligung der regierenden Oberschicht am Handel festzustellen, ist es notwendig, die Namen der am *placitum* teilnehmenden Zeugen der Dogenurkunden mit dem Namensmaterial der privaten Handelsurkunden zu vergleichen. Berücksichtigt man die zufällige Überlieferung der Krediturkunden, so sind die Ergebnisse eindrucksvoll. Nicht weniger als vier von fünf bekannten Kreditgebern im Seehandel sind auch als Beteiligte an politischen Beratungen nachzuweisen. Als Kapitalgeber treten auf: Adoaldo, Aurifex, Aurio, Barbarigo, Basedello, Bembo, Campulo, da Canal, Caput in Collo, Caraciacanevo, Centranico, Dedo, Dolce, Encio, Falier, Florencio, Fuschello, Giustinian, Griffo, Grotulo, Istrigo, Iacobe, Magiscoli, Marianesico, Malipiero, Martinacio, Monetario, da Molin, Morosini, Michiel, Navazoso, Orso, Pantaleo, Polani, Rosso, Roybolo, Serzi, Soranzo, Stanier, Storlato, Tiepolo, Ziani, Zitino, Zopolo, Zusto[124].

Daran, daß sich die Oberschicht als Geldgeber sehr lebhaft am Handel beteiligte, kann somit kaum ein Zweifel bestehen. Erstaunlich bleibt die Tatsache, daß jedoch auch zwei von drei Familiennamen, die als Kreditnehmer und damit als aktive Kaufleute bekannt geworden sind, in den Dogenurkunden genannt werden. Offensichtlich betrieb ein Teil der Familien, wohl die jüngeren Mitglieder, das Handelsgeschäft, während die am Rialto zurückgebliebenen Politik machten. Daß dabei zahlreiche Namen auf beiden Seiten als *stans* wie als *procertans* erscheinen, verstärkte den Eindruck eines dauernden und nachhaltigen Engagements im Seehandel[125].

---

[124] Die Namensliste ist zusammengestellt nach *Morozzo/Lombardo* 1–2 und *Morozzo/Lombardo*, Nuovi documenti. Die Aussage von *Merores*, Der venezianische Adel, S. 206, erst seit dem 11. Jahrhundert ließen sich venezianische Adelige im Handel nachweisen, muß relativiert werden. Da vor dem 11. Jahrhundert die Handelsurkunden fehlen, kann hierüber keine Aussage gemacht werden.

[125] Als Zeugen in anderen Orten als Venedig erscheinen in den Handelsurkunden: Arro, Acotanto, Auterio, Badrico, Balsegani, Batiauro, Biaqua, Bollo, Capello, Celso, Constantino, Cupo, Dauro, Dolfin, Donzorzi, Gimarco, Grasso, Grimani, Guriano, Ianlongo, Marin, Mastalico, Mauro, Montanario, Muyssolino, Padressi, Querini, Rambaldo, Sirano, Tonisto, Tron, Udrico, Valero, Venier, Vigloni, Vitaliano, Vitalis, Zancarolo, Zen, Ziani.

Zeigt so bereits die Zusammenstellung jener Familien, die an den Kreditgeschäften direkt beteiligt waren, eine starke Hinwendung der venezianischen Oberschicht zum aufblühenden Seehandel, so geben die zufällig überlieferten Krediturkunden weiteres Namensmaterial preis. Waren die Urkunden nicht am Rialto, sondern in der Levante oder Romania ausgestellt, zum Beispiel in Konstantinopel, Halmyros in Thessalien oder Damiette, so ist für die unterfertigenden Zeugen eine Kaufmannstätigkeit anzunehmen. Denn Reisen von Venezianern in politischem Auftrag sind zwar vereinzelt überliefert, doch geben dann die Urkunden diesen Umstand in der Regel an[126]. Durch die Beachtung der außerhalb Venedigs ausgestellten Dokumente lassen sich die Handelsverbindungen weiterer venezianischer Adelsfamilien nachweisen[127].

Die Fülle des gewonnenen Namensmaterials läßt nur einen Schluß zu: Im 11. und beginnenden 12. Jahrhundert ist die Mehrzahl der Familien, die in den Dogenurkunden als die bevorrechtigten Berater des Dogen erscheinen, in der einen oder anderen Form am Handel beteiligt gewesen. Ebenso bedeutend ist jedoch die Feststellung, daß sich die Oberschicht und die Kaufmannsschicht nicht decken. Es gab eine zahlenmäßig offenbar nicht unbedeutende freie Bevölkerung, die sich im Seehandel engagierte. Aus dieser Schicht kommen dabei wohl die *homines novi*, denen der Aufstieg in die venezianische Oberschicht gelingt. Auf der anderen Seite hat es einen Gegensatz zwischen adligem Grundbesitzer und »bürgerlichem« Kaufmann nicht gegeben.

Die Besitzstruktur, die sich in den Urkunden für die venezianische Oberschicht zeigt, ist eine konsequente Weiterentwicklung der Verhältnisse, wie sie uns in den Testamenten der Particiaco im 9. Jahrhundert entgegentritt: Jede Familie, die in der Politik eine Rolle spielte, besaß in der einen oder anderen Weise Grundvermögen; einen Palast in der Stadt, andere städtische Immobilien, Äcker im Südwesten des Dogats in Streulage, Salinen, aber nur vereinzelt Besitz außerhalb der politischen Grenzen auf dem Festland. Seit dem Aufschwung des Handels beteiligen sich die meisten der Adelsfamilien in der einen oder anderen Form am Handel. Gerade bei den politisch besonders aktiven Vertretern der Geschlechter wird dies freilich vorzugsweise in der Form des Verleihens von Kapitalien geschehen sein, da dies dem *stans* erlaubte, am Rialto anwesend zu sein und am *placitum* teilzunehmen.

Wie sehr die Verknüpfung von Grundvermögen und Handelsaktivität in der venezianischen Oberschicht die Regel geworden war, zeigen Besitzteilungen des 11. Jahrhunderts. Zunächst wird das Immobilienvermögen in genauer Beschreibung seiner Lage geteilt. Danach folgt die an die Pertinenzformel gemahnende Zusammenstellung:

---

[126] *Morozzo/Lombardo* 1, S. 96 ff. Nr. 95 (1155 Konstantinopel).

[127] In den Handelsurkunden Venedigs (siehe vorige Anmerkung) erscheinen folgende Familien als Kreditnehmer: Adoaldo, Amizo, Bagesso, Baro (Barino?), Barozzi, Baseggio, Benedictus, Betani, Bilongo, Burdulo, Caput in Collo, Cipriano, Contarini, Encio, Fabro, Falier, Florencio, Foscari, Greco, Grillioni, Iubano, Lissado, Lugnani, Lupareni, Longo, Magister Scoli, Manolesso, Martinacio, Mastrangolo, da Molin, Morosini, Michiel, Navazoso, Orso, Rossani, da Runco, Sambatino, Sedimpoggia, Scandolaro, Serzi, Staniario, Tiepolo, Tino, Traculo, Viglari, Voltani, Zitino, Zusto.

Similiter dividimus inter nos aurum, argentum, aere, ferro, stagno, plumbo, lectis mobilia vel immobilia et de omnes collegancias, rogadias, commendaciones, prestitum atque negocium et de omnes raciones vel contenciones immo et de universis capitulis [128].

Die Geschichte des venezianischen Adels in vorkommunaler Zeit erweist, daß die Gegenüberstellung von dogaler Monarchie einerseits und rechtlosen Untertanen, deren Beteiligung an politischen Entscheidungen allenfalls freiwillig und nach Herkommen erfolgte, wie das die Verfassungsgeschichte für die Zeit seit dem 10. Jahrhundert gewöhnlich tut, sozialgeschichtlich nicht haltbar ist. Durch den Zusammenschluß einer alten Oberschicht, die sich von den Tribunengeschlechtern der byzantinischen Provinz ableitet, und einer Gruppe von Aufsteigern entsteht im 10. Jahrhundert eine neue Führungselite. Im Laufe des 11. Jahrhunderts ergänzt sich diese durch *homines novi* aus dem kaufmännischen Bereich. Aus dieser Schicht entstammt auch der gewählte Doge, nachdem die Versuche der Dynastiebildung mit dem Sturz der Orseolo endgültig gescheitert sind.

Dem neuformierten Adel gelang es im Laufe des 11. Jahrhunderts, durch Erwerb von Grundvermögen und Salinen seinen im kaufmännischen Bereich erworbenen Besitz abzurunden und dem alten Adel ähnlich zu werden. Gleichzeitig wendet sich die traditionelle venezianische Oberschicht in starkem Maße dem Handel zu, so daß bereits im 11. Jahrhundert von einem Gegensatz zwischen dem Grundbesitzer und dem Kaufmann nicht mehr gesprochen werden kann.

Von den Adelsvorstellungen der oberitalienischen Nachbarschaft unterschied sich Venedig wesentlich, da eine Rezeption des Lehenswesens im Dogat nicht erfolgt war. Im Sinne der Vorstellungen, die Qualität des Lehens mit ständischer Zugehörigkeit verbinden, kann der venezianische Adel nicht definiert werden. Dennoch kann kein Zweifel bestehen, daß sich die venezianische Oberschicht als adlig begriffen hat.

---

[128] Vgl. die Urkunden bei *Baracchi*, AV 6, S. 297 (1038 Badoer); S. 317 (1051 Gradenigo); *Morozzo/Lombardo* 1, S. 4 Nr. 4 (Castellano – da Molin 1030).

Die Oberschicht von Rialto
und das Comune Venetiarum 1141–1204

Zu Beginn der vierziger Jahre des 12. Jahrhunderts traten in der venezianischen Verfassung, in der Form, die sich seit dem 9. Jahrhundert herausgebildet hatte, wichtige Veränderungen ein. Im Jahr 1141 tritt in einem Vertrag mit Fano erstmals eine neue Institution auf, deren Mitglieder als *sapientes* bezeichnet werden[1]. Wenig später ist bereits von dem *comune* die Rede, das in Hinkunft neben den Dogen als politische Macht treten sollte[2]. Das bisherige *placitum* des Dogen mit der Beteiligung der Geistlichkeit, der *iudices* und des *populus* wird durch eine neue Ordnung abgelöst: Neben den Dogen und die *iudices* tritt ein – wohl schon sehr bald durch Wahl bestimmtes – Gremium, der Vorläufer des später so bezeichneten Großen Rats, dessen Mitglieder die *sapientes* gewesen sind. Sie vertreten politisch das *comune Venetiarum*.

Die verfassungsgeschichtlichen Vorgänge, die dazu führten, daß aus dem Dogen im Laufe des 12. und 13. Jahrhunderts die in der Macht beschränkte Spitze des venezianischen Beamtenapparates wird, sind oft beschrieben worden und sollen hier nicht wiederholt werden[3]. Dagegen ist an dieser Stelle nach den Gründen für die Verfassungskrise der vierziger Jahre des 12. Jahrhunderts zu fragen sowie nach den Auswirkungen, die die Errichtung des *comune Venetiarum* auf die soziale Entwicklung Venedigs gehabt hat.

1. Die Ursachen für den Eintritt Venedigs in die kommunale Bewegung und die Oberschicht von Rialto

Im Rahmen der Geschichte der oberitalienischen Kommunen hat sich der Anschluß Venedigs an die kommunale Bewegung erst spät vollzogen[4]. Gründe für den Umbruch seit dem Jahre 1141 sind vielfach genannt worden; sie sollen hier kurz vorgestellt werden:
1. Vor allem die Forschung des 19. Jahrhunderts verwies auf das Zusammenfallen von

---

[1] G. *Luzzatto*, I più antichi trattati tra Venezia e le città Marchigiane, NAV NS 11 (1906) S. 44 Nr. 1: *...si de vestris sapientibus ad nos miseritis, quem ad modum nos cum nostris sapientibus cum illis concordabimus, sic faciemus.* Zu den Etappen der kommunalen Entwicklung im einzelnen vgl. *Lenel*, Vorherrschaft, S. 124 ff., und *Schmeidler*, Dux und Comune, S. 7 ff.

[2] Urkunde von 1143, Febr. (1142 more veneto): *Cessi*, Maggior Consiglio 1, S. 236 Nr. 1, heißt es in der Poenformel: *Ita quod in Veneciam non redeat nisi ducis precepto et communis consilio.* Vgl. die im folgenden für die soziale Entwicklung besprochene Literatur.

[3] Vgl. *Goetz*, Die Entstehung der italienischen Kommunen im frühen Mittelalter, SB der bayer. Akad. Wiss., phil.-hist. Kl. Jg. 1944–46 H. 1, München 1944; G. *Fasoli*, Dalla civitas al

erstem Auftreten der Kommune mit den Ereignissen, die man als venezianischen Investiturstreit bezeichnet hat. Der Doge aus dem Hause Polani geriet in Schwierigkeiten, als er gegen den Patriarchen Henricus Dandulo seine Vorstellungen über seine Amtsbefugnis gegenüber dem Klerus durchsetzen wollte. Dies hätte schließlich dazu geführt, daß die Führungsschicht des Dogats dem Dogen Zugeständnisse hätte abverlangen können[5]. 2. Dagegen machte Lenel vor allem wirtschaftliche Gründe geltend, die die Entwicklung der Kommune begünstigt hätten. Eine Schicht von Kapitalisten sei führend in den Ämtern des venezianischen Staates in der zweiten Hälfte des 12. Jahrhunderts. Andererseits betont er den aristokratischen Charakter der Bewegung: »Die Tendenz der Entwicklung geht nun darauf aus, durch die *sapientes* einerseits den Dogen, andererseits den *populus* zu beschränken. Sollten wir da in der Vermutung fehlgreifen, daß wir in ihnen das Organ der Principes zu erblicken haben, denen es gelungen ist, ihren tatsächlichen maßgebenden Einfluß in einen rechtlich anerkannten zu verwandeln?«[6] Die These Lenels modifizierte Schmeidler, der vor allem die Bedeutung der wirtschaftlichen Faktoren hintanstellen möchte. Er sieht die Ursachen der kommunalen Bewegung in der Außenpolitik, wo die Mitwirkung der *sapientes* zunächst am stärksten hervortritt. Die politische Lage des Mittelmeerraumes und die venezianischen Interessen stellten es außer Frage, daß Venedig sich gezwungen sehen würde, in stärkerem Maße in die internationale Politik einzugreifen. Dies konnte nach Lage der Dinge nur durch eine Stärkung der Macht des Dogen oder die Organisation der Aristokratie erfolgen. Diesem Antagonismus entspringe die kommunale Bewegung in Venedig[7]. 4. Kretschmayr betonte vor allem die Analogie der venezianischen Entwicklung mit den oberitalienischen Ereignissen, die nachzuvollziehen dem sonstigen Wesen der venezianischen Verfassung entsprochen hätte. Aber auch er betont den aristokratischen Charakter des *comune Venetiarum*: »...alle Wahrscheinlichkeit spricht dafür, daß das venezianische Comune wenigstens zunächst als eine auf das Stadtgebiet von Rialto Venedig beschränkte Zusammenfassung der von alters her richtunggebenden Bevölkerungsgruppen des kaufmännischen und grundbesitzenden Patriziats, mit anderen Worten der alten ratsfähigen Geschlechter im weitesten Sinn anzusehen ist, die sich vor anderen mit Recht

comune nell'Italia settentrionale, Bologna 1968; G. *Dilcher*, Die Entstehung der lombardischen Stadtkommune, Aalen 1967; vgl. dazu H. *Keller*, Die soziale und politische Verfassung Mailands in den Anfängen kommunalen Lebens. Zu einem neuen Buch über die Entstehung der lombardischen Stadtkommune, HZ 211 (1970) S. 34–64; *Ders.*, Die Entstehung der lombardischen Stadtkommune als Problem der Sozialgeschichte, Frühmittelalterliche Studien 10 (1976) S. 169–211; *Ders.*, Einwohnergemeinde und Kommune. Probleme der italienischen Stadtverfassung im 11. Jahrhundert, HZ 224 (1977) S. 561–579.

[5] Die wichtigsten Quellen hierzu stammen erst aus dem 14. Jahrhundert und sind in ihren Aussagen nicht eindeutig. Vgl. *Simonsfeld*, Andreas Dandolo, S. 36 f.; G. *Hain*, Der Doge von Venedig seit dem Sturz der Orseolo im Jahre 1032 bis zur Ermordung Vitale Michiels II. im Jahre 1172, Königsberg 1883, S. 46. Vgl. auch Kap. 7.

[6] Vgl. *Lenel*, Vorherrschaft, S. 129 und 140 ff.

[7] Vgl. *Schmeidler*, Dux und Comune, S. 67 ff.

als Bürger zu fühlen glauben«[8]. 5. Bei Cessi steht im Vordergrund der Betrachtungen der Antagonismus der monarchischen Gewalt des Dogen und der Teilhabe an der Herrschaft durch die Aristokratie. Das Aufeinanderprallen beider Herrschaftsauffassungen bedeutet ihm die kommunale Bewegung[9]. 6. Während Cessi vor allem den politischen Aspekt der Entwicklung beachtet, steht in der Darstellung Craccos die soziale Komponente im Vordergrund. Gegen die alte Schicht der Grundbesitzer habe sich eine neue Schicht der Kapitalisten ausgebildet, die zum Teil aus dem alten Adel stamme, jedoch nun zu dieser konservativen Gruppe in Widerspruch trete. Das *comune Venetiarum* sei ein Interessenverband von Kapitalisten, der seine Intentionen gegen alte, grundbesitzende Familien, an deren Spitze Michiel und Polani stehen, durchsetze[10]. Der Seehandel habe demnach die Kommune Venedig hervorgebracht.

Den politischen Gründen, die als Ursachen der kommunalen Bewegung angeführt wurden, ist in jedem Falle Gewicht beizumessen, wenn auch jeder einzelne für sich die Entwicklung nicht zu verursachen vermag. In der Tat nimmt der venezianische Klerus mit dem Aufkommen des *comune Venetiarum* seinen Abschied aus der Politik, ohne daß indes ein direkter Zusammenhang beweisbar wäre. Auf keinen Fall lassen sich die Schwierigkeiten des Dogen mit seinem Patriarchen als Ursache eines Drucks der Aristokratie auf Petrus Polani deuten. Die Umwandlung des *placitum*, dessen Teilnehmer durch das Herkommen bestimmt waren, in ein gewähltes Gremium, das nunmehr ohne den Klerus tagte und entschied, ist eine massive Unterstützung des Dogen und seiner Politik. Die Forderung nach der *libertas ecclesiae* hat der venezianische Klerus mit dem vollständigen Verlust seiner Mitsprache in politischen Angelegenheiten bezahlt[11].

Ebenso richtig ist es, daß die Aufgaben, die sich der venezianischen Politik stellten, eine Beteiligung der großen Geschlechter an der Politik in institutioneller Form nahelegten. Hatte Venedig doch erst kürzlich in den Streit Fanos mit seinen Nachbarn eingegriffen und damit seinen Anspruch als Ordnungsmacht in der Adria betont[12]. Gleichzeitig befand man sich im Krieg mit Padua, das durch Umlenken der Brenta die Gefahr der zunehmenden Versandung der Lagune heraufbeschwor[13]. Zur selben Zeit war der Gegensatz zwischen regierendem Dogenhaus und den bisherigen Standesgenossen, die es als ihre Aufgabe betrachteten, die Errichtung einer Familiendynastie zu

---

[8] *Kretschmayr*, Geschichte 1, S. 324 ff., bes. 328.

[9] *R. Cessi*, Politica, economia, religione, in: Storia di Venezia 2. Dalle origini del ducato alla IV crociata, Venezia 1958, S. 372–380 und 408–413.

[10] *Cracco*, Società e stato, S. 3 ff.

[11] Vgl. auch unten Kap. 7.

[12] Vgl. *Lenel*, Vorherrschaft, S. 27 ff.; *Rösch*, Venedig und das Reich, S. 137.

[13] ASV Libri pactorum 1, f. 168′; Otto von Freising, Chronica (ed. *Hofmeister*) MG Script. rer. ger. 7/27, S. 353 ff. (dort Venedig und Verona verwechselt); Annales Venetici breves (ed. *Sauerland*) S. 5 (mit irrigem Datum 1137); Andreae Danduli Chronica (ed. *Pastorello*) RIS 12, S. 239 f.; Venetiarum Historia (ed. *Cessi/Bennato*) S. 109. Friedensschluß: Ss. Ilario e Benedetto e S. Gregorio (ed. *Lanfranchi/Strina*) S. 75–77 Nr. 23.

verhindern, größer geworden. Durch die Wahl von Petrus Polani (1130–1148), dem Schwiegersohn des Dogen Dominicus Michiel (1118–1130), und dessen von Familieninteressen bestimmter Kirchenpolitik sah sich die Opposition in ihren Befürchtungen bestätigt[14].

Betrachtet man das frühe *comune Venetiarum* im Lichte der Sozialgeschichte, so macht sich für die ersten zwanzig Jahre seines Bestehens ein empfindlicher Mangel an Quellen bemerkbar. Erst danach kann mit urkundlichen und chronikalen Belegen die Frage nach den Trägern des *comune* gestellt werden. Den reibungslosen Übergang vom *placitum* als Vertretung des gesamten Dogats zum *comune* als Vertretung der Hauptstadt Rialto erklärt ohne Zweifel die Entwicklung des *placitum* seit der Jahrtausendwende: In den Zeugenunterfertigungen der auf der Versammlung ausgestellten Dogenurkunden macht sich eine stetige Zunahme der Bewohner der Hauptstadt geltend, so daß um die Mitte des 12. Jahrhunderts die Teilnehmer des *placitum* und die Adelsschicht des Rialto weitgehend identisch zu sein scheinen[15].

Die Namen der venezianischen *iudices*, für die früheste Zeit des *comune* die einzige Quelle für den Einfluß einzelner Familien auf die venezianische Politik, lassen keine Änderung in der Zusammensetzung der Führungsschicht erkennen. Es sind die längst bekannten Namen einflußreicher Familien, die neben dem Dogen die Politik bestimmen[16]. Eine Urkunde mit brauchbarer Zeugenliste begegnet uns erst wieder im Jahr 1163, als der Doge Vitalis Michiel II. (1156–1172) über das kroatische Comitat Veglia bestimmte. Darüber hinaus hat die Urkunde jedoch weiteres Gewicht: Die Rechtssätze der Urkunde werden erlassen durch den ... *dux cum iudicibus et electis sapientibus atque totius populi collaudatione*[17].

Wie das Gremium der *sapientes* im 12. Jahrhundert zahlenmäßig besetzt war, ist in der Forschung umstritten[18]. Eine sichere Quelle über den vierten Kreuzzug berichtet, daß

---

[14] *Merores*, Der venezianische Adel, S. 219, zum Gegensatz Familienherrschaft Michiel und übriger Adel.

[15] *Schmeidler*, Dux und Comune, S. 12, betont, daß alle Orte gleichberechtigt waren. Dies widerspricht jedoch den Aussagen der Origo, wonach die Tribunen nach Rialto gezogen seien, es widerspricht aber auch dem Zeugnis der Dogenurkunden, deren meiste Zeugen in Privaturkunden als Einwohner Rialtos wiederkehren.

[16] *Cessi*, Maggior Consiglio 1, S. 241 f. Nr. 7.

[17] Ebd. Ob sich die genannte *collaudatio populi* auf die Überprüfung der Volksversammlung bezieht, ist fraglich, wahrscheinlich ist eher eine Übernahme alten Formelguts in die Urkunde.

[18] *Kretschmayr*, Geschichte 1, S. 330, hält die Angaben bei *Villehardouin* (vgl. Anm. 19) auf einen Ausschuß des Maggior Consiglio bezogen. *Lenel*, Vorherrschaft, S. 140, geht nur allgemein von einer geringeren Zahl der Mitglieder des Maggior Consiglio aus, als sie zur Mitte des 13. Jahrhunderts bestanden habe. *Cessi*, Politica, economia, religione, S. 374, stellt fest: »non si conosce il numero dei componenti«, während *Ders.*, Maggior Consiglio 1, S. III ff., für den Beginn des 13. Jahrhunderts mit einer Mitgliederzahl von 35 Personen rechnet. Allen diesen Stellungnahmen ist gemein, daß sie den Nachrichten des französischen Chronisten des vierten Kreuzzugs nicht die volle Bedeutung zuerkennen.

um diese Zeit die Zahl der Mitglieder des großen Rats vierzig betragen habe[19]. In der Urkunde für Veglia unterfertigten der Doge, drei genannte *iudices* und dreiundvierzig Zeugen. Bedenkt man, daß die Zahl der *iudices* in der Regel wohl sechs gewesen ist, so wäre es durchaus möglich, daß drei unterfertigende Richter ihren Titel nicht hinzufügten, womit in den Zeugen die vierzig *sapientes* Venedigs im Jahre 1163 zu sehen wären.

Von den dreiundvierzig Namen, die neben Doge und Richtern erscheinen, gehören sechsunddreißig zu Familien, die bereits vor dem Jahre 1141 als Teilnehmer des dogalen *placitum* durch Unterfertigung der Urkunden bekannt gewesen sind. Rechnet man dabei die Familie Bonrozi als vermutlichen Überlieferungsfehler für Barozzi, so verschiebt sich das Gewicht weiter hin zur alten Führungsschicht. Wie schon die Liste der *iudices* andeutete, so sind es die bekannten Familien der vorkommunalen Zeit gewesen, die auch im *comune Venetiarum* führend gewesen sind.

Wer waren aber dagegen die Aufsteiger? Nicht bei allen ist es möglich, die Tätigkeit der Familie festzustellen, doch ergibt das vorhandene Material für einige Familien Auskunft. Marcus Ledi kann selbst nicht in Handelsgeschäften nachgewiesen werden, doch ist er als Zeuge mehrfach bei Geldgeschäften zugegen gewesen[20]. Ein Petrus Ledi war in der ersten Hälfte des 12. Jahrhunderts als Notar tätig gewesen. Die Familie hatte somit Verbindung zur Geschäftswelt, ohne daß die Mitglieder des Geschlechts sicher als Kaufleute nachzuweisen wären. Bonofilius Bilongo dagegen entstammte ohne Zweifel einem Händlergeschlecht, dessen Geschäftsverbindungen zu Konstantinopel und nach Apulien bekannt sind[21]. Die Familie Gabriel hatte Geschäftsverbindungen nach Halmyros am Golf von Volo in Thessalien[22]. Die Mitglieder der Familie Boldù sind häufiger als Zeugen in Geschäftsurkunden anzutreffen, wobei die Anwesenheit in Konstantinopel die eigene Handelstätigkeit vermuten läßt[23]. Es kann kaum ein Zweifel bestehen, daß die Aufsteiger der Mitte des 12. Jahrhunderts von den Erfolgen des venezianischen Handels in der Romania und der Levante profitiert hatten. Es setzt sich damit fort, was bereits im 11. Jahrhundert deutlich geworden war: Wer im Handelsleben zu Reichtum gekommen war, konnte neben den alten Geschlechtern in der Politik mitbestimmen.

---

[19] *Villehardouin,* Conquete I, 25 (ed. *Faral*) 1, S. 26: *l'endemain, al tierz jor, manda li dux, qui mult ere sages et proz, son gran conseil; et li conseils ere de XL homes des plus sages de la ter.* Der Autor war ausgezeichnet unterrichtet, führt er doch sogar den Titel der *sapientes* in seinen Text ein. Danach nennt er noch mehrmals die Versammlung des Großen und Kleinen Rats mit 46 Mitgliedern (nicht des Großen Rats allein, wie *Cessi*, Politica, economia, religione, S. 424, meint). Damit scheint es außer Zweifel zu stehen, daß damals 40 Mitglieder des Großen Rats neben den auch aus anderen Quellen belegten sechs *consiliarii* des Dogen den Rat gebildet haben.

[20] *Morozzo/Lombardo* 1, S. 103 Nr. 101; 1156: ebd., 1, S. 123 Nr. 123; 1173: ebd., 1, S. 246 f. Nr. 251; 1175: ebd., 1, S. 261 f. Nr. 267.

[21] 1120 Konstantinopel: *Morozzo/Lombardo* 1, S. 44 f. Nr. 42; 1120 Konstantinopel: ebd., 1, S. 477 f. Nr. 45; 1134 Rialto (Fahrt nach Bari): ebd., 1, S. 66 f. Nr. 63.

[22] 1154 Halmyros: *Morozzo/Lombardo* 1, S. 108 f. Nr. 107.

[23] 1141 Rialto: *Morozzo/Lombardo* 1, S. 80 f. Nr. 77; 1156 Konstantinopel: ebd., 1, S. 121 f. Nr. 121; 1157 Konstantinopel: ebd., 1, S. 129 f. Nr. 130; 1168 Rialto: ebd., 1, S. 205 f. Nr. 208; 1175 Rialto: ebd., 1, S. 261 f. Nr. 261 (Fahrt nach Konstantinopel).

Das Gewerbe der neuen Familien, die nunmehr in die politische Führungsschicht aufgestiegen waren, konnte von den alten Geschlechtern kaum als Gegensatz zur eigenen Lebensweise empfunden werden. Lassen sich überall in Italien, wo der Handel blühte, Adlige im Geschäftsverkehr feststellen, so hatte diese Hinwendung besonders in den Seestädten mit dem Aufschwung des Handels in die Levante und Romania das Ausmaß einer Massenbewegung angenommen[24]. In Genua[25] wie auch in Pisa[26] war die Nobilität eifrig am Handel beteiligt, doch allen anderen voran hat Venedig ein Aufgehen der adligen Oberschicht im Handel erfahren. Daß das *comune Venetiarum* eine Institution gewesen ist, die von Kaufleuten beherrscht wurde, steht nicht im Gegensatz zur Kontinuität der politischen Führungsschicht.

Doch hat es eine Partei des alten Adels gegeben, gegen welche sich die Kaufleute durchsetzen mußten und deren Vertreter vor allem die Dogen aus dem Hause der Michiel-Polani gewesen sind? Bereits der Mangel an nutzbarem Land im Dogat macht dies unwahrscheinlich, konnte doch Großgrundbesitz auf kargem und engem Raum kaum entstehen. Die Familie Aurio etwa, einst Tribunen von Torcello, finden wir im Kretahandel engagiert. Ein Mitglied der Familie macht in Akkon Geschäfte, und schließlich gehören sie auch zu jenen zwölf Venezianern, die – gegen ein Darlehen – vom venezianischen Staat die Gebühren des Marktes in Rialto erhalten[27]. Mitglieder des Dogengeschlechts der Falier betreiben ein Handelsgeschäft und sind in Kreta, Syrien und Konstantinopel nachzuweisen[28]. Das uralte Geschlecht der Morosini ist im Ölhandel mit Griechenland, im Handel in Akkon, in Bari und in Konstantinopel nachweisbar. Iohannes Morosini ist gar als *nauclerus* mit seinem Schiff im Mittelmeer unterwegs[29]. Und auch die Michiel, die angeblichen Führer der alten Grundbesitzerpartei, betreiben eifrig ihre Handelsgeschäfte.

Im Jahre 1104 legt Dominicus Michiel, vielleicht der spätere Doge, 100 lib. im Handel mit Otranto an. Die Fahrt darf auch bis Antiochien verlängert werden. Da eine vorzeitige Rückzahlung des Kredits bei Anwesenheit des Dominicus in Antiochien ausdrücklich

---

[24] Zu diesen Fragen immer noch grundlegend: G. *Luzzatto*, Les activités économiques du patriciat vénitien, in: *Ders.*, Studi di storia economica veneziana, Padova 1954, S. 125–165, und *Ders.*, Capitale e lavoro nel commercio veneziano dei secoli XI e XII, ebd., S. 89–116.

[25] *Bach*, La cité de Gênes, S. 109 ff.; vgl. *H. C. Krueger*, Genoese merchants, their associations and investments 1155 to 1230, in: Studi in onore di A. Fanfani, Milano 1962, S. 413–426.

[26] Vgl. *E. Cristiani*, Nobiltà e popolo nel comune di Pisa, Napoli 1962, bes. S. 68 und 158.

[27] 1111 Konstantinopel: *Morozzo/Lombardo* 1, S. 35 f. Nr. 33; 1147 Akkon: ebd., 1, S. 91 f. Nr. 90; Darlehen von 1164: *Luzzatto*, I prestiti, S. 3 ff. Nr. 1.

[28] 1109 Rialto: *Morozzo/Lombardo* 1, S. 34 Nr. 32; 1129 Akkon: ebd., 1, S. 55 f. Nr. 53; 1130 Rialto (Geschäft nach Kreta und ins Heilige Land): ebd., 1, S. 56 f. Nr. 59; 1145 Konstantinopel: ebd., 1, S. 87 f. Nr. 85; 1147 Rialto: ebd., 1, S. 98 ff. Nr. 91; 1164: *Luzzatto*, I prestiti, S. 3 ff. Nr. 1.

[29] 1118 Rialto (*nauclerius* Iohannes): *Morozzo/Lombardo* 1, S. 42 f. Nr. 40; 1119 Bari: ebd., 1, S. 43 f. Nr. 41; 1120 Konstantinopel: ebd. 1, S. 47 f. Nr. 45; 1130 Rialto: ebd., 1, S. 58 f. Nr. 56; 1134 Rialto: ebd., 1, S. 67 f. Nr. 64; 1135 (Ölhandel in Griechenland): ebd., 1, S. 69 Nr. 65; 1139 Rialto: ebd., 1, S. 76 f. Nr. 73; 1147 Akkon: ebd., 1, S. 91 f. Nr. 90.

vorgesehen ist, wird auch er als Kaufmann unterwegs gewesen sein. 1129 ist Marinus Michiel als *nauclerus* in Akkon, wo er Kreditgeschäfte mit den Falier beurkundet. Drei Jahre später zahlt derselbe ein Darlehen für eine Konstantinopelfahrt zurück. Auch in den vierziger Jahren des 12. Jahrhunderts betreiben Mitglieder der Familie Michiel ihre Geschäfte in Akkon und Konstantinopel[30]. All dies läßt nur den Schluß zu, daß es die angebliche Grundbesitzerschicht, die gegen den Handel eingestellt war, in Venedig nicht gegeben hat. Es ist somit klar, daß das *comune Venetiarum* eine Vereinigung von Kaufleuten gewesen ist, doch war dies nicht der Anlaß zur Änderung der Verfassung. Es gab niemanden, gegen den die Hinwendung zum Handel hätte erkämpft werden müssen.

Dabei liegt das Ziel der Verfassungsänderungen nicht ausschließlich im politischen Zwiespalt Doge–*comune* begründet, wie dies in der Literatur immer wieder betont wird. Die Entfernung des Klerus aus den politischen Beratungen weist bereits eine weitere Stoßrichtung der Maßnahme auf, doch ist damit noch nicht der gesamte Vorgang erfaßt. Galt es im Kampf gegen den Dogen, die Vormacht eines Geschlechts und auch die Vormacht einer Institution zugunsten der organisierten Aristokratie zu brechen, so weist die zielgerechte Beseitigung der politischen Rechte des *populus* in eine ganz andere Richtung.

Bereits den ersten erkennbaren Beschluß, an dem das neue Gremium beteiligt ist, treffen der Doge und sein neuer Rat in bestem Einvernehmen, doch versäumt man es nicht, die Verpflichtung des Volkes zum Gehorsam zu betonen: ... *congregatis igitur nobis in nostro palatio una cum nostris iudicibus et ipsis viris sapientibus, qui preerant consilio, quod hoc in tempore pro honore et utilitate seu et salvatione nostre patrie habebatur, quorum consilio Venetie populus obedire sacramento est adstrictus*[31]. Auch in der Umwandlung der Dogenwahl, die dem Volk aus der Hand genommen und einem Gremium (adliger) Wahlmänner anvertraut wird, zeigt sich diese Politik der Ausschaltung unterer sozialer Schichten[32].

Es ist in der Literatur bereits mehrfach bemerkt worden, daß das *comune Venetiarum* zwar eine Vereinigung war, die ihren lokalen Sitz in der Hauptstadt des Dogats hatte, zu der aber keinesfalls alle Bewohner der Hauptstadt oder auch nur alle Vollfreien gehört hätten[33]. Welche Schichten dabei als Träger des *comune* in Frage kommen, ist in der Literatur immer wieder erörtert worden. Dabei zeigt der Eid, den ein neu aufgenommener *civis* zu leisten hatte, in aller Deutlichkeit den Charakter des *comune Venetiarum* auf: Neben einem Treueid auf den Dogen und den Staat forderte man Heerfolge, Beachtung

---

[30] 1104 Rialto: *Morozzo/Lombardo* 1, S. 33 Nr. 31 (Fahrt über Otranto nach Antiochien); 1129 Akkon: ebd., 1, S. 55f. Nr. 53; 1132 (Fahrt nach Konstantinopel): ebd., 1, S. 65f. Nr. 62; 1145 Konstantinopel: ebd., 1, S. 87f. Nr. 85; 1147 Konstantinopel: ebd., 1, S. 91 Nr. 89; 1147 Akkon: ebd., 1, S. 91f. Nr. 90.

[31] Urkunde von 1143 Febr. (1142 more veneto) *Cessi*, Maggior Consiglio 1, S. 236 Nr. 1.

[32] Vgl. *Merores*, Der venezianische Adel, S. 221.

[33] Zusammenfassend *Kretschmayr*, Geschichte 1, S. 371.

der Handelsvorschriften und Bezahlung der Steuern, besonders der außerordentlichen Abgaben[34].

Vor allem die beiden letzten Punkte sind von außerordentlicher Bedeutung. Daß jemand, der das venezianische Bürgerrecht besaß, Handel treiben würde, setzt der Eid voraus. In der Tat läßt sich feststellen, daß im venezianischen Seehandel Ware venezianischer Kaufleute auf venezianischen Schiffen als das Ideal des Handelslebens angesehen wurde. Die letzte Bestimmung zeigt deutlich den Charakter einer Kaufmannsvereinigung als Element der Kommune. Zwar mußten gewöhnliche Steuern von jedem Freien und Freigelassenen bezahlt werden, doch entwickelten sich die außerordentlichen Abgaben, vor allem die staatlichen Zwangsanleihen, zu einem der wichtigsten Finanzierungsinstrumente des Staates. Da der Finanzbedarf sich mit dem Einsetzen einer aktiven internationalen Politik Venedigs stetig ausweitete, mußten die Zwangsanleihen von jedem, der nicht über größere Vermögensmassen verfügte, als drückende Last empfunden werden[35]. Gerade auch Handwerkern wird deshalb die Aufnahme in den Verband der *cives* nicht als übermäßig vorteilhaft erschienen sein.

Auch diese Überlegungen zeigen das *comune Venetiarum* als das, was die Beobachtung der von ihm während des 12. Jahrhunderts betriebenen Handelspolitik allenthalben nahelegt: als den Zusammenschluß all jener, die mit ihrem Kapital aktiv am Seehandel beteiligt sind. Dies umschloß die alte Führungsschicht des Dogats, bei der neben Grundbesitz die Investition in die *commenda* oder Seedarlehen selbstverständlich geworden war, dazu gehörten aber auch all jene, die mit noch geringen Eigenmitteln als Kaufleute das Mittelmeer befuhren.

Auf diese Weise hatte das *comune Venetiarum* eine tiefgreifende Bedeutung für die Entwicklung der venezianischen Gesellschaft, indes steht diese Komponente nicht im Vordergrund der Verfassungskrise der vierziger Jahre. Dies hatte vielfältige Ursachen: den Beginn der aktiven Adriapolitik und den Krieg gegen Padua in der Außenpolitik, den Antagonismus Doge – Patriarch in der Kirchenpolitik, das Verhindern der dynastischen Festigung des Hauses Michiel-Polani durch seine Standesgenossen in der Innenpolitik. Die Auswirkungen dieser Änderung in der Gesellschaft machte sich erst allmählich bemerkbar.

---

[34] Eid des Rudolfus de Zoto aus Mantua, der venezianischer Bürger wird, 1188 Jan.: *Romanin*, Storia documentata 2, S. 296 Nr. 4. Erwähnt ist als Pflicht eines Venezianers: *expeditio, exercitus, advetaticum*. Ausführlich ist der Schutz der Handelsvorschriften hervorgehoben: *Et quod habere et bona alterius non protegam nec tentabo, ad hoc quod rationes terre Venetiae minui debeant ... et etiam quod non portabo vel mandabo extra Venetiam, nec de Venecia, neque de aliqua alia parte habere alicuius forinseci nec per mare neque per terram contra constitucionem Venetiae. Et quod de extra Venetiam de habere alicuius extranei in Venetiam nec affero, nec mandabo contra ordinationem Venetiae: vel quod rationes Venetiae minui debeant.*

[35] Zur Zwangsanleihe und der Abgabe des *advetaticum* in Venedig vgl. *Luzzatto, I prestiti,* Vorwort passim; *M. Merores,* Die ältesten venezianischen Staatsanleihen und ihre Entstehung, VSWG 15 (1921) S. 381–398, bes. 383 ff.; *Luzzatto,* Storia economica di Venezia, S. 32.

2. Die cives des comune Venetiarum und die Adelsschicht von Rialto

Durch die Errichtung des *comune Venetiarum* vollzog sich ein Wandel in der Rechtsstellung der Bevölkerung des Dogats. War bisher der persönliche Stand als Freier, Halbfreier oder Unfreier allein maßgebend für die Stellung eines Mannes, so treten nun innerhalb der Schicht der Freien weitergehende Veränderungen auf. Zwar blieb jedermann im Dogat ein *fidelis* des Dogen, politische Rechte jedoch verlieh allein die Eigenschaft als *civis* des *comune Venetiarum*[36].

Das venezianische Bürgerrecht besaß, wessen Vater bereits Bürger gewesen war. War der Vater unbekannt, folgte der Sohn dem Recht der Mutter. Daneben hatte der Doge auch die Möglichkeit, mit Urkunde das Bürgerrecht zu verleihen. Staatstreue, Heerfolge, Beachtung der Handelsvorschriften und Bezahlung aller Abgaben waren die besonderen Pflichten eines venezianischen *civis*. Allein wer diese Rechtsstellung besaß, war Mitglied des *comune Venetiarum*, das mit und neben dem Dogen den Staat regierte.

Wer sonst als freier Venezianer in Rialto wohnhaft war, hatte den Status eines *habitator*, der ungehindert seinen Geschäften nachgehen konnte und Wohnrecht in der Stadt hatte. Vielleicht genügte auch für Fremde, eine Zeitlang in Venedig gewohnt zu haben, um dieses Recht zu erhalten. Ansonsten galt er als *forinsecus*, der keinerlei Rechte hatte und jederzeit ausgewiesen werden konnte[37].

Die Zahl der in der Stadt Venedig wohnenden Freien erhöhte sich im 12. Jahrhundert beträchtlich. Vor allem durch den Ausbau der Gewerbe kam es zum Anwachsen einer freien Handwerkerschicht[38]. Es ist ein Relikt der alten Provinzialverfassung, daß im Dogat ständische oder berufständische Einungen unbekannt geblieben sind. In der Mitte des 12. Jahrhunderts organisiert sich das venezianische Gewerbe allenthalben in Zünf-

---

[36] Zu der juristischen Trennung noch wenig bestimmt z. B. *Schmeidler*, Dux und Comune, S. 16 ff., während *Kretschmayr*, Geschichte 1, S. 371 ff. in Zusammenfassung der verstreuten Forschungen Bestas den juristischen Unterschied klar herausgearbeitet. In dieser Frage auch wenig überzeugend *Merores*, Der venezianische Adel, S. 214 ff. Sie sieht eine Kontinuität zwischen altem *placitum* und dem *comune Venetiarum*, das für sie nur ein neuer Name für ein altes Ding ist. Allerdings übersieht sie völlig, daß die Schwureinung des *comune* nunmehr unter den *fideles* die *cives* und die *habitatores* trennte. So arbeitete sie in Anschluß an Besta eine Beteiligung des »Volkes« heraus und will gar von »Volkssouveränität« sprechen. Dabei bemerkt sie selbst, daß *populus* in Venedig den Gegensatz zum Dogen bezeichnet, keinesfalls aber eine Beteiligung des Volkes im Unterschied zu der des Adels ausdrückt.

[37] *Kretschmayr*, Geschichte 1, S. 372. 1192 wies Venedig alle Fremden aus, die weniger als zwei Jahre in der Stadt gelebt hatten: *Cessi*, Maggior Consiglio 1, S. 258 Nr. 21. Abwegig die Interpretation dieser Stelle als Versuch der Adligen, die Popolaren zu schädigen, die unter anderem durch Beherbergung ihr Leben fristeten, bei *Cracco*, Società e Stato, S. 54.

[38] *Kretschmayr*, Geschichte 1, S. 180 f., S. 370 f.; zur venezianischen Industrie *Luzzatto*, Storia economica di Venezia, S. 65 ff.

ten[39]. Ihnen steht der Kaufmannsstand gegenüber, der in Venedig im Unterschied zu Oberitalien niemals in einer Einung zusammengeschlossen war; eine Kaufmannsgilde hat Venedig niemals gekannt. Die *consules mercatorum* des 13. Jahrhunderts sind eine städtische Handelsbehörde[40]. Auch die *iudices*, die in Venedig immer ein Staatsamt blieben, waren nicht zünftisch organisiert. Ihre Schwurgemeinschaft war das *comune Venetiarum*. Es ist deshalb anzunehmen, daß die zünftisch organisierten Handwerksmeister ursprünglich nicht das venezianische Bürgerrecht besaßen.

Die *cives* als Mitglieder des *comune* traten wohl gegenüber dem Dogen und den aus diesem politischen Verband ausgeschlossenen Schichten der Bevölkerung als handelnde Einheit auf, doch kann nach den Quellen kein Zweifel bestehen, daß es zwei Gruppen unter den Mitgliedern gegeben hat. Zum einen treten die alten Geschlechter auf, die bereits seit dem 11. Jahrhundert regelmäßige Teilnahme an den *placita* des Dogen gewohnt waren und die auch in dem *comune* weiterhin wie selbstverständlich die politischen Ämter besetzten. Diese Schicht, die, soweit ersichtlich, völlig in das *comune* eingegangen ist, wird in den Quellen nunmehr regelmäßig als diejenige der *nobiles* bezeichnet[41]. Zwischen den tribunizischen Geschlechtern der Origo und den Aufsteigern des 11. Jahrhunderts wie Michiel, Polani, Dandulo oder Ziani bestand keinerlei Standesunterschied. Ihnen entgegen stand jedoch eine Reihe von Familien, deren Vermögen neueren Ursprungs war, die durch den Seehandel reich geworden waren. In Anlehnung an die Parteiungen Oberitaliens bezeichnete man diese Familien, sobald sie gegenüber den *nobiles* mit Forderungen auftraten, als *populares*[42]. Die venezianische Chronistik des 14. Jahrhunderts, der die Entwicklungen des 13. Jahrhunderts bewußt waren, nannte diese Schicht, die in der Zwischenzeit völlig mit den *nobiles* des 12. Jahrhunderts verschmolzen war, *populares veteres*[43].

Es charakterisiert die Entwicklung des *comune*, daß im 12. Jahrhundert die Politik Venedigs nahezu ausschließlich von Mitgliedern der alten Adelsgeschlechter bestimmt wurde. Nur vereinzelt und stets gegenüber den alten Geschlechtern in der Minderheit, können neue Namen in die politische Führung eindringen. Allerdings verschiebt Erfolg oder Mißerfolg in den Geschäften die Gewichte. Die reichsten Familien, allen voran die Ziani und Mastropetro, bestimmen die Politik und gewinnen gegenüber alten und ältesten Namen ein höheres Gewicht.

---

[39] Vgl. *Luzzatto*, Storia economica di Venezia, S. 68 f. Erste Erwähnung der Gastalden als Gewerbeaufsicht bei *Papadopoli*, Monete, S. 307 Nr. 3. *Merores*, Der venezianische Adel, S. 214 f. *G. Marangoni*, Associazioni di mestiere nella Repubblica Veneta, Venezia 1974. Mestieri e arti a Venezia 1173–1806. Mostra documentaria 28. giugno-28. settembre 1986, Venezia 1986 (Archivio di Stato), S. 15 ff.

[40] Vgl. *Schaube*, Handelsgeschichte, S. 772; *Lane*, The Enlargement, S. 242 f.

[41] Vgl. etwa die *nobiles viri*, die 1172 den Dogen wählen: Historia ducum, MGSS 14, S. 80; *Merores*, Der venezianische Adel, S. 220 und S. 224 ff.

[42] *Cracco*, Società e Stato, S. 48 ff., der die Bedeutung jedoch stark überzeichnet.

[43] Vgl. unten Kap. 5.

Die Iudices

Waren die *iudices* bereits in der Verfassung des vorkommunalen Venedig nach dem Dogen die wichtigsten politischen Vertreter der Oberschicht gewesen, so behalten sie diesen Rang auch unter dem *comune Venetiarum* bei[44]. Bis in das 13. Jahrhundert hinein behaupteten sie in den Zeugenlisten vor allen anderen Vertretern des *comune* die zweite Stelle nach dem Dogen. Auch scheint es so gewesen zu sein, daß bis weit zum Ende des 12. Jahrhunderts hin der Doge die Wahl seiner *iudices* selbst besorgte. In jedem Fall sind die *iudices* die engsten politischen Berater des Dogen gewesen, die vor allem auch als Gesandte den Gang der auswärtigen Politik mitbestimmt haben[45]. Zudem sind Sebastianus Ziani, Aurius Mastropetro und Henricus Dandulo venezianische Richter gewesen, bevor sie selbst zum Dogen gewählt wurden. Obwohl vom Dogen berufen, scheinen sie doch nicht im Gegensatz zum *comune* gestanden zu sein, denn in den kommunalen Ämtern herrschen dieselben Familien vor. Vor allem das Studium der Privaturkunden ergibt reiches Material zum Amt des *iudex*[46]:

1142 Dominicus Michiel... *atque* Marinus Michiel... *ambo filii quondam* Andreae Michaelis *iudicis*[47].
1143 Iohannes Aurio, Stephanus Sanudo.
1144 Iohannes Aurio, Stephanus Sanudo, Vitalis Dandulo.
1144 Iohannes Aurio, Stephanus Sanudo, Aurius Dauro[48].
1145 Iohannes Aurio, Dominicus Badoer.
1147 Henricus Morosini[49].
1148 Dominicus Basedello[50].
1152 Trundomenico, Michiel, Roybolo, Celso.
1153 Vitalis Dandulo[51].

[44] Dies geht aus den Dogenurkunden hervor, wo sie bis zum Beginn des 13. Jahrhunderts in den Zeugenunterschriften den ersten Platz hinter dem Dogen vor den anderen Beamten des *comune* einnehmen. Vgl. *Tafel/Thomas* 1–2 und *Cessi*, Maggior Consiglio 1, S. 235 ff.

[45] Dies zeigt der Vergleich der Namen in der Historia ducum, MG SS 14, bei Andreae Danduli Chronica (ed. *Pastorello*) RIS 12 und Venetiarum Historia (ed. *Cessi/Bennato*) in aller Deutlichkeit. 1150 Sebastianus Ziani, 1171 Sebastianus Ziani, Aurius Mastropetro nach Konstantinopel (Dandulo S. 350), 1171/72 Henricus Dandulo, Philippus Greco nach Konstantinopel (Dandulo S. 252) etc.

[46] Die Liste ist erstellt nach den Angaben bei *M. Roberti*, Dei giudici veneziani prima del 1200, NAV NS 8 (1904) S. 230–245. Bis zur Regierungszeit des Dogen Aurius Mastropetro wieder abgedruckt in: *Ders.*, Le magistrature giudiziarie veneziane 1, S. 140 ff. Dort vorkommende Namen werden hier ohne Quellenstelle zitiert, nur Ergänzungen und Korrekturen werden eigens ausgewiesen.

[47] Ss. Trinità e S. Michele di Brondolo (ed. *Lanfranchi/Strina*) S. 189 ff. Nr. 98.

[48] ASV Mensa Patriarcale (S. Cipriano di Murano).

[49] ASV Mensa Patriarcale B. 7 (alte Zählung).

[50] Urkunden zu 1148 April, Mai und Juni: ASV S. Zaccaria B. 1 Perg.

[51] ASV S. Zaccaria B. 1 Perg.

1156 Dominicus Querini, Sebastianus Ziani, Vitalis Dandulo[52].
1157 Andreas Zen[53].
1158 Sebastianus Ziani, Aurius Mastropetro, Vitalis Dandulo[54].
1159 Dominicus Michiel, Dominicus Basedello[55].
1160 Dominicus Celso, Stephanus Mauro[56].
1160 Dominicus Celso, Petrus Trundomenico[57].
1161 Stephanus Mauro, Petrus Trundomenico[58].
1161 Vitalis Dandulo, Sebastianus Ziani.
1163 Aurius Mastropetro, Vitalis Dandulo, Sebastianus Ziani.
1164 Sebastianus Ziani, Aurius Mastropetro, Marinus Michiel, Vitalis Dandulo[59].
1164 Vitalis Dandulo, Dominicus Morosini.
1164 Aurius Mastropetro, Sebastianus Ziani, Marinus Michiel.
1164 Vitalis Dandulo[60].
1165 Sebastianus Ziani, Marinus Michiel[61].
1166 Vitalis Dandulo[62].
1167 Dominicus Centoquori, Dominicus Barozzi.
1168 Dominicus Contarini, Marinus Bembo, Dominicus Barozzi[63].
1168 Marinus Bembo, Dominicus Barozzi[64].
1168 Iohannes Dandulo, Dominicus Barozzi, Marinus Bembo[65].
1168 Dominicus Centoquori[66].
1170 Iohannes Encio, Craton Dandulo.
1170 Iohannes Badoer, Petrus Memo[67].
1172 Dominicus Sanudo, Vitalis Falier.
1172 Dominicus Memo.
1173 Petrus Foscarini[68].

---

[52] Famiglia Zusto (ed. *Lanfranchi*) S. 54 f. Nr. 26.
[53] ASV Mensa Patriarcale (S. Cipriano di Murano) Nr. 726.
[54] ASV S. Andrea di Lido B. 40.
[55] *Cecchetti*, AV 2 (1871) S. 102.
[56] *Cessi*, Maggior Consiglio 1, S. 239 Nr. 4 = *Morozzo/Lombardo* 1, S. 142 f. Nr. 143.
[57] *Cessi*, Maggior Consiglio 1, S. 240 Nr. 5.
[58] S. Maria Formosa (ed. *Rosada*) S. 17 Nr. 9.
[59] *Tafel/Thomas* 1, S. 140 ff. Nr. 59. Marinus Michiel fehlt bei Roberti.
[60] *Luzzatto*, I prestiti, S. 3 ff. Nr. 1.
[61] *Cessi*, Maggior Consiglio 1, S. 246 Nr. 10.
[62] ASV Mensa Patriarcale Nr. 231 (alte Zählung).
[63] S. Giovanni Evangelista di Torcello (ed. *Lanfranchi*) S. 81 ff. Nr. 53.
[64] *Cessi*, Maggior Consiglio 1, S. 250 Nr. 13.
[65] S. Giorgio Maggiore (ed. *Lanfranchi*) 3, S. 58 f. Nr. 318.
[66] S. Giorgio Maggiore (ed. *Lanfranchi*) 3, S. 59 f. Nr. 319.
[67] ASV Madonna dell'Orto (Bestand S. Tomaso dei Borgognoni di Torcello).
[68] S. Lorenzo di Ammiana (ed. *Lanfranchi*) S. 9 Nr. 2 und S. 23 Nr. 14.

1173 Dominicus Sanudo[69].
1173 Aurius Mastropetro, Petrus Foscarini, Andreas Dandulo, Iacobus Contarini[70].
1174 Iohannes Badoer[71].
1174 Iacobus Contarini[72].
1174 Andreas Dandulo[73].
1175 Craton Dandulo, Pancracius Saponario[74].
1175 Andreas Dandulo, Aurius Mastropetro, Petrus Foscarini, Dominicus Sanudo, Iohannes Badoer.
1176 Pancracius Saponario[75].
1176 Andreas Dolfin[76].
1176 Henricus Dandulo, Andreas Dolfin[77].
1176 Petrus Orseolo[78].
1176 Iohannes Dandulo, Petrus Michiel[79].
1178 Dominicus Sanudo, Andreas Dolfin.
1179 Marinus Michiel, Andreas Scaldario, Guido Querini.
1179 Andreas Dolfin[80].
1179 Dominicus Sanudo[81].
1179 Iohannes Badoer[82].
1179 Petrus Michiel[83].
1179 Andreas Scaldario[84].
1180 Petrus Michiel[85].
1181 Dominicus Sanudo, Petrus Michiel, Iohannes Badoer[86].

[69] Urkundenabschrift von 1173: ASV S. Daniele, Processi, Venezia Castello.
[70] *Papadopoli*, Monete 1, S. 307 ff. Nr. 3.
[71] Abschrift einer Urkunde von 1114 (m. V.) ASV San Zaccaria B. 5 Perg.
[72] ASV S. Zaccaria B. 29 Perg.
[73] ASV S. Zaccaria B. 5 Perg.
[74] ASV S. Andrea di Lido B. 40.
[75] Abschrift einer Urkunde, die *Baracchi*, AV 9 (1877) S. 104–106 nach dem Original (ASV S. Zaccaria B. 1 Perg.) edierte. Die Abschrift findet sich ASV S. Zaccaria B. 85 Perg.
[76] Gleichzeitige Abschrift einer Urkunde von 1176 Nov. 8, ind. X: ASV S. Zaccaria B. 5 Perg.
[77] ASV S. Nicolo di Lido Proc. 77.
[78] *Morozzo/Lombardo* 1, S. 265 f. Nr. 270.
[79] S. Lorenzo di Ammiana (ed. *Lanfranchi*) S. 30 Nr. 21.
[80] *Morozzo/Lombardo* 1, S. 287 f. Nr. 292.
[81] *Morozzo/Lombardo*, Nuovi documenti, S. 29 f. Nr. 27; *Morozzo/Lombardo* 1, S. 236 f. Nr. 242.
[82] *Morozzo/Lombardo* 1, S. 312 Nr. 316.
[83] *Baracchi*, AV 9, S. 110–111.
[84] ASV S. Maria della Carità B. 38.
[85] *Morozzo/Lombardo* 1, S. 317 Nr. 321.
[86] *Cessi*, Maggior Consiglio 1, S. 252 Nr. 16 = *Morozzo/Lombardo* 1, S. 320 f. Nr. 324.

1181 Guido Querini[87].
1181 Petrus Michiel[88].
1181 Andreas Dolfin, Aurius Dauro, Andreas Dandulo, Dominicus Sanudo, Petrus Michiel[89].
1182 Andreas Dolfin[90].
1182 Marcus Gausoni, Guido Querini[91].
1182 Guido Querini[92].
1183 Andreas Dolfin.
1183 Aurius Dauro.
1183 Manasse Badoer[93].
1183 Andreas Dandulo[94].
1184 Iohannes Michiel[95].
1185 Dominicus Sanudo, Petrus Corner, Marcus Suppa[96].
1186 Petrus Ziani[97].
1186 Petrus Michiel[98].
1186 Iohannes Michiel[99].
1187 Andreas Dandulo, Dominicus Sanudo[100].
1187 Iohannes Michiel.
1188 Andreas Dolfin, Andreas Scaldario, Petrus Badoer.
1188 Petrus Michiel[101].
1188 Andreas Dandulo[102].
1189 Andreas Dolfin[103].

---

[87] Abschrift einer Urkunde von 1155 Nov. ind. IV, Rialto ASV Mensa Patriarcale.

[88] *Morozzo/Lombardo* 1, S. 55f. Nr.53; ebd., S. 59f. Nr. 57.

[89] Bei Roberti zu 1180 gesetzt, jedoch m. V. Die falsche Datierung findet sich auch bei *Cessi*, Maggior Consiglio 1, S. 252 Nr. 6.

[90] *Corner* 3, S. 61.

[91] Ss. Trinità e S. Michele di Brondolo (ed. *Lanfranchi-Strina*) S. 361 Nr. 214.

[92] Abschrift einer Urkunde von 1182 Feb. ASV S. Zaccaria B. 25 Perg.

[93] *Morozzo/Lombardo* 1, S. 237f. Nr. 244.

[94] Ebd., S. 338f. Nr. 342.

[95] Ebd., S. 249f. Nr. 254.

[96] *Cessi*, Maggior Consiglio 1, S. 253 Nr. 17.

[97] Abschrift einer Urkunde von 1180 Juli (ASV S. Cipriano di Murano in Mensa Patriarcale B. 86 Nr. P. 50).

[98] *Morozzo/Lombardo* 1, S. 298 Nr. 303.

[99] Abschrift einer Urkunde von 1181 Mai 2, Rialto. ASV S. Maria della Carità B. 20 (das Original ebd.).

[100] *Cessi*, Maggior Consiglio 1, S. 256 Nr. 17 = *Luzzatto*, I prestiti, S. 8ff. Nr. 2 = S. Giorgio Maggiore (ed. *Lanfranchi*) 3, S. 277f. Nr. 486.

[101] *Morozzo/Lombardo* Nuovi documenti, S. 40ff. Nr. 36. S. Maria Formosa (ed. *Rosada*) S. 34 Nr. 21.

[102] S. Giorgio Maggiore (ed. *Lanfranchi*) 3, S. 282f. Nr. 490.

[103] *Luzzatto*, I prestiti, S. 8ff. Nr. 2.

1190 Petrus Michiel[104].
1190 Petrus Ziani[105].
1191 Petrus Michiel[106].
1191 Petrus Michiel, Philippus Baseggio.
1192 Petrus Michiel, Rainerius Zen, Philippus Zancarolo[107].
1192 Iohannes Michiel, Rainerius Zen.
1192 Petrus Michiel, Iohannes Michiel[108].
1192 Rainerius Zen[109].
1193 Petrus Michiel, Rainerius Zen[110].
1193 Rainerius Zen[111].
1195 Widoto Zane[112].
1196 Bartolomeus Gradenigo[113].
1196 Leonardus Navazoso[114].
1196 Iohannes Falier, Petrus Michiel[115].
1197 Widoto Zane, Leonardus Navazoso, Bartolomeus Gradenigo.
1197 Bartolomeus Gradenigo, Leonardus Navazoso.
1197 Bartolomeus Gradenigo[116].
1197 Leonardus Navazoso[117].
1198 Iohannes Tonisto.
1199 Marcus Maciamano[118].
1199 Petrus Ziani[119].
1200 Marcus Maciamano[120].
1200 Leonardus Navazoso[121].

[104] *Morozzo/Lombardo* 1, S. 387 ff. Nr. 395.
[105] S. Maria Formosa (ed. *Rosada*) S. 12 Nr. 5.
[106] *Morozzo/Lombardo* 1, S. 394 f. Nr. 402
[107] *Baracchi*, AV 20, S. 79.
[108] S. Giorgio Maggiore (ed. *Lanfranchi*) 3, S. 368 Nr. 556.
[109] *Cessi*, Maggior Consiglio 1, S. 258 Nr. 21.
[110] ASV Cancelleria Inferiore B. 1.
[111] S. Giorgio Maggiore (ed. *Lanfranchi*) 3, S. 384 f. Nr. 569; *Morozzo/Lombardo* 1, S. 285 f. Nr. 290.
[112] *Morozzo/Lombardo* 1, S. 403 f. Nr. 412.
[113] *Baracchi*, AV 20, S. 321, und Ss. Trinità e S. Michele di Brondolo (ed. *Lanfranchi-Strina*) S. 510 Nr. 318.
[114] Ss. Trinità e S. Michele di Brondolo (ed. *Lanfranchi-Strina*) S. 509 Nr. 317.
[115] Procuratori di S. Marco Misti.
[116] Ss. Trinità e S. Michele di Brondolo (ed. *Lanfranchi-Strina*) S. 510 Nr. 318.
[117] Ss. Trinità e S. Michele di Brondolo (ed. *Lanfranchi-Strina*) S. 513 Nr. 320.
[118] *Morozzo/Lombardo*, Nuovi documenti, S. 18 f. Nr. 16.
[119] ASV Mensa Patriarcale B. 24.
[120] S. Giorgio Maggiore (ed. *Lanfranchi*) 3, S. 21 Nr. 292, und ASV S. Andrea di Lido B. 40.
[121] ASV Cancelleria Inferiore B. 106.

1200 Petrus Michiel, Iohannes Tonisto, Marcus Maciamano, Guibertus Dandulo [122].
1201 Bartolomeus Gradenigo [123].
1202 Leonardus Navazoso [124].
1203 Petrus Ziani [125].
1203 Leonardus Navazoso [126].
1203 Henricus Morosini [127].
1203 Angelus Sanudo [128].
1203 Petrus Michiel [129].
1204 Iohannes Badoer [130].
1204 Dominicus Querini [131].
1204 Petrus Michiel [132].

Ein Vergleich der Namen der *iudices* des *comune* bis zum vierten Kreuzzug mit denjenigen Geschlechtern, die in vorkommunaler Zeit nach Ausweis der Dogenurkunden am *placitum* teilgenommen haben, bringt aufschlußreiche Ergebnisse [133]:

Gruppe 1 *	30
Gruppe 2	1
Gruppe 3	12
Gruppe 4	10
Sonstige	5

* Vgl. die Gruppen oben in Kapitel 3, Seite 65–69.

Die überwiegende Zahl der venezianischen *iudices* entstammt im *comune* nach wie vor derjenigen Gruppe, die bereits bisher als Doge oder *iudex* die Geschicke des Dogats bestimmt hatte. Stark vertreten ist auch die Gruppe jener Geschlechter, die seit dem 11. Jahrhundert nicht nur in Ausnahmefällen am *placitum* teilnahmen, ohne bereits in der Origo unter den *nobiliores* genannt zu sein. Dagegen geht der Einfluß der Familien, die noch die Geschlechterlisten des 10. Jahrhunderts nennen und die nicht im 11. Jahrhun-

---

[122] ASV Miscellanea atti diplomatici e privati B. 2 Nr. 56.
[123] Abschrift einer Urkunde von 1199 Miscellanea atti diplomatici e privati B. 1.
[124] Abschrift einer Urkunde von 1181 Juni, *Baracchi*, AV 9, 113–114.
[125] ASV S. Zaccaria B. 12 Perg. = *Fees* Nr. 221.
[126] *Morozzo/Lombardo*, Nuovi documenti, S. 20 Nr. 17; *Baracchi*, AV 20, S. 326.
[127] *Smičiklas* 3, S. 31.
[128] S. Giovanni Evangelista di Torcello (ed. *Lanfranchi*) S. 81 ff. Nr. 53. = *Fees* Nr. 54.
[129] ASV S. Zaccaria B. 12 Perg.
[130] *Morozzo/Lombardo* 1, S. 435 Nr. 442.
[131] ASV Cancelleria Inferiore B. 106.
[132] ASV PSM Ultra comm. Bilongo Palma cf. S. Giacomo dal Orio.
[133] Vgl. oben S. 65 ff.

dert zu den ersten Familien zählten, stark zurück. Zahlreiche Familien sind wohl ausgestorben, da sie auch später nicht mehr genannt werden. Andere verlieren an Einfluß auf das politische Leben, ohne daß dabei ihr Stand als *nobilis* in Zweifel gezogen werden konnte. Eine ganze Reihe jener Familien, die nicht als regelmäßige Teilnehmer am *placitum* nachzuweisen sind, hat nunmehr den Aufstieg in die engere politische Führungsschicht vollzogen. Daneben tauchen aber auch völlig neue Namen unter den *iudices* auf: Trundomenico, Tonisto, Centoquori und Zancarolo.

Dabei ist die Familie Trundomenico freilich ein uraltes venezianisches Geschlecht, aus dem im 9. Jahrhundert ein Doge hervorging[134]. Das Fehlen jeglicher Belege für politische Aktivitäten dieser Adelsfamilie ist wohl eher auf Überlieferungslücken als auf ein Absinken des Geschlechts zurückzuführen.

Die Familie des Iohannes Tonisto hingegen hat ihr Vermögen im Seehandel gemacht. Im Jahre 1083 sehen wir ein Mitglied der Tonisto als *nauclerus* auf der Fahrt nach Tripolis, im Jahre 1135 treibt die Familie Handel in Griechenland und im Jahr 1192 mit Syrien[135]. Auch Iohannes scheint in den Geschäften tätig, regelt er doch 1178 einen Nachlaßfall in Tyrus[136]. Die Erfahrungen, die er als *iudex* sammeln konnte, ließen ihn im Zusammenhang mit dem vierten Kreuzzug für eine Gesandtschaft an den Kaiserhof nach Konstantinopel geeignet erscheinen[137]. Bereits bald nach der Eroberung von Konstantinopel scheint er wieder an den Rialto zurückgekehrt zu sein, denn er ist 1204/1205 Mitglied des Kleinen Rats und wird 1207/1208 für eine zweite Amtsperiode wiedergewählt[138]. Im Jahr darauf fungiert er wieder als *iudex*[139] und ist vielleicht später noch venezianischer Bailo in Akkon geworden, wo er selbst und seine Familie seit langem Handelsgeschäfte getätigt hatten[140].

Dominicus Centoquori, der 1167/68 als *iudex* genannt ist, erreichte seinen persönlichen Aufstieg im *comune*, ohne daß sich die Familie im venezianischen Adel hätte etablieren können. Er war Kaufmann, der in Konstantinopel und Griechenland seinen Geschäften nachging[141].

Auch der im Jahr 1192 genannte *iudex* Philippus Zancarolo stammte aus einer Kaufmannsfamilie, deren Bindungen im Handel nach Konstantinopel im 12. Jahrhundert

---

[134] Vgl. oben S. 23.

[135] *Morozzo/Lombardo* 1, S. 14f. Nr. 15; ebd., 1, S. 69 Nr. 65; ebd., 1, S. 397 Nr. 405.

[136] *Morozzo/Lombardo* 1, S. 290f. Nr. 295.

[137] Erwähnt in *Morozzo/Lombardo* 1, S. 456 Nr. 466.

[138] *Tafel/Thomas* 1, S. 548 Nr. 144, und *Luzzatto*, I prestiti, S. 27ff. Nr. 7.

[139] *Morozzo/Lombardo* 2, S. 48f. Nr. 509.

[140] Vgl. *Heyd* 1, S. 331, der aus dem Bericht des Marsilius Zorzi schöpft. Vielleicht beruht die dortige Erwähnung auf einer Verwechslung mit Nicolaus Tonisto, der nachweisbar im Jahre 1227 Bailo in Akkon gewesen ist (*Morozzo/Lombardo* 2, S. 174ff. Nr. 636), doch bleibt dies fraglich.

[141] 1155 Konstantinopel: Dominicus quittiert die Rückzahlung einer Commenda für den Griechenlandhandel: *Morozzo/Lombardo* 1, S. 117f. Nr. 117; 1161 Halmyrus: Zwei Quittungen über Colleganzen, die in Konstantinopel abgeschlossen worden waren: ebd., 1, S. 149ff. Nr. 151 und 152.

mehrfach deutlich werden[142]. Bereits vor seiner Ernennung zum Richter war er im Jahre 1187 Kämmerer des *comune* gewesen[143] und wurde 1206/1207 als Mitglied des Kleinen Rats in das wichtigste politische Gremium Venedigs berufen[144]. Ein Handelsdokument des Jahres 1178 macht deutlich, weshalb bisher von der Familie in politischen Fragen nichts zu hören war: Der dort genannte Petrus Zancarolo ist Bewohner von Murano und hat somit keine Rechte im *comune*, das sich ausschließlich aus der Einwohnerschaft von Rialto zusammensetzt[145]. Offensichtlich zog die Familie später dorthin und erreichte bald eine wichtige Position in dem *comune*.

Die angeführten Beispiele machen deutlich, wie die politische Führungsschicht im *comune Venetiarum* zusammengesetzt war: Die traditionellen Adelsgeschlechter haben eindeutig die Übermacht und besetzen die Mehrzahl aller Ämter. Daneben können jedoch auch erfolgreiche Kaufleute den Aufstieg in die Ämter erreichen.

Die Ämter des comune Venetiarum

Das venezianische *comune*, wie es uns seit den vierziger Jahren des 12. Jahrhunderts entgegentritt, begnügte sich lange Jahre damit, durch den Rat der *sapientes* an den Entscheidungen mitzuwirken. Erst nach der Revolution gegen den Dogen Vitalis Michiel II. im Jahre 1172 treten neue Institutionen auf. Kann man der Nachricht der venezianischen Historiographie Glauben schenken, so machte der venezianische Staat bankrott, eine Folge der Feindseligkeiten Kaiser Manuels 1171[146]. Vielleicht in diesem Zusammenhang wurde das Amt eines *camerarius comunis* geschaffen, wie es uns im Jahre 1173 entgegentritt.

1173 Philippus Falier, Philippus Greco[147].

1178 Iohannes Stornato, Vitalis Barozzi, Iohannes Barbani[148].

1179 Dominicus Memo, Iacobus Zulian[149].

1181 Petrus Barbamaior, Propheta da Molin[150].

1187 Philippus Zancarolo, Propheta da Molin[151].

---

[142] 1143 Konstantinopel: *Morozzo/Lombardo* 1, S. 85 f. Nr. 82; 1170 Konstantinopel: ebd., 1, S. 232 Nr. 237; 1178 (Syrienhandel): ebd., 1, S. 286 ff. Nr. 292; 1189 Konstantinopel: ebd., 1, S. 365 f. Nr. 372.

[143] *Luzzatto*, I prestiti, S. 8 ff. Nr. 2.

[144] *Tafel/Thomas* 2, S. 48 Nr. 179.

[145] *Morozzo/Lombardo* 1, S. 28 f. Nr. 292.

[146] Historia Ducum, MG SS 14, S. 78, und Venetiarum Historia (ed. *Cessi/Bennato*) S. 121. Der Bericht wurde in der späteren Chronistik ausgeschmückt. Vgl. *Merores*, Der venezianische Adel, S. 232 f., und *Lenel*, Vorherrschaft, S. 41 Anm. 1.

[147] *Papadopoli*, Monete 1, S. 307 ff. Nr. 3.

[148] *Cessi*, Maggior Consiglio 1, S. 250 Nr. 14.

[149] *Cecchetti*, AV 2, S. 107.

[150] ASV Ducali ed atti diplomatici B. 4. Der Text der Promissio maleficorum bei *Kretschmayr*, Geschichte 1, S. 494–497, weist nicht die Zeugen des Originals auf.

[151] *Luzzatto*, I prestiti, S. 8 ff. Nr. 2.

1188 Vitalis Barozzi, Raphael Bettani[152].
1191 Dominicus Trevisan[153].
1198 Propheta da Molin[154].

Das Amt eines Kämmerers hatte erhebliche Bedeutung für das *comune*, da die Finanzen ein großes Problem darstellten. Viele der traditonellen Geldquellen blieben dem Dogen reserviert, doch konnte auch das *comune Venetiarum* eine Reihe finanzieller Rechte erhalten[155]. Besonderes Gewicht erlangten die Anleihen, die Venedig bei seinen *cives* erhob. Darunter war das Instrument der Zwangsanleihe besonders wichtig. Diese mußte zinslos gewährt werden, und das besonders zur Bestreitung außergewöhnlicher Ausgaben wie zum Beispiel der Kriege in Dalmatien[156]. Die Bedeutung dieser Anleihe für unsere Kenntnis der Sozialgeschichte des 12. Jahrhunderts ist erheblich. Bereits im Jahr 1164 verpfändet Vitalis Michiel II. für eine Reihe von Jahren die Einnahmen des Marktes am Rialto, die in zwölf Teile aufgeteilt werden. Die Namen der Kreditgeber machen deutlich, daß politischer Einfluß, Reichtum und Zahlungsverpflichtungen Hand in Hand gehen[157]. Es sind beteiligt:

Sebastianus Ziani	*2 sortes*
Aurius Mastropetro	*2 sortes*
Ananias Querini	*1 sors*
Craton Dandulo	*1 sors*
Tribunus Barozzi	*1 sors*
Petrus Memo	*1 sors*
Iohannes Naizo	*1 sors*
Marcus Grimani	*1 sors*
Angelus Bonoaldo	*1 sors*
Aurius Aurio	*⅓ sors*
Leo Falier	*⅓ sors*
Petrus Acotanto	*⅓ sors*

Sind bei dieser Finanzierungsaktion noch die vornehmsten Geschlechter gefragt, so bedurfte es zur Aufnahme größerer Summen, wie etwa im Krieg um die Rückeroberung Zaras 1187, der Beteiligung weiterer Kreise. Innerhalb eines halben Jahres nahm Venedig bei seinen Bürgern über 57 000 lib. auf, wobei auch zahlreiche bis dahin unbekannte

---

[152] *Cessi*, Maggior Consiglio 1, S. 394 f. Nr. 402.

[153] *Morozzo/Lombardo* 1, S. 394 f. Nr. 402.

[154] *Luzzatto*, I prestiti, S. 24 ff. Nr. 5; *Cessi*, Maggior Consiglio 1, S. 259 Nr. 22.

[155] Vgl. dazu zusammenfassend *Cessi*, Politica, economia, religione, S. 412.

[156] Vgl. *Merores*, Die ältesten venezianischen Staatsanleihen und ihre Entstehung, VSWG 15 (1921) S. 381–398, die für die älteste Zeit am genauesten arbeitet.

[157] Gedruckt bei *Luzzatto*, I prestiti, S. 3 f. Nr. 1. Zur sozialen Bedeutung der Urkunde vgl. *Merores*, Der venezianische Adel, S. 233. Dort ist auch richtig Iohannes Naizo genannt, während alle Drucke der Urkunden Vaizo aufweisen. Der Name in der Form wie bei Merores ist auch sonst aus Zeugenlisten bekannt, während ein Iohannes Vaizo ansonsten völlig unbekannt ist.

Familien zur Finanzierung herangezogen wurden[158]. Als 1196 eine venezianische Flotte vor Abydos in Geldnot kam, wurden die benötigten Mittel ebenfalls durch ein Darlehen aufgebracht[159]. Hierin zeigt sich wiederum eine Tendenz, die im letzten Viertel des 12. Jahrhunderts spürbar wird, nämlich die Beteiligung weiterer Kreise an der Finanzierung der venezianischen Politik.

Gleichzeitig mit den Kämmerern treten die *advocatores comunis* auf, geschaffen wohl, um die Rechtsinteressen des *comune* zu wahren.

1173 Vitalis Falier, Michael Zitino[160].
1175 Pantaleo Anorlino, Michael Zitino[161].
1178 Iacobus Gradenigo, Rainerius Zen[162].
1179 Henricus Navazoso, Philippus Falier[163].
1180 Henricus Zivran[164].
1181 Henricus Zivran[165].
1181 Henricus Zivran, Iacobus Gradenigo, Marcus Casolo[166].
1187 Dominicus Sagredo, Dominicus Aurio, Iohannes Falier, Marcus Martinacio[167].
1188 Iohannes Barozzi, Iohannes Vigloni, Stephanus Calbo, Andreas Vitturi[168].

---

[158] *Luzzatto, I prestiti*, S. 8 ff. Nr. 2 und S. 12 ff. Nr. 3. Während die zweite Anleihe 94 Namen von Darlehensgebern verzeichnet, ist die erste Urkunde nur verstümmelt im Original erhalten, so daß eine weitere Auswertung auf Hindernisse stößt.

[159] *Tafel/Thomas* 1, S. 216 Nr. 78. In bunter Reihe finden sich in dem Dokument alte und neue Familien, wie *Merores*, Der venezianische Adel, S. 234, richtig bemerkt. Abzulehnen sind dagegen die Schlußfolgerungen von *Cracco*, Società e Stato, S. 54 f., der aus der Urkunde einen Aufstand der Popularen gegen den Dogen herauslesen will. Über den Zweck der Flotte vgl. immer noch die Worte des Herausgebers: *Huius conventionis causa satis in obscuro esse apparet*. Zwar ist es quellenmäßig belegt, daß es vor Abydos seit 1194 Piraterie der Pisaner gegeben hat, doch ist nirgends gesagt, daß die Flotte gegen diese Piraten gerichtet war, wie *Lilie*, Handel und Politik, S. 579, meint. Überhaupt ist es m. E. nicht sicher, daß es sich hierbei um eine reine Kriegsflotte gehandelt hat, wie nach der Überlegung der Herausgeber bisher die Literatur angenommen hat. Daß das *opus S. Marci* auf einer Kriegsflotte 950 Hyperpera verschifft, scheint fraglich. Auch daß die Darlehensgeber aus ihren Privatvermögen fast 8000 Hyperpera oder ungefähr 15 000 lib. mit sich führten, ist für eine Kriegsflotte zumindest ungewöhnlich. Niemand wird auf einem Kriegsschiff bedeutende private Vermögenswerte mit sich tragen, die im Falle einer Niederlage sicher verloren sind. Dazu ist festzuhalten, daß Handels- und Kriegsflotte nicht immer genau zu trennen sind.

[160] *Papadopoli*, Monete 1, S. 307 ff. Nr. 3.

[161] *Tafel/Thomas* 1, S. 170 Nr. 63.

[162] *Cessi*, Maggior Consiglio 1, S. 250 Nr. 14.

[163] Ebd., S. 251 Nr. 15.

[164] Ebd., S. 252 Nr. 16.

[165] *Morozzo/Lombardo* 1, S. 320 Nr. 321.

[166] ASV Miscellanea ducali ed atti diplomatici B. 4. *Kretschmayr*, Geschichte 1, S. 494–497, druckt die Urkunde ohne Zeugen.

[167] *Luzzatto*, I prestiti, S. 8 ff. Nr. 2.

[168] *Cessi*, Maggior Consiglio 1, S. 257 Nr. 19.

1191 Stephanus Badoer [169].
1192 Petrus Marcello [170].
1198 Iohannes Baseggio [171].

Auch in diesem Amt steht einer ansehnlichen Zahl alter Familien eine Reihe neuer Namen gegenüber.

Gehört die Schaffung dieser Behörden ohne Zweifel dem Dogat des Sebastianus Ziani an, so nimmt die Ausgestaltung der Behörden unter Aurius Mastropetro weiter zu. Gleich zu Beginn seiner Regierungszeit treten neben den *iudices* des Dogen auch *iudices comunis* auf [172]. Damit beginnt jener Prozeß in der venezianischen Gerichtsverfassung, der im 13. Jahrhundert zur Ausbildung von elf städtischen Gerichtshöfen führen sollte. Erstmals im Jahre 1179 sind die neuen Richter genannt [173]:

1179 Iohannes Encio, Pangracius Saponario, Manasse Badoer [174].
1180 Andreas Dolfin [175].
1181 Andreas Dolfin [176].
1181 Andreas Dolfin, Aurius Dauro, Andreas Dandulo [177].
1187 Manasse Badoer, Iacobus Navazoso, Philippus Falier [178].
1188 Petrus Badoer, Vitalis Falier [179].
1191 Philippus Baseggio [180].
1192 Petrus Badoer [181].
1198 Petrus Falier [182].

Ein Vergleich der Namen der Amtsträger dieser neu geschaffenen Behörde mit den Namen der anderen venezianischen *iudices* macht deutlich, daß zur Besetzung beider Gruppen derselbe Personenkreis herangezogen wurde. Da einige Personen sowohl unter

---

[169] *Morozzo/Lombardo* 1, S. 394 f. Nr. 402.

[170] *Barbaro*, Famiglie nobile venete, Cod. Vind. 6155 f. 240.

[171] *Cessi*, Maggior Consiglio 1, S. 259 Nr. 27; *Luzzatto*, I prestiti, S. 24 ff. Nr. 5.

[172] Andreae Danduli Chronica (ed. *Pastorello*) RIS 12, S. 268: *Hic dux, pro iustitia fisco et civibus comodius tribuenda, iudices comunis de novo constituit, qui causas vertentes inter comune et speciales personas audirent, et equo iudicio terminarent.*

[173] Den bei *Luzzatto*, I prestiti, S. 3 ff. Nr. 1 genannten *iudex comunis Dominicus Morosini* halten *Schmeidler*, Dux und Comune, S. 64 Anm. 89, und *Pastorello*, Andreae Danduli Chronica RIS 12, S. 268 Anm. 1, wohl zu Recht für einen Lesefehler (*comes Iadrae*).

[174] *Cessi*, Maggior Consiglio 1, S. 251 Nr. 15.

[175] Ebd., S. 252 Nr. 16.

[176] *Morozzo/Lombardo* 1, S. 320 Nr. 324.

[177] ASV Ducali ed atti diplomatici, B. 4. Die Edition des Textes bei *Kretschmayr*, Geschichte 1, S. 494–497, läßt die Zeugenliste des Originals weg.

[178] *Luzzatto*, I prestiti, S. 8 ff. Nr. 2.

[179] *Cessi*, Maggior Consiglio 1, S. 257 Nr. 18.

[180] *Morozzo/Lombardo* 1, S. 258 Nr. 402.

[181] *Cessi*, Maggior Consiglio 1, S. 258 Nr. 21.

[182] Ebd., S. 259 Nr. 22. = *Luzzatto*, I prestiti, S. 24 Nr. 5.

den *iudices* wie unter den *iudices comunis* auftauchen, kann nicht ausgeschlossen werden, daß diese Richter stets *iudices comunis* gewesen sind, dies in den Urkunden jedoch nicht eigens vermerkt haben. In jedem Fall ist es ausgeschlossen, die Richter des Dogen und die *iudices comunis* als einander entgegenstehende Institutionen zu begreifen, in denen auf der einen Seite der Doge und seine Vertrauten, auf der anderen Seite die kommunale Opposition gesessen seien.

Als letztes der politischen Leitorgane, die im 12. Jahrhundert auftreten, erscheint in den achtziger Jahren ein neues Gremium, dessen sechs Mitglieder *consiliarii* genannt werden[183]. Es ist dies der Kleine Rat des Dogen, der als engstes Beratungskollegium an der Exekutivgewalt teilhat und der im 13. Jahrhundert zunehmend die *iudices* als politisches Organ verdrängte.

1183   Dominicus Rainaldo, Pangracius Martinacio, Leonardus Lissado, Rugerius Permarin[184].

1187   Henricus Navazoso, Petrus Corner, Aurius Dauro[185].

1187   Aldigerius Badoer[186].

1189   Iacobus Ziani, Philippus Falier, Dominicus Sanudo, Georgius Vitolino, Widotus Zane, Iohannes Pino[187].

1191   Iohannes Badoer[188].

1192   Petrus Regini, Rugerius Permarin[189].

1196   Dominicus Contarini, Petrus Regini, Petrus Falier, Benedictus Grillioni, Peregrinus Ghisi, Propheta da Molin[190].

1198   Dominicus Contarini, Iohannes Falier, Petrus Regini[191].

1200   Ottavianus Corner, Iohannes Pino, Stephanus Badoer, Bartholomeus Gradenigo, Ottavianus Querini, Dominicus Contarini, Benedictus Grillioni[192].

1204/5 Petrus Ziani[193].

---

[183] Vgl. *Lenel*, Vorherrschaft, S. 131 ff., und *Cessi*, Politica, economia, religione, S. 423. In der genannten Literatur ist immer vom ersten Beleg im Jahre 1187 die Rede, doch wird hierbei die Angabe bei Barbaro (nächste Anm.) übersehen. Abgesehen davon, daß Barbaro seine Nachrichten aus offiziellen Quellen bezog, scheint seine Nachricht auch glaubwürdig, da das Namensmaterial seiner Nachricht sich aus der Reihe der sonst bekannten Familien deutlich heraushebt.

[184] Marco *Barbaro*, Famiglie nobile venete, Cod. Vind. 6156 f. 239'.

[185] *Cessi*, Maggior Consiglio 1, S. 256 Nr. 18; *Luzzatto*, I prestiti, S. 8 ff. Nr. 2.

[186] *Ljubić*, Monumenta 1, S. 2 Nr. 18.

[187] *Cessi*, Maggior Consiglio 1, S. 257 Nr. 20.

[188] *Cecchetti*, AV 2 (1871) S. 107 = *Morozzo/Lombardo 1*, S. 394 f. Nr. 402.

[189] *Cessi*, Maggior Consiglio 1, S. 258 Nr. 21.

[190] AS Pisa Atti publici Nr. 8.

[191] *Cessi*, Maggior Consiglio 1, S. 259 Nr. 22; *Luzzatto*, I prestiti, S. 24 ff. Nr. 5.

[192] ASV Miscellanea atti diplomatici e privati B. 2 Nr. 56; ASV Miscellanea ducali e atti diplomatici B. 6.

[193] Andreae Danduli Chronica (ed. *Pastorello*) RIS 12, S. 281.

Die Amtsträger in der Zeit des frühen comune Venetiarum

Familie	iudex	iudex com.	consi-liator	came-rarius com.	advocator com.
Aurio	×				×
Anorlino					×
Badoer	×	×	×		×
Barbamaior				×	
Barbani				×	
Barozzi	×			×	×
Basedello	×				
Baseggio	×	×			×
Bembo	×				
Bettani				×	
Calbo					×
Casolo					×
Celso	×				
Centoquori	×				
Contarini	×		×		
Corner	×		×		
Dandulo	×	×			
Dauro	×	×	×		
Dolfin	×	×			
Encio	×	×			
Falier	×	×	×	×	×
Foscari	×				
Gausoni	×				
Gradenigo	×		×		×
Greco				×	
Grillioni			×		
Lissado			×		
Maciamano	×				
Marcello					×
Martinacio			×		×
Mastropetro	×				
Mauro	×				
Memo	×			×	
Michiel	×				
da Molin				×	
Morosini	×				
Navazoso	×	×	×		×
Orseolo	×				

Familie	iudex	iudex com.	consi-liator	came-rarius com.	advocator com.
Permarin			×		
Pino			×		×
Querini	×		×		
Rainaldo			×		
Roybolo	×				
Sagredo					×
Sanudo	×		×		
Saponario	×	×			
Sgaldario	×				
Stornato				×	
Suppa	×				
Tonisto	×				
Trevisan				×	
Trundomenico	×				
Vigloni					×
Vitolino			×		
Vitturi					×
Zancarolo	×			×	
Zane	×		×		
Zen	×				×
Ziani	×		×		
Zitino					×
Zivran					×
Zulian				×	

Betrachtet man die Vertreter des venezianischen *comune* im 12. Jahrhundert, so kann es nicht zweifelhaft sein, daß die großen Familien, die bereits in der Zeit davor die Politik mitbestimmt haben, auch unter geänderten Verfassungsverhältnissen den Lauf der Dinge prägen. Die großen Adelsfamilien stellen die Mehrzahl aller Amtsträger, wobei Mitglieder der Familie gleichzeitig in verschiedensten Positionen auftauchen. Dagegen tritt die Zahl der neuen Namen deutlich zurück.

Allerdings konnte die häufige Wahl in die Ämter auch zur Last werden, die nur von wirtschaftlich besonders mächtigen Personen leicht zu tragen war. Auch durfte man sich in Venedig einer Wahl nicht entziehen: Bereits im 12. Jahrhundert kennt man den Brauch, unbegründete Ablehnung der Wahl unter Strafe zu stellen [194]. Wer von seinen Mitbürgern als geeignet für ein Amt angesehen wurde, hatte die Pflicht, dieses zu übernehmen.

[194] *Schmeidler,* Dux und Comune, S. 58 ff., bes. S. 74.

3. Die Ermordung des Dogen Vitalis Michiel II. im Jahre 1172 und die Popularenbewegung in Venedig

Die Spaltung der Bevölkerung Venedigs in zwei Parteien und die Ermordung des Dogen in einer tumultuarischen Volksversammlung im Jahre 1172 sind Ereignisse, die für die Sozialgeschichte Venedigs im 12. Jahrhundert von besonderer Bedeutung sind. Angesichts des blutigen Endes des letzten Michiel-Dogen konnte die venezianische Historiographie, die sonst sorgsam jede Nachricht von Parteikämpfen unterdrückt, die Vorgänge nicht völlig verschweigen[195]. Dennoch ist der Mörder des Dogen für die »Historia ducum«, die als zeitlich nahestehende Quelle darüber berichtet, ein *latro nefandissimus*[196]. Die Anhänger des Dogen hingegen bezeichnet der Chronist in Anklang an kirchenrechtliche Vorstellungen als *sanior pars populi*[197].

Dabei liegen die außenpolitischen Gründe für den Aufstand auf der Hand: Der Doge hatte 1170/71 in völliger Verkennung der Absichten Kaiser Manuels die Wiederaufnahme des venezianischen Handels mit Byzanz gestattet. Als die Kaufleute ihre Tätigkeit wieder aufnahmen, kam es zur Verhaftung aller Venezianer und zur Konfiskation ihres Besitzes in der Romania. Nur vereinzelt konnten sich Handelsherren retten[198]. Als nun Vitalis Michiel II. in aller Eile eine Flotte gegen Byzanz ausrüstete, die unter seiner Führung in See stach, blieb diese nicht nur erfolglos, sondern brachte bei ihrer Heimkehr auch noch die Pest in die Stadt. Der Mißerfolg der Politik betraf somit weite Teile der Bevölkerung: Die Verluste durch die Konfiskation, das Schicksal der Verhafteten, die Menschenverluste durch die Pest mußten eine Krisenstimmung hervorrufen. Doch standen sich auch zwei Parteien gegenüber, die verschiedenen sozialen Ursprung hatten, wie dies Cracco mit Nachdruck behauptet[199]?

Der Name des Dogenmörders, Marcus Casolo, scheint dies nicht nahezulegen. Er entstammte einer Familie, die bereits in der Origo genannt wird, die auch sonst nicht unbekannt ist und die wenig später den Bischof von Castello, den venezianischen Stadtbischof, stellen sollte[200]. Die einzig bekannte Person aus dem Kreis derjenigen, die

---

[195] Historia Ducum, MG SS 14, S. 80; Martin da Canal (ed. *Limentani*) 1, XXVIII–XXIX S. 40f., hat Textverlust zwischen der Abfahrt des Dogen in die Romania und dem Frieden von Venedig 1177. Andreae Danduli Chronica (ed. *Pastorello*) RIS 12, S. 2522f.

[196] Historia Ducum, MG SS 14, S. 78.

[197] Ebd.

[198] *Dölger*, Regest Nr. 1500; Historia Ducum, MG SS 14, S. 78f.; Andreae Danduli Chronica (ed. *Pastorello*) RIS 12, S. 250f.; Ioannis Cinnami Epitome rerum Ioanne et Alexio Comnenis gestarum (ed. A. *Meinecke*) CSHB, Bonn 1836, S. 283f.; Niketas Choniates, Historia (ed. *J.-L. van Dieten*) CFHB 11/1, Berlin-New York 1975, S. 171ff.; *Lilie*, Handel und Politik, S. 489ff.

[199] Ablehnend *Merores*, Der venezianische Adel, S. 220ff., wogegen *Cracco*, Società e Stato, hinter der genannten Bewegung der sozialen Schichten des 12. Jahrhunderts den Gegensatz Adel–Popularen sehen möchte.

[200] Richtig zur Herkunft und sozialen Zugehörigkeit *Merores*, Der venezianische Adel, S. 220f., unrichtig dagegen *Cracco*, Società e Stato, S. 6f. Anm. 2: »Lo stesso Casulo apparteneva molto

den Dogen mit Steinen bewarfen und ihm mit dem Schwert nachstellten, war somit Mitglied eines alten Adelsgeschlechts. Zudem bringt die Historia ducum Beschuldigungen gegen den Dogen vor, die nicht das Interesse einzelner sozialer Schichten betreffen: »...*illum alienasse publicos redittus, compsumpsisse homines et nil utilius duxisse in civitatem quam pestem*«[201].

Während die beiden letzteren Vorwürfe eindeutig auf die Ereignisse in der Romania Bezug nehmen, geht die erste Beschuldigung darüber hinaus und zeigt die Frontstellung zwischen der Macht des Dogen und dem *comune* auf. Im Jahr 1165 noch hatte der Doge mit Richtern und Räten die Volksversammlung einberufen, um im Streit um die Besetzung der Comitate in Dalmatien zu entscheiden. Damals hieß es: *moleste accepimus et valde nobis displicuit, ut aliquis dux tante potestatis esset, quod bona comunia Veneciae pro suo velle sine utilitate et sine fructa alicuius comodi filiis suis et eorum heredibus dare possit*[202]. Richtete sich dies noch gegen seinen Vorgänger, so machen die Aufständischen im Jahr 1172 Vitalis Michiel II. ganz ähnliche Vorwürfe. Es geht somit um die Herrschaftsausübung des Dogen, der für sich größere Rechte in Anspruch nimmt, als ihm die aufständische Partei zuzubilligen bereit ist. Die Zurückdrängung der Dogenmacht war allerdings ein Ziel, in dem die alten Geschlechter sich mit den aufsteigenden Kaufleuten völlig einig sein konnten.

Dennoch scheint sicher, daß es vor allem die kleineren Kaufleute gewesen sind, die unter den Ereignissen am meisten zu leiden hatten. Von der Konfiskation durch Manuel schwer getroffen, hatten sie keinen heimischen Grundbesitz zur Verfügung, der als Rücklage dienen konnte[203]. Zudem ist fünf Jahre später eine Partei der *populares* von einem auswärtigen Beobachter sicher bezeugt. Als Kaiser Friedrich Barbarossa 1177 wegen des Friedensschlusses nach Venedig kommen wollte, trafen Vertreter dieser Partei in Chioggia mit ihm zusammen, um ihm ein Vorgehen gegen das Regiment des Dogen Ziani nahezulegen[204]. Dieser lehnte allerdings ab, und danach schweigen die Quellen für Jahrzehnte über Parteien in Venedig. Es scheint somit sicher, daß den regierenden Geschlechtern eine Opposition gegenüberstand, die vor allem durch jene Kaufleute getragen wurde, die nicht in die herrschende Aristokratie aufgenommen waren und die unter den Auswirkungen der Politik am meisten zu leiden hatten. Ihnen gesellten sich

---

probabilmente a quel ceto di mercatores strettamente legato ai grandi« und die Feststellung: »la rivolta è di tipica ispirazione mercantile«.

[201] Historia Ducum, MG SS 14, S. 80 (Fragment) A. 6.

[202] *Cessi*, Maggior Consiglio 1, S. 246 Nr. 10; vgl. dazu *Schmeidler*, Dux und Comune, S. 29 f.

[203] Vgl. unten Kap. 4.4.

[204] Romuald von Salerno (ed. *Garufi*) RIS 7, 1, S. 279: *Quidam autem populares Veneti, cognito imperatoris adventu, ad eum accedentes, ceperunt illi studiose suggerere ut absque mandato Pape et licentia Venecias sicure intraret, firmiter promittentes, quod eorum consilio et auxilio pacem posset cum ecclesia et Lombardis pro sua voluntate componere.* Danach folgt S. 279 ff. eine ausführliche Schilderung der Ereignisse. *Merores*, Der venezianische Adel, S. 223 ist nicht in jedem Fall in ihren Aussagen überzeugend, eine Fehlinterpretation ist *Cracco*, Società e Stato, S. 51 f., der hieraus eine Aktion der venezianischen Großen machen will, die Romuald als Standesgenossen in Schutz nehmen will, weshalb er die Führer der Partei zu Popolaren macht.

Vertreter alter Geschlechter zu, die ebenfalls durch die Katastrophe der venezianischen Politik betroffen waren, wie der Name Casolo zeigt. Allerdings brach der Aufstand sofort in sich zusammen, da offensichtlich hinter dem Tumult noch keine politische Führung stand.

Tatsache ist, daß der Aufstand im Jahre 1172 mit der Restauration jener führenden alten Kreise endete, die den Dogen auch bisher beraten hatten. Waren die Ratgeber des Vitalis Michiel einer nach dem andern aus der Volksversammlung geflohen, als die Situation bedrohlich zu werden versprach und sie sahen, daß die Menge zu Gewalttätigkeiten schreiten könnte, so erschienen sie im Einklang mit der hohen Geistlichkeit am nächsten Tag zum Begräbnis und zur Neuwahl eines Dogen[205]. Es spricht für die Ernüchterung, die nach dem Mord eingetreten war, daß die Volksversammlung einem neuen Wahlmodus zustimmte: Elf *nobiles viri* wurden als Wahlmänner eingesetzt, die anstelle der tumultuarischen Volksversammlung den neuen Dogen finden sollten[206].

Daß niemand diesem Verfahren widersprach, zeigt den Umschwung der allgemeinen Meinung, denn es konnte nicht bezweifelt werden, daß das Gremium, so wie es zusammengesetzt war, eine Wahl in Kontinuität mit der bisherigen Politik beschließen würde. Die Wahlmänner waren: Vitalis Dandulo, Vitalis Falier, Leonardus Michiel, Henricus Navazoso, Philippus Greco, Candianus Sanudo, Dominicus Morosini, Manasse Badoer, Henricus Polani, Aurius Mastropetro, Rugerius Zane. Es sind die führenden Familien versammelt, wobei die Teilnahme von Leonardus Michiel, dem Sohn des ermordeten Dogen, und der mit ihnen versippten Polani auffallend ist. Die übrigen sind erfahrene Politiker, deren Wahl aber auch schon durch das Fehlen des Mannes bereits vorgegeben war, der schließlich auch gewählt wurde. Unter den langgedienten *iudices* Venedigs, die wie Aurius Mastropetro und Vitalis Dandulo weit über ein Jahrzehnt die Politik mitgetragen hatten, fehlte allein Sebastianus Ziani, der nach einer Frist von drei Tagen einstimmig gewählt wurde.

Vom Zeitpunkt der Wahl des Dogen aus der Familie Ziani bis zum vierten Kreuzzug hatte nun jene Gruppe, deren Vertreter die Dogenwähler gewesen waren, die Politik fest in ihren Händen. Die Erwähnung einer Oppositionspartei im Jahre 1177 steht vereinzelt, sonst ist von Parteikämpfen in Venedig nichts zu spüren[207]. Immerhin zeigt die Wahl von Aurius Mastropetro 1178 und Henricus Dandulo 1192, als man die Wahlmännergremien mit 40 Personen besetzte, daß nunmehr weitere Geschlechter an politischen Entscheidungen beteiligt wurden. Vielleicht ist es dieser Ausgleich gewesen, der bis zum Ende des Jahrhunderts in Venedig den sozialen Frieden erhielt[208]. Erst der Erfolg des vierten Kreuzzugs sollte die Gesellschaft Venedigs von Grund auf verändern.

---

[205] Historia Ducum, MG SS 14, S. 80.

[206] Ebd., S. 78. Die venezianische Chronistik der späteren Zeit stellt das bisherige Verfahren *per potentiam* dem neuen *per electionem* entgegen. Daß durch dieses neue Verfahren die Popolaren von der Dogenwahl weitgehend ausgeschlossen wurden, wurde immer schon gesehen: *Merores*, Der venezianische Adel, S. 221: »Die Dogenwahl wurde nun, verfassungsmäßig, aus der Volksversammlung in die Ratsstube verpflanzt«.

[207] Andere Ansichten vertritt *Cracco*, Società e Stato, S. 48 ff., doch haben die bei ihm angeführten Quellenbelege mit der sozialen Entwicklung Venedigs nichts zu tun.

4. Die wirtschaftliche Stellung des venezianischen Adels

Die Struktur des Besitzes venezianischer Adelsfamilien hat sich vom 11. zum 12.Jahrhundert nicht grundlegend gewandelt. Allenfalls trat mit dem Aufschwung des Handels eine noch stärkere Hinwendung zur kaufmännischen Tätigkeit ein, doch ging dies bei der Oberschicht mit Grundvermögen Hand in Hand. Die Testamente der Zeit geben nur in Ausnahmefällen genauere Auskunft über Hab und Gut einer Person[209], doch kann im Einzelfall Genaueres über den Familienbesitz vermerkt werden. Im Jahre 1123 verfügt Petrus Encio, Mitglied einer Familie, die seit dem 11.Jahrhundert regelmäßig an politischen Entscheidungen mitwirkt, über sein Vermögen. Dieses umfaßt:

1. Ein Haus mit Nebengebäuden in der Gemeinde S. Moisè;
2. 24 Salinen in Chioggia minore;
3. Haus und Grundstück für Salzverarbeitung in Chioggia minore;
4. Salzlager mit Grundstück in Chioggia minore;
5. Weinberge in Chioggia minore;
6. Häuser und Grundstücke bei S. Gregorio in Venedig;
7. 1000 *lib.* in Salz, das in Chioggia minore lagert;
8. 2060 *lib.* in Seedarlehen und Anleihen;
9. Weitere, nicht spezifizierte Kapitalien;
10. Geschmeide;
11. Mobilia;
12. Salinen in Chioggia minore als Pfand für ausgeliehene Gelder (vermutlich in Form der *investitio sine proprio*)[210].

---

[208] Wahlmänner des Aurius Mastropetro: Historia Ducum, MG SS 14, S. 89. Wahlmänner des Henricus Dandulo 1192: Historia Ducum, MG SS 14, S. 90. (Beides aus der Chronik Giustinian).

[209] Von den Testamenten, die in nicht geringer Zahl erhalten sind, ist weniges gedruckt: 1151 Romanus Baseggio, cappellanus S. Marci (*Morozzo/Lombardo* 1, S. 101 f. Nr. 100); 1152 Ugerius Badoer (ed. *Pitzorno*, NAV NS 18, S. 129–130); 1172 Henricus Iubanus (*Morozzo/Lombardo* 1, S. 240 ff. Nr. 246); 1183 Iohannes Baseggio (*Baracchi*, AV 10, S. 332–335). Ferner (in Auswahl): Tenda filia Leonis Bonoaldo (ASV S. Zaccaria B. 1); 1168 Gratolon Gradenigo (ASV S. Zaccaria B. 24); Vidota mulier Gosmiri da Molin (ASV S. Maria della Carità B. 39); 1165 Wadeleta (ebd. B. 39); 1172 Iohannes da Ponte (ASV S. Andrea di Lido B. 40); 1172 Henricus Lombardo, subdiaconus capellanus S. Marci (ASV S. Maria della Carità B. 39); 1176 Dominicus Leucari (ASV S. Cipriano di Murano in Mensa Patriarcale Nr. 308); 1178 Blasius, plebanus S. Iohannis Grisostomi (ASV S. Maria della Carità B. 39). Dieses Testament ist aufschlußreich wegen seiner Aussagen über den Besitz an Büchern: *Ad ecclesiam Sancti Iohannis Grisostomi dimitto pro anima mea unum meum omeliarium et antiphonarium nocturnum et psalterium et sequenciarium, in quo est etiam penitentiale ligatum in uno volumine et ordinem officiorum. Ad presbiterum Gabrielem dimitto librum sermonum et Augustini in Enchiridion et Augustini de trinitate;* 1179 Antiliana, uxor Celsi Steno (ASV S. Maria della Carità B. 39); 1186 Gosmir da Molin (ASV S. Maria della Carità B. 39). Vgl. auch *J. Bernardi*, Antichi testamenti tratti dagli archivi della congregazione di Carità di Venezia, Venezia 1882–1893.

[210] S. Giorgio Maggiore (ed. *Lanfranchi*) 2, S. 295 ff. Nr. 136. Iohannes Baseggio 1183 (ed.

Die Verteilung des Besitzes zeigt ein Bild, wie es auch für zahlreiche andere Familie der venezianischen Adelsschicht aus den Privaturkunden über Grundstücksgeschäfte und Darlehen als typisch hervortritt. Neben städtischen Immobilien stehen Weinberge und Salinen, wobei in diesem Fall die Salzproduktion einen Hauptfaktor darstellt. Daneben stehen aber auch Investitionen großen Stils im Seehandel.

Scheint die Besitzstruktur bei dem eben genannten Testament am ehesten der Vermögenslage der Oberschicht von Rialto entsprochen zu haben, so zeigt das Testament des Leonardus Michiel aus dem Jahre 1184 eine andere Zusammensetzung des Vermögens. Der *comes* von Ossero, Sohn des Dogen Vitalis Michiel II., investierte sein Kapital stärker in Dalmatien und in liegende Güter:

1. Haus bei S. Zulian in Venedig – 950 *lib.* ver.;
2. Silber, Gold, Geschmeide – 850 *lib.* ver.;
3. Weinberge in Isola;
4. Grundbesitz in seinem *comitatus*;
5. Schuldschein des Leonardus Michiel – 350 *lib.*;
6. Schuldschein seines Neffen – 150 *lib.*;
7. Weinberge, Salinen, Land- und Wasserflächen in Chioggia;
8. ungeordneter Besitz, bestehend aus Einkommen aus Salinen in Chioggia und Schuldscheinen[211].

Es kann nach den oben genannten Beispielen und den weniger umfassenden Angaben anderer Testamente des 12. Jahrhunderts als gesichert erscheinen, daß in der venezianischen Oberschicht im 12. Jahrhundert bedeutende Vermögenswerte angesammelt wurden, die wohl den Besitzungen der lombardischen Capitanen überlegen waren[212]. Dabei

Baracchi AV 10, S. 332–335) teilt seinen Besitz in: 1. habere de Romania, 2. Allodium in Chioggia, 3. Grundbesitz in der Stadt Venedig.

[211] AS Padova Urkunde von 1184 Aug. ind. 2, Rialto: Copia del Catastico A di Gio: Andrea Viaro T° II° cc. 287–296 (saec. XVIII), gedruckt bei *Corner* 10, S. 381 f. mit päpstlicher Bestätigung. Die Struktur des Landbesitzes der Michiel zeigt bereits eine Urkunde von 1171 Feb. ind. IV, Rialto (ASV S. Zaccaria B. 5 Perg.), durch die der Doge Vitalis II. Michiel seinen Söhnen Leonardus, *comes Ausseri*, und Nycolaus, *comes Arbensis*, Grundbesitz vermacht: *do, dono, concedo... cunctas videlicet ac super totas proprietates terrarum et casarum petrinearum et lignearum coopertas et discoopertas positas in confinio Sancti Pauli et in confinio Sancte Sophie et omne unum allodium quod in Cluia vel in Pellestriam habere visus sum, videlicet terras et vinea atque salinas et domos.* Der Grundbesitz venezianischer Adelsfamilien in Oberitalien und sonst außerhalb Venedigs wird im 12. Jahrhundert zahlreicher, ohne daß dies freilich zu einem Massenphänomen wird. So erwarben die Michiel Grundbesitz durch ihre Einheirat in den veronesischen Adel, die Contarini durch die Verbindungen zur Adelsfamilie der Serzano. Daneben sind aber auch Familien wie Barozzi und Barbarigo zu nennen. Vgl. *Pozza*, Proprietari e mercanti, S. 116 ff. Für die Familie Zusto vgl. Famiglia Zusto (ed. *Lanfranchi*) S. 68. Zu den Familien Zusto, Zen, Zorzi und Dandulo als Grundbesitzer in Konstantinopel vgl. *Cracco*, Società e Stato, S. 11.

[212] Vgl. die Beispiele bei *Keller*, Adelsherrschaft und städtische Gesellschaft, S. 100 ff.

erreichten die größten venezianischen Vermögen weit höhere Summen. Sebastiano Ziani galt als überaus reich, und sein Sohn hinterließ bei seinem Tod allein für Kirchenstiftungen und an kleineren Legaten 12000 lib. in Kapitalien[213].

Grundlage dieser großen Vermögen kann nur der Handel gewesen sein. In Oberitalien sind im 12. Jahrhundert 7 bis 8 % Grundrendite üblich, in Venedig erreichte die Grundrente im 12. und 13. Jahrhundert gar 10 %[214]. Auch die Rendite des städtischen Grundbesitzes lag damals bei über 10 %[215]. In der Salzproduktion sind noch höhere Renditen denkbar, zieht man die überaus hohen Zollsätze in Betracht[216]. Allein für die Familie Ziani läßt sich im Jahre 1192 der Ertrag ihrer Pachteinnahmen bei den Salinen auf etwa 150000 Liter schätzen[217].

Die Renditen im Seehandel lagen dagegen wesentlich höher, doch war hier auch zweifellos das Risiko beträchtlich größer. Die wenigen Seedarlehen, die genaue Angaben machen, zeigen, daß für den venezianischen Kreditgeber des 12. Jahrhunderts Renditen von 20 bis 25 % eine normale Erscheinung sind, andererseits gibt es aber auch Abrechnungen, die nach Abzug aller Kosten einen Reingewinn von 50 % auf eine Handelsfahrt ausweisen, vereinzelt rentierten sich im 13. Jahrhundert Geschäfte auch mit 90 %[218]. Freilich blieb immer das *periculum maris et gentis* zu beachten, das ebenso schnell herbe Rückschläge bringen konnte. Dies gilt besonders für Kriegszeiten, doch konnte auch im tiefsten Frieden Sturm und Seeräuberei die Kalkulation zunichte machen. Gegen einen Totalverlust schützte dabei freilich die Verteilung der Kommenden auf verschiedenen Fahrten und Destinationen. Zudem schützte die Einrichtung der im Geschwader fahrenden venezianischen Handelsflotte recht wirksam gegen die Piraterie, der vor allem die »freie« Schiffahrt einzelner Galeeren und *naves* ausgesetzt war[219].

---

[213] Die Historia Ducum, MG SS 14, S. 96 f., gibt sogar einen Besitz von 20000 lib an, der der Kirche hinterlassen worden sein soll. Dagegen rechtfertigt das Testament (*S. Borsari*, Una famiglia veneziana del medioevo: Gli Ziani, AV V^a ser. 110 (1978) S. 54–64 Nr. 1) nur die Annahme von 12000 lib., doch umfaßt diese Summe nicht alle Legate. Vgl. *Rösch*, Venedig und das Reich, S. 191.

[214] Für die Grundrendite Oberitaliens vgl. *Keller*, Adelsherrschaft und städtische Gesellschaft, S. 98 ff.; *Rösch*, Venedig und das Reich, S. 190; *Pozza*, Mercanti e proprietari 1, S. 149. *Fees*, Reichtum und Macht, S. 178.

[215] *Fees*, Reichtum und Macht, S. 33.

[216] Erste Erwähnung des *factum salis* im Jahre 1179: *Besta*, Bilanci generali 1, S. 22 Nr. 5; die Höhe der Zölle ist erst aus der Mitte des 13. Jahrhunderts bekannt: *Minotto* 3/1, S. 52. Vgl. *Besta*, Bilanci generali 1, S. LXI f.; *Bauer*, Venezianische Salzhandelspolitik, S. 276 ff.; *Rösch*, Venedig und das Reich, S. 75.

[217] *Fees*, Reichtum und Macht, S. 116, dort auch eine Liste der Salinenpreise des 12. Jahrhunderts. Zeitweise hatte die Familie Ziani 180 Salinen in Besitz. Eine Liste ebd., S. 109 ff.

[218] Zu einer Zusammenstellung von nachweisbaren Renditen des Seehandels im 12. Jahrhundert vgl. *Heynen*, Zur Entstehung des Kapitalismus in Venedig, S. 90. Der Normalzins eines Darlehens in Venedig betrug nach altem Herkommen 20 %; vgl. ebd., S. 75. Vgl. auch *Rösch*, Venedig und das Reich, S. 190. *Fees*, Reichtum und Macht, S. 85 (ebd., S. 78, eine Auflistung der Geldgeschäfte der Ziani.)

[219] Vgl. *M. L. Favreau*, Die italienische Levante-Piraterie und die Sicherheit der Seewege nach Syrien im 12. und 13. Jahrhundert, VSWG 65 (1978) S. 461–510.

Der schwerste Schaden dieser Art, der im 12. Jahrhundert das venezianische Handelswesen traf, war ohne Zweifel der Überfall Kaiser Manuels 1171 auf die venezianischen Waren und Kaufleute in der Romania. Über 330 000 Hyperper soll der Schaden betragen haben, der zweifellos zahlreiche Kaufleute an den Rand des Ruins brachte[220]. Offenbar versuchte man in Venedig, mit Schuldenmoratorien den Ruin zahlreicher Einzelpersonen aufzufangen. Romanus Mairano, über dessen Geschäfte in dieser Zeit ausführlichere Nachrichten auf uns gekommen sind, hat sich finanziell von diesem Schlag nie mehr völlig erholt, obwohl er immerhin der Gefangennahme durch Flucht zuvorkommen konnte[221]. Noch zu Beginn des 13. Jahrhunderts gab es in Venedig Adlige, die völlig verarmt waren.

Die Maßnahme, die man zu ihrer finanziellen Gesundung einleitete, zeigt überdeutlich, woher in Venedig der Reichtum kam: *Multos nobiles, qui ad paupertatem devenerunt, in tantum adiuvavit* (sc. Petrus Ziani) *administrando necessaria et concedendo pecuniam ad lucrandum, quod de nichil eos fecit ad honores et divitias pervenire*[222]. Bereits die »Honorantiae civitatis Papiae« des 11. Jahrhunderts beschreiben die Venezianer als ein Volk, das nicht pflügt, nicht sät und nicht erntet[223]. Lehrreich ist auch die Begründung, die die venezianischen Gesandten Papst Innocenz III. für ihren Protest gegen ein päpstliches Handelsverbot anführten: ... *nuntii vestri nobis exponere curaverunt, quod ex constitucione huiusmodi civitatis vestrae proveniret non modicum detrimentum, quae non agriculturis inservit, sed navigiis potius et mercimoniis est intenta*[224].

Die Höhe und Zusammensetzung der Vermögen der politisch bestimmenden Adelsschicht zeigen aber auch, warum es kleinen Kaufleuten nicht gelang, in die politisch herrschende Klasse aufzusteigen. Ein Kaufmann wie Romanus Mairano, dessen Geschäftsarchiv teilweise erhalten geblieben ist, betrieb den Seehandel mit einigen hundert *lib.* Daneben standen die alten Familien, die in der Regel über ein Handelskapital von über 1000 lib. und ebensogroße Grundvermögen verfügten[225]. In diesen Kreis vermochten nur Personen einzudringen, die mindestens ebensoviel Besitz hatten. Dagegen bedrohte Verarmung den venezianischen Adligen offenbar nicht in seiner Eigenschaft als adligen Venezianer. Mochte der Aufstieg in den venezianischen Adel weiterhin offenstehen, wenn es einem Kaufmann gelang, großen Reichtum zu erwerben: Wer zum Adel zu zählen sei, war der Gesellschaft des 12. Jahrhunderts geläufig, ohne daß uns die Quellen allerdings darüber berichten.

---

220 Vgl. *Lilie*, Handel und Politik, S. 540, der hinzufügt »wahrscheinlich aber wesentlich mehr«. S. *Borsari*, Per la storia del commercio veneziano col mondo bizantino nel XII secolo, Rivista Storica Italiana 88 (1976) S. 124, nimmt einen Gesamtschaden von 400 000 Hyperpera an.

221 Vgl. *Heynen*, Zur Entstehung des Kapitalismus in Venedig, passim.

222 Historia ducum, MG SS 14, S. 96 f.

223 Honorantiae civitatis Papiae (ed. *Brühl/Violante*) S. 19, wo es in Anspielung auf Lukas 12, 24 heißt: *Et illa gens non arat, non seminat, non vendemiat.*

224 *Tafel/Thomas* 1, S. 235 Nr. 82 = Die Register Innocenz' III. (ed. *O. Hageneder/A. Haidacher*) 1, S. 775 Nr. 536.

225 Zu den Vermögen des 13. Jahrhunderts vgl. unten Kap. 5.

Die venezianische Oberschicht im 13. Jahrhundert

Mit der Eroberung Konstantinopels durch die Teilnehmer des vierten Kreuzzugs und die Venezianer unter ihrem Dogen Henricus Dandulo wurden die Voraussetzungen geschaffen, unter denen sich Staat und Gesellschaft Venedigs im 13. Jahrhundert weiter entwickeln sollten. Die völlige Veränderung der Machtstrukturen im Mittelmeerraum und die Intensivierung von Handel und Verkehr brachten weitgehende Neuerungen mit sich. Zudem konnte das mediterrane Kolonialreich, wie Venedig es sich geschaffen hatte, in der bisher ausgebildeten Struktur des *comune Venetiarum* nicht beherrscht werden.

Neben dem Dogen stehen als Vertreter des *comune* im 12. Jahrhundert nur wenige leitende Politiker. Die *iudices* konnten dabei ihre führende Rolle während des gesamten 12. Jahrhunderts behalten. Als neue Organe werden die sechs Mitglieder des Kleinen Rats, die *iudices comunis, advocatores comunis* und *camerarii* neu geschaffen. Die Ortschaften des Dogats verwalten Gastalden, als neue Verwaltungsfachleute treten *vicedomini* auf[1]. Als Gewerbeaufsicht erscheinen unter dem Dogen Sebastianus Ziani die *iusticiarii*[2]. Die Grafschaften in Dalmatien beherrschen venezianische Adlige, die an den Dogen und das *comune* gebunden sind. Rechnet man die vierzig Mitglieder hinzu, die der Große Rat um die Jahrhundertwende gehabt hat, so sind knapp einhundert Personen ausreichend, um alle leitenden Positionen im Dogat zu besetzen.

---

[1] Vgl. grundlegend hierzu G. *Zordan*, I visdomini di Venezia nel secolo XIII, Padova 1971.

[2] Andreae Danduli Chronica (ed. *Pastorello*) RIS 12, S. 261: *Hic dux ad reprimendam infrascriptorum hominum malitiam, officiales, quos iusticiarios apelavit, de novo, laudante conscione, constituit, videlicet venditorum bladi, vini, fructuum, pistorum, tabernariorum, galinariorum et piscatorum, et hos equis sancionibus regulavit. Ab hoc officio, succesive, aucta re publica, infrascripta oficia originem habuerunt, videlicet: iusticiarii veteres, iusticiarii novi, oficiales frumenti, daciarii vini, vicedomini ternarie et oficiales becarie.* Der Bericht bezieht sich auf das Preisedikt des Dogen Sebastianus Ziani: *Papadopoli*, Le monete 1, S. 307 ff. Nr. 3.

1. Der Ausbau des venezianischen Staats im 13. Jahrhundert

Als nun der Doge Petrus Ziani, der auf den 1205 gestorbenen Eroberer von Konstantinopel folgte, seinem Titel den Zusatz *quartae et dimidiae partis totius Romani imperii dominator* hinzufügen konnte[3], war eine Umgestaltung des gesamten venezianischen Staates erforderlich geworden. Die neuen Herrschaftsgebiete mußten der Lenkung am Rialto unterstellt werden, das Wachstum des Handels erforderte in zunehmendem Maß Spezialbehörden, und die wachsende Komplexität des Geschäftslebens schuf einen Bedarf an Juristen. Das 13. Jahrhundert ist deshalb zur Ära des Neuaufbaus der venezianischen Behördenorganisation geworden.

Die Bürokratisierung der Verwaltung, wie sie auch in anderen Kommunen Oberitaliens im 13. Jahrhundert zu beobachten ist, wurde durch die Bedürfnisse des venezianischen Kolonialreiches erheblich verstärkt. Die notwendigen Entscheidungen mußten den Großen Rat, der im übrigen bis um 1250 auf eine Mitgliederzahl von über 400 Personen angewachsen war, zunehmend überfordern[4]. Schon bald zeigt sich die Gewohnheit, ganze Fragenkomplexe an Ausschüsse zu delegieren, aus denen sich im Lauf des 13. Jahrhunderts zwei ständige Gremien entwickeln sollten: der Rat der Vierzig (Quarantia) und der Senat. Ohne daß die Kompetenz dieser beiden Räte genauer definiert war, gelang es ihnen, den Maggior Consiglio in zahlreichen Sachfragen praktisch aus den Entscheidungen auszuschließen, ohne daß dessen Kompetenz in allen interessierenden Fragen jemals theoretisch in Frage gestellt wurde[5].

Venedig war klug genug, nicht alle Rechte, die es zugesichert bekommen hatte, in der Romania zu beanspruchen. Eine großräumige Herrschaft in der Ägäis wäre weder personell noch finanziell vom Dogat zu tragen gewesen, deshalb beschränkte man sich

---

[3] Vgl. *Lazzarini*, I titoli dei dogi di Venezia, NAV NS 5 (1903) S. 271–313 = *Ders.*, Scritti di paleografia e diplomatica, S. 195–226. Vgl. auch *A. Carile*, Partitio terrarum imperii Romanie, Studi Veneziani 7 (1965) S. 124–305.

[4] Vgl. *Cessi*, Maggior Consiglio 1, S. 269 ff.

[5] Die Quarantia wird am 22. Dez. 1223 erstmals erwähnt (*Cessi*, Maggior Consiglio 1, S. 63 ff.), im Jahre 1227 sind erstmals Mitglieder namentlich erwähnt: Angelus Venier, Marinus da Canal, Petrus Mengulo, Iacobus Mocenigo, N. Tinto, Angelus Flabianico, C. Gradenigo, An. Falier (*Cessi*, Maggior Consiglio 1, S. 184 Nr. 55). Darüber hinaus sind für das 13. Jahrhundert kaum Namen erhalten. Während die Quarantia in der späteren Zeit vornehmlich ein Justizorgan war, hat sie im 13. Jahrhundert im wesentlichen politische Aufgaben. Vgl. die Consilia: *Cessi*, Maggior Consiglio 2, S. 76 ff.; *Da Mosto*, Archivio di Stato 1, S. 63 ff.; *A. Lombardo*, Le deliberazioni del consiglio dei XL della Repubblica die Venezia 1–2, Venezia 1957/58. Zur Bedeutung der Quarantia *Ders.* 1, S. IX ff. Der Senat ist in den Jahren 1230–1232 erstmals erwähnt; vgl. *Kretschmayr*, Geschichte 2, S. 93 ff. Die Consilia bei *Cessi*, Maggior Consiglio 2, S. 88. Vgl. auch *Da Mosto*, Archivio di Stato 1, S. 34 ff.; *G. Giomo*, I misti del senato della repubblica Veneta (1293–1331), Venezia 1887; *E. Besta*, Il senato veneziano. Origini, costituzione, attribuzione e riti, Venezia 1899; *G. Magnante*, Il consiglio dei rogati a Venezia dalle origini alla metà del secolo XIV, AV V^a ser. 1 (1927) S. 70–111; *R. Cessi/P. Sambin*, Le deliberazioni del consiglio dei rogati (Senato), Serie mixtorum 1–2, Venezia 1960/61.

von Anfang an auf die Besetzung der Schlüsselpositionen[6]. Allerdings wollte man den Eigenmächtigkeiten der leitenden Beamten in der Romania, wie sie besonders kurz nach dem Tod des Henricus Dandulo in der Hauptstadt Konstantinopel zu verspüren waren[7], einen Riegel vorschieben. Sie alle hatten zur Kontrolle ihre in Venedig gewählten und beigeordneten Räte, Richter und Finanzbeamten, ein *comune Venetiarum* im kleinen[8].

Wichtigster der neuen Beamten in der Romania war der Podestà in Konstantinopel *(potestas Romaniae)*. Er war der vornehmste aller Beamten der Romania und hatte gewisse Aufsichtsrechte. Bis zum Fall der Stadt im Jahre 1261 wurden nur besonders erfahrene und kenntnisreiche Politiker mit diesem Amt betraut[9]. So waren beide Kandidaten für die Dogenwahl 1229, Iacobus Tiepolo und Marinus Dandulo, als Podestaten in Konstantinopel gewesen. Nachdem die Stadt wieder in den Händen der Griechen war, sandte Venedig seit 1265 einen Bailo, der jedoch bei weitem nicht über dieselbe Fülle von Kompetenzen verfügte wie der einstige Podestà[10].

An Macht stand dem venezianischen Beamten in der Weltstadt am Bosporus der *dux* von Kreta kaum nach[11]. Die Insel, die einzige, auf der sich die Venezianer zu einer Herrschaft über ausgedehnte Gebiete bereitgefunden hatten, kam im 13. Jahrhundert nicht zur Ruhe. Sie erforderte eine straffe, auch in der Kriegsführung erfahrene Verwaltung[12]. Die Eroberer der Insel Negroponte dagegen nahmen das Land als Lehen, während in der Stadt Negroponte selbst ein Bailo die venezianischen Interessen ver-

---

[6] Vgl. an allgemeinerer Literatur: *R. Cessi*, Le colonie medioevali italiane in Oriente 1, Bologna 1942; *F. Thiriet*, La Romanie vénitienne au moyen age. Le développement et l'exploitation du domaine colonial vénitien (XIIᵉ–XVᵉ siècles), Paris 1959; *S. Borsari*, Il dominio veneziano a Creta nel XIII secolo, Napoli 1963; *Ders.*, Studi sulle colonie veneziane in Romania nel XIII secolo, Napoli 1966. Einen Überblick über die Forschung bieten die Aufsätze bei *Pertusi* (Hg.), Venezia e il Levante fino al secolo XV 1–2, Firenze 1973.

[7] *Kretschmayr*, Geschichte 2, S. 7f.; *R. L. Wolff*, A New Document from the Period of the Latin Empire at Constantinople: The Oath of the Venetian Podestà, Annuaire de l'Institut de Philologie et d'Histoire Orientales et Slaves 12 (Mélange Grégoire 4), Brüssel 1953, S. 539ff.

[8] *Kretschmayr*, Geschichte 2, S. 118f.

[9] Vgl. unten Anm. 79.

[10] Das Verzeichnis von *V. Grumel*, La Chronologie. Bibliotèque Byzantine, Traité d'Études Byzantines 1, Paris 1958, S. 404, ergänzte *P. Wirth*, Zum Verzeichnis der venezianischen Baili von Konstantinopel, BZ 54 (1961) S. 324–328, dessen Liste jedoch weiter zu ergänzen ist: 1266 Marcus Giustinian; 1273 Gibertus Dandulo; 1277 Petrus Badoer (*Cessi*, Maggior Consiglio 1, S. 307); bis 1288 Pirinus Giustinian (*Cessi*, Maggior Consiglio 3, S. 202 Nr. 21); Delfinus Dolfin (*Cessi*, Maggior Consiglio 3, S. 348 Nr. 98); 1295 Marcus Bembo. Zum Amt vgl. *Chryssas Maltezu*, Ὁ θεσμὸς τοῦ ἐν Κωνσταντινωρόλει βένετου βαιλοῦ, Athen 1970.

[11] Vgl. unten Anm. 80.

[12] *Borsari*, Il dominio Veneziano a Creta, bes. S. 120ff. Zu den Consilia: *Cessi*, Maggior Consiglio 2, S. 339ff. Vgl. auch *Topping*, Co-Existence of Greeks and Latins in Frankish Morea and Venetian Crete, XVᵉ Congrès Internationale d'Etudes Byzantines, Athen 1977, S. 3–23.

trat[13]. Seine wichtigste Aufgabe war die Kontrolle des Seewegs nach Konstantinopel. Schon der Titel der zwei, zeitweise auch drei Kastellane in Koron und Modon zeigt ihre militärische Bedeutung[14]. Zwar lieferte das Hinterland auch ausreichend landwirtschaftliche Produkte – vor allem Öl –, doch waren die beiden Festungen in erster Linie Kontrollstationen an der Route nach Konstantinopel und Kreta.

Gleichfalls zu Beginn des 13. Jahrhunderts gibt Venedig seinen Handels- und Herrschaftsinteressen an der Ostküste des Mittelmeers eine festere Organisationsform, nachdem bis dahin erst Ansätze einer Verwaltung zu spüren waren. Zumindest zeitweise ließ man sich durch einen Bailo im unabhängigen Armenien in Kleinasien vertreten[15]. Weit wichtiger war jedoch der Bailo von Syrien mit Sitz in Akkon[16]. Er vertrat die Interessen seiner Heimatstadt und der Kreuzfahrerstaaten, seiner Leitung unterstanden die *consules* und *vicecomites* in Antiochia, Beirut, Tripolis und Tyrus[17]. Zugleich unterhielt Venedig jedoch im 13. Jahrhundert auch einen *consul* in Alexandrien und einen weiteren Vertreter dieses Titels in Tunis[18]. Zumindest auch der Bailo in Akkon hatte seine beigeordneten Räte und Verwaltungsbeamten.

Die venezianischen Komitate in Dalmatien, deren wichtigste diejenigen von Zara und Ragusa waren, wurden im 13. Jahrhundert regelmäßig mit Vertretern der Adelsschicht des Rialto besetzt[19]. Ihre oft langjährige Herrschaft bot die Möglichkeit zu eigenen

13 Für die Liste der Baili vgl. unten Anm. 81. Die Consilia bei *Cessi*, Maggior Consiglio 2, S. 346 ff. Zu dem Gehalt: *Cessi*, Maggior Consiglio 1, S. 55 Nr. 34. Zur Herrschaft über Euböa vgl. *J. Koder*, Negroponte. Untersuchungen zur Topographie und Siedlungsgeschichte der Insel Euboia während der Venezianer-Herrschaft, Denkschr. Österr. Akad. Wiss. phil.-hist. Kl. 112, Wien 1973 (mit weiterer Literatur).

14 Consilia: *Cessi*, Maggior Consiglio 2, S. 348 ff. Über die Anfänge der Herrschaft Andreae Danduli Chronica (ed. *Pastorello*) RIS 12, S. 284. Eine Liste der Amtsträger in Venetiarum Historia (ed. *Cessi/Bennato*) S. 312 ff.

15 Consilia: *Cessi*, Maggior Consiglio 2, S. 358. Vgl. weiters ebd., 3, S. 112 Nr. 93; S. 242 Nr. 83; S. 273 Nr. 88; S. 341 Nr. 45.

16 Zur Liste der Amtsinhaber vgl. unten Anhang. Vgl. *Heyd*, Commerce 1, S. 330 f., und *Kretschmayr*, Geschichte 2, S. 24 f. *J. Prawer*, I Veneziani e le colonie veneziane nel regno latino di Gerusalemme, in: *Pertusi*, Venezia e il levante fino al secolo XV 1/2, S. 625–656; *D. Jacoby*, L'expansion occidentale dans le Levant: les Vénitiens à Acre dans la seconde moitié du treizième siècle, Journal of Medieval History 3 (1977) S. 225–264.

17 Vgl. *Heyd*, Commerce 1, S. 330 f., und (für Tyrus) *Cessi*, Maggior Consiglio 2, S. 357.

18 Für Alexandria vgl. *Cessi*, Maggior Consiglio 2, S. 358. Weitere Angaben bei *Cessi*, Maggior Consiglio 1, S. 333; ebd., 3, S. 210 Nr. 80; ebd., 3, S. 273 Nr. 88. Für Tunis die Consilia bei *Cessi*, Maggior Consiglio 2, S. 128 f. Ein Träger dieses Amtes ebd. 3, S. 40 Nr. 112. Vgl. *A. Sacerdoti*, Venezia e il regno hafsida di Tunis: Trattati e relazioni diplomatiche (1231–1543), Studi Veneziani 8 (1966) S. 303–346; *Ders.*, Il consolato veneziano del regno hafsida di Tunisi (1274–1518), Studi Veneziani 11 (1969) S. 531–536.

19 Reiches Urkundenmaterial bietet das Urkundenbuch von *Smičiklas*, 1–7. Die Consilia sind gedruckt bei *Cessi*, Maggior Consiglio 2, S. 332 ff. Listen der Amtsträger verzeichnet Venetiarum

Gebietserwerbungen, die für eine Reihe der führenden Geschlechter sicher nachweisbar sind. Das am Küstenbogen der nördlichen Adria anschließende Istrien war bereits in Spätantike und Frühmittelalter eng mit Venedig verbunden gewesen und geriet seit dem 10. Jahrhundert zunehmend unter den Einfluß des Dogats[20]. Im 13. Jahrhundert wurde es zur Gewohnheit, daß die Podestaten der Küstenstädte aus Venedig stammten. Unterbrochen wurde diese Handhabung nur durch die immer wiederkehrenden Versuche, das Joch der Venezianerherrschaft abzuschütteln, die regelmäßig zu Vergeltungsmaßnahmen und Kriegsaktionen führten. In der zweiten Hälfte des 13. Jahrhunderts werden die Podesterien endgültig zu venezianischen *officia*, so in Parenzo (1266)[21], Pola (1267)[22], Umago (1269)[23], Cittanova (1270)[24], S. Lorenzo (1271)[25], Montona (1276)[26], Capodistria (1278)[27], Isola (1281)[28] und Pirano (1283)[29]. Große Teile der östlichen Adriaküsten waren somit venezianischen Beamten unterstellt.

Historia (ed. *Cessi/Bennato*) S. 278 ff., die jedoch oft mit dem Urkundenmaterial nicht übereinstimmen. Vgl. allgemein zur politischen Entwicklung *B. Krekič*, Le relazioni tra Venezia e Ragusa e le popolazioni serbo-croate, in: *Pertusi*, Venezia e il Levante fino al secolo XV 1/1, S. 389–401.

[20] Zur Literatur vgl. *Lenel*, Vorherrschaft, S. 28 ff., *G. De Vergottini*, Venezia e l'Istria nell'alto medioevo, in: Storia della civiltà veneziana 1, 2. Aufl., S. 71–83; *Schaube*, Handelsgeschichte, S. 8 f. und 684 ff.; *L. Guastalla*, Le relazioni e divergenze economiche tra l'Istria e la repubblica di Venezia X–XV sec., Pagine Istriane 23 (1955) S. 38–43; *Rösch*, Venedig und das Reich, S. 101 ff.

[21] Zu den venezianischen Eroberungen im 13. Jahrhundert vgl. *Kretschmayr*, Geschichte 2, S. 50 f.; Consilia: *Cessi*, Maggior Consiglio 2, S. 331 ff. Über die Unterwerfung Andreae Danduli Chronica (ed. *Pastorello*) RIS 12, S. 315. Eine Liste der Amtsträger Venetiarum Historia (ed. *Cessi/Bennato*) S. 304 ff.

[22] Venetiarum Historia (ed. *Cessi/Bennato*) S. 308; endgültig unterworfen erst 1331 Andreae Danduli Chronica (ed. *Pastorello*) RIS 12, S. 372.

[23] Venetiarum Historia (ed. *Cessi/Bennato*) S. 303, und Andreae Danduli Chronica (ed. *Pastorello*) RIS 12, S. 317; *Kretschmayr*, Geschichte 2, S. 52.

[24] Venetiarum Historia (ed. *Cessi/Bennato*) S. 302 f., und Andreae Danduli Chronica (ed. *Pastorello*) RIS 12, S. 317; *Kretschmayr*, Geschichte 2, S. 52.

[25] Venetiarum Historia (ed. *Cessi/Bennato*) S. 305 f., und Andreae Danduli Chronica (ed. *Pastorello*) RIS 12, S. 319; *Kretschmayr*, Geschichte 2, S. 52.

[26] Consilia: *Cessi*, Maggior Consiglio 2, S. 332 ff. 1276 vertrieb Montona seinen aus Venedig stammenden Podestà Andreas Dandulo, mußte sich aber in einem Vertrag von 1278 März 21 endgültig unterwerfen (*Kandler*, Codice diplomatico istriano). Eine Liste der Podestaten in: Venetiarum Historia (ed. *Cessi/Bennato*) S. 306 f.

[27] Venetiarum Historia (ed. *Cessi/Bennato*) S. 299, und Andreae Danduli Chronica (ed. *Pastorello*) RIS 12, S. 325 und 370, ferner die Liste der Amtsträger unten im Anhang.

[28] Vgl. Venetiarum Historia (ed. *Cessi/Bennato*) S. 191. Consilia: *Cessi*, Maggior Consiglio 2, S. 331. Eine Liste der Podestaten Venetiarum Historia (ed. *Cessi/Bennato*) S. 300 f.

[29] Unterwerfungsurkunde von 1283 Jan, 26 bei *Kandler*, Codice diplomatico istriano, und Venetiarum Historia (ed. *Cessi/Bennato*) S. 191. Eine Liste der Podestaten ebd., S. 301 f., die offenbar recht zuverlässig ist; vgl. *Cessi*, Maggior Consiglio 3, S. 139 Nr. 5, und *Kandler* (wie Anm. 26), zu 1294 Feb. 6.

Auf der italienischen Halbinsel sicherte sich Venedig seine Handelsinteressen allenthalben durch ständige Vertreter. Im Königreich Sizilien hatte ein venezianischer Konsul seinen Sitz in Messina[30], während an der Ostküste der *consul Apuliae* in Trani installiert war[31]. Weitere Vertreter unterhielt Venedig in Fano[32], im Patriarchat Aquileia[33], in Treviso[34], in Ferrara[35], in Verona[36] und in Ravenna[37]. Das Kolonialreich in der Romania und die Handelsinteressen des Emporium Rialto haben im 13. Jahrhundert ein Ämterwesen hervorgebracht, das an die Träger dieser Ämter hohe Anforderungen stellte. Gleichzeitig entstand auf diese Weise jedoch das Erfordernis, stets eine Anzahl hochqualifizierter Verwaltungsspezialisten für die leitenden Stellen bereitzuhalten, die mit den Aufgaben der Innenpolitik und Rechtsprechung ebenso vertraut waren wie mit den internationalen Verhältnissen im Mittelmeerraum.

[30] Zu den Consilia vgl. *Cessi*, Maggior Consiglio 2, S. 358. Ein venezianischer Konsul 1274: Petrus Gradenigo bei *Cessi*, AV Tridentino 3, S. 38–39. 1275: Thomasinus Longo, *L. Baletto*, Genova nel Ducento. Uomini del porto e uomini sul mare, Genova 1983, S. 126 Nr. 3.

[31] Zu den Consilia vgl. *Cessi*, Maggior Consiglio 2, S. 327. Daß der Sitz des Consul Apuliae in Trani war: Cod. Marc. It. 7, 198 (8383) f. 244. Amtsinhaber des 13. Jahrhunderts: 1271 Tomas Querini (*Nicolini*, Codice diplomatico, S. 30 Nr. 33). 1272 Marinus Corner (*ebd.* S. 39 Nr. 49). 1274 Iacobus Baseggio (*ebd.* S. 45 Nr. 56). 1274 Iohannes Morosini (*ebd.* S. 97 Nr. 109–110). 1275 Iohannes Dandulo Cane (Andreae Danduli Chronica [ed. *Pastorello*] RIS 12, S. 322; ASV Cancelleria Inferiore B. 85). 1278 Iohannes Marcello (*Nicolini*, Codice diplomatico, S. 220ff. Nr. 209ff.). 1281 Iohannes da Canal (*Cessi*, Maggior Consiglio 2, S. 123 Nr. 30); 1289 Robertus Querini (*Smičiklas* 6, S. 645 Nr. 544); 1291 Marcus Contarini (*Cessi*, Maggior Consiglio 3, S. 303 Nr. 70); 1295 Marcus Rucigno (*Cessi*, Maggior Consiglio 2, S. 374 Nr. 6). Zu den Handelsbeziehungen zwischen Venedig und Apulien im 13. Jahrhundert vgl. *F. Carabellese/A. Zambler*, Le relazioni commerciali fra la Puglia e la Repubblica di Venezia dal sec. X al XV, 1–2, Trani 1897/98; *M. Colangelo*, Le relazioni commerciali di Venezia con la Puglia, Trani 1925.

[32] Zu den Verträgen vgl. *Luzzatto*, I più antichi trattati, S. 47 Nr. 3. Vgl. dazu *Rösch*, Venedig und das Reich, S. 52.

[33] Der Vicedominus wird erstmals in einem Vertrag zwischen Venedig und Aquileia 1218 erwähnt (*Kandler*, Codice diplomatico istriano) und wohl im Jahre 1222 einer genaueren Regelung der Kompetenzen unterworfen (*Minotto* 4/1, S. 14). Vgl. *Schmidinger*, Patriarch und Landesherr, S. 78f.; *Schaube*, Handelsgeschichte, S. 668; *Lenel*, Venezianisch-istrische Studien, S. 154 Anm. 3; *Rösch*, Venedig und das Reich, S. 52f. Die consilia bei *Cessi*, Maggior Consiglio 2, S. 326. 1277 Juli 9 ein vicedominus Petrus Foscarini erwähnt: *Kandler*, Codice diplomatico istriano.

[34] Erstmals erwähnt im Jahre 1000/1001 *Ughelli* 5, S. 507f. = *Cessi*, Documenti 2, S. 182–184 Nr. 89. Vgl. dazu *Rösch*, Venedig und das Reich, S. 51f.

[35] Erstmals im Vertrag zwischen Venedig und Ferrara vom Jahre 1230 erwähnt: *Ghetti*, I Patti, S. 177ff. 1291 Pangracius Barozzi (*Cessi*, Maggior Consiglio 3, S. 305 Nr. 86); 1293/93 Marcus Istrigo (ebd., S. 350 Nr. 116).

[36] Der venezianische Consul in Verona ist seit 1260 belegt. Vgl. zu den Handelsbeziehungen *A. Marchesini*, Commercio dei veneziani nel territorio di Verona ai primi tempi della dominazione scaligera, Verona 1889; *Riedmann*, Beziehungen, S. 115ff.; *Rösch*, Venedig und das Reich, S. 115ff. 1284 Marcus da Molin: *Cessi*, Maggior Consiglio 3, S. 66 Nr. 31

[37] 1284 vicedominus Iohannes Foscarini: ASV Ducali ed Atti diplomatici B. 9.

Brachte schon die Verwaltung der neuen Gebiete große Anforderungen mit sich, wurde der Beamtenapparat auch im Hinterland noch vergrößert. Denn zur selben Zeit unternahm es die Oberschicht von Rialto, die ansässige Führungsschicht vieler Orte des Dogats zu entmachten. Es kann nur verwundern, daß die bisher führenden Geschlechter zusahen, wie man seit der Jahrhundertwende Zug um Zug die heimischen Gastalden ablöste und durch Podestaten ersetzte. Die Entmachtung der Bevölkerung des Dogats, die sich bereits im *comune* angekündigt hatte, wurde fortgesetzt. Die venezianische Chronistik hat aus dieser Entmachtung der lokalen Oberschicht Privilegien der einzelnen Ortschaften gemacht[38]. Allerdings sind im Unterschied zu den alten Gastalden die neuen Podestaten sämtlich aus den vornehmsten Familien von Rialto ausgewählt.

Wichtigster Podestà war derjenige von Chioggia[39], doch auch Loreo[40], Caorle[41], Murano[42], Torcello[43], der Lido[44] und Cavarzere[45] wurden auf diese Weise der Herrschaft des Rialto fest unterworfen. Weiterreichende Befugnisse, auch über die Adriaflotte, hatte der Verwalter von Grado, der deshalb den Titel eines *comes* trug[46]. Ausgesprochene Festungskommandanten waren schließlich die Kastellane von Bebbe, das die Brenta sicherte[47], von Torre Nuovo[48] und von S. Alberto (Marcamò), das den Po di Primaro kontrollierte[49].

---

[38] So für Chioggia: Andreae Danduli Chronica brevis (ed. *Pastorello*) RIS 12, S. 368: *Paduanorum quoque adrogancia, volencium turrim Babie a ducale dominio subtrahere, conterrita fuit; Clugienses ob hoc a tributo galinarum absoluti fuerunt, et ipsis tunc, auctoritate maioris consilii, potestas datus fuit.*

[39] Zu den Consilia vgl. *Cessi*, Maggior Consiglio 2, S. 31 ff. Zur Liste der Amtsinhaber im 13. Jahrhundert siehe unten Anhang.

[40] Zu den Consilia vgl. *Cessi*, Maggior Consiglio 2, S. 319. Eine Liste der Amtsinhaber verzeichnet aus der Mitte des 14. Jahrhunderts Venetiarum Historia (ed. *Cessi/Bennato*) S. 290.

[41] Zu den Consilia vgl. *Cessi*, Maggior Consiglio 2, S. 320 ff. Eine Liste der Amtsinhaber verzeichnet aus der Mitte des 14. Jahrhunderts Venetiarum Historia (ed. *Cessi/Bennato*) S. 297 f.

[42] Zu den Consilia vgl. *Cessi*, Maggior Consiglio 2, S. 325. Eine Liste der Amtsinhaber verzeichnet aus der Mitte des 14. Jahrhunderts Venetiarum Historia (ed. *Cessi/Bennato*) S. 293.

[43] Zu den Consilia vgl. *Cessi*, Maggior Consiglio 2, S. 325 ff. Eine Liste der Amtsinhaber aus der Mitte des 14. Jahrhunderts verzeichnet Venetiarum Historia (ed. *Cessi/Bennato*) S. 294 ff.

[44] Zu den Consilia vgl. *Cessi*, Maggior Consiglio 2, S. 319 ff. Eine Liste der Amtsinhaber aus der Mitte des 14. Jahrhunderts verzeichnet Venetiarum Historia (ed. *Cessi/Bennato*) S. 295 ff.

[45] Für Cavarzere haben sich Consilia nicht erhalten, für die Amtsinhaber vgl. die Angaben in Venetiarum Historia (ed. *Cessi/Bennato*) S. 290 f.

[46] Zu den Consilia vgl. *Cessi*, Maggior Consiglio 2, S. 326. Eine Liste der Amtsträger in: Venetiarum Historia (ed. *Cessi/Bennato*) S. 298.

[47] Zu den Consilia vgl. *Cessi*, Maggior Consiglio 2, S. 321. Eine Liste der Amtsinhaber in: Venetiarum Historia (ed. *Cessi/Bennato*) S. 292; vgl. auch *Rösch*, Venedig und das Reich, S. 35.

[48] Zu den Consilia vgl. *Cessi*, Maggior Consiglio 2, S. 321.

[49] Zu den Consilia vgl. *Cessi*, Maggior Consiglio 2, S. 324. Vgl. auch *Rösch*, Venedig und das Reich, S. 40.

Nachdem man den Beamtenapparat nach den Erfordernissen der Außenpolitik ausgerichtet und den Dogat neu geordnet hatte, mußten auch die Organe zur Verwaltung Venedigs als Großstadt ausgebaut werden. Das Amt der Prokuratoren von S. Marco, deren Existenz bereits im 12. Jahrhundert sicher belegt ist, wurde als Behörde für Nachlaßverwaltung und Bankgeschäfte immer weiter ausgebaut, die Zahl der Prokuratoren von zwei (1231) auf drei (1259) und schließlich vier (1261) erhöht[50]. Die Zollbehörden erfuhren eine Gliederung nach Land- und Seehandel, daneben entstand für eine Reihe von Gütern jeweils eine Spezialbehörde[51]. Mehrere Institutionen besorgten die Einhaltung der Handelsvorschriften.

[50] Das Amt eines Prokurators von S. Marco, das in späterer Zeit nach dem Dogenamt als das vornehmste des venezianischen Staates galt, entzieht sich für die früheren Jahrhunderte einer Untersuchung. Bereits die ältesten Listen der Prokuratoren in der Venetiarum Historia (ed. *Cessi/Bennato*) S. 277 und 344 ff. weichen stark voneinander ab. Die Traditionen faßte im 16. Jahrhundert *Marco Barbaro*, Cronaca de'procuratori di San Marco, Cod. Vind. 6175, 1, zusammen, auf dessen Ausführungen unzählige Handschriften der Neuzeit beruhen. Gemeinsam ist dieser Tradition, das Amt eines Prokurators auf die Translatio des Heiligen im 9. Jahrhundert zurückzuführen, während die Urkundentradition erst Belege aus dem 12. Jahrhundert kennt. Noch *F. M. Tiepolo*, in: Storia della civiltà veneziana 1, 2. Aufl., S. 407 ff., führt in ihrer Chronologie der Geschichte Venedigs alle fiktiven Prokuratoren aus der späten venezianischen Tradition auf. Der auf der Pala d'Oro genannte Prokurator Angelus Falier gehört nicht zur Entstehung des Werkes im Jahr 1105, sondern in die Zeit der Überarbeitung der Pala d'Oro zu Beginn des 13. Jahrhunderts. Als erste gesicherte urkundliche Erwähnung eines Prokurators von S. Marco muß gelten: Otho Baseggio 1151 (*Cessi*, Maggior Consiglio 1, S. 23 Nr. 2). Weitere Prokuratoren des 12. Jahrhunderts sind: Leonardus Fradello 1164 (*Tafel/Thomas* 1, S. 140 ff. Nr. 59); Stephanus Barozzi 1175–1181 (*Tafel/Thomas* 1, S. 167 Nr. 63; *Morozzo/Lombardo* 1, S. 266 f. Nr. 272; ebd., S. 320 f. Nr. 324); Dominicus Memo 1189–1192 (Andreae Danduli Chronica [ed. *Pastorello*] RIS 12, S. 271; *Morozzo/Lombardo* 1, S. 398 Nr. 406); Petrus Giustinian 1190–1207 (*Morozzo/Lombardo* 1, S. 375 f. Nr. 382; ebd., S. 398 Nr. 406; ebd., 2, S. 34 f. Nr. 493 und 27 f. Nr. 487). Daß Petrus Giustinian und Dominicus Memo 1192 zusammen als Prokuratoren urkunden, widerspricht der heimischen Tradition, daß es im 12. Jahrhundert stets nur einen Prokurator gegeben habe (*Morozzo/Lombardo* 1, S. 398 Nr. 406). Die Prokuratorenkataloge verdienen für das 13. Jahrhundert keinerlei Vertrauen, ohne daß sie aber durch einen Vergleich mit Urkunden korrigierbar wären. Es steht jedoch fest, daß die Listen weitaus mehr Prokuratoren nennen, als es jemals gegeben hat. Offenbar wollten zahlreiche Adelsgeschlechter durch angebliche Prokuratoren aus der eigenen Familie ihre soziale Stellung verbessern. Zu Geldgeschäften der Prokuratoren im 12. Jahrhundert vgl. *M. L. Favreau*, Zur Pilgerfahrt des Grafen von Pfullendorf. Ein unbeachteter Originalbrief aus dem Jahre 1180, Zeitschrift für Geschichte des Oberrheins 123 (1975) S. 31–45. Zum Amt der Prokuratoren im 13. Jahrhundert, das trotz der oben beschriebenen Mängel der Amtslisten dem Adel vorbehalten zu sein scheint, vgl. *R. Mueller*, The Procurators of San Marco in Thirteenth and Fourteenth Centuries: A Study of the Office as Financial and Trust Institution, Studi Veneziani 13 (1971) S. 105–220.

[51] Zu den frühen Zöllen in Venedig vgl. *Besta*, Bilanci generali 1, S. LIII ff.; *Luzzatto*, Storia economica di Venezia, S. 113 f. Zu den Visdomini als Behörde und Rang der Verwaltung *Zordan*, I visdomini di Venezia nel XIII secolo; *Rösch*, Venedig und das Reich, S. 68 ff. Zollstelle für den

Der Umfang der Handelsgeschäfte und die wachsende Komplexität des Wirtschaftslebens erforderten eine Spezialisierung der Justiz. Nachdem es bereits im 12. Jahrhundert Ansätze zur Schaffung von Gerichtshöfen gegeben hatte, entwickelten sich im 13. Jahrhundert elf venezianische Gerichtshöfe, deren Richter jährlich ausgewechselt wurden [52]. Die Überwachung der öffentlichen Sicherheit, die zunächst bei den Nachbarschaftsverbänden (contrade) gelegen hatte, wurde verschiedenen Aufsichtsbehörden unterstellt [53]. Daneben gab es aber noch eine große Zahl reiner Verwaltungsbehörden, deren Vertreter auch aus der Oberschicht ausgewählt wurden [54].

War der Personalaufwand für die bisher geschilderten Behördenkomplexe schon gewaltig, so kamen doch noch weitere politische Ämter hinzu, die sich nach den Erfordernissen der Tagespolitik richteten. Nachdem Venedig mit seinen Besitzungen in der Romania ein wichtiger Faktor der Mittelmeerpolitik geworden war, benötigte die Diplomatie immer wieder Gesandte, um den Austausch von Botschaften, die Führung von Verhandlungen und die Aufrechterhaltung der Beziehungen gewährleisten zu können [55]. Die Kriege, die Venedig in der zweiten Hälfte des Jahrhunderts ständig irgendwo im Mittelmeer führte, erforderten geschulte Galeerenkapitäne und Truppenkommandanten [56]. Durch die starke Vermehrung der politischen Aufgaben kam es zu einer verstärkten Nachfrage nach Personen, die diesen erhöhten Anforderungen gewachsen waren.

Landhandel waren die vicedomini Lombardorum (vgl. *Cessi,* Maggior Consiglio 2, S. 275 ff.), für den Seehandel die vicedomini maris (*Cessi,* Maggior Consiglio 2, S. 279 ff.). Für Öle, Fette etc. die vicedomini Ternarie (*Cessi,* Maggior Consiglio 2, S. 284 ff.), für den Deutschlandhandel die vicedomini funtici Theutonicorum (*Cessi,* Maggior Consiglio 2, S. 298 ff.); vgl. dazu *Rösch,* Venedig und das Reich, S. 90 f. mit Anm. 66. Neben den dort genannten Vertretern bietet *Marco Barbaro,* Famiglie nobile venete, Cod. Vind. 6155, einige Namen: Damianus Mezano (1284, f. 255'), Cattarinus Darmario (1296, f. 145'), Marcus Constantino (1297, f. 59'). Bald bilden sich weitere Spezialbehörden wie z. B. die superstantes dacio vini (*Cessi,* Maggior Consiglio 2, S. 277 ff).

[52] Vgl. die Angaben des Liber officiorum *Cessi,* Maggior Consiglio 2, passim.

[53] Als Gerichtshof organisiert, aber eher Polizeibehörde waren die domini de nocte (*Cessi,* Maggior Consiglio 2, S. 209 ff.; *Roberti,* Magistrature 3, S. 1 ff.). Als Behörde gegen Schmuggel wurden die domini de contrabannis installiert (*Cessi,* Maggior Consiglio 2, S. 219 ff.; *Roberti,* Magistrature 3, S. 199 ff.) und allgemein die Quinque de pace (*Cessi,* Maggior Consiglio 2, S. 258 ff.).

[54] Vgl. *Cessi,* Maggior Consiglio 2 (Liber officiorum), wo die Dienstanweisungen (capitula) der Behörden verzeichnet sind.

[55] Die Consilia pertinentia ambaxatoribus bei *Cessi,* Maggior Consiglio 2, S. 101 ff. Die Nennungen der Botschafter Venedigs sind bei Dandulo, da Canal und der Chronik Giustinian häufig. Zum Gesandtschaftswesen vgl. *D. E. Queller,* The Office of Ambassador in the Middle Ages, Princeton 1967.

[56] Für das 13. Jahrhundert finden sich zahlreiche Namen bei Andreae Danduli Chronica (ed. *Pastorello*) RIS 12, passim, und Venetiarum Historia (ed. *Cessi/Bennato*).

2. Nobiles und Populares Veteres

Die Machtstellung Venedigs im Mittelmeerraum und die damit verbundenen politischen Aktivitäten brachten es mit sich, daß es nicht mehr möglich war, ausschließlich mit dem Personenkreis, der bisher allein die Politik bestimmte, weiterzuregieren. Durch die Erweiterung der Interessensphäre Venedigs im Südosten trat eine Entwicklung hinzu, die dieses Problem noch verschärfte. Eine Reihe der vornehmsten Familien, aber auch einige neue Geschlechter, nutzten die Wirren nach dem Fall Konstantinopels, um sich in der Ägäis weitere Herrschaften zu schaffen.

An erster Stelle ist hier der Schwiegersohn des Dogen Henricus Dandulo, Marcus Sanudo, zu nennen, der sich als Herzog auf Naxos festsetzte[57]. Neben ihm sind Marinus Dandulo als Herr von Andros[58], die Familie Ghisi als Beherrscherin von Tinos, Mykonos und den Sporaden[59], sowie die Familie Navazoso in Lemnos zu erwähnen[60]. Auf Korfu suchte Venedig 1207 Venezianer als Lehensleute einzusetzen: Angelus Acotanto, Petrus Michiel, Stephanus Foscarini, Gibertus Querini, Octavianus Fermo, Iacobus Seio, Marinus Caput in Collo, Iucalinus Stanier, Simeon Bon, Iohannes de Ato[61]. Allerdings ging der Besitz bald wieder verloren. Alle diese Personen verlagerten einen Teil ihrer Interessen von Venedig weg in die Ägäis, mochten sie auch noch Mitglieder der Familie zu Hause haben. Die Oberschicht von Rialto wurde jedenfalls durch diese Herrschaftsgründungen geschwächt.

---

[57] Zu Sanudo vgl. die bis heute grundlegende Studie von *J. K. Folkeringham*, Marco Sanudo, Conqueror of the Arcipelago, Oxford 1915. Einen Überblick über die venezianischen Feudalherren gibt *G. T. Dennis*, Problemi concernenti i rapporti tra Venezia e i suoi domini diretti e le signorie feudali nelle isole greche, in: *Pertusi* (Hg.), Venezia e il Levante fino al secolo XV, 1/1, S. 219–235. Die Forschungen von *Ch. Hopf*, Veneto byzantinische Analekten, SB der Kais. Akad. Wiss., phil.-hist. Kl. 32/3, Wien 1859, der zahlreiche venezianische Inselherrschaften im 13. Jahrhundert annahm, sind in der modernen Forschung modifiziert worden. Auszugehen ist von dem Bericht bei Andreae Danduli Chronica (ed. *Pastorello*) RIS 12, S. 282: *plerique nobiles, ceteris sibi congregatis, Greciae opida audacter invadere statuunt, et, segregatim navigantes, Marcus Sanuto, cum suis sequacibus, insulas Nixiae, Parii, Melli et Sancti Herini adeptus est et Marinus Dandulo Andram... Similiter Andreas et Ieremias Gisio: Tinas, Micholas, Schirum, Scopulum et Schiatum. Philocalcum etiam Navigaiosus Stalimenem optinens, imperiali privilegio, imperii megaduca adeptus est.* Nur diese Herrschaften haben im 13. Jahrhundert bestanden, alle anderen, besonders aber die Herrschaft der Querini auf Stampalia, ist erst in das Spätmittelalter zu setzen: Vgl. *R.-J. Loenertz*, Byzantina et Franco Graeca 1, Roma 1970, bes. die Artikel über die Querini. Vgl. auch *Borsari*, Studi, S. 35 ff.

[58] Vgl. bes. *Loenertz*, Marino Dandolo seigneur d'Andros et son conflit avec l'évêque Jean, in: *Ders.*, Byzantina et Franco Graeca 1, S. 399–419. Die Herrschaft der Dandulo auf Andros war nicht von langer Dauer: Nach dem Tod des Marino besetzten die Ghisi die Insel, woraus ein langer Rechtsstreit entstand.

[59] Hierzu grundlegend die Studie von *Loenertz*, Les Ghisi, passim.

[60] Vgl. hierzu immer noch *Hopf*, Veneto-byzantinische Analekten, S. 134 ff.

[61] *Tafel/Thomas* 2, S. 54 Nr. 182.

Bestand diese Gruppe von Eroberern nur aus wenigen Mitgliedern der führenden Häuser, so setzte mit der Aufteilung des neuerworbenen Kreta seit dem Jahre 1211 eine Massenbewegung ein[62]. Hunderte von Lehen, unterschieden nach Lehen für Ritter oder Fußvolk, wurden an Venezianer vergeben. Wer sein Glück machen wollte, versuchte es in den Kolonien. Dies konnte nur geeignet sein, das bestehende Problem der Besetzung der hohen Ämter zu verschärfen. Als im Jahre 1211 die ersten 90 Ritterlehen vergeben wurden, zeigte es sich, daß keineswegs nur Habenichtse auswanderten. Auch der venezianische Adel war – wohl durch seine Sekundogenituren – zahlreich vertreten. Von den Familien, die um die Mitte des 13. Jahrhunderts nach den Wahllisten im Maggior Consiglio saßen (zur Einteilung dieser Familien in Gruppen vgl. Abschnitt 3 dieses Kapitels) waren vertreten:

Gruppe 1: 1 Badoer, 1 Barozzi, 1 Bellegno, 2 Contarini, 2 Dandulo, 4 Falier, 1 Giustinian, 1 Gradenigo, 1 Morosini, 1 Zane;

Gruppe 2: 1 Barbarigo, 4 da Canal, 1 Menio, 4 da Molin, 1 Viaro;

Gruppe 3: 1 Aurio, 1 Capello, 1 Cauco, 2 Duodo, 3 Grimani, 1 Longo, 1 Manolesso,
1 Mauro, 1 Mudazzo, 1 Nadal, 1 Sagredo, 3 Signolo, 1 Vigloni, 1 Zusto;

Gruppe 4: 1 Bello, 1 Bettani, 1 Bonzi, 1 Calbo, 2 Caravello, 1 Foscari, 3 Foscolo,
1 Nanni;

Gruppe 5: 1 Abramo, 1 Alberto, 1 Barastro, 1 Cavaler, 1 Cavatorta, 1 Davanzago,
1 Marin, 1 Rosso, 1 Tonisto, 1 Vidal, 1 Vido, 1 Zancarolo.

Neben diesen Geschlechtern, deren Sitz und Stimmen im Großen Rat bezeugt sind, erhalten noch 22 weitere Personen ein Ritterlehen auf Kreta. Nach den Gruppen des Großen Rats ergibt sich folgende Verteilung:[63]

Gruppe 1	15
Gruppe 2	11
Gruppe 3	19
Gruppe 4	11
Gruppe 5	12
Sonstige	22
Gesamt	90

[62] Die Lehensurkunden, die ein Verzeichnis der Lehensträger umschließen, sind gedruckt bei *Tafel/Thomas* 2, S. 129 ff. Nr. 229; ebd., S. 234 ff. Nr. 263; ebd., S. 314 Nr. 284; ebd., S. 470 ff. Nr. 322. Vgl. hierzu *Borsari*, Il dominio veneziano a Creta nel XIII secolo, S. 27 ff., und *Thiriet*, La Romanie vénitienne au Moyen Âge, S. 120 ff. Nach den Schätzungen Thiriets sind es im 13. Jahrhundert etwa 3500 Venezianer gewesen, die nach Kreta ausgewandert sind. Vgl. auch *Topping*, Co-Existence of Greeks and Latins in Frankish Morea and Venetian Crete, XVe Congrès Internationale d'études byzantines 1, Athen 1977, S. 3–23.

[63] Vgl. die Liste der Familien mit regelmäßiger Präsenz im Maggior Consiglio im 13. Jahrhundert für ihre erste politische Erwähnung.

Es kann deshalb nicht verwundern, wenn zu Beginn des 13. Jahrhunderts die Zusammensetzung der Führungsschicht weitere Verschiebungen erfährt. Der Prozeß des Aufstiegs in die Oberschicht, wie er bereits bisher stetig zu erkennen war, beschleunigt sich. Dabei sind freilich nur wenige der Namen in der venezianischen Politik völlig neu. Es sind zumeist die Familien, die im weiteren Umkreis der venezianischen Verwaltung bereits eine beschränkte Rolle spielten und die nun stärker zu den Entscheidungen und zur Herrschaftsausübung herangezogen werden. Am Staatsleben bisher unbeteiligten – also »neuen« – Familien gelang der Aufstieg selten. Als Beispiel mag die Familie der Tiepolo gelten, die in der ersten Hälfte des Jahrhunderts zu höchstem Ansehen gelangt. Bereits zu Beginn des 12. Jahrhunderts findet sich die Familie in den Zeugenlisten der Dogenurkunden, verschwindet dann nicht mehr aus dem Blickfeld der venezianischen Politik, ohne freilich in hohen politischen Ämtern Karriere zu machen[64]. Mit Iacobus Tiepolo beginnt dann der steile Aufstieg. Er war der erste venezianische Herzog von Kreta, mehrmals Podestà von Konstantinopel, Gesandter an der Kurie und Podestà von Treviso, bevor er 1229 zum Dogen von Venedig gewählt wurde[65].

Diese neuen Familien, die die nicht gleichzeitige venezianische Chronistik als *populares veteres (antiqui, antiquiores)* bezeichnet, verschmelzen bis zur Jahrhundertmitte mit den alten Geschlechtern zu einer homogenen Führungsschicht, deren Mitglieder seit der zweiten Hälfte des Jahrhunderts ohne Unterschied zu den *nobiles* gerechnet werden[66].

[64] *Merores*, Der venezianische Adel, S. 228 Anm. 2, sieht richtig, daß seit der ersten Erwähnung eines Tiepolo in der Dogenurkunde für Bari 1122 fast immer ein Tiepolo unter den Zeugen ist und daß diese Familie an Alter den Ziani wenig nachstand. Sie spielten nach Ausweis der Dogenurkunden (im Unterschied zu den Schlußfolgerungen bei Merores) politisch sehr wohl eine Rolle, wenn ihnen auch nicht der Aufstieg unter die *iudices* gelang. Bei der Wahl des Henricus Dandulo 1192 fungierte immerhin ein Laurentius Tiepolo als Wahlmann. Völlig überinterpretiert der Gegensatz zwischen dem Tiepolo und seinen Anhängern aus den *populares veteres* und den alten Adelsgeschlechtern bei *Cracco*, Società e Stato, S. 66 ff. Auch beruht die dort immer wieder vorgenommene Einteilung der Geschlechter auf Unkenntnis der Urkunden vor dem Jahr 1141. So rechnet er die Foscari, Großgrundbesitzer des 11. Jahrhunderts, zu den Popolaren!

[65] Vgl. *Kretschmayr*, Geschichte 2, S. 35.

[66] Vgl. *Merores*, Der große Rat, S. 61: »Diese Verschmelzung von nobilis vir und antiquus popularis ist, wie ich glaube, die wichtigste Tatsache der Sozialgeschichte Venedigs im 13. Jahrhundert.« Zu dieser Entwicklung, jedoch mit zu starker Betonung des Gegensatzes, *Cracco*, Società e Stato, S. 66 ff. Cracco geht zu sehr von den Analogien in Oberitalien aus, die auf Venedig nur sehr bedingt anwendbar sind. Ein sehr wichtiges Dokument für die Unterscheidung von nobilis und popularis ist die Ausgabe der Lehen auf Kreta im Jahr 1211, da hier die Struktur der venezianischen Bevölkerung auf die feudale Welt übertragen wird (*Tafel/Thomas* 2, S. 129 ff. Nr. 229). Dennoch ist die Gleichung Ritterlehen – Adel und Sergeantenlehen – Popularis nur sehr bedingt anzuwenden, auch wenn dies die venezianische Chronistik des Spätmittelalters bedenkenlos tat: Lorenzo de Monacis, S. 153: *mittuntur in Cretam viri nobiles ac populares, equites peditesque*. Teilweise haben alte Familien wie die Foscari, im 11. Jahrhundert reiche Grundbesitzer auf dem venezianischen Festland mit Beziehungen zur Dogenfamilie Candiano, nur ein Sergeantenlehen. Daß aber ein gewisser Unterschied bestand, zeigt die Urkunde selbst: Die Familie Zusto hatte zunächst nur ein Sergeantenlehen erhalten, doch setzte man in der Liste hinzu: *Marinus autem Iusto est miles*.

Dabei ist nur bei der Dogenwahl des Jahres 1229, als sich Marinus Dandulo und Iacobus Tiepolo in einem Patt der vierzig Wahlmänner als Kandidaten gegenüberstanden, der Ansatz einer Konfrontation zwischen beiden Gruppen erkennbar. Daß sich jedoch die alten Familien ohne erkennbaren Widerstand dem Losentscheid gebeugt haben, der zugunsten des Kandidaten Tiepolo ausfiel, ist bestimmend für die Lage der venezianischen Gesellschaft im 13. Jahrhundert[67]. Der Aufstieg neuer Familien vollzog sich durch Assimilation, ohne Parteikämpfe.

In der Terminologie des Chronisten Martin da Canal wird die Veränderung deutlich, sie verrät die Grundlage seiner Anschauung: *Noble* ist für ihn die Stadt Venedig selbst, *noble* sind daher auch die Amtsträger dieser Stadt, und somit kommt dieses Attribut auch all jenen zu, die nach dem Herkommen diese Würden besetzen. Einen Unterschied kennt der Chronist wohl am Beginn des Jahrhunderts, als er *noble* und *prudhomme du peuple* unterscheidet, seit der Mitte des 13. Jahrhunderts ist dieser Gegensatz verschwunden. Nur mehr einige wenige Popolaren treten hervor, die im zweiten Genuakrieg als Truppenkommandanten Hervorragendes leisten. Ihnen steht die *noblesse* des venezianischen Amtsadels geschlossen gegenüber[68].

Jene Auseinandersetzung zwischen Adel und Popularen, die die Innenpolitik anderer oberitalienischer Kommunen in der ersten Hälfte des 13. Jahrhunderts bestimmte und teilweise auch deren Handlungsfähigkeit nach außen begrenzte, ist Venedig damit erspart geblieben[69]. Kaufmannschaft und alle anderen Vertreter jener Gruppen, die man in den italienischen Städten den *popolo grasso* genannt hat, erreichten in Venedig ohne größeren Widerstand die Verschmelzung mit der adligen Führungsschicht, soweit sie nicht einem zünftischen Gewerbe nachgingen. Dies konnte geschehen, weil die Folgen der Eroberung Konstantinopels für die Ambitionen aller Platz ließ.

[67] Vgl. Anm. 148.

[68] Vgl. *Lane*, The Enlargement of the Great Council, S. 238 und S. 261 Anm. 2.

[69] Vgl. als Überblick *J. Larner*, Italy in the Age of Dante and Petrarch 1216–1380, London-New York 1980, S. 106 ff.; *J. K. Hyde*, Contemporary Views on Faction and Civil Strife in Thirteenth and Fourteenth Century Italy, in: *L. Martines* (Hg.), Violence and Civil Disorder in Italian Cities 1200–1500, Berkeley–Los Angeles–London 1972, S. 273–307; *R. Brentano*, Violence, Disorder and Order in Thirteenth Century Rome, ebd., S. 308–330; *L. Martines*, Political Violence in the Thirteenth Century, ebd., S. 331–353.

3. Die Zusammensetzung des Großen Rats 1261–1282

Für die Betrachtung der venezianischen Adelsschicht und ihrer Zusammensetzung nach der Verschmelzung der beiden Gruppen kann man die Mitgliederlisten des Großen Rats heranziehen, wie sie sich für die Jahre zwischen 1261 und 1282 erhalten haben[70]. Sie geben Auskunft über das neue Gesicht der Führungsschicht. Zunächst zeigt ein Vergleich des hier enthaltenen Namensmaterials mit den Listen der Origo, in welch starkem Maß sich vom 10. bis zum 13. Jahrhundert die Zusammensetzung des venezianischen Adels geändert hatte. Von den Namen der Frühzeit finden sich nur vierundzwanzig noch im Maggior Consiglio des 13. Jahrhunderts vertreten. Alle anderen müssen als ausgestorbene Geschlechter gelten, an deren Stelle zahlreiche neue Familien getreten sind.

Dies macht aber auch deutlich, daß die Origo, wie sie im 13. Jahrhundert in Venedig tradiert worden ist, nicht als aktuelles Adelsverzeichnis angesehen werden konnte. Wo das älteste Adelsverzeichnis nur wenige Namen der regierenden Geschlechter enthält, kann das Alter einer Familie allein für das Ansehen nicht wesentlich sein. Die »Venetiarum Historia« aus der Mitte des 14. Jahrhunderts gibt einen deutlichen Hinweis auf Familien, die unter den Geschlechtern als herausragend angesehen wurden[71]. Die vierundzwanzig Namen sind dabei sicher aus einer früheren Quelle übernommen, zählen doch die um die Mitte des 13. Jahrhunderts in der vornehmen Hauptlinie ausgestorbenen Ziani auch noch dazu. Zudem sind sämtliche Dogengeschlechter dieses Jahrhunderts hier vertreten. Aus dem Gesagten wird deutlich, daß sich die Angaben des Chronisten aus dem 14. Jahrhundert auf die Verhältnisse des 13. Jahrhunderts beziehen. Die Aussage über die Zusammensetzung dieser von den übrigen als besonders vornehm angesehenen Gruppe hat also auch für das 13. Jahrhundert Geltung.

Bei den übrigen Namen wird sich ein wichtiges Kriterium zur Unterscheidung des politischen Gewichts daraus ergeben, wie oft und mit welcher Regelmäßigkeit ihre Träger einen Sitz im Großen Rat innehatten. Wenn eine Familie politisches Gewicht besaß, so war sie sicherlich regelmäßig im wichtigsten Abstimmungsgremium vertreten, dessen über vierhundert Mitglieder an der Seite des Dogen den Staat Venedig repräsentierten. Nach der Zahl der Ratssitze lassen sich so neben den vornehmsten Geschlechtern (Gruppe 1) vier weitere Kategorien von Familien im Maggior Consiglio unterscheiden:

[70] *Cessi*, Maggior Consiglio 1, S. 269 ff.
[71] Venetiarum Historia (ed. *Cessi/Bennato*) S. 276: *Hec sunt dudecim nobiliorum proles Venetiarum, que de XII tribu certissime noscuntur: Particiaci / Badoarii, Candiani / Sanuti, Michaeles, Polani, Iustiniani, Basilii, Faletri, Gradici / Gradonici, Delphyni, Mauroceni, Contareni, Coronarii / Cornarii, Danduli. Hec sunt infrascripte proles que in nobilitate sequuntur stirpes XII superius memoratas: Ciani, Georgii, Iani, Bembi, Geni, Quirini, Barocii, Memi, Beligni, Gaulli, Teupuli, Superantii.* Die Einleitung der Geschlechter geht wohl auf die Traditionen des 13. Jahrhunderts zurück, anders ist die Nennung der um die Mitte des 13. Jahrhunderts in der Hauptlinie ausgestorbenen Ziani nicht zu erklären. Auf der anderen Seite sind dies bis auf zwei Ausnahmen jene Familien, die im 15. Jahrhundert als case vecchie angesehen wurden: Für die Familie Bellegno wird die Familie Bragadin eingesetzt, für die Ziani die Salomon. Vgl. *Kretschmayr*, Geschichte 2, S. 653.

deren Mitglieder mit erhöhter Präsenz vertreten sind (Gruppe 2), die regelmäßig Sitz haben (Gruppe 3), die nur unregelmäßig berufen werden (Gruppe 4) und schließlich ein Kreis von Familien, deren Teilnahme am Rat nur sporadisch zugelassen wird (Gruppe 5). Dabei gilt folgende Einteilung:

Gruppe 2: stetige Wahl, im Durchschnitt mehr als drei Mitglieder einer Familie.

Gruppe 3: Mindestens 9 Jahre im Maggior Consiglio.

Gruppe 4: Mindestens 4–8 Jahre im Maggior Consiglio.

Gruppe 5: Weniger als vier Jahre im Maggior Consiglio[72].

Diese Methode zur Unterscheidung der Stärke einzelner Familien enthält Unsicherheiten, deren Gewicht allerdings durch die Resultate der Untersuchung gemildert wird. So wird bei Geschlechtern, die zeitweise über nur wenige geschäftsfähige, männliche Vertreter verfügten, die seltenere Wahl in den Rat ein falsches Bild zeichnen und über ihren tatsächlichen Einfluß täuschen. Gleichzeitig ist es nicht möglich, die einzelnen Zweige einer Adelsfamilie zu unterscheiden. Dies entspricht jedoch auch der venezianischen Verwaltungspraxis: Wurde über eine Person abgestimmt, mußten alle Inhaber dieses Namens den Raum verlassen[73]. Zudem ist das Denken des venezianischen Adels auf den Familienverband ausgerichtet: Man ist Mitglied der Ca'Morosini, der Ca'Dandulo, der Ca'Tiepolo. Dagegen treten die rami an Bedeutung zurück[74].

Vergleicht man nun die Namen nach den auf diese Weise gewonnenen Gruppen, so erweist es sich, daß sehr wohl das Alter einer Familie mitbestimmend für ihr Ansehen war. Die vierundzwanzig ersten Familien, auch die erst im 13. Jahrhundert in die engere Führung aufgestiegenen Tiepolo, sind sämtlich bereits vor der Errichtung des *comune Venetiarum* in den Zeugenlisten der Dogenurkunden nachweisbar. Auch in den beiden folgenden und sogar noch in Gruppe vier ist dies die Regel; allein jene Familien, die nur sporadisch in den Rat gewählt werden, sind in ihrer Mehrzahl Aufsteiger des 13. Jahrhunderts gewesen. Die Kontinuität von den Zeugenlisten der Dogenurkunden des 11. Jahrhunderts zur Ratsfähigkeit des 13. Jahrhunderts ist beachtlich.

[72] Die in späteren Zeiten feststellbare Unterscheidung gleichnamiger Familien, deren eine adlig, die andere aber nicht adlig ist, greift im 13. Jahrhundert noch nicht.

[73] Cessi, Maggior Consiglio 2, S. 26 Nr. 29: *Millesimo ducentesimo sexagesimo primo, indictione quarta, die tercio exeunte octubri. Pars fuit capta quod, sicut propinqui illorum, qui habent facere aliquid coram domino Duce et Consilio exeunt de Consiliis Maiori et Rogatorum et XL, sic exire debeant de Parvo Consilio, quando habebunt propinqui eorum aliquid petere«.* Daß hierbei in der Regel nach dem Namen verfahren wird, vgl. den Beschluß von 1284 Aug. 8: Cessi, Maggior Consiglio 3, S. 78 Nr. 107: *Cum Menegellus Dolfino dicatur de Ca Dolfino, set est da Ca Viviano, capta fuit pars quod videtur, quod illi de Ca Dolfino non debeant exire de Consilio pro eo.* – Merores, Der große Rat, S. 64 mit Anm. 41, die nur eine Kopie der Originalregister in Händen hatte, meinte aus der dort unterschiedenen Familie Dolfin und Delfin zwei verschiedene Geschlechter machen zu müssen, was jedoch ausweislich der Register des Originals nicht der Fall ist. Wie es zur Umbenennung gekommen ist, die vielleicht durch eine Heirat zustande kam und sicherlich nur einen Einzelfall in der streng agnatischen Ordnung mittelalterlicher Stadtadelsgeschlechter darstellt (vgl. *Heers*, Le clan familial, S. 107), kann nur spekuliert werden.

[74] Vgl. *Heers*, Le clan familial, passim; *Molmenti*, La storia di Venezia nella vita privata 1, S. 435; *Kretschmayr*, Geschichte 2, S. 79.

Die erste Erwähnung der Familien mit regelmäßiger Präsenz im Maggior Consiglio des 13. Jahrhunderts (Gruppe 1–3) in politischem Zusammenhang

	vor 1143	1143– 1204	13. Jahrh.
Gruppe 1	24	–	–
Gruppe 2	15	4	1
Gruppe 3	39	14	11
Gesamt	78	18	12

Die Präsenz venezianischer Familien im Maggior Consiglio im 13. Jahrhundert: Die vornehmsten Geschlechter (Gruppe 1)

Familien	61/2	64/5	65/6	66/7	67/8	68/9	69/70	70/1	75/6	76/7	78/9	80/1	81/2
Badoer	9	7	8	9	9	8	7	10	10	7	7	11	9
Barozzi	9	6	8	4	3	2	1	2	8	6	6	5	7
Baseggio	11	7	8	9	11	10	5	8	7	7	6	8	4
Bellegno	6	2	4	6	6	6	8	4	7	4	3	3	2
Bembo	–	2	2	3	3	3	1	2	2	1	2	3	2
Contarini	21	15	18	20	23	22	24	25	27	24	27	26	12
Corner	6	6	5	6	11	5	6	8	11	4	6	3	4
Dandulo	20	16	19	21	26	16	20	26	19	17	13	14	12
Dolfin	8	3	4	7	10	6	13	6	11	9	11	7	5
Falier	12	7	11	7	9	6	9	12	6	7	8	7	8
Giustinian	6	4	5	4	10	7	5	7	7	6	8	4	2
Gradenigo	10	7	9	9	6	10	13	10	10	9	5	6	6
Memo	1	2	1	2	4	3	3	3	1	2	1	2	2
Michiel	11	4	11	12	17	6	11	9	10	8	7	10	12
Morosini	18	13	20	15	16	12	14	19	16	16	12	8	13
Polani	5	4	6	7	7	5	6	3	4	1	4	4	–
Querini	20	13	14	11	13	16	16	10	20	18	14	17	18
Sanudo	3	2	1	1	3	3	3	3	2	3	4	2	4
Soranzo	2	4	7	7	11	6	4	9	7	3	5	7	9
Tiepolo	3	4	4	6	6	6	6	7	9	7	6	4	4
Zane	9	4	13	12	7	8	13	10	11	13	6	6	6
Zen	7	1	5	7	6	9	10	8	6	6	6	8	7
Ziani	1	1	1	1	1	1	–	–	–	–	–	–	–
Zorzi	8	3	5	5	9	9	7	9	10	9	8	2	7

Die Präsenz venezianischer Familien im Maggior Consiglio im 13. Jahrhundert:
Familien mit hoher Präsenz (Gruppe 2)

Familien	61/2	64/5	65/6	66/7	67/8	68/9	69/70	70/1	75/6	76/7	78/9	80/1	81/2
Barbarigo	8	5	7	7	6	6	9	7	6	7	3	6	10
Barbo	4	2	1	3	4	3	8	2	7	3	4	5	3
Boldù	3	2	2	2	3	3	4	2	6	4	6	5	15
Bon	2	2	3	3	6	1	2	4	7	4	6	2	2
da Canal	10	6	13	15	9	7	10	14	12	11	9	14	8
Dauro	5	4	2	2	3	4	4	4	4	2	4	1	3
Donà	2	5	9	4	8	6	7	4	5	4	4	3	4
Ferro	3	1	1	2	4	3	6	4	4	3	3	2	3
Foscarini	7	4	3	8	9	6	8	10	6	5	3	9	6
Ghisi	6	3	7	3	6	5	2	2	9	4	3	6	7
Menio	3	3	5	7	5	7	6	7	7	4	6	9	6
Mocenigo	7	3	2	3	5	4	3	5	3	3	3	4	1
da Molin	10	5	12	14	11	8	13	7	13	13	15	12	12
Permarin	1	1	4	4	3	2	7	5	3	3	6	4	3
Storlato	4	3	3	5	5	6	6	5	5	3	2	1	1
Trevisan	4	4	5	5	4	4	4	10	7	6	4	3	4
Venier	10	9	12	8	11	12	12	11	7	10	8	10	10
Viaro	3	2	4	4	3	3	5	4	3	5	4	3	2
Vitturi	1	2	2	4	5	5	4	5	5	2	4	4	4

Die Präsenz venezianischer Familien im Maggior Consiglio im 13. Jahrhundert:
Familien mit regelmäßiger Präsenz (Gruppe 3)

Familien	61/2	64/5	65/6	66/7	67/8	68/9	69/70	70/1	75/6	76/7	78/9	80/1	81/2
Acotanto	2	–	2	2	1	1	1	–	3	–	1	3	2
Agadi	1	1	3	2	2	1	3	4	2	3	–	3	2
Alduino	1	–	1	1	1	1	1	2	1	1	1	–	–
Arimundo	1	–	1	1	–	–	1	2	1	–	2	1	1
Aurio	1	2	3	–	1	5	2	4	2	2	4	5	4
Babilonio	3	2	4	5	4	2	2	2	4	2	–	2	–
Barbeta	–	–	1	2	1	2	1	–	1	1	1	–	1
Bocasso	1	1	1	4	–	1	1	1	3	1	2	5	3
Bragadin	3	–	4	4	4	4	5	3	3	2	1	1	–
Capello	1	1	4	2	3	3	3	3	2	1	1	1	1
Caraciacanevo	4	2	2	4	5	4	4	3	1	2	1	1	1
Caroso	–	–	–	1	1	1	1	1	1	1	3	2	2
Cauco	–	–	1	2	–	2	1	2	2	–	2	2	3
Constantino	–	2	–	1	1	1	2	1	1	1	2	2	1
Cupo	–	1	1	1	1	–	1	–	2	2	1	1	–
Duodo	2	1	2	1	4	4	3	2	4	1	1	4	1
de Equilo	1	–	1	–	1	3	2	2	2	1	2	1	4
della Fontana	1	1	2	1	2	–	1	1	1	2	2	3	1
Gabriel	1	2	1	1	1	1	2	–	–	3	1	3	2
Gausoni	–	1	2	4	2	2	3	2	3	2	2	2	4
Grillioni	–	1	–	–	1	2	2	1	2	1	1	1	5
Grimani	2	2	3	1	4	3	3	4	6	1	4	3	2
Grisoni	2	1	3	4	5	3	3	2	3	2	2	–	–
Istrigo	1	3	2	5	3	5	4	6	3	4	1	–	–
Leucari	–	1	1	2	2	2	3	1	2	–	1	1	1
Longo	1	1	–	1	2	1	–	2	1	3	2	2	–
Loredan	1	1	1	2	1	2	2	4	3	1	4	1	3
Lugnago	–	1	1	1	1	–	1	1	2	–	2	1	–
Maciamano	–	2	2	1	1	1	2	2	6	2	2	5	2
Malipiero	5	–	5	2	1	4	3	2	4	3	2	4	3
Manolesso	3	2	3	3	2	3	1	–	4	5	5	2	1
Marignoni	6	3	4	2	3	3	3	3	1	–	2	2	–
Mauro	–	1	–	1	2	2	2	1	3	1	4	–	1
Mengulo	2	1	1	–	1	2	1	2	1	4	2	1	–
Miglani	2	3	6	4	3	2	3	3	2	1	2	1	2
da Mosto	–	1	3	1	3	2	2	2	3	1	4	2	5
Mudazzo	1	–	3	2	2	1	3	1	2	–	–	2	1
da Mugla	2	1	2	2	3	2	1	3	2	3	1	–	1

Familien	61/2	64/5	65/6	66/7	67/8	68/9	69/70	70/1	75/6	76/7	78/9	80/1	81/2
Nadal	1	–	1	1	2	1	3	–	2	2	2	3	2
Navaglaro	2	1	1	2	4	–	2	1	3	2	1	1	1
Navazoso	1	3	–	2	1	1	1	1	1	3	2	2	–
Paradiso	1	1	2	2	1	1	3	3	1	1	2	2	2
Pasqualigo	1	1	1	1	1	1	2	–	1	1	1	1	1
Pepo	1	1	1	1	1	–	1	–	1	1	1	1	–
Pino	1	–	1	1	–	1	1	–	1	1	1	1	1
Priuli	1	2	1	2	1	2	1	1	2	2	1	1	3
Raguseo	1	1	–	1	1	1	1	2	1	1	1	–	–
Sagredo	2	1	2	2	1	–	2	2	3	3	3	3	4
Salomon	3	1	2	3	–	1	1	–	1	1	–	1	1
della Scala	2	1	1	3	3	2	3	3	4	3	1	–	3
Signolo	2	2	2	2	4	2	3	2	1	1	5	2	3
Stanier	1	1	2	1	1	1	2	–	2	2	–	1	1
Sten	1	1	1	1	4	3	2	4	7	3	1	3	2
Susenullo	1	2	4	2	4	3	5	4	3	3	3	2	1
Tanoligo	1	1	1	4	3	1	3	1	5	1	1	1	–
Tron	1	–	3	4	3	2	2	4	3	3	3	5	4
Valaresso	1	1	–	1	2	2	3	2	3	2	1	1	1
Veio	1	1	2	1	1	1	1	3	–	1	1	–	4
Viglari	–	–	1	–	1	1	1	–	1	–	2	1	2
Vigloni	2	1	1	1	1	1	1	1	–	–	1	1	–
Zantani	1	1	1	1	1	1	2	–	2	2	1	1	1
Zivran	–	2	3	3	1	–	3	3	2	2	2	2	1
Zulian	2	2	2	2	1	2	2	4	4	2	1	1	2
Zusto	2	3	5	2	2	3	2	4	–	3	2	1	1

Familien	61/2	64/5	65/6	66/7	67/8	68/9	69/70	70/1	75/6	76/7	78/9	80/1	81/2
Antolino	–	–	–	–	–	1	2	–	1	2	–	–	1
Ardizon	1	–	–	1	–	1	–	1	1	2	1	1	–
d'Arpo	2	1	1	1	–	–	–	–	1	–	–	1	1
Aventurato	–	–	–	–	–	–	–	–	1	–	1	1	1
Baffo	–	1	–	1	–	1	–	1	–	2	3	1	2
Barbamazzolo	–	2	–	–	2	1	1	1	2	2	–	1	1
Barbaro	–	–	–	–	–	–	–	–	1	1	1	1	–
Bello	–	–	–	1	1	1	–	1	1	1	1	1	–
Bettani	–	–	–	1	1	–	1	1	–	–	–	1	2
Bobizo	–	–	1	1	–	1	–	–	–	1	–	–	–
Bonzi	–	1	2	–	1	–	1	1	–	–	2	–	1
Braciolano	3	1	2	2	1	–	–	–	2	1	–	1	–
Calbo	–	–	–	1	–	–	–	1	1	–	–	2	1
Campulo	1	1	2	2	–	1	1	1	1	–	–	–	–
Caravello	1	1	1	–	–	–	–	1	1	1	–	2	–
Casolo	2	2	1	–	3	2	1	–	2	–	–	–	–
Celso	2	–	2	1	–	2	1	2	2	–	–	–	2
Correr	–	1	2	1	1	1	3	2	2	–	–	–	–
Damiano	1	2	1	–	1	1	–	–	–	1	2	–	–
da Fano	–	–	1	–	–	–	–	1	1	–	2	2	1
Firiolo	–	–	–	1	–	–	–	–	1	1	–	1	1
Foscari	–	2	–	–	–	–	1	–	1	–	–	–	1
Foscolo	1	1	–	1	–	1	–	–	–	1	–	–	1
Gamberino	–	–	–	–	–	–	–	–	1	1	1	1	–
Gritti	1	1	–	–	–	–	–	–	–	–	–	1	2
de Laurentio	–	–	1	1	–	1	–	1	1	–	2	1	2
Malaza	1	–	–	–	1	–	–	–	1	2	1	–	–
Marconi	1	–	1	–	1	–	1	–	2	–	–	–	–
Massulo	–	1	1	1	–	–	–	–	–	–	–	–	2
Megano	1	–	1	–	–	–	–	–	1	2	–	–	–
Minotto	–	2	3	2	1	–	3	1	2	–	–	–	–
Mussolino	–	–	–	–	–	–	–	–	1	1	1	1	–
Nanni	1	–	1	1	1	1	–	–	–	–	–	2	3
Picemano	1	–	–	–	–	1	–	–	–	–	1	1	1
Ruzzini	–	–	–	1	–	1	–	1	1	1	1	–	–
Saponario	1	–	–	1	–	–	1	–	1	2	1	2	2
Sucugullo	–	–	–	2	2	–	2	–	3	–	2	4	4
Totulo	3	2	1	1	1	2	1	2	–	–	–	–	–
Vasallo	–	–	1	1	–	–	–	–	1	1	–	–	–
Vasano	–	1	–	–	1	2	1	1	–	–	1	–	–
Vendelin	–	–	–	1	1	1	–	–	1	–	1	1	–
Vidoro	–	–	–	1	1	–	1	–	–	1	–	–	–
Zanasi	1	–	2	2	1	1	1	–	–	–	–	–	1
Zorzani	–	1	2	2	1	–	1	–	–	–	–	–	1

Die Präsenz venezianischer Familien im Maggior Consiglio im 13. Jahrhundert: Familien mit schwacher Präsenz (Gruppe 5)

Abramo	61/2	Gradebono	75/76
Alberto	69/70, 76/77	Guido	64/65
Albino	66/67, 68/69, 69/70	Lanfranchi	76/77
Albizo	78/79, 80/81	da Lecce	78/79, 80/81
Amizo	78/79, 80/81 (3)	Lombardo	70/71, 80/81, 81/82
Aymo	66/67, 69/70 (2), 76/77 (3)	Maestrorso	64/65, 76/77 (2), 81/82 (2)
Barastro	78/79 (2), 80/81, 81/82 (3)	Magno	64/65
Barbani	61/62, 78/79, 80/81	Marin	80/81, 81/82
Barbato	66/67	Martinacio	67/68, 68/69
Basadonna	76/77, 80/81, 81/82	de Mes	64/65, 66/67, 75/76 (2)
Beletto	75/76	Nicola	67/68 (2), 75/76, 78/79
Benedicto	69/70, 75/76 (2), 76/77 (2)	Orseolo	61/62
Biacqua	78/79	de Pesaro	80/81, 81/82
Bollani	64/65, 67/68, 80/81, 81/82	Pinzaca	70/71
Bondimier	75/76	Pisani	80/81
Bordone	78/79	da Ponte	61/62, 66/67
Bragalesso	68/69	Quintavalle	80/81, 81/82
Bredani	68/69	Romano	66/67
Brizzi	75/76	Rosso	61/62, 69/70
Brugloso	75/76	Ruzerio	65/66
Busignago	65/66, 66/67, 81/82	Silvo	81/82
Cavaler	80/81, 82/82	Stadi	76/77
Cavatorta	76/77, 78/79	Tagliapetra	66/67, 70/71, 81/82
Cocana	61/62	Thomado	78/79
de Cologna	64/65, 70/71	Timodeo	65/66, 80/81
Cornarello	61/62	Tonisto	61/62, 64/65, 65/66
Davanzago	75,76, 76/77	Torsello	80/81
David	75/76, 78/79	Traenanti	65/66, 68/69
Denidoro	65/66	Unica	76/77
Dondi	66/67	Vesica	61/62
Dono	61/62, 64/65	Vidal	69/70, 80/81
Donzorzi	66/67, 80/81	Vido	66/67, 80/81, 81/82
Dunico	75/76m 78/79	Vilielmo	66/67, 68/69, 75/76
Encio	78/79	Volpe	75/76
Facio	61/62	Zancarolo	76/77 (2), 78/79, 80/81 (2)
Fradello	78/79, 81/82	Zanelo	70/71
della Frascada	75/76	Zanicolo	81/82
Graciadeo	70/71		

Die Präsenz venezianischer Familien im Maggior Consiglio im 13. Jahrhundert:
Die Verteilung der Sitze nach Gruppen

A. Absolute Zahlen:

	61/2	64/5	65/6	66/7	67/8	68/9	69/70	70/1	75/6	76/7	78/9	80/1	81/2
Gruppe 1	206	137	189	191	227	185	206	211	221	187	175	167	155
Gruppe 2	97	70	103	108	117	104	126	119	125	98	101	105	105
Gruppe 3	86	75	119	121	122	118	134	124	146	106	112	109	101
Gruppe 4	25	24	30	32	23	24	24	20	38	27	25	30	34
Gruppe 5	11	8	6	11	4	5	5	6	16	16	15	21	18
Gesamt	425	314	447	463	493	436	495	480	546	434	428	432	413

B. Prozentualer Anteil:

	61/2	64/5	65/6	66/7	67/8	68/9	69/70	70/1	75/6	76/7	78/9	80/1	81/2
Gruppe 1	48,5	43,6	42,3	41,3	46,0	42,4	41,6	44,0	40,5	43,1	40,9	38,7	37,5
Gruppe 2	22,8	22,3	23,0	23,3	23,7	23,9	25,5	24,7	22,9	22,6	23,6	24,3	25,4
Gruppe 3	20,2	23,9	26,6	26,1	24,8	27,0	27,0	25,8	26,7	24,4	26,2	25,2	24,5
Gruppe 4	5,9	7,6	6,8	6,9	4,7	5,5	4,9	4,2	7,0	6,2	5,8	6,9	8,2
Gruppe 5	2,6	2,6	1,3	2,4	0,8	1,2	1,0	1,3	2,9	3,7	3,5	4,9	4,4

Vergleicht man die Sitzverteilung nach Gruppen, so ergibt sich ein überraschend gleichförmiges Bild, das sich über die Jahre hinweg kaum ändert. Auf die vornehmsten Familien entfallen stets etwa 40 % der Ratssitze, auf die Gruppe derjenigen, die bevorzugt gewählt wurden, weitere gute 20 %. Vierundvierzig Familien stellen stets zwei Drittel des Großen Rats. Vierundsechzig Geschlechter, die regelmäßig im Rat zugegen sind, nehmen weitere 20 % der Sitze ein. Zwar haben die Gruppen niemals als Einheit abgestimmt, doch ergibt sich aus den Mehrheitsverhältnissen deutlich, daß gegen die großen alten Familien nicht ernsthaft regiert werden konnte. Mochten weitere Familien in den Maggior Consiglio gewählt worden sein und mögen sie so den Aufstieg in den venezianischen Adel erreicht haben, gegen die alten Geschlechter ließ sich im wichtigsten Abstimmungsorgan Venedigs, dessen Beschlüsse alle banden, keine Politik betreiben.

4. Die Besetzung der politischen Führungsämter in Venedig und das Problem der Oligarchie

Zwar hatte der Maggior Consiglio von Venedig theoretisch umfassende Kompetenz, doch war das Gremium mit seinen über vierhundert Mitgliedern bei weitem zu schwerfällig, um den Ablauf der täglichen Politik zu bestimmen. Kleinere Ratsgremien des Dogen und besonders auch die hohen Regierungsbeamten in der Romania und Levante, deren Aktionen von der Heimat nur unzureichend kontrolliert werden konnten, hatten für die eigentliche Politik Venedigs entscheidendes Gewicht. Bei der Besetzung dieser einflußreichen Schlüsselpositionen stellt sich deshalb auch das Problem der Oligarchie in seiner vollen Tragweite[75]: »…in ogni Repubblica benché larga, in ogni stato benché popolare, rare volte è che più di cinquanta cittadini sagliano a'gradi del comandare in un tempo medesimo. Né antichamente in Atene o in Roma, né al presente o in Venezia o in Lucca, sono molti cittadini che governino lo stato, benché si reggano queste terre sotto il nome di repubblica«, bemerkt Claudio Tolomei im 16. Jahrhundert[76].

Wie sich das Problem der Ämterbesetzungen in Venedig im 13. Jahrhundert darstellt, soll im folgenden an ausgewählten Beispielen dargelegt werden. Dabei ergibt sich von selbst eine Konzentration auf die höchsten venezianischen Staatsämter, da in der Regel für sie allein das Quellenmaterial ausreichend ist, um eine statistische Untersuchung zu ermöglichen.

Die Mitglieder des Kleinen Rats (1204–1297)

Das wichtigste aller politischen Gremien war im 13. Jahrhundert der Kleine Rat des Dogen, dessen sechs Mitglieder aus den sechs verschiedenen sestieri der Stadt Venedig gewählt wurden. Ihnen fiel die Aufgabe zu, die Macht des Dogen zu beschränken: Ohne ihre Zustimmung konnte er keinen Beschluß fassen, alle weitreichenden Entscheidungen mußten diesem zahlenmäßig beschränkten Gremium vorgelegt werden. Nur grundsätzliche Fragen oder Probleme, in denen der Doge und sein Rat uneinig waren, sollten dem Maggior Consiglio vorgetragen werden. Traten die drei Häupter (Capi) des Rats der Vierzig hinzu, so wurde das Gremium bald als Signorie bezeichnet. Hier wurden die wichtigsten politischen Beschlüsse gefaßt, so daß die Zusammensetzung des Kleinen Rats für die Politik weit entscheidender war als der Große Rat. Im 13. Jahrhundert verteilten sich die Ratssitze auf die Gruppen des venezianischen Adels wie folgt:

---

[75] Zur Diskussion über diese Frage in der venezianischen Geschichte, die bisher jedoch vor allem an spätmittelalterlichen Quellen geführt wurde, vgl. S. *Chojnacki*, In Search of the Venetian Patriciate: Families and Factions in the Fourteenth Century, in: J. R. *Hale* (Hg.), Renaissance Venice, London 1973, S. 43–90; J. C. *Hocquet*, Oligarchie et Patriciat à Venise, Studi Veneziani 17–18 (1975/76) S. 401–410. Zu dem Problem, wie es sich allgemein in der Geschichte der italienischen Stadtstaaten stellte, vgl. S. *Bertelli*, Il potere oligarchico nello stato-città medievale, Firenze 1978.

[76] Delle lettere di Messer Claudio Tolomei, Venezia Giolito, 1547, f. 144'–145.

Gruppe 1	163
Gruppe 2	72
Gruppe 3	58
Gruppe 4	12
Gruppe 5	5
Sonstige	3
Gesamt	314

Die Zahlen lassen den Schluß zu, daß im Vergleich mit der Wahl in den Großen Rat hier die Konzentration der Macht in den Händen der ersten Familien weiter fortgeschritten ist[77]. Zwei Drittel aller Consiglieri kommen aus den Reihen der vornehmsten Geschlechter und derer, die mit besonders hohen Mitgliederzahlen im Maggior Consiglio vertreten sind. Wie der Doge stets ein Vertreter der angesehensten Geschlechter war, so war auch sein Rat einheitlich mit Vertretern besetzt, die aus den herausragendsten Adelssippen stammten.

Der Podestà von Konstantinopel (Potestas Romaniae) 1205–1261

Unter den hohen Beamten Venedigs hatte im 13. Jahrhundert der Podestà von Konstantinopel besondere Bedeutung. Es war seine Aufgabe, Venedig im lateinischen Kaiserreich zu vertreten. Den ersten Podestà, Marinus Zen, hatten die Venezianer 1205 nach dem Tod des Dogen Henricus Dandulo in Konstantinopel gewählt. Er agierte zunächst sogar wie ein selbständiger Herrscher, ehe es dem neuen Dogen Petrus Ziani gelang, ihn zur Anerkennung der Vorrechte des venezianischen Staatsoberhaupts zu bewegen[78]. Die Stellung des obersten venezianischen Beamten in Konstantinopel war schwierig und verantwortungsvoll, fiel ihm doch wegen des Verfalls der Macht des fränkischen Kaisertums die Rolle der einzigen politischen Kraft zu, die den Niedergang aufhalten konnte. So kann es nicht verwundern, wenn Venedig seine erfahrensten Politiker an den Bosporus sandte:

Gruppe 1	15
Gruppe 2	1
Gruppe 3	–
Gruppe 4	–
Gruppe 5	–
Sonstige	–
Gesamt	16

[77] Vgl. die Liste der Amtsträger im Anhang.
[78] Vgl. *Kretschmayr*, Geschichte 2, S. 7.

Es zeigt sich, daß die venezianische Führungsposition in Konstantinopel ausschließlich mit Personen aus einem kleinen Kreis adliger Familien besetzt wurde[79].

Der Dux Cretae (1208/1209–1297)

Nachdem Venedig die Insel Kreta von Bonifaz von Montferrat, dem sie nach der Teilung des Reiches zunächst zufallen sollte, käuflich erworben hatte, errichtete Venedig einzig hier eine Herrschaft über ein größeres Gebiet. An der Spitze der venezianischen Regierung stand der Herzog, dessen Aufgabe im 13. Jahrhundert vor allem in der Niederschlagung von Aufständen und der Bekämpfung genuesischer Korsaren bestand. Er war nach dem Podestà von Konstantinopel der mächtigste venezianische Beamte in der Romania, der bei der Verwaltung der unruhigen Insel vor allem auch militärische Erfahrung benötigte:

Gruppe 1	33
Gruppe 2	4
Gruppe 3	2
Gruppe 4	–
Gruppe 5	1 (2)*
Sonstige	–
Gesamt	40 (41)

* Der in den Jahren 1219/20 genannte Dominicus Davanzago war möglicherweise nicht *dux*, sondern lediglich *consiliarius*.

Wie bereits bei der Besetzung der politischen Leitung in Konstantinopel, sind auch hier in weitestem Maß die vornehmsten Geschlechter berücksichtigt worden. In jedem Fall aber war der Herzog von Kreta ein Angehöriger des venezianischen Adels[80].

---

[79] Vgl. *R. L. Wolff*, A New Document from the Period of the Latin Empire of Constantinople, Annuaire de l'Institut de Philologie et d'Histoire Orientales et Slaves 12 (1952) = Mélanges Henry Grégoire 4, Brüssel 1953, S. 559 ff. Eine Liste der übrigen venezianischen Beamten in Konstantinopel ebd., S. 569 ff. Vgl. auch *Heyd*, Commerce 1, S. 287 ff.; *Kretschmayr*, Geschichte 2, S. 7 und S. 118; neuer Druck des Amtseids bei *Morozzo/Lombardo*, Nuovi documenti, S. 58 f. Nr. 52. Die Liste bei Venetiarum Historia (ed. *Cessi/Bennato*) S. 310 f. ist unvollständig.

[80] Verzeichnis der Amtsträger bei *Borsari*, Il dominio Veneziano a Creta, S. 127 ff.

Venezianische Adlige in der Tracht des 13. Jahrhunderts.
Venezia S. Marco: Porta di Sant' Alipio, 13. Jahrhundert (Detail)

Die venezianischen Baili von Negroponte Euboia (1216–1297)

Der venezianische Bailo in der Stadt Negroponte hatte im Unterschied zum Herzog von Kreta kein Land zu verwalten, seine unmittelbaren Aufgaben waren die Herrschaft über die venezianische Kolonie in der Stadt und die Sicherung der Seeroute. Daneben übte er jedoch auch eine gewisse Aufsicht über die venezianischen Lehensträger auf der Insel aus und war vor allem derjenige venezianische Beamte, der in stärkstem Maß in die Politik der fränkischen Lehensstaaten in Griechenland eingreifen konnte. Somit war auch dieses Amt für die venezianische Politik in der Romania von großer Bedeutung[81].

Gruppe 1	28
Gruppe 2	3
Gruppe 3	2
Gruppe 4	–
Gruppe 5	–
Sonstige	1
Gesamt	34

Venezianische Kastellane von Koron und Modon (1209–1297)

Auf der Peloponnesischen Halbinsel beschränkten sich die Venezianer darauf, in die beiden Küstenfestungen Koron und Modon eine starke Besatzung zu legen. Von hier aus konnte der Seeverkehr nach Konstantinopel oder nach Kreta überwacht werden. Zwei und zeitweise drei Kastellane führten die Kontingente an, die diese Lebensader der venezianischen Seefahrt bewachten[82].

Gruppe 1	65
Gruppe 2	22
Gruppe 3	13
Gruppe 4	4
Gruppe 5	3
Sonstige	5
Gesamt	112

Erstmals bei den Festungskommandanten der peloponnesischen Küstenstädte zeigt sich ein größerer Anteil anderer Familien bei der Besetzung der Kommandanturen, wobei, wie im Maggior Consiglio selbst, die großen Geschlechter dennoch in der

---

[81] Vgl. die Liste der Amtsinhaber im Anhang.

[82] Eine Liste ohne Datierung, die anhand des spärlichen Urkundenmaterials nicht überprüft werden kann, bietet Venetiarum Historia (ed. *Cessi/Bennato*) S. 312 ff.

Überzahl sind. Der Anteil jener, die nicht den ratsfähigen Familien angehören, entspricht der militärischen Aufgabe, bei der auch sonst in den venezianischen Diensten Popolaren neben den Vertretern des Adels anzutreffen sind[83].

Der venezianische Bailo von Syrien-Akkon (1192/1198–1291)

Der Bailo von Akkon war der höchste Beamte Venedigs in den Kreuzfahrerstaaten. Dieses Amt war vor allem in den beiden großen Kriegen gegen Genua und in den späten Kämpfen um das Überleben der lateinischen Herrschaft von entscheidender Bedeutung gewesen. Von den bekannten Vertretern entstammen alle denjenigen Familien, die in Venedig auch im Maggior Consiglio vertreten waren[84]:

Gruppe 1	16
Gruppe 2	2
Gruppe 3	1
Gruppe 4	1
Gruppe 5	2
Sonstige	–
Gesamt	22

Comites Arbenses (1143–1297)

Waren die oben genannten Ämter als venezianische Beamtenstellen anzusprechen, so sind die venezianischen Comitate in Dalmatien anderer Natur. Als der Doge Petrus Polani Dalmatiens Inselwelt und seine Küstenstädte unterwarf, brachte er die Comitate in Lehensabhängigkeit. Die meisten wurden mit Venezianern besetzt, im 12. Jahrhundert zumeist mit Söhnen des regierenden Dogen[85]. Da die Lehen nur auf Lebenszeit übertragen waren und auch niemals erblich wurden, sind es nur wenige Personen, die bis zum Ende des 13. Jahrhunderts als *comites* nachzuweisen sind[85a]. Im 13. Jahrhundert beginnt auch in Dalmatien die Tendenz, die Comitate als venezianische *officia* anzusehen, deren Inhaber nicht mehr auf Lebenszeit zu berufen waren. Dennoch waren die *comites* niemals Beamte im Sinne der leitenden Politiker der Romania[86]:

---

[83] Vgl. Anm. 68.

[84] Vgl. die Liste im Anhang. Einen *vicecomes* von Tyrus im Jahre 1221 nennt ASV Atti diplomatici e privati B. 2 Nr. 83 (Bartholomeus Morosini). Eine Urkunde von 1262 Juli 17 nennt einen ehemaligen Bailo von Tripolis, Nicolaus Michiel: ASV Cancelleria Inferiore B. 138.

[85] Vgl. Venetiarum Historia (ed. *Cessi/Bennato*) S. 281 ff., wo die Liste geordnet und ergänzt werden kann durch *Smičiklas*, passim.

[85a] Wurde ein *comes* aus Dalmatien zum Dogen erwählt, so gab er das Amt in Dalmatien auf.

[86] Darauf weisen die sehr unregelmäßigen und oft langjährigen Amtszeiten hin.

Gruppe 1	9
Gruppe 2	–
Gruppe 3	2
Gruppe 4	–
Gruppe 5	–
Sonstige	–
Gesamt	11

Comites von Cherso und Ossero (1145–1297)

Die Grafschaft der Inseln Cherso und Ossero an der dalmatinischen Küste konnte bis zum Ende des 13. Jahrhunderts am längsten ihren Charakter als lebenslanges Lehen bewahren[87]:

Gruppe 1	11
Gruppe 2	–
Gruppe 3	–
Gruppe 4	–
Gruppe 5	–
Sonstige	–
Gesamt	11

Comites Ragusii (1208–1297)

Seit sich Venedig in der dalmatinischen Hafenstadt festsetzen konnte, vertrat hier ein venezianischer *comes* die Interessen seiner Heimatstadt. Er führte zwar wie die anderen venezianischen Herrschaftsträger in Dalmatien den Titel eines Grafen, doch behielt Venedig bei dieser Stelle in weitem Maß den Amtscharakter bei, die Grafen von Ragusa wechselten sich in ähnlicher Weise wie die Beamten der Romania in festem Turnus ab[88]:

Gruppe 1	29
Gruppe 2	2
Gruppe 3	–
Gruppe 4	–
Gruppe 5	1
Sonstige	1
Gesamt	33

---

[87] Vgl. *F. Stefani*, I conti feudali di Cherso ed Ossero, AV 3 (1872) S. 1–15.
[88] Vgl. Venetiarum Historia (ed. *Cessi/Bennato*) S. 282 f. und *Smičiklas*, passim.

Podestaten von Capodistria (1278–1297)

Zu den benachbarten Küstenstädten der istrischen Halbinsel hatte Venedig seit langem enge politische und wirtschaftliche Beziehungen. Die Versuche der Venezianer, hier auch politischen Einfluß zu gewinnen, sind bereits im 10. Jahrhundert deutlich, doch geht der Einfluß immer wieder verloren[89]. Schon seit Beginn des 13. Jahrhunderts werden immer wieder Venezianer zu Podestaten der Küstenstädte gewählt, dazwischen ergeben sich aber auch längere Perioden kriegerischer Auseinandersetzungen. In der zweiten Hälfte des 13. Jahrhunderts unterwirft Venedig in stetigem Bemühen eine Stadt nach der anderen, deren Podestà nunmehr ein venezianischer Beamter wird. Da vor allem die Patriarchen von Aquileia und die Grafen von Görz diese Entwicklung nicht hinnehmen wollten, waren die Ämter dieser Podestaten, besonders in der Anfangszeit, wichtige Militärposten, da ihnen die Aufgabe zufiel, diesen Kleinkrieg zu führen. Unter den istrischen Städten war neben Pola Capodistria bedeutend, dessen Podestaten im 13. Jahrhundert fast ohne Ausnahme aus den vornehmsten venezianischen Familien ausgewählt wurden[90]:

Gruppe 1	17
Gruppe 2	–
Gruppe 3	1
Gruppe 4	–
Gruppe 5	–
Sonstige	–
Gesamt	18

Podestaten von Chioggia (1205/1206–1297)

Als Venedig seit dem Beginn des 13. Jahrhunderts nach und nach im Dogat die alten Gastalden als politische und juristische Führung der Ortschaften abschaffte, wurden die neu geschaffenen Podestate zu einer Pfründe des Adels der Hauptstadt. Das Quellenmaterial aus der Anfangszeit ist vor allem für die kleineren Ortschaften noch dürftig, doch lassen die erhaltenen Namen erkennen, daß man bei der Besetzung der Ämter hier in derselben Weise verfuhr wie in Chioggia. Dieser größte Ort im Südwesten des Dogats hatte besondere Bedeutung, da hier der Grundbesitz des venezianischen Adels konzentriert war. Denn hier lagen die reichen Salinen, und mit einer Eroberung dieser Stadt wäre auch ein Vorrücken über die Lidi gegen Venedig möglich gewesen[91]:

---

[89] Vgl. oben S. 116.
[90] Vgl. die Liste im Anhang.
[91] Vgl. die Liste im Anhang.

Gruppe 1	49
Gruppe 2	11
Gruppe 3	8
Gruppe 4	1
Gruppe 5	1
Sonstige	2
Gesamt	72

Dieser Überblick über die Besetzung der wichtigen Ämter im venezianischen Reich und in den Handelsstützpunkten zeigt die voll ausgebildete Oligarchie einiger Familien, die regelmäßig sämtliche entscheidenden Stellen des Staatsapparats besetzten. Andere Mitglieder des venezianischen Adels wurden nur sporadisch berufen, doch scheint ihr Einfluß bei der Besetzung der städtischen Verwaltungsämter größer gewesen zu sein, soweit die spärlichen Nachrichten eine solche Aussage erlauben. Auf einige dieser Ämter soll in anderem Zusammenhang noch eingegangen werden.

Vor diesem Hintergrund sind jedoch auch alle Versuche, in der sozialen Entwicklung Venedigs im 13. Jahrhundert den Kampf von Popolaren um die Partizipation an der Macht in den Vordergrund zu stellen, neu zu werten[92]. Nur der Familie Tiepolo gelang durch die Wahl des Iacobus zum Dogen der Aufstieg in die Schicht der vornehmsten Familien. Ansonsten hielt während des gesamten 13. Jahrhunderts ein kleiner Kreis von Familien, aus dem allein die Dogen gewählt wurden, die entscheidenden Schaltstellen der Macht im Kolonialreich der Romania, in den Handelsniederlassungen der Kreuzfahrerstaaten, in Dalmatien, in Istrien und auch in den Ortschaften des Dogats fest in der Hand. Den übrigen Familien blieben Ratssitze, kleinere Ämter in Venedig und Ämter unter den Führungspositionen in der Verwaltung in Übersee. Der politischen Macht der führenden Geschlechter konnte der Aufstieg der *popolares veteres* nicht gefährlich werden.

5. Die Entstehung einer Schicht von Berufspolitikern

Der Zwang, in einem groß gewordenen Staat zahlreiche Ämter immer wieder neu zu besetzen, gepaart mit dem Bemühen, einmal gewonnene Erfahrungen und erkannte Eignungen auch zu nützen, läßt im 13. Jahrhundert in Venedig eine Schicht von Berufspolitikern entstehen. Sie sind fast ständig – ob in Venedig, ob in Italien als gerufene Podestà – in Führungspositionen zu finden. War jemand für ein Amt gewählt worden, hatte er zudem keine Möglichkeit, es ohne schwerwiegenden Grund abzulehnen, wollte

---

[92] So etwa die Untersuchungen von *Merores*, Der große Rat, S. 57 ff., und *Cracco*, Società e stato, S. 103 ff., wo zu sehr das Gewicht auf die Mitsprache im Großen Rat gelegt wird und zu wenig auf die Machtverhältnisse in den *officia* eingegangen wird.

er sich keine Strafe zuziehen[93]. Der Last, die diese Ämter auch sein konnten, trug der venezianische Staat Rechnung, als er im 13. Jahrhundert dazu überging, seine Repräsentanten zu besolden[94].

Dennoch war es einem kleinen Kreis von Personen, die über genügend eigene Mittel verfügten, vorbehalten, eine Amtskarriere einzuschlagen. Für einen Kaufmann – und das waren die meisten Mitglieder des Maggior Consiglio – hätte eine jahrelange Unterbrechung seiner Geschäftsverbindungen den wirtschaftlichen Niedergang bedeutet. Die Wahl in ein Amt in der Stadt Venedig hatte Residenzpflicht zur Folge sowie regelmäßiges Erscheinen, um dieses Amt auszuüben. Diese Konsequenzen machten Handelsreisen von vornherein unmöglich. Auswärtigen Beamten war aus Furcht vor Interessenkonflikten jede Ausübung einer Geschäftstätigkeit grundsätzlich verboten[95].

Aus diesem Grund kann es nicht verwundern, daß vor allem die Vertreter der mächtigsten und wohl auch wohlhabendsten Familien gewählt wurden, ohne daß andere sich zurückgesetzt fühlten. Das Vermögen, angelegt in Grundbesitz auf dem Lande und in der Stadt, in Seedarlehen und in Staatsanleihen, brachte genug Ertrag, um seinem Besitzer ein Leben fernab des Kaufmannsstandes zu erlauben. So klar diese Tendenz aus allen Ämterlisten ersichtlich ist, so schwer ist es, Einzelpersönlichkeiten zu finden, deren Laufbahn genau verfolgt werden kann. Eines der seltenen Beispiele stellt die Lebensbeschreibung des Iohannes Dandulo dar, der am Höhepunkt seiner politischen Karriere von 1280 bis 1289 das Dogenamt innehatte.

Entgegen den meisten Angaben venezianischer Genealogen stammt er nicht von Henricus Dandulo und dessen Sohn, dem Vizedogen Rainerius, ab, wohl aber war sein Vater jener Gibertus, der 1263 für Venedig die Seeschlacht bei Settepozzi gegen die Genuesen gewonnen hatte[96]. Er stammte aus der Gemeinde S. Moisé, während die Hauptlinie der Dandulo in S. Luca wohnte und ein weiterer Zweig in S. Polo saß. In jener Zeit, als die politische Laufbahn des späteren Dogen begann, waren nicht weniger als sechs Träger dieses Namens in der venezianischen Politik tätig: Einer stammte aus der Hauptlinie und war der Sohn des Rainerius, aus eben dieser Linie trug ein Sohn eines Thomas diesen Namen. Letzterer wurde im Jahre 1268 als Gesandter an die Kurie ausgewählt[97]. In demselben Jahr ist ein Sohn eines Craton als Mitglied des Kleinen Rats

---

[93] *Merores,* Der große Rat, S. 47 und 79; *Lane,* The Enlargement, S. 250; *Cessi,* Deliberazioni 2, S. 83.

[94] Beispiele bei *Rösch,* Venedig und das Reich, S. 187 ff.

[95] *Cessi,* Maggior Consiglio 2, S. 359 f. Nr. 3: *Quod Rectores non possint facere mercatum, nec aliquis de sua familia. Cessi,* Maggior Consiglio 2, S. 360 Nr. 5: *Quod rectores non recipiant colleganciam tempore oficii, ne per dimidium annum post, neque filii, neque fratres etcetera.*

[96] *Marco Barbaro,* Famiglie nobile venete, Cod. Vind. lat. 6155, f. 135' und 136; *Ders.,* Cod. Marc. It. 7, 926 (8595) f. 26'; *G. A. Capellari,* Il Campidoglio Veneto 2, Cod. Marc. It. 7, 16 (8305) f. 4' und 12. Zum Ganzen demnächst *G. Rösch,* Dandolo, Giovanni, in: Dizionario biografico degli Italiani.

[97] Martin da Canal, Les Estoires de Venise 2, III, 7,7 (ed. *Limentani*) S. 264.

bezeugt[98], der Sohn eines Marinus sitzt in den Jahren 1275/76 im Großen Rat[99], und schließlich beginnt in dieser Zeit auch die Karriere des gleichnamigen Sohnes des späteren Dogen.

Neben allen gesicherten Nachrichten über den Iohannes Dandulo von S. Moisé können durch den Sprachgebrauch des Chronisten Martin da Canal weitere Stationen seiner Laufbahn bestimmt werden: In den Estoires de Venise unterscheidet er, wenn von einem Iohannes Dandulo die Rede ist, stets die Söhne eines Thomas und eines Craton von einem weiteren, nicht näher charakterisierten Vertreter dieses Namens. Da er in diesem allem Anschein nach den Führer der Dandulo sah, wird man ihn mit dem späteren Dogen gleichsetzen dürfen[100].

Zieht man die auf diese Weise gewonnenen Stufen seiner Karriere heran, so ergibt sich folgendes Bild: Im Jahr 1266 vertritt er die Interessen seiner Heimatstadt in Verhandlungen mit Genua[101]. 1271 sendet ihn der Doge Laurentius Tiepolo in das Podelta, um das Gelände für einen möglichen Feldzug gegen Bologna zu sondieren[102]. Im folgenden Jahr vertritt er Venedig an der römischen Kurie[103]. 1274 und 1275 ist er Bailo in Akkon[104], nach seiner Rückkehr sitzt er 1277/78 im Maggior Consiglio[105]. Als er zwei Jahre später schließlich zum Dogen gewählt wird, ist er Graf von Ossero[106].

Die Fälle, in denen nicht sicher ist, ob der spätere Doge gemeint ist, sind häufig: 1260 ist ein Iohannes Dandulo Bailo von Akkon[107], 1265 Podestà von Chioggia[108], 1267 Podestà von Bologna[109] und in den späten siebziger Jahren Podestà von Capodistria[110].

[98] Andreae Danduli Chronica (ed. *Pastorello*) RIS 12, S. 315; Martin de Canal, Les Estoires de Venise (ed. *Limentani*) S. 270.

[99] *Cessi*, Maggior Consiglio 1, S. 297, in den dortigen Listen auch die übrigen Träger dieses Namens.

[100] So *Limentani* im Register bei Martin da Canal, Les Estoires de Venise, s. v. Dandle Johan Nr. 5–7 S. 409.

[101] Nach Martin da Canal, Les Estoires de Venise (ed. *Limentani*) 2, LXXI, 5 S. 230, Gesandter an die Kurie in dieser Angelegenheit, nach Andreae Danduli Chronica (ed. *Pastorello*) RIS 12, S. 315, nach Viterbo.

[102] Martin da Canal, Les Estoires de Venise (ed. *Limentani*) CXLV 1–CXLVI 1, S. 316–318.

[103] Martin da Canal, Les Estoires de Venise (ed. *Limentani*) CL 9, S. 322.

[104] Vgl. *Jacoby*, L'expansion occidentale dans le Levante: les Vénitiens à Acre dans la seconde moitié du treizième siècle, Journal of Medieval History 3 (1977) S. 251 ff.

[105] *Cessi*, Maggior Consiglio 1, S. 304.

[106] Venetiarum Historia (ed. *Cessi/Bennato*) S. 281 und 299.

[107] Vgl. Anm. 104.

[108] *Hagemann*, Le lettere originali dei dogi Raineri Zeno (1253–1268) e Lorenzo Tiepolo (1268–1275) conservate nell'archivio diplomatico di Fermo, Studia Picena 25 (1975) S. 107 Nr. 2.

[109] Vgl. *Kretschmayr*, Geschichte 2, S. 39, dort irrig mit späterem Dogen gleichgesetzt. Im Register s. v. fälschlich als Urenkel des Dogen Enrico bezeichnet.

[110] Vgl. Venetiarum Historia (ed. *Cessi/Bennato*) S. 299, wo er nach dem ersten Podestà Rogerius Morosini (1278/79) und vor Thomas Querini (1283) eingeordnet ist. Terminus ante quem wäre 1280, das Jahr seiner Wahl zum Dogen.

Ein Iohannes tut sich schließlich auch noch in der blutigen Fehde zwischen Dandulo und Tiepolo hervor, als es auf dem Markusplatz zu einem spektakulären Zusammenstoß kam[111].

Läßt die Überlieferung bereits für die Biographie eines späteren Dogen zu wünschen übrig, will es nur selten gelingen, seine Karriere lückenlos darzustellen, so ist das Fehlen von Nachrichten über Personen, die niemals das höchste Staatsamt innehatten, sogar die Regel. Für die Vornehmen läßt sich in den meisten Fällen nur beschreiben, welchen Einfluß ihr Adelshaus im Lauf der Zeit auf die Politik Venedigs ausübte. Bei kleineren Familien hingegen ist es manchmal möglich, diesen einen ihrer Vertreter, der in der Politik zu Amt und Würden kam, genauer zu verfolgen.

So sind die Cauco ein Geschlecht, das erst im 13. Jahrhundert einige Bedeutung erlangte und wohl zu Beginn des Jahrhunderts zu jenen Popolaren zu rechnen ist, die um diese Zeit an Einfluß gewannen. Nicolaus Cauco begegnet uns zunächst in den Jahren 1224/25 als Mitglied des Kleinen Rats des Dogen[112]. Sofort nach Ablauf seiner Amtszeit geht er nach Istrien, wo er in Capodistria zum Podestà gewählt worden war[113]. Schon bald danach wird er 1228/29 zum zweiten Mal in den Kleinen Rat gewählt[114], an diese Amtsperiode schließt sich nahtlos seine Tätigkeit als Podestà in Recanati in den Marken an[115]. 1230 zurückgekehrt, findet er sich als *iudex examinator*[116]. Nicht lange danach amtiert er als Podestà von Chioggia[117], dann verlieren sich die Spuren dieses Mannes.

Neben diesen Politikern, die hohe und höchste Ämter besetzten, treten auch Personen aus dem Adel auf, die als Spezialisten in der Verwaltung gefragt waren. Hierfür mögen zwei Beispiele genügen. Die Laufbahn des Nicolaus Alduino, Vertreter eines kleineren Adelsgeschlechts, läßt sich verfolgen[118]:

1275	XX *super mercationibus*
1276	Quarantia
1277	*elector anni*
1278	*iudex petitionum*
1279	*iudex mobilium*
1282	*iusticiarius vetus*
1283	*elector anni*
1294	Quarantia

---

[111] Andreae Danduli Chronica (ed. *Pastorello*), RIS 12, S. 314.

[112] Zu den Consiglieri des Jahres vgl. *Cessi*, Maggior Consiglio 1, S. 28 Nr. 105; ebd., S. 29 Nr. 110; ebd., S. 30 Nr. 111; ebd., S. 32 Nr. 120; ebd., S. 34 Nr. 128; *Smičiklas* 3, S. 242.

[113] *Cessi*, Maggior Consiglio 1, S. 90 Nr. 149; ebd., S. 139 Nr. 18; vgl. *Rösch*, Venedig und das Reich, S. 164 f. mit Anm. 101.

[114] *Cessi*, Maggior Consiglio 1, S. 159; *Tafel/Thomas* 2, S. 271 Nr. 274.

[115] *Cessi*, Maggior Consiglio 1, S. 213 f. Nr. 146 f.

[116] ASV S. Zaccaria B. 1 (Abschrift der Urkunde von 1134).

[117] Zwischen dem sicher zu datierenden Rainerius Zen (1229/30) und Marcus Morosini (1243) vgl. Anhang.

[118] *Barbaro*, Famiglie nobile venete, Cod. Vind. 6155 f. 3'.

Wenn man bedenkt, wie sehr gerade die Archive dieser kleineren Amtsstellen gelitten haben, so kann man vermuten, daß Nicolaus Alduino wohl noch so manches weitere Amt in der venezianischen Verwaltung innehatte.

Auch Iohannes da Ponte, der offenbar in Rechtsfragen und in der Finanzverwaltung Erfahrung besaß, wurde immer wieder aufs neue berufen[119]:

1280	*super drapis ad aurum*
1280/81	*advocator ad curiam petitionum*
1282	*advocator forinsecorum*
1284	*advocator iudicum proprii*
1284	*super imprestitis*
1293	*super imprestitis*
1295	*super imprestitis*

In diese weniger spektakulären, aber für das innerstädtische Leben wichtigen Gremien wurden zahlreiche Vertreter kleinerer Adelsfamilien berufen.

Die Erfahrungen, die die Repräsentanten der großen Familien in ihren Ämtern im venezianischen Dogat, in der Romania und dem Heiligen Land, in Dalmatien und Istrien sammeln konnten, brachten eine Schicht ausgebildeter venezianischer Verwaltungsfachleute hervor. Es kann deshalb nicht verwundern, daß auch auswärtige Mächte sich dieses Personenkreises bedienen wollten. Ist ein Venezianer im Dienst des lateinischen Kaisers von Konstantinopel noch eine Ausnahme[120], so ist in den oberitalienischen Kommunen des 13. Jahrhunderts der Podestà aus Venedig eine wohlbekannte Erscheinung.

Wie andere Berufspolitiker Oberitaliens auch, bewarben sich Vertreter der großen venezianischen Familien um dieses Amt, das nicht zuletzt eine hohe Einnahme verhieß[121]. In Padua, das immerhin recht häufig mit seiner Nachbarschaft Venedig verfeindet war, sind im 13. Jahrhundert zwanzig venezianische Podestaten berufen worden[122]. Es sind hier dieselben Namen vertreten, die auch in den Ämterlisten Venedigs immer wiederkehren: 5 Badoer, 5 Querini, 2 Dauro, jeweils ein Vertreter der Ziani, Zen, Dandulo, Tiepolo, Longo, Giustinian und Valaresso. Zahlreich waren die veneziani-

---

[119] *Barbaro*, Famiglie nobile venete, Cod. Vind. 6155 f. 339.

[120] *Cessi*, Maggior Consiglio 1, S. 103 Nr. 186: Iohannes Querini 1226.

[121] Zu den venezianischen Podestà in Oberitalien vgl. *Kretschmayr*, Geschichte 2, S. 32–33; *Cracco*, Società e stato, S. 126 ff.; *Dupré Theseider*, Venezia e l'impero d'occidente, in: Storia della civiltà veneziana 1, 2. Aufl., S. 250 f. Zur politischen Rolle der venezianischen Podestà im Kampf des Papsttums gegen Kaiser Friedrich II. vgl. *Kantorowicz*, Kaiser Friedrich II., S. 398. Beispiel für die Bezahlung eines Podestà in Verona: *Simeoni*, Il commune veronese sino ad Ezzelino, Studi Storici veronesi 10 (1959) S. 99. Vgl. allgemein *G. Hanauer*, Der Berufspodestat im 13. Jahrhundert, MIÖG 23 (1902) S. 377–426, bes. S. 396 ff.

[122] Liber regiminum Paduae (ed. *Bonardi*) RIS 8/1, S. 298–343. Vgl. dazu *A. Gloria*, Degli illustri italiani che avanti la dominazione carrarese furono podestà in Padova, Padova 1859, S. 34 ff.

schen Podestaten auch in Treviso[123], in Ferrara[124], Verona[125], Bologna[126] und der Pentapolis[127]. Sogar Mailand[128] und Pisa[129] haben venezianische Podestà gesehen.

Die Berufung der Venezianer als Podestaten oberitalienischer Städte war durchaus im Sinne Venedigs, konnte es doch dadurch Einfluß und Einblick in die Politik seines Hinterlandes gewinnen. Andererseits konnte freilich in Zeiten der Spannung oder gar in Kriegszeiten der mögliche Interessenkonflikt gefährlich werden. Als es unter den Dogen Laurentius Tiepolo und Iohannes Dandulo zu Spannungen mit den oberitalienischen Nachbarn und mit Istrien kam, erließ der Maggior Consiglio das Verbot, in diesem Bereich die Wahl als Podestà anzunehmen[130].

[123] Für den Beginn des 13. Jahrhunderts sind die Materialien zusammengestellt bei G. *Liberali*, Gli statuti del comune di Treviso 3, Deputazione di storia patria per le Venezie, Monumenti Storici NS 4, Venezia 1955, S. 55–61, danach ist das Material verstreut:

1212	Rogerius Permarin	1264	Iohannes Tiepolo
1221	Iacobus Tiepolo		(S. Maffio 1, Nr. 190).
1222	Marinus Dandulo	1268	Iacobus Dolfin
1228	Marinus Storlato		(S. Maffio 1, Nr. 210).
1229	Marinus Morosini	1272	Iohannes Polani
1231	Marinus Dandulo		(S. Maffio 1, Nr. 213).
1232	Philippus Corner	1277	Iacobus Tiepolo
1234	Petrus Dandulo		(S. Maffio 1, Nr. 222–226).
1235	Rainerius Zen	1279	Nicolaus Querini
1236	Petrus Tiepolo		(Andreae Danduli Chronica, S. 326).
1257	Marcus Bocasso	1280	Albertinus Morosini
1259	Marcus Badoer		(S. Maffio 1, Nr. 234).
	(*Kretschmayr*, Geschichte 2, S. 48).	1281	Albertinus Morosini
1259	Iohannes Dolfin		(*Verci* 3, S. 77)
1261	Marcus Bocasso	1294	Thomas Querini
1263	Iacobus Tiepolo		(S. Maffio 1, Nr. 283).

[124] Für Ferrara nach der Eroberung von 1240 Stefanus Badoer: Andreae Danduli Chronica (ed. *Pastorello*) RIS 12, S. 297, und gegen Ende des Jahrhunderts Stefanus Badoer: Libri Commemoriali (ed. *Predelli*) 1, S. 6 Nr. 13.

[125] In: Chronache Veronesi (ed. *Cipolla*) S. 387; *Cracco*, Società e stato, S. 127 mit Anm. 1.

[126] Für die venezianischen Podestà in Bologna vgl. *Kretschmayr*, Geschichte 2, S. 39, und *Hessel*, Geschichte der Stadt Bologna, passim.

[127] So in Osimo/Recanati 1229 Nicolaus Cauco: *Cessi*, Maggior Consiglio 1, S. 213 f. Nr. 147; in Fermo 1252/53 Rainerius Zen: Andreae Danduli Chronica (ed. *Pastorello*) RIS 12, S. 304 f.; 1256 Fermo Andreas Zen: *Hagemann*, Studia Picena 25 (1957) S. 106 Nr. 1; 1271/72 Fermo Iacobus Tiepolo: *Hagemann*, Studia Picena 25 (1958) S. 113 f. Nr. 8.

[128] Der Podestà von Mailand und Sohn des Dogen Jacobus, Petrus Tiepolo, wurde von Friedrich II. nach der Schlacht bei Cortenova gefangen: Andreae Danduli Chronica (ed. *Pastorello*) RIS 12, S. 296; *Kretschmayr*, Geschichte 2, S. 43. Mantua 1261 Nicolaus Querini: *Hanauer*, Berufspodestat, MIÖG 23 (1902) S. 393; Piacenza Rainerius Zen: *Kretschmayr*, Geschichte 2, S. 43.

[129] Vgl. *Cessi*, Maggior Consiglio 3, S. 58 Nr. 214, und *Caro*, Genua und die Mächte am Mittelmeer 2, S. 34 ff.

[130] *Cessi*, Maggior Consiglio 2, S. 63, 67 und 130 Nr. 12. Die Bestimmungen betreffen Istrien, Friaul, Treviso, Padua, Ferrara, Mantua und Verona.

6. Der Adel und das Rechtswesen in Venedig

Entgegen den Traditionen Oberitaliens fand Venedig eigenständige Organisationsformen, als man im 13. Jahrhundert daranging, die Gerichtsverfassung auszubauen [131]. Gerade in einer Handelsstadt vom Rang Venedigs konnte auf das neue, gelehrte Recht nicht verzichtet werden. Es ist bezeichnend, daß der Doge Petrus Ziani einer Reihe von Klerikern Studien aus seiner Privatschatulle bezahlt haben soll [132]. Es entsprach den immer komplizierter werdenden Lebens- und Rechtsverhältnissen, daß im Lauf des 13. Jahrhunderts in Venedig elf verschiedene Gerichtshöfe entstehen [133]. Im selben Zeitraum wurde die Kodifizierung des venezianischen Rechts auf der Grundlage der bescheidenen Anfänge des 12. Jahrhunderts vorangetrieben.

Für den Juristenstand, der das neue Recht vertrat, hatten die oberitalienischen Städte zwei grundsätzliche Organisationsformen gefunden. Das Modell, für das Florenz als Vorbild steht, vereinte Richter und Notare in einer Zunft, die in der toskanischen Metropole den arti maggiori zugerechnet wurde. Von Bologna verbreitete sich der Brauch, Richter und Notare in zwei getrennten Zünften zusammenzufassen [134]. Venedig ist jedoch einen anderen Weg gegangen.

Der Übernahme eines der Modelle stand schon allein die Tatsache im Weg, daß ein guter Teil jener Berufe, die in Oberitalien in den arti maggiori vereinigt waren, in Venedig niemals eine zünftische Organisation gefunden hatte. Dies ist auch bei Richtern und

---

[131] Vgl. *Roberti,* Magistrature 1–3; *Kretschmayr,* Geschichte 2, S. 108 ff.; *E. Besta,* L'ordinamento giudiziario del dogado veneziano fino al 1300, in: Scritti storici in memoria di Giovanni Monticolo, Padova 1922, S. 263–282.

[132] Historia Ducum MG SS 14, S. 97: *Clericos quam plures suis expensis ad studium destinavit.*

[133] *Iudices de proprio: Roberti,* Magistrature 1, S. 182 ff.; Kapitular 2, S. 61 ff.; *Cessi,* Maggior Consiglio 2, S. 200. *Iudices examinatorum: Roberti,* Magistrature 1, S. 199 ff.; Kapitular 2, S. 199; *Cessi,* Maggior Consiglio 2, S. 204. *Iudices comunis et forinsecorum: Roberti,* Magistrature 1, S. 186 ff.; Kapitular 2, S. 103 ff.; *Cessi,* Maggior Consiglio 2, S. 205; *Ders.,* La curia forinsecorum e la sua prima costituzione, NAV NS 28 (1914) S. 202–207; *Rösch,* Venedig und das Reich, S. 48 ff. *Iudices mobilium: Roberti,* Magistrature 1, S. 213 ff.; Kapitular 3, S. 135 ff.; *Cessi,* Maggior Consiglio 2, S. 206. *Iudices petitionum: Roberti,* Magistrature 1, S. 209 ff.; Kapitular 3, S. 101 ff.; *Cessi,* Maggior Consiglio 2, S. 202 ff.; *G. I. Cassandro,* La curia di Petizion e il diritto processuale a Venezia, Venezia 1937. *Iudices per omnes curias: Roberti,* Magistrature 3, S. 243 ff.; *Cessi,* Maggior Consiglio 2, S. 208. *Iudices publicorum* (Piovego): *Roberti,* Magistrature 1, S. 199 ff.; Kapitular 2, S. 257 ff. *Iudices de magno salario* (al mar): *Roberti,* Magistrature 1, S. 214 ff.; Kapitular 3, S. 149 ff.; *Cessi,* Maggior Consiglio 2, S. 207 ff. *Domini de contrabannis: Roberti,* Magistrature 3, S. 199 ff.; *Cessi,* Maggior Consiglio 2, S. 219 ff. *Domini de nocte: Roberti,* Magistrature 3, S. 1 ff.; *Cessi,* Maggior Consiglio 2, S. 209 ff. *Iudices procuratorum: Cessi,* Maggior Consiglio 2, S. 206 ff.

[134] Vgl. hierzu *Hyde,* Padua in the Age of Dante, S. 121 ff., bes. S. 122, und allgemein *P. Classen,* Die hohen Schulen und die Gesellschaft im 12. Jahrhundert, Archiv für Kulturgeschichte 48 (1966) S. 155–180. Vgl. *Fried,* Entstehung des Juristenstandes, passim. Für das unmittelbar benachbarte Oberitalien vgl. *Hyde,* ebd., S. 158, und *G. Faccioli,* Della corporazione dei notai di Verona e del suo codice statuario del 1268, Verona 1966.

Notaren der Fall. Es wurde oben dargelegt, daß seit dem 9. Jahrhundert das Amt des *iudex* ein Staatsamt gewesen ist, das auch eminent politische Bedeutung hatte. Zwar wurden im Lauf des 13. Jahrhunderts die venezianischen Richter auf ihre rechtsprechende Tätigkeit beschränkt, doch wollte der Adel dieses Amt niemals aus der Hand geben. Die 33 Richter, die Venedig jährlich für seine Gremien benötigte, wählte der Maggior Consiglio aus seinen eigenen Reihen. Es gab keinen Weg, in Venedig durch juristische Studien zum Richteramt und damit zum sozialen Aufstieg zu gelangen. Die Namen der venezianischen *iudices examinatorum*, deren Hauptaufgabe in der Prüfung der zur Beglaubigung eingereichten Urkunden bestand, zeigt dies deutlich [135]:

Gruppe 1	284
Gruppe 2	94
Gruppe 3	54
Gruppe 4	15
Gruppe 5	7
Sonstige	10
Gesamt	464

Besonders bemerkenswert ist, daß es sich bei den Familien, die nicht in den Ratsverzeichnissen enthalten sind, um Geschlechter handelt, die entweder zu Beginn des 13. Jahrhunderts noch Bedeutung hatten und danach ausstarben, oder um Familien, die erst spät im 13. Jahrhundert aufgestiegen sind. Allerdings scheint die Wahl zum Richter in keinem einzigen Fall den Aufstieg verursacht zu haben. Daß die Übermacht der großen Familien nicht immer so kraß war wie bei dieser Kurie, zeigt die Liste der *iudices publicorum* (Piovego) aus den Jahren 1282–1297. Ihre Aufgabe bestand damals darin, Ansprüche Privater auf öffentliche oder als öffentlich angesehene Liegenschaften zu überprüfen. Die Sammlung der in dieser Angelegenheit ergangenen Urteile ist in einem Kodex erhalten, so daß die Namen der Richter fast durchweg bekannt sind [136]:

Gruppe 1	11
Gruppe 2	10
Gruppe 3	11
Gruppe 4	3
Gruppe 5	1
Sonstige	–
Gesamt	36

[135] Vgl. Liste im Anhang.
[136] Vgl. Liste im Anhang.

Ganz ähnliche Verhältnisse zeigen auch die Namen der *iudices mobilium*, die seit der Mitte des 13. Jahrhunderts bekannt sind[137]:

Gruppe 1	25
Gruppe 2	13
Gruppe 3	15
Gruppe 4	4
Gruppe 5	2
Sonstige	1
Gesamt	60

Zuletzt sei noch auf die *iudices procuratorum* hingewiesen, deren Aufgabe es war, die Prokuratoren von S. Marco zu unterstützen[138]:

Gruppe 1	55
Gruppe 2	20
Gruppe 3	16
Gruppe 4	2
Gruppe 5	2
Sonstige	3
Gesamt	98

War das Richteramt im Venedig des 13. Jahrhunderts ein Reservat des Adels, so beachtete man bei der Auswahl der Notare hingegen keinerlei Standesmerkmale. Auch in diesem Beruf sind noch genug alte und bekannte Namen zu finden, doch treten daneben immer wieder Venezianer aus Popolarenfamilien auf. Besondere Beachtung verdienen jedoch Notare, die nicht aus Venedig stammen und wohl aufgrund ihrer Ausbildung verwendet wurden[139]. Mit Sicherheit ist anzunehmen, daß der venezianische Großkanzler, der seit der zweiten Hälfte des 13. Jahrhunderts die Kanzlei des Dogen leitete, ein juristisches Studium absolviert hatte[140]. Erst eine spätere Zeit hat dieses Amt zu einer Pfründe der sogenannten *cives originarii* gemacht, die sich seit dem Spätmittelalter als Stand zwischen Adel und Popolaren entwickelten.

Der Gegensatz zwischen dem vom Maggior Consiglio aus seiner Mitte gewählten Richter und dem erfahrenen, manchmal akademisch gebildeten Notar bestimmt das Bild der venezianischen Rechtsprechung im 13. Jahrhundert. Es ist die Verzweiflung eines

---

[137] Vgl. Liste im Anhang.

[138] Vgl. Liste im Anhang.

[139] Vgl. hierzu als Beispiel den *scriptor curiae* Wilhelmus von Novara in den zwanziger Jahren des Jahrhunderts: *Rösch*, Venedig und das Reich, S. 185.

[140] Vgl. Cod. Marc. It. 7, 2000 (7716) saec. XVIII, Cancellieri grandi di Venezia; *Da Mosto*, Archivio di Stato 1, S. 219.

studierten Juristen, die zu Beginn des 14. Jahrhunderts den Großkanzler Venedigs und späteren Bischof von Veglia, Iacobus Bertaldo, bittere Klage über die Kenntnisse, besser Unkenntnisse, venezianischer Richter führen läßt[141]. Daß diese Einstellung keineswegs auf akademischem Dünkel beruhte, zeigen die venezianischen Statuten. Sie verpflichten die Notare, die Räte darauf aufmerksam zu machen, wenn sie bei ihrer Amtsführung vom geltenden Recht abwichen[142].

Es kann aber trotzdem kein Zweifel bestehen, daß die Kenntnis sowohl des überlieferten als auch des gelehrten Rechts im venezianischen Adel vorhanden gewesen ist. Allein seine Tätigkeit als Podestà oder hoher Beamter in der Romania erforderte vom Amtsträger in seiner Eigenschaft als oberster Gerichtsherr Kenntnisse der geltenden Ordnung. Die Rechtskodifikationen Venedigs aus dem 13. Jahrhundert stehen in ihrer Systematik auf einem hohen Niveau. Einige von ihnen verzeichnen die Mitglieder des Ausschusses, der die Rechtssätze ausgearbeitet hat[143]. Es finden sich die altbekannten Namen der vornehmsten Geschlechter, die auch hier an erster Stelle mitwirkten. Sie haben sicherlich ihre erfahrenen Helfer zur Seite gehabt, aber die Art, wie diese schwierige Aufgabe gelöst wurde, zeigt doch auch die Fähigkeiten der Ausschußmitglieder. Bei einzelnen Mitgliedern der Oberschicht waren also sicherlich Kenntnisse des gelehrten Rechts vorhanden, zu einer Aufnahme des Juristenstands in den venezianischen Adel ist es jedoch nicht gekommen.

---

[141] Iacobo Bertaldo, Splendor Venetorum consuetudinum (ed. *F. Schupfer*), Bibliotheca iuridica medii aevi 3 (1901) S. 97–153. Vgl. auch *Kretschmayr*, Geschichte 2, S. 110.

[142] *Cessi*, Maggior Consiglio 2, S. 225 ff.: *Consilia pertinentia notariis curie et aliis notariis omnibus: Quandocumque ... aliquid erit dictum ibi tam de facto Comunis quam de speciali persona, debeant notarii dicere domino duci et eius consiliariis, si scierint aliquod consilium pertinens illi facto, quod dixerint:* »*Vos facitis contra tale consilium*«, *tam si erit in suo iuvamine, quam in contrario.*

[143] Die großen Statuten des Dogen Iacobus Tiepolo erarbeitete ein Ausschuß mit folgenden Mitgliedern: Der Pleban von S. Polo in Venedig Pantaleo Giustinian (der daher offenbar im kanonischen Recht bewandert war), Thomas Centranico, Iohannes Michiel und Stephanus Badoer (Andreae Danduli Chronica [ed. *Pastorello*] RIS 12, S. 198). Stephanus Badoer war auch Podestà in Padua gewesen: Vgl. *G. Cracco* in: Dizionario degli Italiani 5, Roma 1963, S. 126/27. Das Seestatut aus dem Jahre 1255 stellten zusammen: Nicolaus Querini, Petrus Badoer, Marinus Dandulo (*Tafel/ Thomas* 3, S. 404). Die Zusammenstellung der noch geltenden Beschlüsse des Maggior Consiglio aus dem Jahr 1283 erarbeiteten: Iacobus Querini, Nicolaus Miglani, Marcus da Canal, Laurentius Bello und Henricus Aurio (*Cessi*, Maggior Consiglio 2, S. 3). Für die Frage nach der Aufnahme gelehrten Rechts in Venedig im 13. Jahrhundert ist ein Kodex der Markusbibliothek in Venedig von besonderem Interesse (Cod. Marc. Lat. cl. 5 Nr. 130 [3198] saec. XIII). Obwohl der Kodex von verschiedenen Händen geschrieben ist, zeigen die Notizen, daß es das Handbuch eines in Bologna ausgebildeten Juristen in venezianischen Diensten ist. Er enthält venezianische Statuten, die älteste erhaltene Zollordnung Venedigs, Merkverse der Universität Bologna über die Exkommunikation (f. 38 ff.), Grundzüge einer Darstellung des venezianischen Gewohnheitsrechts und einen Kommentar zum Verhältnis des venezianischen Rechts zum römischen. Leider liegt jedoch die Geschichte der Handschrift im dunkeln: Vgl. *Besta/Predelli*, Gli statuti civili di Venezia anteriori al 1242, NAV 1 (1901) S. 8 ff. Zu den rechtsgeschichtlich interessanten Teilen *Pitzorno*, Il »liber romanae legis« della »Ratio de lege romana«, Rivista Italiana per le scienze giuridiche 43 (1907) S. 101–131;

7. Die »Parteikämpfe« des venezianischen Adels

Eine fundamentale Frage der venezianischen Sozialgeschichte des 13. Jahrhunderts ist die nach der Existenz politischer Parteien und deren sozialen Hintergründen. In Oberitalien und der Toskana ist dies ein Jahrhundert der ständigen innerstädtischen Auseinandersetzungen gewesen, die weit über die bekannte Teilung in Guelfen und Ghibellinen hinausgeht [144]. Dagegen berichten die Quellen über venezianische Parteikämpfe so gut wie nichts, und auch die ältere Literatur betonte vor allem die friedliche Entwicklung Venedigs im Unterschied zu den Wirren Oberitaliens.

Nach verbreiteter Ansicht der Literatur des 19. Jahrhunderts freilich sollen sich zwei Parteien gegenübergestanden sein: Auf der einen Seite die *populares veteres*, die sich mit einem Teil der alten Aristokratie verbündeten. Ihr politisches Programm sei das Streben nach Ausdehnung des Mitspracherechts auf weitere Kreise gewesen. Ihnen wären die alten Geschlechter gegenübergetreten, die als Oligarchenpartei jede Ausweitung der politischen Mitsprache verweigert hätten. Als Führer der »fortschrittlichen« Partei seien Tiepolo, Querini, Barozzi und ein Teil der Badoer anzusehen, Führer der Oligarchen seien Dandulo, Ziani und Gradenigo gewesen.

Dieses Denkmodell läßt bereits deutlich die Fragestellung der bürgerlichen Politik des 19. Jahrhunderts erkennen, um so mehr, wenn es die angebliche Tiepolo-Partei als »liberal« bezeichnet. Dieses Attribut hatte allseits in die Geschichtsschreibung über Venedig Eingang gefunden [145]. Warum davon nichts in den Quellen zu finden sei, könne leicht erklärt werden, decke doch die siegreiche Aristokratie mittels der venezianischen Chronistik des 14. Jahrhunderts den Mantel des Vergessens über die Ereignisse [146]. Auch die jüngste ausführlichere Arbeit über die Sozialgeschichte des 13. Jahrhunderts sieht in

---

Ders., Il »liber romanae legis« degli »iudicia a probis iudicibus promulgata«, ebd., 44 (1908) S. 269–292. Für einen Juristen im venezianischen Staatsdienst spricht, daß auch wichtige Urkunden in die Sammlung eingestreut sind, so die Bestätigung des Pactum Warmundi durch Balduin II. und der Vertrag Venedigs mit König Bela IV. von Ungarn von 1244.

[144] Über Guelfen und Ghibellinen in der italienischen Politik und ihre Bedeutung für die Sozialgeschichte wurde vor allem für Florenz kontrovers diskutiert. Immer noch fundamental sind *G. Salvemini*, Magnati e popolani in Firenze dal 1280 al 1295, 2. Aufl. Milano 1966, und *N. Ottokar*, Il comune di Firenze alla fine del dugento, 2. Aufl. Torino 1962. Zu dieser Diskussion zuletzt *S. Raveggi*, Le famiglie di parte ghibellina nella classe dirigente fiorentina del secolo XIII, in: I ceti dirigenti dell'età comunale nei secoli XII e XIII, Pisa 1982, S. 279–299; *M. Tarassi*, Le famiglie di parte guelfa nella classe dirigente della città di Firenze durante il XIII secolo, ebd., S. 300–321. Allgemein für Italien am besten der kurze Überblick bei *Tabacco*, Egemonie sociali, S. 275 ff. und 316 ff.

[145] Vgl. hierzu *Lenel*, Vorherrschaft, S. 145 mit Anm. 1, und *Kretschmayr*, Geschichte 2, S. 35 f. Abgeschwächt die Ansicht bei *Merores*, Der venezianische Adel, S. 227 f., und *Dies.*, Der große Rat, S. 63 f.

[146] So der Ansatz bei *Cracco*, Società e stato, um das Schweigen der Quellen durch Analogieschlüsse ersetzen zu können.

der venezianischen Politik der Zeit durchgehend Klassenauseinandersetzungen in Venedig[147].

Dieser Betrachtungsweise muß die Schließung des Großen Rats am Ende des Jahrhunderts folgerichtig als Sieg der Oligarchenpartei scheinen. Dagegen hat Lane völlig zu Recht darauf hingewiesen, daß es keinerlei Grundlage für die Annahme politischer Parteien in Venedig in der zweiten Hälfte des 13. Jahrhunderts gebe[148]. Doch auch in der ersten Hälfte des Saeculum sind Parteiauseinandersetzungen nicht bekannt. Der Aufstieg neuer Familien vollzog sich vor dem Hintergrund der Expansion Venedigs im Mittelmeer, die weiten Bevölkerungsschichten völlig neue Möglichkeiten bot. Doch worauf stützen sich die Argumente der Parteientheorie?

Die venezianischen Chronisten des 14. Jahrhunderts sind zu diesem Thema weitgehend unergiebig, erst die Humanisten des fünfzehnten liefern Material, das aber seine Herkunft aus der gelehrten Welt der Renaissance nicht verleugnen kann. Als Marcantonio Sabellico seine Geschichte Venedigs verfaßte, bedurfte die »Serrata« des Maggior Consiglio, wie man die Ratsbeschlüsse von 1297 jetzt nannte, einer Begründung. In seiner Beschreibung der Regierungszeit des Dogen Petrus Gradenigo griff der Humanist auf die Kategorien des republikanischen Rom zurück. Patrizier stehen den Plebejern gegenüber, die Theorie der venezianischen Parteien im 13. Jahrhundert war geboren[149].

Als das gelehrte 19. Jahrhundert in den Quellen nach Anhaltspunkten für die Geschichte dieser Parteien suchte, war ihm die venezianische Tradition wohlbekannt. Es sind vor allem zwei Momente, die – miteinander verwoben – ein Bild der angeblichen Parteien ergaben: Die Geschlechterfeindschaft der Dandulo mit den Tiepolo und der große Aufstand des Baiamonte Tiepolo im Jahr 1310. Die angebliche Geschichte der venezianischen Parteien beruht auf mangelnder Trennung von politischer Partei und Familienfehde.

Die Tatsache, daß Dandulo und Tiepolo im 13. Jahrhundert eine starke Familienfeindschaft pflegten, ist den Quellen leicht zu entnehmen. Nach dem Tod des Dogen Petrus Ziani war bei der Wahl seines Nachfolgers ein Stimmenpatt im Wahlmännergremium entstanden. Als Kandidaten standen sich Marinus Dandulo und Iacobus Tiepolo gegenüber. Seit das Los zugunsten des Letzteren entschied, bestanden zweifellos Spannungen[150]. Nach der Jahrhundertmitte entluden sich diese in einer heftigen

---

[147] *Cracco*, Società e stato, passim.

[148] *Lane*, The Enlargement of the Great Council, S. 237 und ff.: »It will be maintained here, in contrast, that an aristocracy was in practical and unchallenged control in 1297, that there was in Venice at that time no class conflict between commons and nobels...«.

[149] *Marco Antonio Sabellico*, Dell'Historia Venitiana libri XXXIII, Venetia 1678, S. 148, 154, 156–157. Vgl. dazu auch *Lane*, The Enlargement of the Great Council, S. 241.

[150] Andreae Danduli Chronica (ed. *Pastorello*) RIS 12, S. 251 f.: *Quia XL electores, ex nobilibus et antiquis popularibus, in conclavi reclusi, vota sua in hunc, et Marinum Dandulo diviserunt; et dum in unum maior pars convenire nequiret, a concione laudatur ut sortibus periculosa divisio opiretur et iactatis ex sorte, hic, die VI marcii dux laudatus palacium ascendit; Qui post tercium diem, predecessorem in letulo iacentem visitans, propter* insuetum assensionis modum ab eo spernitur;*

Familienfehde, die schließlich in blutigen Händeln auf dem Markusplatz ihren Höhepunkt fanden[151]. Es ist jedoch bezeichnend für die venezianische Oberschicht, daß bei der Dogenwahl im Jahr 1268 die Beilegung des Familienzwists offenbar zu den Wahlbedingungen gehört hat[152]. Seit der Amtszeit des damals gewählten Laurentius Tiepolo ist über diese Feindschaft nichts mehr zu hören.

Alle anderen Familien, die zur Führung der Parteien in Venedig gerechnet werden, kennen wir aus der Geschichte des Aufstands von 1310[153]. Da sich dieser gegen das Regiment des Gradenigo-Dogen richtete, rechnete man ihn und seine Familie der Oligarchenpartei zu. Der Führer des Putsches, Baiamonte Tiepolo, entstammte einer Familie, die zu Beginn des 13. Jahrhunderts ihren Aufstieg in die Reihe der großen Familien vollzog, weshalb man ihr eine popolarenfreundliche Einstellung zuschrieb. Allerdings hatte die Familie Tiepolo ihren Lebensstil längst dem der anderen adeligen Familien angepaßt[154]. Mit einem Landsitz im Contado von Treviso ausgestattet, dienten ihre Mitglieder als hohe und höchste Beamte Venedigs in Dalmatien und der Romania, waren auch öfters Podestaten oberitalienischer Städte.

Es kann freilich als sicher gelten, daß die Tiepolo unter der venezianischen Bevölkerung von allen bedeutenden Geschlechtern die größte Beliebtheit genossen. Als Laurentius Tiepolo zum Dogen gewählt wurde, bemerkt die venezianische Geschichtsschreibung ausdrücklich, daß unter dem Volk allgemein Freude über diese Entscheidung herrsche[155]. Von einer popolarenfreundlichen Politik ist unter seinem Dogat freilich nichts zu spüren, zumal der Doge längst an Beschlüsse seiner Räte gebunden war. Dennoch war die Bevölkerung mit seiner Regierung sichtlich zufrieden, verlangte man doch nach dem Tod des Dogen Iohannes Dandulo die Wahl seines Sohnes zum

---

sed... dissimulans, ad palacium rediit. * auf Rasur: *et propter genus suum.* Vgl. auch *Cracco*, Società e stato, S. 103 ff. *Kretschmayr*, Geschichte 2, S. 35 f.; *Lane*, The Enlargement of the Great Council, passim.

151 Vgl. Andreae Danduli Chronica (ed. *Pastorello*) RIS 12, S. 314: *Hoc anno (sc. 1266), inter Leonardum et Iohanem Dandulo fratres et Laurentium Theupolo, gravis suborta est dissensio, que in tantum processit, quod idem Laurencius in platea ab illis mortifere vulneratus est; et eo denique deliberato, hec specialis discordia in omnibus civibus generaliter producta est; quam dux sedare dispositus, principalioribus graves penas induxit.*

152 Unmittelbar nach der Schilderung der Wahl des Dogen berichtet Andreae Danduli Chronica (ed. *Pastorello*) RIS 12, S. 316: *Hic, interposicione aliquorum nobilium, cum Leonardo et Iohane Dandulo pacificatus est.*

153 Für die venezianische Tradition vgl. als Beispiel *Antonio Re*, Congiure seguite contro la repubblica di Venezia (1755), Cod. Marc. It. cl. 7, 501 (7690) f. 18 ff., wo der Aufstand mit der Serrata in Zusammenhang gebracht wird. *Lane*, The Enlargement of the Great Council, S. 239, basierend vor allem auf *Trevisan*, Cronaca, Cod. Marc. It. 7, 519 (8438) f. 89–91.

154 Dies verkennt *Cracco*, Società e stato, ab S. 103 passim, der nach Generationen der Herrschaft die Tiepolo als Popolaren beschreibt.

155 Andreae Danduli Chronica (ed. *Pastorello*) RIS 12, S. 316: *de cuius promocione de populo letitiam maximam ostenderunt.*

Nachfolger[156]. Diese Forderungen liefen indes den Interessen der Aristokratie völlig zuwider. Sie sah die Entwicklung erneut in Richtung Erblichkeit des Dogats laufen, falls man innerhalb von fünfzig Jahren einen dritten Dogen aus dieser Familie wählte. Um allen Pressionen auszuweichen, forderte man den Tiepolo auf, bis nach der Wahl die Stadt zu verlassen. Er kam dieser Aufforderung nach, und die Wahl des Petrus Gradenigo wurde möglich.

Der Vorgang macht deutlich, daß die Familie Tiepolo wohl über Sympathien beim Volk verfügte, aber niemals eine Rebellion an der Spitze der Popolaren gegen die Familienaristokratie versuchte, der sie längst selbst angehörte. Noch ein weiteres Element ist geeignet, der Theorie von der Verbindung der Popolaren und der Familie Tiepolo den Boden zu entziehen: Von der Familienfehde mit den Dandulo wird ausdrücklich berichtet, daß beide Seiten im Volk eine Gefolgschaft hatten, die sie gegeneinander ins Feld führten[157]. Beim Aufstand des Jahres 1310 unterstützen schließlich ein Teil der Popolaren den Baiamonte Tiepolo, der andere Teil den Dogen Petrus Gradenigo[158].

Bei der Erhebung von 1310 waren einige Verschwörer von sehr persönlichen Gründen motiviert, wie deutlich nachzuweisen ist[159]. Vor allem aber war in der venezianischen Politik eine Krise eingetreten: Venedig hatte sich mit dem vermeintlich schwachen Avignoneser Papsttum auf einen Krieg um den Einfluß auf Ferrara eingelassen, der ständige Kämpfe in Oberitalien und zudem das Interdikt über die Stadt brachte[160]. In dieser Situation traten kirchenfreundliche Kreise – einen Gegensatz zwischen Guelfen und Ghibellinen kennt Venedig sonst nicht – in Opposition zum Regiment des Dogen. Darüber hinaus schädigte der Krieg um Ferrara alle, die auf dem Kriegsschauplatz Besitz hatten. Neben der toten Hand sind im Ferraresischen die Querini und die Badoer die

---

[156] Venetiarum Historia (ed. *Cessi/Bennato*) S. 194: *Post cuius* (sc. Iohannes Dandulo) *mortem eodem anno de mense novembris, in festo beatae Cecilie magnus tumultus in populo factus est. Volebat enim dominum Iacobum Teupolum, dictum Scopulo, condam gloriose memorie domini Laurencii Teupulo ducis natum, preter electionis modum ad ducalem preminentiam sublimare; sed ipse bene dispositus, nolens ad id prebere consensum, de Veneciis recessit et ivit ad castrum Marochum, ubi mansit, donec de creatione ducis certificatus est, postea Venecias est reversus.*

[157] Im Anschluß an die Auseinandersetzungen 1266 wurde vom Dogen beschlossen, daß hinfort kein Popolare die Wappen irgendwelcher Adliger tragen dürfe, offenbar hatten beide Seiten die Auseinandersetzungen mit schlagkräftiger Hilfe seitens ihrer Gefolgschaft geführt: Andreae Danduli Chronica (ed. *Pastorello*) RIS 12, S. 314: ... *statuit quod aliquis popularis armaturas alicuius nobilis in domo non auderet ne presumeret aliqualiter tenere.* – *Cessi*, Maggior Consiglio 2, S. 212 Nr. 10. Zur Bedeutung der Wappen in der städtischen Oberschicht vgl. *Heers*, Le Clan Familial, S. 107 ff.

[158] *Lane*, The enlargement of the Great Council, S. 239 f.

[159] Vgl. *Lane*, The Enlargement of the Great Council, S. 240 f. *Trevisan*, Cronaca, Cod. Marc. It. cl. 7, 519 (8438) f. 90. *Romanin*, Storia documentata 3, S. 23 ff.

[160] Vgl. *Kretschmayr*, Geschichte 2, S. 179 ff. *Romanin*, Storia documentata 3, S. 12 ff. *G. Soranzo*, La guerra fra Venezia e la S. Sede per il dominio di Ferrara, Città di Castello 1905, passim.

größten venezianischen Landbesitzer gewesen[161]. Zudem galten die Querini, soweit sie in Oberitalien Politik betrieben, als Guelfen. Gerade hier in Ferrara hatte die Familie bereits einen Bischof gestellt[162]. Derart handfest waren die Interessen der Badoer und Querini am Aufstand gegen den Dogen, ein Eintreten für die Wünsche der Popolaren ist dagegen nirgends zu erkennen.

Es wäre freilich völlig falsch, aus dem Fehlen von festen Parteien im venezianischen Adel zu schließen, daß sich die Geschlechter untereinander einig gewesen wären. Schon das Verbot, bewaffnet zur Ratssitzung zu erscheinen, zeigt, daß die Diskussionen keineswegs immer friedlich verlaufen sind[163]. Es läßt sich nur erkennen, daß Einigkeit darüber bestand, Parteien als schädigend anzusehen und ihre Bildung zu unterbinden[164]. Allein das Wahlverfahren für das Dogenamt zeigt die Tendenz, mögliche Parteiungen von vornherein zu verhindern. Es war eine umständliche Folge von Losverfahren und der Zusammensetzung von Wahlmännergremien, die jeweils weitere Gremien wählten[165]. Wie die Tätigkeit der *iudices publicorum* zeigt, ging Venedig rücksichtslos gegen Partikularinteressen vor, wobei man auch Mitglieder des Adels nicht verschonte[166]. Am deutlichsten zeigt dabei jedoch das Verhalten der Wahlmänner bei den Wahlen zum Maggior Consiglio, woher die eigentliche Gefahr drohte: jeder versuchte ungeniert, möglichst viele Mitglieder der eigenen Familie in den Rat zu schicken[167].

Wie auch sonst beim mittelalterlichen Adel steht in Venedig die eigene Familie, die casa, im Zentrum des Denkens[168]. Man versuchte dem entgegenzuwirken, indem man von Abstimmungen, die einzelne Personen betrafen, alle Träger dieses Namens ausschloß[169]. Allerdings war dieses Mittel nur in beschränktem Maße tauglich: Da schon ein

---

161 Vgl. *V. Lazzarini*, Possessi et feudi veneziani nel ferrarese, in: Miscellanea in onore di Roberto Cessi 1, Roma 1958, S. 213–232; *Lane*, The Enlargement of the Great Council, S. 241 (mit Hinweis auf Badoer-Besitz in Padua).

162 Iohannes Querini (seit 1252 Aug. 17): *Eubel* 1, S. 248.

163 *Millesimo ducentesimo septuagesimo quarto, indictione secunda, die octavo exeunte maio. Pars fuit capta quod nullus de cetero audeat adducere in Consilio maiori vel Rogatorum vel XL aliquem cultellum, qui sit longior quatuor digitis per traversum et sit sine punta. Et hoc addatur in capitulari Maioris Consilii, quod sacramento de hoc quilibet teneatur.* Cessi, Maggior Consiglio 2, S. 84 Nr. 23. Vgl. dazu auch *Merores*, Der große Rat, S. 52.

164 *Lane*, Venice, S. 109 ff. *Roberti*, Magistrature 2, S. 26 (Eid des Consiliarius zu gleicher Behandlung aller).

165 Einprägsam das Schaubild bei *Lane*, Venice, S. 111.

166 Das ergeben die zahlreichen Prozesse des Codice del Piovego, passim.

167 Vgl. die Angaben der Cronaca Trevisan, Cod. Marc. It. cl. 7, 519 f. 86. *Ogni anno del mese septembre per el mazor consilio el numero de li ditti erano CCCCL–CCCCLXX de tre over quatro per prole et queli doi* (sc. electores anni) *elezevano deli suoi piu che potevano.*

168 Vgl. *Merores*, Der große Rat, S. 87.

169 Cessi, Maggior Consiglio 2, S. 26 Nr. 29: *Quod consiliarii exeant de parvo Consilio pro propinquis* (Kleiner Rat) ebd., S. 27 Nr. 31. Cessi, Maggior Consiglio 2, S. 80 Nr. 25: *Quando partes ponuntur in Consilio, propinqui eorum, quos tangit negocium, exeant de consilio* (Maggior Consiglio), so auch ähnlich bei allen Räten.

kurzer Blick in die Genealogien des venezianischen Adels zeigt, daß sich die Heiratskandidaten fast ausschließlich aus ebenbürtigen Familien rekrutierten, also aus einer geschlossenen Schicht, hatten auch die von der Abstimmung Ausgeschlossenen ihren – versippten und verschwägerten – Anhang im Großen Rat. In diesen sicherlich wechselnden Familienbeziehungen sind die Gruppen zu sehen, die sich in der venezianischen Politik von Fall zu Fall gegenüberstehen.

Nachrichten über Familienfeindschaften kennt das 13. Jahrhundert genug. Der Gegensatz Dandulo – Tiepolo wurde bereits erwähnt, aber auch mit den Ghisi pflegten die Dandulo Feindschaft: Marinus Dandulo hatte, wie die Ghisi auch, aus den Resten des byzantinischen Reiches eine Inselherrschaft in der Ägäis an sich gebracht. Nach seinem Tod wurde diese von der Familie Ghisi besetzt, die auch durch einen langen Prozeß und die Konfiskation ihrer Güter in Venedig nicht mehr zu ihrer Herausgabe zu veranlassen war[170].

Ein anderer Fall war der des Marcus Barozzi. Er war 1259 mit Paulus Gradenigo, dem ehemaligen Bailo von Negroponte, in eine – ihn scheinbar nicht befriedigende – Diskussion über die Politik in der Ägäis geraten. Er beendete sie kurzerhand mit dem tödlichen Schlag einer mitgeführten Eisenkeule[171]. Auch hier schritt Venedig sofort energisch ein. Diese Beispiele machen aber deutlich, daß der venezianische Adel keineswegs als Einheit anzusehen ist. Einig waren sich seine Mitglieder nur, wenn die Standesinteressen bedroht schienen. Dies zeigt sich am besten in der zweiten Hälfte des Jahrhunderts, als man jede Regung einer politischen Zunftbewegung erfolgreich unterdrückte.

Das Fehlen politischer Parteien innerhalb der Gemeinschaft jener Familien, die durch einen oder mehrere Vertreter im Großen Rat an der Politik beteiligt waren, hat seine Ursache im Fehlen echter sozialer Gegensätze. Ob in einzelnen Familien die Kaufleute, die Grundbesitzer, die Salinenbesitzer oder die Berufspolitiker dominierten, jede hatte einen beträchtlichen Teil des Vermögens im Handel investiert, besonders im Seehandel, den alle nach Möglichkeit förderten. Daß dieses Bild der relativen Einheit kein Zerrbild der herrschenden Aristokratie des 14. Jahrhunderts ist, zeigt auch das Urteil eines Nachbarn, der Venedig mit seiner eigenen, von Parteien zerrissenen Heimatstadt vergleicht: *Felix Veneciarum comune! cum cives illi in agendis suis omnibus adeo ad comunitatem respiciunt, ut Veneciarum nomen iam habeant quasi numen et iam fere iurent per Veneciarum reverenciam et honorem*[172].

[170] Vgl. *Loenertz*, Les Ghisi, und *Ders.*, Byzantina et Franco-Graeca 1, S. 399–419.

[171] Vgl. dazu *Hopf*, Veneto-byzantinische Analekten, S. 23.

[172] Rolandinus Patavinus, MG SS 19, S. 62; vgl. mit ähnlichen Bemerkungen auch Annales S. Iustinae Patavini, MG SS 19, S. 175. Zum Ganzen und zur Beurteilung der Venezianer und ihrer Verfassung vgl. *Lenel*, Vorherrschaft, S. 75 Anm. 2.

8. Der venezianische Adel und die Zünfte

Der venezianische Adel, wie er sich bis zur Mitte des 13. Jahrhunderts durch die Verschmelzung der alten Familien mit den *popolares veteres* herausgebildet hatte, sah sich seit der Jahrhundertmitte einer neuen Herausforderung gegenüber. Wie in anderen Städten Italiens auch, begannen in Venedig die Zünfte, in denen das Handwerk zusammengeschlossen war, als politischer Faktor eine Rolle zu spielen[173]. Noch als Rainerius Zen 1253 sein Amt als Doge antrat, soll nach venezianischer Tradition kein Dissens zwischen Adel und Handwerkern bestanden haben[174], doch änderte sich dieses Bild bald grundlegend. Bis dahin war es in Venedig erfolgreichen Kaufleuten ohne weiteres gestattet, in die Oberschicht aufzusteigen, Handwerker blieben jedoch von den Entscheidungsgremien der Politik ausgeschlossen.

Wenn sich nun unter den Popolaren, die in den Zünften zusammengeschlossen waren, Unruhen ausbreiteten, so war hierfür zu einem Gutteil sicher das Vorbild des benachbarten Oberitalien maßgebend. In starkem Maße beeinflußte jedoch auch die heimische Politik diesen Vorgang. Ist die erste Hälfte des 13. Jahrhunderts eine Zeit relativen Friedens und der wirtschaftlichen Prosperität gewesen, so folgen nun fünf krisenhafte Jahrzehnte.

Am Anfang dieser Entwicklung stehen der erste Genuakrieg und der Fall des lateinischen Konstantinopel, am Ende der Fall von Akkon und der zweite große Krieg gegen Genua[175]. Grundanliegen dieser Kriegspolitik war die Sicherung der Seerouten und der Absatzmärkte des maritimen Handels, der für die Oberschicht die Lebensgrundlage bildete. Der in der Stadt seinem Gewerbe nachgehende Popolare hatte durch ihn allenfalls indirekte Vorteile, bevor diese jedoch zum Tragen kamen, spürte er die unmittelbaren Lasten des Krieges. Längst war nämlich ein Zustand erreicht, der dem Handwerker die finanziellen Lasten der Politik aufbürdete, ohne ihn an den Entscheidungen zu beteiligen: Es scheint, daß die Zunftmitglieder nicht mehr den Status der *habitatores* des 12. Jahrhunderts hatten, der zwar keine Rechte, aber auch keine finanziellen Pflichten einschloß, denn die zünftischen Handwerker waren steuerpflichtig. Mit der Kriegspolitik überforderte Venedig die finanziellen Grundlagen des Staates gewaltig, wie ein Blick auf die Entwicklung der Staatsschuld zeigt[176]:

---

[173] *Kretschmayr*, Geschichte 2, S. 136 ff.; *Cracco*, Società e stato, S. 211 ff.; *Lane*, The Enlargement of the Great Council, S. 242 ff.; *Luzzatto*, Storia economica di Venezia, S. 65 ff.

[174] Quellenstelle zitiert bei *Romanin*, Storia documentata 2, S. 183 Anm. 15; vgl. *Cracco*, Società e stato, S. 201.

[175] G. *Caro*, Genua und die Mächte am Mittelmeer 1257–1311, 1–2, Halle 1895–99; vgl. *Kretschmayr*, Geschichte 2, S. 59 ff.; R. *Cessi*, La tregua fra Venezia e Genova nella seconda metà del XIII secolo, AV Tridentino 4 (1923) S. 1–55; *Lane*, Venice, S. 73 ff.

[176] Die Beträge sind aus späteren Rückzahlungsunterlagen errechnet von *F. C. Lane*, The funded debt of the Venetian Republic, in: Venice and History. The collected Papers of Frederic C. Lane, Baltimore 1966, S. 88.

1255	15 000 lib. gross.
1279	400 000 lib. gross.
1291	900 000 lib. gross.
1299	1 500 000 lib. gross.

Diese Politik und die durch sie verursachten Belastungen, die das Volk mitzutragen hatte, ohne daß es einen unmittelbaren Vorteil gesehen hätte, bereitete den Boden für soziale Spannungen in der Stadt. Nicht umsonst bildete 1266 das in Umlauf gesetzte Gerücht, man wolle höhere Steuern einführen, den Anlaß zu einem größeren Tumult in der Stadt[177]. Es kommt immer wieder zu Unruhen, die jedoch alle unterdrückt werden, ein erfolgreicher Umsturz wurde niemals durchgeführt[178].

Wie reagierte die venezianische Oberschicht auf diese Herausforderung? Die Räte unternahmen den Versuch, mit kleinen Zugeständnissen die Lage zu beruhigen und gleichzeitig mit administrativen Maßnahmen den Zünften ihre Macht zu nehmen. Bis zum Jahr 1261 bestand die Behörde der *iusticiarii*, die erstmals im Preisedikt des Sebastiano Ziani 1173 erwähnt werden, in alter Form. Es war dies ein Organ, in dem die Handwerker selbst Mitsprache hatten und aus dem sich die vornehmsten Geschlechter weitgehend heraushielten[179]:

Gruppe 1	3
Gruppe 2	2
Gruppe 3	8
Gruppe 4	5
Gruppe 5	7
Sonstige	9
Gesamt	34

---

[177] Andreae Danduli Chronica (ed. *Pastorello*) RIS 12, S. 314: *quo tempore* (sc. 1266) *fama in popolo divulgata est quod de duplicanda solucione maxenature consilium ageretur. Tunc populari vociferacione, plebs ad palacium venit, et erga ducem, eos ad quietem suadentem, lapides proiciunt; et postea domos aliquorum nobilium invadentes, illas depredati sunt. Cesante vero tumultu, dux auctores sceleris in platea laqueo suspendi fecit.*

[178] Andreae Danduli Chronica (ed. *Pastorello*) RIS 12, S. 321: *Eodem anno Simon Steno, Guecelus Depiro, Marcus Dolce, Bartolameus Gauta, Karletus Belotus, Flocax aurifex et Petrus de Arlengo, quia comilitatem et coniuracionem contra rempublicam Venetie fecerant, per senteciam, de Veneciis et terris sibi subiectus perpetuo baniti sunt.* Diese Verschwörung des Jahres 1275 trägt Züge eines Zunftaufstandes. Allein Simon Sten mag einem Adelsgeschlecht angehört haben. Typisch ist die Beteiligung eines Goldschmieds, da überall in Italien die Vertreter der angesehensten Zünfte die Bewegung der Popolaren mittragen.

[179] Vgl. die Zusammenstellung der Amtsinhaber nach den Texten der Zunftkapitularien, die durch diese Behörde zu genehmigen waren, bei *Monticolo*, I capitolari delle arti veneziane 1, Roma 1896, S. LXI–LXII.

Das änderte sich völlig, als man im Jahr 1261 zu einer Reform der Behörde schritt. Die Kompetenzen wurden geteilt, die Aufsicht über die Zünfte fiel an die sogenannten *iusticiarii veteres*[180]. Der Grundsatz der Politik des neuen Organs, der sich in den zahlreichen Einzelentscheidungen erkennen läßt, ist das Bemühen, die Zünfte auf die Rolle von Berufsverbänden und geistlichen Gemeinschaften zu beschränken[181]. Ein Blick auf die Amtsträger zeigt sehr deutlich, daß aus einem Organ der relativen Selbstverwaltung nunmehr ein Aufsichtsorgan geworden war, in dem die Großen der venezianischen Politik ihren gefürchteten innenpolitischen Gegner niederhielten[182]:

Gruppe 1	49
Gruppe 2	18
Gruppe 3	57
Gruppe 4	6
Gruppe 5	2
Sonstige	–
Gesamt	132

Diese Taktik, die Kontrolle in die Hände der Oberschicht zu legen, wurde begleitet von einer Politik der kleinen Zugeständnisse: Die Gastalden der Zünfte bekamen eine Reihe von Selbstverwaltungskompetenzen[183]. Auch in den Staatszeremonien vertraten nunmehr die Zünfte das Volk von Venedig, wie die Schilderungen des Martin da Canal deutlich zeigen[184]. Daß es den venezianischen Räten gelang, mit diesen Mitteln der Zunftbewegung die Gefährlichkeit zu nehmen und die Herrschaft uneingeschränkt in den eigenen Händen zu behalten, ist eine der erstaunlichsten Leistungen der venezianischen Innenpolitik.

In welch starkem Maß soziale Spannungen und im Adel die Furcht vor dem Volk vorhanden waren, zeigen die Einlassungen des Petrus Zen vor den *iudices publicorum*:

[180] *Cessi*, Maggior Consiglio 2, S. 269 Nr. 1 (1261 Okt. 19): *Capta fuit pars quod officium iusticie dividatur, et eligantur tres de novo, qui debeant habere tabernas et hostarias, beccharias et pescherias et alia, sicut videbuntur committenda, et reliqui habeant alia«.*

[181] Dies ist völlig richtig beschrieben bei *Cracco*, Società e stato, S. 220f. Vgl. etwa den Beschluß des Maggior Consiglio von 1264 Okt. 6 bei *Cessi*, Maggior Consiglio 2, S. 266 Nr. 2: *Millesimo ducentesimo sexagesimo quarto, indictione VIII, die sexto intrante octubri. Capta fuit pars quod gastaldiones omnium arcium teneantur in capite sive in principio sue gastaldie accipere illud capitulare, quo eis dederint Iusticiarii, et dicti gastaldiones, non possint nec debeant facere aliquod ordinamentum inter se nisi cum voluntate Iusticiariorum...*

[182] Vgl. die Liste der Amtsträger bei *Monticolo*, I capitolari delle arti venezie 1, S. LXII–LXX. Zur Quellengrundlage der Liste vgl. oben Anm. 177.

[183] Vgl. *Lane*, The Enlargement of the Great Council, S. 244 und S. 245 Anm. 33.

[184] Martin da Canal, Les Estoires de Venise (ed. *Limentani*) 2, CXVI–CXXXIV, S. 284–305. Vgl. auch Venetiarum Historia (ed. *Cessi/Bennato*) S. 179.

Als die Richter in einem Prozeß um angebliche private Fischereirechte der Familie Zen diesem vorhielten, nach den Aussagen zahlreicher Fischer seien die Gewässer aber öffentlich, antwortete er: *illos fore piscatores et vilis condictionis homines, qui propter eorum utilitates et commoda vellent bona omnia nobilium de Venecia publicari et in comune et in publicum conservari*[185].

Den endgültigen Sieg des venezianischen Adels über die Zünfte brachte der Regierungsantritt des Dogen Iacobus Contarini im Jahre 1275: Der neu in die Dogenpromission aufgenommene Artikel, daß es dem Dogen verboten sei, zu irgendwelchen Zwecken die Zünfte zu bewaffnen, besiegelte das Ende des politischen Einflusses für die Handwerker Venedigs[186]. Seither regierte die venezianische Aristokratie ohne Opposition, die sich von ihr sozial unterschieden hätte.

9. Die wirtschaftliche Stellung des venezianischen Adels

Wirft man einen Blick auf die Privaturkunden und Testamente der venezianischen Oberschicht im 13. Jahrhundert[187], so kann es kaum zweifelhaft sein, daß die Vermögen im Gefolge der Eroberung von Konstantinopel eine starke Ausweitung erfuhren. Den Venezianern stand der Löwenanteil der Beute zu, der sich in persönlichem Reichtum niederschlug[188]. Eine Anleihe Venedigs bei seinen Bürgern aus dem Jahre 1207 macht den Unterschied zum 12. Jahrhundert deutlich. In ihr spiegelt sich ebenso der gestiegene Geldbedarf des Staates nach dem vierten Kreuzzug wie das gewachsene individuelle Vermögen der venezianischen Privatpersonen. Man hatte es nicht mehr nötig, die Summe in Beträgen von 50 oder 100 lib. aufzunehmen, nun konnte man bei jedem einzelnen große Summen in Bargeld aufnehmen, wobei allein die Gelder des Teofilus Zen ausreichten, um eine Flotte von sechs Galeeren zu kaufen[189]:

---

[185] Codice del Piovego Nr. 2.

[186] ASV Cod. ex. Brera 277 f. 23 ff.

[187] Das meiste Material bei *Morozzo/Lombardo*, Documenti 2, und *Dies.*, Nuovi documenti. Einiges auch in den wenigen veröffentlichten Notariatsakten: Leonardo Marcello notaio di Candia (1278–1281) (ed. *M. Chiaudiano/A. Lombardo*) Venezia 1960; Notaio di Venezia del sec. XIII (1290–1292) (ed. *M. Baroni*) Venezia 1977; Imbreviature di Pietro Scardon 1271 (ed. *A. Lombardo*) Torino 1942; Pasquale Lugo notaio in Corone 1283–1311 (ed. *A. Lombardo*) Venezia 1951. Familienarchive: Famiglia Zusto (ed. *L. Lanfranchi*) Venezia 1955. Die Masse der Testamente im Archiv der Prokuratoren von S. Marco und verstreut in Kirchenarchiven noch ungedruckt, vgl. aber die Regesten von L. Lanfranchi im venezianischen Staatsarchiv.

[188] Vgl. *Ch. Ferrard*, The Amount of the Constantinopolitine Booty in 1204, Studi Veneziani 13 (1971) S. 95–104.

[189] *Morozzo/Lombardo* 2, S. 24 f. Nr. 485. Für die Galeerenpreise vgl. *Rösch*, Venedig und das Reich, S. 191.

Angelus Acotanto	2800 *lib.*
Leo Bembo	500 *lib.*
Iohannes Nadal	500 *lib.*
Marcus Vitturi	400 *lib.*
Pangracius Barozzi	500 *lib.*
Leonardus Nonno	300 *lib.*
Teofilus Zen	4400 *lib.*
Marinus Gradenigo	2000 *lib.*
Pangracius Barozzi	2000 *lib.*
Iohannes Martinacio	2000 *lib.*
Nicolaus Stanier	2000 *lib.*
Lucas Longo	2000 *lib.*
Leonardus Campulo	1000 *lib.*
Philippus Michiel	1000 *lib.*
Marcus Zancarolo	433⅓ *lib.*
Dominicus Pistello	400 *lib.*
Marinus Falier	433⅓ *lib.*
Leonardus da Vinea	433⅓ *lib.*
Dominicus Zancarolo	433⅓ *lib.*
Marinus Gramentuni	442 *lib.*
Stefanus Dono	375 *lib.*
Martinus Falier	100 *lib.*

Die Namen der Popolaren, die hier neben denen der alten Geschlechter stehen, zeigen deutlich, daß weite Kreise von dem neuen Reichtum Venedigs profitierten. In der Tat nimmt der Reichtum zu, doch ist gleichzeitig die Kaufkraft der Geldmengen schwer abzuschätzen. Sicher scheint jedenfalls, daß der Kaufwert in Venedig ständig zurückging[190]. Nur auf diese Weise ist zu erklären, daß der Fondaco dei Tedeschi im dritten Jahrzehnt des 13. Jahrhunderts noch für 1360 bzw. 1100 *lib.* jährlich verpachtet wurde[191], während am Ende dieses Jahrhunderts die weit weniger wichtigen Finanzorgane der Beccaria für 6535 *lib. gross.*[192] und die Messeteria für 16 860 *lib. gross.*[193] an venezianische Adelige vergeben wurden.

---

[190] Als Beispiel seien Weinpreise genannt. Während Sebastianus Ziani 1173 in seinem Preisedikt den Marktpreis einer Amphore (600 Liter) Wein mit 2 *lib. den. ver.* festlegte, wurden im Großhandel in den zwanziger Jahren des 13. Jahrhunderts 8 *lib. ven.* genommen (Beispiele bei *Predelli*, Il liber comunis detto anche Plegiorum del R. Archivio generale di Venezia, Venezia 1872 im Register s. v. vino – prezzo).

[191] Vgl. *Rösch*, Venedig und das Reich, S. 90 mit Anm. 65.

[192] *Marco Barbaro*, Famiglie nobile venete, Cod. Vind. 6156 f. 434'.

[193] Ebd. Cod. 6155 f. 255.

Trotz dieser Geldentwertung waren die venezianischen Familienvermögen bedeutend. Petrus Ziani, der 1229 starb, war zu seiner Zeit sicher einer der reichsten Männer des Abendlands. Sein Besitz läßt sich leider nur an der Höhe der Stiftungen messen. Er hinterließ für diesen Zweck mehr als 12000 lib.[194]. Das Vermögen des Dogen Rainerius Zen in der Mitte des Jahrhunderts kann man auf gut 50000 lib. einschätzen[195]. Dies waren enorme Summen, wenn man bedenkt, daß in den zwanziger Jahren des 13. Jahrhunderts der Monatsverdienst eines Matrosen der Kriegsflotte bei 3 lib. lag, der Kapitän einer kleineren Galeere 14 lib. erhielt und eine Galeere mit etwa 700 lib. Wert berechnet wurde[196].

Weit wichtiger jedoch als der absolute Wert der Gesamtvermögen, die im einzelnen recht unterschiedlich gewesen sind, ist die Struktur des Besitzes, die sich im 13. Jahrhundert in charakteristischer Weise gegenüber dem vorangegangenen Saeculum verändert hatte. Grundsätzlich sind vier große Vermögensgruppen zu unterscheiden:

1. Grundvermögen;
2. Seedarlehen;
3. Staatsanleihen;
4. Mobilia etc.

Grundvermögen: Durch die Folgen des vierten Kreuzzugs ergaben sich im 13. Jahrhundert für den venezianischen Adel bedeutende Verschiebungen in der Zusammensetzung seines Immobilienbesitzes. Die führenden Geschlechter des 12. Jahrhunderts hatten sich des städtischen Grundbesitzes bemächtigt. So besaßen etwa die Ziani Liegenschaften in folgenden Pfarreien: S. Giustina (Hauptsitz), S. Giovanni di Rialto, S. Giuliano, S. Geminiano, S. Maria Formosa, S. Felice, S. Giovanni in Bragora, Ss. Trinità, S. Provolo, S. Angelo und weiteren Streubesitz in der Stadt[197]. Großen Geldmengen aus der Beute von Konstantinopel, die der Anlagemöglichkeiten im Dogat und in der Stadt bedurften, stand ein völlig ungenügendes Angebot gegenüber. Aus diesem Grund

---

[194] *S. Borsari*, Una famiglia veneziana del medioevo: Gli Ziani, AV Vᵃ ser. 110 (1978) S. 27–72, bes. S. 54–64 Nr. 1.

[195] Vgl. *G. Luzzatto* Il patrimonio privato di un doge del secolo XIII, in: *Ders.*, Studi di Storia economica veneziana, S. 59–79.

1. Immobilien (geschätzt)		10000 lib.
2. Mobilia		
a. Bargeld	3388	
b. Pretiosen	3761	
c. Kredite	2264	
d. Colleganze	22935	
e. Staatsschuld	6500	
gesamt a–e		38848 lib.
Vermögen		48848 lib.

[196] Vgl. hierzu *Rösch*, Venedig und das Reich, S. 187 ff., mit weiterem Material.

[197] Vgl. *Fees*, Reichtum und Macht, S. 119 ff.

suchte man in großem Umfang Land auf der Terraferma zu erwerben. In Treviso, im Paduanischen und in Ferrara treten jetzt allenthalben adlige Venezianer als Käufer von landwirtschaftlichem Grundbesitz auf. Zu Ende des Jahrhunderts hat fast jede Familie ihr Landgut auf dem Festland, erst jetzt wird aus dem venezianischen Adligen ein Grundherr größeren Stils, der in die feudalen Rechte seiner Vorbesitzer eintritt[198].

Aber auch sonst erscheinen die Mitglieder der venezianischen Oberschicht als Feudalherrn außerhalb des Stadtgebiets: Die Familie Zorzi hielt seit 1261 mit Billigung Venedigs die Herrschaft von Curzola in Dalmatien[199], die Contarini besaßen ein Lehen im Heiligen Land[200]. Noch in der zweiten Hälfte des 13. Jahrhunderts suchten die Erben des Marcus Ziani mit Hilfe des Papstes in den Besitz einer Baronie in Sizilien zu gelangen, die sie aufgrund der Verwandtschaft der Ziani mit dem normannischen Königshaus beanspruchten[201]. Doch auch in der eroberten Romania besaß der Adel weite Herrschaften. Bildeten dabei die Lehen auf der venezianischen Insel Kreta durchaus bescheidene Vermögen, so hatten die Inselherrschaften der Sanudo, Ghisi und Navazoso einen erheblichen Wert.

Als nach dem Tod des Marinus Dandulo die Ghisi gewaltsam die Herrschaft Andros an sich brachten, mußte vor den venezianischen Richtern der Wert dieser Herrschaft bilanziert werden. Im Jahr 1243 kam man zu dem Schluß, die Höhe des Vermögens belaufe sich für den verstorbenen Marinus auf 36 450 Hyperpera. In dieser Summe waren weder Vieh und Pferde noch das massaratico enthalten, das Gesamtvermögen seiner Frau Maria Dauro belief sich zusätzlich auf 1400 Hyperpera[202]. Das Grundvermögen des venezianischen Adels hatte sich durch die reichen Neuerwerbungen im 13. Jahrhundert vervielfacht.

Seedarlehen: Weitaus schwieriger als das Grundvermögen ist der Umfang der Darlehensgeschäfte einzuschätzen. Seedarlehen hatte jedes Mitglied der venezianischen

---

[198] Vgl. V. *Lazzarini*, Antiche leggi venete intorno ai proprietari nella terraferma, NAV NS 38 (1919) S. 5–31; *Ders.*, Possessi e feudi veneziani nel ferrarese, in: Miscellanea in onore di R. Cessi, Roma 1958, S. 213–232; *Cracco*, Società e stato, S. 126 ff.; *Pozza*, Mercanti e proprietari, 2 Bde.; über 80 Familien sind im 13. Jahrhundert als Grundbesitzer nachweisbar: ebd., 1, S. 220; über Ferrara ebd., 1, S. 160 ff.; über Padua ebd., 1, S. 180 ff.; über Treviso ebd., 1, S. 210 ff. Zeitweise war der Landerwerb in einem Gebiet in Zeiten der gegenseitigen Feindschaft untersagt: *Cessi*, Maggior Consiglio 2, S. 49 Nr. 24; S. 61 (1271); S. 64 (1274); S. 80 f. (1260).

[199] Vgl. *Kretschmayr*, Geschichte 2, S. 58.

[200] J. *Prawer*, Études sur quelques problèmes agraires et sociaux d'une seigneurie croisée au XIIIe siècle, Byzantion 22 (1952) S. 5–61, und 23 (1953) S. 143–170, bes. 22, S. 15.

[201] Les Registres d'Innocent IV (ed. E. *Berger*) Nr. 5557 (1252 Febr. 18) Restitution an Marcus Ziani. Les Registres d'Alexandre IV (ed. C. *Bourel de la Roncière*) Nr. 320 (1255 April 13) für Marchisina uxor Marci Badoer. N. *Nicolini*, Un feudo veneziano nel regno di Sicilia, RSI 76 (1964) S. 1012–1021.

[202] Vgl. *Cessi*, Maggior Consiglio 2, S. 142 Nr. 2. Vgl. R.-J. *Loenertz*, Marino Dandolo seigneur d'Andros et son conflit avec l'évêque Jean, in: *Ders.*, Byzantina et Franco-Graeca 1, S. 399–419; *Ders.*, Les Ghisi.

Oberschicht ausgegeben, doch schwankte der Anteil am Gesamtvermögen nach Interesse des einzelnen beträchtlich. So hatte der Doge Rainerius Zen fast die Hälfte seines Vermögens in der Commenda angelegt, wie die Akten bei den Prokuratoren von S. Marco, die als Nachlaßgericht fungierten, darlegen. Bezeichnend ist, daß diese Geschäfte zur Zeit des ersten Genuakriegs nur mit Verlust abgewickelt werden konnten[203]. Die formelhaften Geschäftsurkunden geben im 13. Jahrhundert keine Hinweise mehr auf die Rendite des Seegeschäfts, doch konnte in Friedenszeiten hier sicherlich Vermögen gebildet werden.

Daneben beginnt aber in Venedig nun auch das Bankgeschäft, wobei venezianische Kreditgeber vor allem auch das lateinische Kaiserreich in Konstantinopel am Leben hielten. So nahm 1238 Nicolaus Querini für 13 134 Hyperpera die kostbare Reliquie der Dornenkrone als Pfand, die schließlich Ludwig der Heilige von Frankreich bei ihm auslöste und nach Paris bringen ließ[204]. Iohannes und Angelus Ferro ließen sich von Balduin II. von Konstantinopel für ein Darlehen sogar dessen Sohn als Pfand nach Venedig schaffen. Erst mit Geldern König Alfons X. von Kastilien konnte der bedauernswerte Knabe 1258 wieder ausgelöst werden[205]. Daß in den Kreditgeschäften enorme Summen stecken mußten, zeigt der Prozeß der Dandulo gegen die Ghisi um die Herrschaft Andros. Um die Familie Dandulo zu entschädigen, ordnete Venedig die Konfiskation der Waren und Gelder der Ghisi in Venedig an. Nach einem Jahr belief sich der Wert des konfiszierten Guts auf 36 000 *lib.*[206].

Staatsanleihen: Den Geldbedarf, den die Mittelmeerpolitik Venedigs hervorrief, deckte man in der ersten Hälfte des 13. Jahrhunderts bei den eigenen *cives* mittels Staatsanleihen, die nicht verzinst wurden, dafür aber in einem Zeitraum bis zu 15 Jahren rückzahlbar waren. Machte allein dies bei den wohlhabenden Mitgliedern des venezianischen Adels nicht unbedeutende Beträge aus, so wuchsen diese weiter an, als Venedig im Jahr 1262 seine Schuldenverwaltung reformierte: Man brachte alle Staatsschulden in einen Fonds ein, der auf diese Gesamtschuld eine Verzinsung von jährlich 5 % bezahlte[207]. Die staatlichen Anleihen wurden bei den einzelnen weiter nach der Höhe des Vermögens erhoben, doch bildete sich für die festverzinslichen Staatsanleihen ein Markt, auf dem diese Rentenwerte weiterverkauft werden konnten. Der Übergang vom

---

[203] Vgl. Anm. 193.

[204] Vgl. R. L. *Wolff*, The Latin Empire of Constantinople, in: A. History of the Crusades 2, 2. Aufl. Madison 1969, S. 222.

[205] R. L. *Wolff*, Mortage and Redemption of an Emperor's Son: Castile and the Latin Empire of Constantinople, Speculum 29 (1954) S. 45–84; *Ders.*, The Latin Empire (wie Anm. 204) S. 225.

[206] *Cessi*, Maggior Consiglio 2, S. 141 f.; *Loenertz*, Les Ghisi, S. 483.

[207] R. *Cessi*, La regolazione delle entrate e delle spese, Documenti finanziari della Repubblica di Venezia 1.1.1., Venezia 1925, S. 9 ff. M. *Merores*, Die ältesten venezianischen Staatsanleihen und ihre Entstehung, VSWG 15 (1921) S. 381–398; F. C. *Lane*, The funded debt of the Venetian Republic 1262–1482, in: Venice and History. The collected Papers of Frederic C. Lane, Baltimore 1966, S. 87–98.

venezianischen Darlehen mit seinem fixierten herkömmlichen Zinssatz von 20 % zu den Staatsanleihen des 13. Jahrhunderts mit 5 % Ertrag zeigt deutlich, daß in dieser Zeit Mangel an Edelmetall nicht das erste Problem Venedigs gewesen sein kann[208].

Mobilia: Hausrat, Geschmeide und anderer mobiler Besitz wird in den venezianischen Testamenten der Zeit ohne Hinzufügung der Summe des geschätzten Werts aufgeführt, so daß sich der Anteil am Vermögen nicht beurteilen läßt.

So unterschiedlich wie die Höhe war auch die Verteilung des Vermögens auf die vier Blöcke. Der venezianische Steuerkataster von 1379 zeigt, daß innerhalb einer Familie die Besitzverhältnisse ebenfalls unterschiedlich waren[209]. Für das 13. Jahrhundert gibt ein Verzeichnis aus dem Jahr 1294 eine Vorstellung von der Abstufung des Reichtums innerhalb des venezianischen Adels[210]. Da die Stellung von Ausrüstung und von Bewaffneten für die Kriegsflotte (mindestens 20 Mann pro Galeere) vor allem nach den *case* und nicht nach dem Vermögen der Einzelpersonen berechnet wurde, gibt die Quelle einen Einblick in die wirtschaftliche Potenz der einzelnen Familien:

3 Galeeren: Querini
Morosini
Contarini
Dandulo

2 Galeeren: Gradenigo
Zen mit Iohannes Barisano und Andreas Gausoni
Venier mit Iohannes d'Arpino
Soranzo
Michiel und Zantani

1 Galeere: Tiepolo, Vidal und Iohannes Salomon
Viaro und Brizzi
da Molin
Corner
Sanudo
Barbarigo
Barozzi und Foscari
Polani, Barbaro und Nicola
Ca... und della Frascada
Dolfin, Notichieri und Fano
da Mosto
Signolo und Fontana
Mauro und Trevisan

---

[208] Vgl. *F. C. Lane*, Investment and Usury, in: *Ders.*, Venice and History, S. 56–68.

[209] Vgl. *M. Merores*, Der venezianische Steuerkataster von 1379, VSWG 16 (1922) S. 415–419. Für die sozialgeschichtliche Bedeutung *S. Chojnacki*, In Search of the Venetian Patriciate, passim.

[210] Gedruckt bei *Romanin*, Storia documentata 2, S. 237 Anm. 53. Der Text ist erst in später Überlieferung auf uns gekommen, doch erheben sich gegen seine Authentizität keine Bedenken.

Pesaro
Malipiero und Mazarol
Manolesso
Bembo
Polo
Zane
da Canal
Baseggio
Boldù
Ghisi und Davanzago
Vigloni und Ferro
Bondimier und Baffo
Babilonio
Vendelin
Permarin und de Mes
Marcello, Bragadin und Cavatorta
Susenullo, Viadro und Cauco
Miglani, Paradiso und Domenzon und Lion
Nanni und Bocasso
Donà Bon und Grillioni
Minotto, Vitturi und Marignoni
Zusto, Bellegno und Valaresso
Sagredo und Aurio
Dandulo, Capello und Picamano
Grausoni, Dauro und Grimani
Gabriel, Pasqualigo und Zulian
Zorzi
Falier
Foscarini
Giustinian
Badoer
Loredan
Storlato

Deutlich ist zu bemerken, daß zu den Notwendigkeiten der Kriegsrüstung auch zahlreiche Popolaren mit herangezogen werden, daß auf der anderen Seite aber verarmte Adelsgeschlechter ausgenommen sind, wie das offensichtlich bei den Orseolo der Fall ist. Darüber hinaus ist jedoch auch eine erstaunliche Kongruenz zwischen dem politischen Einfluß einer Familie und ihren wirtschaftlichen Fähigkeiten festzustellen. Offensichtlich spielte im 13. Jahrhundert auch das Vermögen der Familie eine wesentliche Rolle, wenn es darum ging, politischen Einfluß zu gewinnen. Die vornehme Abstammung allein genügte nicht.

Vor allem die Veränderungen im Grundvermögen und der Erwerb von Feudalbesitz außerhalb der venezianischen Grenzen bewirkten im 13. Jahrhundert eine Annäherung der Lebensweise des Adligen an die Gewohnheiten des Landadels der Terraferma. Höfisches Leben und höfische Kultur sowie die ritterliche Lebensart gewannen in Venedig an Einfluß. In der Chronik des Martin da Canal hat dies seinen Ausdruck gefunden. Ihm verdanken wir auch die Beschreibung eines großen Turniers auf dem Markusplatz in Venedig, bei dem Marco, der Sohn des Dogen Petrus Ziani, mit dem Adel Friauls seine Waffen kreuzt[211]. Erst im 13. Jahrhundert hat sich der venezianische Adel der feudalen Kultur des Abendlandes angepaßt, ohne indes seine kaufmännischen Interessen zu vernachlässigen.

[211] Martin da Canal, Les Estoires de Venise (ed. *Limentani*) 1, CXXXII–CXXXIII, S. 128–131; vgl. dazu L. *Kretzenbacher*, Alt-Venedigs Sport und Schau-Brauchtum als Propaganda der Republik Venedig zwischen Friaul und Byzanz, in: *Beck–Manoussacas–Pertusi* (Hg.), Venezia Centro di Mediazione tra Oriente ed Occidente 1, Firenze 1977, S. 249–277.

6. KAPITEL

Die sogenannte Serrata des Maggior Consiglio vom Jahre 1297

Die Serrata des Maggior Consiglio, die Schließung des Großen Rats im Jahr 1297, ist nach venezianischer Tradition und Ansicht der gesamten älteren Literatur das wichtigste Datum und Faktum der Geschichte des venezianischen Adels[1]. Damals soll festgelegt worden sein, wer das Recht habe, weiterhin diesem Gremium anzugehören. Der Kreis beschränkte sich auf diejenigen, die bisher im Großen Rat gesessen waren, und deren Nachkommen. Damit sei auch die Definition des venezianischen Adels bis zum Untergang der Republik gegeben worden.

Marco Barbaro faßt diese Ansicht zusammen: »Questa dignità de nobili cittadini del gran Consiglio dopo il 1296 (more Veneto sc. 1297) fino al presente et stata et e una istessa: perche non abbiamo alcun del gran Consiglio, che non sia nobile cittadino nostro, ne abbiamo alcun cittadino nato nobile che non sia o vero esser possa del gran Consiglio. E se bene abbiamo cittadini di nobile e gentil sangue, tamen quando dicemo ovvero scrivemo semplicemente cittadino Veneto s'intende e si deve intendere di quel cittadino, che non e ne puo essere del gran Consiglio se suo padre fosse stato imperatore. E quando dicemo ovvero scrivemo nobile cittadino nostro s'intende e si deve intendere di quel cittadino, che che sia, vero esser possa da gran Consiglio, se bene il suo padre, prima che li fosse data la dignità, fosse stata di vilissima stirpe, ed alla cancelleria da poi serrata il Consiglio maggiore averti erano mosta a scrivere su i libbri publici il titolo di nobilita a coloro che non erano ne poterano esser del gran Consiglio«[2]. Damit habe sich der venezianische Adel selbst definiert und sei zu einer Kaste geworden, deren Zusammensetzung sich nur mehr durch die – nicht eben zahlreichen – Neuaufnahmen geändert hätte.

Erst die neuere Forschung hat betont, daß dieses berühmte Ereignis der venezianischen Sozialgeschichte in den Quellen der Zeit kaum einen Niederschlag fand[3]. Die

---

[1] Völlig überholt, aber in venezianischer Tradition *Romanin*, Storia documentata 2, S. 244 ff.; auch veraltet *Kretschmayr*, Geschichte 2, S. 72–76 und 575–576. Der größte Mangel von *Merores*, Der große Rat, passim, ist die Verwendung der Abschriften der Originalregister des Maggior Consiglio, die manche Abweichung von den Originalen bieten, doch hatte die Autorin in schwieriger Zeit keine Möglichkeit der Einsicht in die Originale. Zur Interpretation bei *Cracco*, Società e stato, S. 290 ff. Kritik bereits bei *Hocquet*, Studi Veneziani 17–18 (1975/76) S. 400 ff., und bes. *Lane*, The Enlargement of the Great Council, passim, dessen Arbeit grundlegend geworden ist. Zusammenfassend *Lane*, Venice, S. 111 ff.

[2] Vgl. *Merores*, Der große Rat, S. 85.

[3] Vgl. die Literatur in Anm. 1.

Sitzungsprotokolle des Großen Rats sind in dieser Frage unklar und auch erkennbar unvollständig, die venezianische Chronistik kennt dieses Ereignis bis in das späte 14. Jahrhundert nicht. Im Gegenteil, Andreas Dandulo hat in seiner Kleinen Chronik nur bemerkt: *Hic dux cum suis consiliis ordinatis aliquos populares de maiori consilio esse decrevit*[4]. Die venezianische Chronistik kennt also nur eine Erweiterung des großen Rats, ein Schließen des Maggior Consiglio und ein Ausschluß einer Bevölkerungsgruppe zugunsten des Adels ist nirgends erwähnt. Keine Schilderung der Serrata in venezianischen Geschichtswerken kann sicher vor das Jahr 1400 datiert werden, allein die Cronica Trevisana enthält zwei Erzählungen über die Änderung des Wahlmodus für den Großen Rat, von denen eine vielleicht Nicolo Trevisan zugeschrieben werden kann, der 1369 gestorben ist[5].

Die jüngere dieser Beschreibungen der Serrata, für die der Autor erkennbar die Ratsprotokolle benützt hat, ist sicherlich nach dem Beginn des Dogats von Francesco Foscari (1423) geschrieben worden. Sie stützt sich auf Kenntnis der venezianischen Archivalien: Als Inhalt der Beschlüsse wird hervorgehoben, daß alle, die bisher bereits Mitglied des Großen Rats waren, dies weiterhin bleiben sollen, während für neue Mitglieder der Doge und sein Kleiner Rat nach Ermessen zu entscheiden hätten. Der Autor gibt danach eine Liste jener 215 Mitglieder des Maggior Consiglio, die zwischen 20. März und 17. April aufgrund der neuen Vorschriften in den Rat berufen worden sind. Der Anonymus erwähnt auch jene Familien, die aus Konstantinopel und Akkon gekommen waren und deren Aufnahme in den Großen Rat ebenfalls beschlossen worden sei. Zudem verbindet die Schilderung die Erhebung des Marinus Bocco gegen den Dogen im Jahre 1300 mit der Serrata, bei der sich Bocco ausgeschlossen gefühlt habe. Diese war bisher von keiner Chronik mit irgendwelchen Verfassungsänderungen in Zusammenhang gebracht worden[6].

Die zweite Erzählung, die wahrscheinlich älter ist, gibt ausdrücklich die Motive wieder, die angeblich den Dogen Petrus Gradenigo zu der Reform des Wahlmodus veranlaßt hatten: ... *ebe animo de reformar el gran consegio nelqual volse admeter mazor numero di famige che fuseno reconosute nobele et equale a le altre et non che poche famiglie esser dovesero le principale de la citta et in piu reveride, tolendo alli cittadini et populari il modo che avevano di esser admese nel maggior cons(ei)o; e la radice di tal novita era l'odio ch'el portava alli populari, li quali avanti la eletione sua avevano chiamado Doge Messer Jacomo Tiepolo*[7]. Auch hier, wie in der Bemerkung bei Dandolo,

---

[4] Andreae Danduli Chronica brevis (ed. *Muratori*) RIS 12, S. 409. In die Neuedition bei *Pastorello* nicht aufgenommen, da nicht in allen Handschriften enthalten. Vgl. *Lane*, The Enlargement of the Great Council, S. 261 Anm. 1; *Merores*, Der große Rat, S. 82, möchte diese Bemerkung nicht auf die Serrata, sondern andere, nicht spezifizierte Ereignisse beziehen, doch Lane beharrt wohl zu Recht darauf.

[5] *Nicolò Trevisan*, Cronaca di Venezia, continuata da altro autore sino all'anno 1585, Cod. Marc. It. cl. 7, 519 (8438). Erste Erzählung f. 86 f., zweite f. 89 f. Zum Autor *Carile*, Cronachistica, S. 138 ff.; *Lane*, The Enlargement of the Great Council, S. 262 mit Anm. 4.

[6] Ebd., f. 86.

[7] Ebd., f. 89.

wird dem Dogen die Absicht zugeschrieben, den Großen Rat zu vergrößern, ein Vorgang, der das Gegenteil einer Schließung gewesen wäre. Wohl unter Benützung der Cronica Trevisana, vielleicht auch aufgrund mündlicher Traditionen hat dann die venezianische Chronistik des 15. und 16. Jahrhunderts die Schilderung von der Reform des Jahres 1297 immer weiter ausgebaut[8].

Um die Neuerungen der Wende des 14. Jahrhunderts zu verstehen, ist es zunächst notwendig, die Wahlmodalitäten und die Zusammensetzung des Großen Rats vor dem Jahr 1297 zu kennen. Der Große Rat ist aus dem *consilium sapientium* hervorgegangen, das zu Beginn der vierziger Jahre des 12. Jahrhunderts als Organ des *comune Venetiarum* dem Dogen entgegentritt. Seit in den achtziger Jahren des 12. Jahrhunderts der Kleine Rat des Dogen mit seinen sechs Mitgliedern als engeres politisches Beratungsgremium geschaffen worden war, bezeichnete man die größere Versammlung als Großen Rat[9]. Die Zahl der Mitglieder ist beschränkt und hat zur Zeit des vierten Kreuzzugs vierzig betragen[10].

Auch in der Folgezeit bleibt die Zahl der Ratsherren wohl beschränkt, doch bringt eine Gewohnheit der venezianischen Verfassung eine radikale Änderung der Struktur mit sich: Wohl um die Fachkenntnis der verschiedenen Ämter und Kollegien auszunutzen, werden alle diese Amtsträger ebenfalls zu den Beratungen hinzugezogen. Auf diese Weise nehmen neben den eigentlichen Mitgliedern des Großen Rates an den Sitzungen teil: Der Doge mit seinem Kleinen Rat, die Quarantia, der Senat mit seinen sechzig Mitgliedern, die *iudices* und alle anderen Vertreter der venezianischen *officia*. Der Große Rat war auf diese Weise eine Versammlung aller venezianischen Beamten geworden, in der die eigentlichen Mitglieder in der Minderheit waren.

Wohl um dieses Ungleichgewicht zu beseitigen, schritt man in der ersten Hälfte des 13. Jahrhunderts dazu, die Zahl der gewählten eigentlichen Ratsherren auf 100 zu erhöhen[11]. Die hohen Mitgliedszahlen des Großen Rats, wie sie in den Teilnehmerverzeichnissen von 1261 bis 1282 vorliegen, widersprechen dem nicht. Der Grundsatz der venezianischen Verfassung, daß niemand mehr als ein Amt gleichzeitig innehaben dürfe, galt auch für den Maggior Consiglio. Da aber in Venedig während des ganzen Jahres von den Wahlmännern einzelne der zahlreichen *officia* neu zu besetzen waren und die Wahl eines ordentlichen Mitgliedes des Maggior Consiglio in ein anderes Amt dessen Ausscheiden aus dem Rat bedingte, wurden ständige Nachwahlen für dieses wichtigste Gremium des *comune* notwendig. Durch dieses Verfahren erhöhte sich die Zahl der während eines Jahres in den Großen Rat Berufenen ständig. Zwar blieb die Zahl der eigentlichen Räte stets bei 100, doch schied keiner aus, da alle Amtsträger *ex officio* Sitz und Stimme im Großen Rat behielten. Die Wahllisten des Großen Rats im 13. Jahrhundert führen die Namen der 100 ursprünglich gewählten ordentlichen Mitglieder an, dazu

---

[8] *Merores*, Der große Rat, S. 83 ff.; *Lane*, The Enlargement of the Great Council, S. 241 f.

[9] Vgl. oben Kap. 4.

[10] Vgl. oben Kap. 5.

[11] *Merores*, Der große Rat, S. 59 ff., und frühere Literatur ist völlig überholt durch *Cessi*, Maggior Consiglio 1, S. III ff.

aber auch sämtliche im Laufe des Jahres nachgewählten Personen[12]. Um das Bild einer Ratssitzung dieser Zeit vollständig zu machen, sind hierzu auch noch alle jene zu zählen, die ein *officium* erhielten, ohne vorher Mitglied des Großen Rates gewesen zu sein. Allerdings wird man ihre Zahl angesichts der Hunderte von Beamten, die aus dem Rat gewählt wurden, nicht übermäßig hoch einschätzen dürfen. Die Zahlen lassen keinen anderen Schluß zu, als daß man bei der Besetzung eines Amtes zunächst auf die Mitglieder des großen Rats zurückgriff. Erst im letzten Viertel des 13. Jahrhunderts zeigen die sich deutlich verringernden Zahlen an, daß man nunmehr begann, dieses unbequeme System mit seinen ständigen Nachwahlen aufzugeben[13].

Gewählt wurde zum Großen Rat in einem zweigeteilten System, das auf dem Vorschlag durch Wahlmänner *(electio)* beruhte, der dann im Großen Rat durch Abstimmung *(approbatio)* angenommen oder verworfen wurde. Für die Wahl der hundert neuen Mitglieder des Großen Rats waren die *electores anni* zuständig: Sie mußten sich unmittelbar nach ihrer Wahl durch den »alten« Großen Rat in Klausur begeben, um ihre Vorschläge auszuarbeiten. Jede Einflußnahme von Parteien sollte ausgeschlossen werden, auch gegenseitig durften sie einander nicht beraten. Waren sie bis zum Abend nicht zu einem Vorschlag gekommen, mußten sie im Dogenpalast bleiben, bis ihre Arbeit beendet war[14]. Verlassen der Klausur oder Beratung mit Außenstehenden hatten hohe Strafen zur Folge, die Furcht vor Gruppenbildung wird in diesen Bestimmungen deutlich. Für die Nachwahlen waren Wahlmänner mit einer halbjährigen Amtszeit vorgesehen *(electores medii anni)*[15]. War ihre Zahl im Wahlgesetz von 1207 noch mit drei angegeben, so erhöhte sich ihre Zahl während des 13. Jahrhunderts, ohne je streng festgelegt zu sein[16].

Das Gremium besetzte auch eine Reihe anderer Ämter, doch bildete sich hierbei kein fester Brauch aus. Lange Zeit bestand für wichtige politische *officia* ein Vorschlagsrecht des Dogen und seines Rats, doch besteht die Tendenz, diese Kompetenzen auf die Wahlmänner zu übertragen. Für manche Ämter bestanden eigene Kommissionen, einige wurden im Maggior Consiglio in einer Folge von Losentscheidung und Vorschlag seitens Wahlmännergremien besetzt. Das 13. Jahrhundert kennt hier noch eine bunte Fülle von Verfahrensweisen[17]. Stimmte schließlich der Maggior Consiglio über die Vorschläge ab,

---

[12] Das Verfahren wird deutlicher, als die Registrierung sich nach dem Jahre 1281/82 änderte: *Cessi*, Maggior Consiglio 1, S. 323 ff., doch nun fehlen vollständige Angaben weitgehend.

[13] So *Cessi*, Maggior Consiglio 1, S. XIV ff., und *Lane*, The Enlargement of the Great Council, S. 248 f.

[14] *Capitula consiliorum pertinentium Electoribus anni: Cessi*, Maggior Consiglio 2, S. 225 Nr. 1–3; *Capitula consiliorum pertinentium electionibus, electoribus et electis: Cessi*, Maggior Consiglio 2, S. 88 ff. *Merores*, Der große Rat, S. 45 ff. *Lane*, The Enlargement of the Great Council, S. 251; für die Namen in den Wahlunterlagen vgl. *Cessi*, Maggior Consiglio 1, S. 265 ff.

[15] *Cessi*, Maggior Consiglio 1, S. 269 ff., öfter erwähnt.

[16] *Cessi*, Maggior Consiglio 1, S. 263 Nr. A. (1207); vgl. auch die Literatur in Anm. 14.

[17] *Merores*, Der große Rat, S. 45 ff., nennt generalisierend 3 Verfahren: durch Wahlmänner, durch Abstimmung, durch das Ziehen von gefärbten Kugeln *(per ballotas)*.

so stand es ihm frei, über jeden einzelnen Namen zu entscheiden oder die Listen als Ganzes anzunehmen. Da aufgrund der Fülle der zu erledigenden Vorlagen diese Entscheidungen in der Regel nicht für jede einzelne Person getroffen, sondern die Vorschläge der Wahlmänner meist angenommen wurden, erhielten diese eine Schlüsselstellung.

In Wirklichkeit war die Wahl jedoch streng an das Herkommen gebunden, wie die Mitgliedslisten des Maggior Consiglio und die Ämterlisten zeigen. Es bestand ein Grundkonsens, welche case stets zu berücksichtigen seien und welche Familien für die Besetzung der hohen Ämter in Frage kämen. Ganz ungeniert nominierten jedoch die Wahlmänner stets so viele Mitglieder der eigenen Familie wie möglich, was offenbar als unabänderlich hingenommen wurde[18]. Bei der Wahl in die Quarantia, den Senat und andere hohe Gremien hingegen war man bestrebt, das Entstehen einer Übermacht einiger weniger Familien zu verhindern. Die Bestimmung lautete, daß nur wenige Mitglieder einer Familie gleichzeitig in diesen *consilia* vertreten sein durften[19]. Unter diesen Gesichtspunkten kann kein Zweifel bestehen, daß der Große Rat – wie auch die meisten Ämter – bereits lange vor dem Jahr 1297 für neue Familien *de facto* geschlossen war. Man ließ freilich einzelne Aufsteiger immer wieder in die politischen Gremien einrücken, doch die überwiegende Mehrheit aller Amtsträger verdankte ihre Bestellung allein der Abstammung. Die Bemühungen um eine Reform der Wahl und gleichzeitig die Tendenz, die Wahlmänner in ihrer Macht einzuschränken, beginnen im Jahr 1286 deutlich zu werden. Am 3. Oktober wurde im Großen Rat der Vorschlag gemacht, alle gewählten Mitglieder des Großen Rats und des *consilium rogatorum*, des späteren Senats, einzeln in der Quarantia zu approbieren, wobei für die Zulassung zu den Ratsämtern eine Mehrheit erforderlich sein sollte[20]. Wie dieser Vorschlag behandelt wurde, ist nicht sicher überliefert, doch lassen die darauf folgenden Ereignisse eine Ablehnung vermuten.

Zwei Tage später brachte nämlich die Quarantia einen Antrag ein, der im Grunde spätere Ereignisse bereits vorwegnahm: *Cum per Capita de XL poneretur pars una talis, quod aliquis vel aliqui non possint de aliquo Consilio, si ipse pater aut progenitores sui a patre supra, unde traxerint originem ex parte patris, non fuerit vel fuerint de Consiliis Veneciarum, salvo si aliquis, qui non esset de conditione predicta, eligeretur de aliquo Consilio, non possit esse nisi primo captum fuerit per maiorem partem domini Ducis et Consiliariorum et maiorem partem maioris consilii, et alia pars erat domini Ducis de stare firmi ad morem consuetum, capta fuit pars de stare firmi. Et fuerunt X non sinceri,*

---

[18] *Nicolò Trevisan*, Cronaca di Venezia, Cod. Marc. It. cl. 7, 519 (8438) f. 86: *Ogni anno del mese settembre per el mazor consilio el numero de li ditti eletti erano CCCCL–CCCCLXX de tre over quatro per prole e queli doi* (sc. electores) *elezevano deli suoi piu che potevano. – Merores*, Der große Rat, S. 82f.

[19] Vgl. *Merores*, Der große Rat, S. 87.

[20] *Cessi*, Maggior Consiglio 3, S. 156 Nr. 119: *Item, quod omnes illi, qui sunt electi, tam de Consilio Rogatorum, quam de Maiori Consilio, debeant ire circum in Consilio de XL ad unum ad unum, et illi, qui habebunt maiorem partem dicti Consilii, sunt firmi, et alii, qui non haberent maiorem partem Consilii, debeant esse cassi. Et si consilium est contra, sit revocatum quantum in hoc.*

XLVIII de parte de XL, et LXXXII de stare firmi[21]. Der Vorschlag forderte den Nachweis der Ratsfähigkeit der Vorfahren in direkter Linie, in Venedig war dies gleichbedeutend mit dem Nachweis adliger Abstammung.

Es verdient besondere Beachtung, daß es der Doge Iohannes Dandulo gewesen ist, der diesen Vorschlag zu Fall gebracht hat, schreibt man doch in der Literatur häufig gerade seiner Familie die Führung der Oligarchenpartei gegen die volksfreundlichen Tiepolo zu[22]. Die uns unbekannten Verfechter einer Überprüfung der *electio* jener Wahlmänner gaben nicht auf. Am 17. Oktober wurde der Antrag eingebracht, die Kontrollmaßnahme an eine Mehrheit der gemeinsam tagenden Gremien, also des Senats, der Quarantia, des Kleinen Rats und des Dogen zu binden[23]. Auch dieser Vorschlag wurde abgelehnt, obwohl die Überprüfung der Wahl durch andere Gremien für den Senat bereits einmal beschlossen worden war. Die Richtung der drei Vorschläge vom Herbst 1286 scheint klar auf der Hand zu liegen. Es sollte den Wahlmännern die Möglichkeit genommen werden, allein über den Zugang zum Großen Rat zu bestimmen. Das Kontrollrecht sollte von einer größeren Versammlung ausgeübt werden können.

Der Antrag vom 5. Oktober zeigt, daß dieses Problem akut geworden war. Bei den im September stattgefundenen Wahlen in den Maggior Consiglio, deren Ergebnisse nicht bekannt sind, waren ganz offensichtlich Personen nominiert worden, deren Ebenbürtigkeit umstritten war. Man hoffte anscheinend, durch die Kontrolle der Räte derartiges unterbinden zu können. An der Praxis der venezianischen Wahlen hätte sich freilich wenig geändert, da bis auf eine kleine Minderheit überhaupt nur Geschlechter gewählt wurden, die seit langem in der Politik eine Rolle spielten und deren Zugehörigkeit zum venezianischen Adel außer Frage stand. Aber die Wahl eines *homo novus* sollte nicht allein in den Möglichkeiten des kleinen Kreises der Wahlmänner liegen, sondern bedurfte des Konsenses eines größeren Gremiums.

Der Antrag vom 5. Oktober 1286, der auch die Familienprobe enthielt, wurde am 6. März 1296 noch einmal dem Maggior Consiglio vorgelegt und erneut abgelehnt[24]. Endlich, am 28. Februar 1297, rang man sich zu einem neuen Wahlsystem für den Maggior Consiglio durch, das zunächst für eineinhalb Jahre auf Probe eingeführt wurde: *Capta fuit pars quod electio Maioris Consilii, que fiet a modo usque ad Sanctum Michaelem et inde ad unum annum, fiat hoc modo, quod omnes illi, qui fuerunt a quatuor annis infra, ponantur in XL ad unum ad unum, et quicumque habuerit XII balotas et ab inde supra, sit de Maiori Consilio usque ad festum Sancti Mihaelis et a festo Sancti Michaelis usque ad unum annum, approbando eos ad unum ad unum in dicto festo Sancti Michaelis per modum istum. Et si aliquis perderet Consilium pro exire extra terram, quando redibit, possit requirere capita de XL, quod ponant partem inter XL, utrum videatur quod debeant esse de Maiori Consilio vel non. Et capita de XL teneantur ponere ipsam partem, et si habebit XII balotas et inde supra, sit de Maiori Consilio. Et insuper*

---

21 *Cessi*, Maggior Consiglio 3, S. 156 f. Nr. 120.

22 Vgl. oben Kap. 5.

23 *Cessi*, Maggior Consiglio 3, S. 157 Nr. 123.

24 *Cessi*, Maggior Consiglio 2, S. 396 Nr. 6.

*eligantur tres electores, qui possint eligere de aliis, qui non fuissent de Maiori Consilio,
sicut per dominum Ducem et suum consilium erit eis impositum, ita quod illi, quos ipsi
elegerint, ponantur inter XL ad unum ad unum, et quicumque habebit XII balotas et
abinde supra, sit de maiori Consilio...* [25]. Es folgen weitere Bestimmungen, die eine
Änderung dieses Beschlusses an besonders qualifizierte Mehrheiten band.

Dieses Gesetz, das die Grundlage der Reform des Jahres 1297 wurde und als
wichtigster Beschluß der sogenannten Serrata anzusehen ist, enthält keinerlei Bestimmungen über Erblichkeit der Ratssitze oder Anrecht auf Mitgliedschaft. Im neu
gewählten Maggior Consiglio gab es zwei Gruppen von Personen: Wer bereits in den
letzten vier Jahren im Großen Rat gesessen war, war auch Mitglied des künftigen Rats,
sobald er in der Quarantia zumindest zwölf Stimmen erhielt. Alle übrigen Kandidaten
mußten durch den Dogen und seinen Kleinen Rat in Vorschlag gebracht werden, bevor
sie durch die Quarantia zugelassen werden konnten. Auch hier waren zwölf positive
Stimmen ausschlaggebend.

Das einzige Anliegen, das dieses neue Wahlsystem deutlich zum Ausdruck bringt, ist
die Besetzung des größten Teils der Ratssitze mit Personen, die bereits politische
Erfahrung mitbrachten. Gerade dies aber brauchte Venedig in seiner außenpolitischen
Lage dringend. Man stand im zweiten großen Krieg gegen Genua, gleichzeitig führte man
auch wieder Krieg mit Padua [26]. Viele der erfahrenen Politiker mögen damals mit den
Flotten unterwegs gewesen sein, so daß man Gefahr lief, zu ihrem Ersatz vor allem
jüngere, unerfahrene, Mitglieder der Adelsfamilien nachrücken lassen zu müssen.
Solchen Entwicklungen sollte dadurch vorgebeugt werden, daß man die Ratsmitglieder
in erster Linie aus den Reihen derer wählte, die bereits jetzt schon Sitz und Stimme im
Großen Rat innegehabt hatten.

Cessi meinte, die Reform des Jahres 1297 habe vor allem die Fixierung der gewählten
eigentlichen Mitglieder des Großen Rats aufgehoben. Durch die Erhöhung der Mitgliedzahl des Maggior Consiglio über einhundert Sitze hinaus, hätte das Übergewicht
der Virilstimmen gemindert werden können [27]. In der Tat scheint dies der Fall zu sein,
nunmehr legen Doge und Kleiner Rat die Mitgliederzahl fest. Die *electores* erstellen eine
Liste von Anwärtern, welche die Quarantia approbiert.

Insgesamt kann in den Bestimmungen von 1297 kein Element gefunden werden, das
die Beurteilung als Serrata rechtfertigt. Über die folgenden drei Jahre sind wir schlecht
unterrichtet, da zum einen der Liber Pilosus des Maggior Consiglio nicht vollständig ist,
zum anderen aber alle Einträge, die die Wahl zum Maggior Consiglio betreffen, nur
aussagen, daß weiterhin alles so bleiben soll wie bisher [28]. Lane zieht, um diese Lücke zu
schließen, die Erzählung der Cronica Trevisana heran. Danach soll es bei der Anwen-

---

[25] *Cessi*, Maggior Consiglio 3, S. 417 f. Nr. 104.
[26] *Romanin*, Storia documentata 3, S. 8; Andreae Danduli Chronica brevis (ed. *Pastorello*)
RIS 12/1, S. 370.
[27] *Cessi*, Maggior Consiglio 1, S. XIV ff.
[28] *Lane*, The Enlargement of the Great Council, S. 255.

dung des Wahlgesetzes zu Schwierigkeiten gekommen sein, unzählige Bewerber traten auf. Es kam zu Unregelmäßigkeiten, die den Dogen zu einer Änderung der Wahlgesetze veranlaßte: *tutte quelle famigie che alhora si trovavano nel mazor conseio doveseno continuar senza la solitta balotatione che si faceva da San michel et cusi se principio*[29]. Lane schließt aus dieser Erzählung, daß es am 11. September 1298 zu einem Gesetz gekommen sei, das den bisherigen Mitgliedern des Großen Rats die Mitgliedschaft auf Lebenszeit zusicherte.

In der Tat hat es an diesem Tag eine Abstimmung über das Wahlverfahren zum Großen Rat gegeben, doch lautet der Eintrag: *Capta fuit pars quod consilium continens de Consilio Maiori fiendo sit deinceps sicut est modo*[30]. Was nach Ausweis des Registers beschlossen wurde, war die Beibehaltung des *Status quo*. Überhaupt ergibt die Annahme eines Gesetzes über die lebenslängliche Gültigkeit der einmal erfolgten Wahl in den Maggior Consiglio im Jahr 1298 eine Reihe schwerwiegender Probleme: Zunächst ist einmal die Glaubwürdigkeit des Berichts der Cronica Trevisana zu prüfen. Es kann nur nachdenklich stimmen, wenn der Autor von ganzen Familien redet, die im Maggior Consiglio vertreten sind, während sich die Beschlüsse ohne Zweifel nur auf einzelne Mitglieder beziehen können.

Wie bereits Lane gesehen hat, sind darüber hinaus Teile des Berichtes nachweislich falsch. Es steht ganz außer Zweifel, daß damals und bis in das 14. Jahrhundert selbstverständlich jährlich über die Mitglieder des Großen Rats einzeln abgestimmt wurde. Lane versucht dieses Problem zu umgehen, indem er annimmt, daß das Gesetz von 1298 zwar noch die jährliche Überprüfung aufrechterhielt, diese jedoch zu einer Formsache machte. Abgesehen von den Schwierigkeiten, ein Gesetz zu formulieren, das zwar einen Brauch aufrechterhält, diesen aber *de facto* zur Farce werden läßt, müßte sich der Beschluß von 1298 in der Anzahl der Sitze des Großen Rats niederschlagen. Eine gewohnheitsmäßige Übernahme aller gewesenen Ratsherrn müßte zu einem ständigen Steigen der Mitgliederzahlen geführt haben. Dem widersprechen freilich die Angaben der venezianischen Verfassungshistoriker des 18. Jahrhunderts[31]:

1297	589	1308	458
1298	582	1311	1107
1299	513	1314	1150
1300	607	1349	960
1302	586	1350	897

---

[29] Cronaca Trevisan, Cod. Marc. It. cl. 7, 519 (8438) f. 89′–90. *Lane*, The Enlargement of the Great Council, S. 255.

[30] Der Beschluß ist nur erhalten als Nachtrag von anderer Hand zum Beschluß von 1297 Febr. Die Lesung nach *Lane*, The Enlargement of the Great Council, S. 272 Nr. 80 und 81, gegen Cessis Edition.

[31] *Merores*, Der große Rat, S. 90, nach den venezianischen Verfassungshistorikern Barbaro und Muazzo.

Als man im Jahr 1298 angeblich die formale Besetzung des Ratssitzes auf Lebenszeit einführt, sinkt die Zahl der Mitglieder. Danach schwankt sie beträchtlich und steigt erst seit dem Jahr 1311 steil an. Das alles legt den Schluß nahe, daß die Wahlen vor der Quarantia immer noch echte Wahlen gewesen sind, daß also vom Recht der alten Mitglieder auf Approbation keine Rede sein konnte. Angesichts dieser Schwierigkeiten sollte man keineswegs auf einem nicht aufgezeichneten Gesetz des Jahres 1298 bestehen. Man wird sich mit der Feststellung begnügen müssen, daß am 11. September 1298 das Wahlgesetz von 1297 in der bestehenden Form erneuert worden ist. Die Nachrichten der Cronica Trevisana über die Vorgänge sind erkennbar unrichtig, zudem genügen die erhaltenen Texte vollauf, um den Gang der Ereignisse erkennen zu lassen.

Im Dezember 1298 erfolgte ein Beschluß des Großen Rats, der in der Literatur über die Serrata immer nur am Rande behandelt wurde: *Capta fuit pars quod nullus de cetero possit eligi ad Consilium de XL, qui per se vel per patrem aut avum et ab inde supra non fuerit de Magno Consilio*[32]. All jene Elemente, die in der Regel einer angenommenen Schließung des Großen Rats entsprechen, sind hier auf die Quarantia angewandt worden, ja man kann geradezu von einer Serrata des Rats der Vierzig sprechen. Nun war aber die Quarantia jenes Gremium, in dem jeder einzelne Ratssitz approbiert werden mußte. Indem man dieses Organ den alten Ratsfamilien vorbehielt, konnte in der Tat der Zugang zum Maggior Consiglio in deren Sinne beeinflußt werden.

Ein weiteres überaus wichtiges Gesetz folgte am 22. März des Jahres 1300: *Capta fuit pars quod iniungatur in capitulari consiliariorum quod de cetero non debeant dare aliquem hominem novum ad faciendum ipsum eligi de Maiori Consilio nisi primo captum fuerit per maiorem partem de XL existentibus XL congregatis de viginti sursum*[33]. Lane bezog den Ausdruck *homo novus* ganz allgemein auf ein neues Mitglied des Maggior Consiglio, so daß nach dem Gesetz von 1297 nunmehr, bevor der Doge und sein Rat neue Mitglieder zur Wahl stellen durften, die Quarantia darüber abzustimmen hätte[34]. Damit stünde die Quarantia am Anfang und am Ende des Auswahlverfahrens, indem sie zunächst die Zahl der neu zu Bestimmenden festsetzte und danach die Liste der durch Wahlmänner Ausgewählten zu approbieren hätte. Dem widerspricht zunächst einmal, daß *homo novus* seit der Antike ein *Terminus technicus* geblieben ist. Außerdem hat Merores dagegen den Beschluß auf jenen Vorgang bezogen, den eine Entscheidung des Jahres 1317 erstmals als Zulassung eines Mannes, der bisher weder selbst noch durch seine Vorfahren im Großen Rat gesessen war, als *per gratiam* bezeichnete[35].

In der Tat scheint diese letztere Interpretation sehr naheliegend, wenn man den Ratsbeschluß vom 22. März 1300 in eine Reihe mit anderen Entscheidungen in dieser Sache stellt. Am 28. Dezember 1307 wurden die qualifizierten Mehrheiten auf 25 Stim-

---

[32] 1298 Dez. 15: *Cessi, Maggior Consiglio* 3, S. 446 Nr. 43.

[33] ASV Avogaria di Comun, Liber Magnus Capricornus f. 6; *Merores, Der große Rat,* S. 77 mit Anm. 53.

[34] *Lane,* The Enlargement of the Great Council, S. 256.

[35] *Merores, Der große Rat,* S. 77 f., bes. S. 78 Anm. 54, aus ASV Avogaria di Comun, Liber Clericus – Clivicus – Civicus Copia f. 330'.

men der Quarantia und sechs der *consiliarii* festgelegt[36]. Allein die geforderte Quote im Rat der Vierzig wird schwer genug zu erreichen gewesen sein, zumal das Gremium nicht selten unvollständig versammelt war. Dazu fordert das Verfahren im Kleinen Rat des Dogen Einstimmigkeit, die wohl noch schwerer herzustellen war. Am 28. März 1310 wurde als Abstimmungserfordernis eine Mehrheit von 30 Stimmen in der Quarantia und die Majorität des Großen Rats gefordert. Am 29. Juni desselben Jahres wurde die Mehrheit im Großen Rat auf zwei Drittel erhöht[37]. Sollten diese Quoten wirklich für alle gegolten haben, die bisher noch nicht persönlich im Maggior Consiglio vertreten waren, müßte der Große Rat in jenen Jahren zunehmend vergreist sein. Gerade die großen Geschlechter hätten die Möglichkeit gehabt, rivalisierende Familien durch die Präsenz ihrer parentela sowie der mit ihnen verschwägerten Familien zu blockieren.

Dagegen ist in Erinnerung zu behalten, daß Dandolo, selbst Doge und ein intimer Kenner der venezianischen Vorschriften, über den Dogat des Petrus Gradenigo ausdrücklich berichtet, daß dieser Popolarenfamilien zum Maggior Consiglio zugelassen habe[38]. Danach steht immerhin fest, daß es das Recht des Dogen gewesen ist, mit seinen Räten venezianischen Popolaren den Zugang zum Großen Rat zu verschaffen. Ausdrücklich ist hierbei von mehreren Ratsversammlungen die Rede, und dies stimmt mit den oben genannten Verfahren überein. Dabei macht in dem Beschluß des Jahres 1300 die Formulierung *dare aliquem hominem novum ad faciendum ipsum eligi* deutlich, wie man vorging. Ursprünglich war es der Doge mit seinem Kleinen Rat, der den Wahlmännern gegenüber erklären konnte, ein *homo novus* könne gewählt werden. Seit dem Jahr 1300 war er hierbei an die Abstimmung in der Quarantia gebunden, später kam der Große Rat hinzu, und das Verfahren wurde an qualifizierte Mehrheiten gebunden. Für jüngere Söhne aus den alten Adelshäusern wäre das Vorgehen zu aufwendig gewesen.

Dies alles bedeutet, daß es im Grunde nun drei Möglichkeiten der Mitgliedschaft im Maggior Consiglio gab. Wer bereits im Rat gesessen war, konnte sein Verbleiben vor der Quarantia zur Abstimmung stellen. Da die Approbation in diesem Fall wohl in der Regel erfolgt ist, kam die Erlangung eines Ratssitzes der lebenslangen Mitgliedschaft gleich, wie Lane richtig herausgearbeitet hat. Ging eine solche Person außer Landes, etwa in die Levante oder Romania auf Handelsfahrt, so erlosch ihr Anrecht auf den Sitz. Bei der Rückkehr konnte dieser aber, wie ausdrücklich im Gesetz des Jahres 1297 vorgesehen, durch Abstimmung der Quarantia wieder erlangt werden.

Jeder, der bisher noch nicht im Rat gesessen hatte, konnte durch die *electores* gewählt werden, soweit der Doge und sein Kleiner Rat eine Zahl von neu zu Berufenden festgelegt hatten. Es bestand dabei ein Grundkonsens, daß die *electores* nur Mitglieder des venezianischen Adels auswählten, die dann von der Quarantia Mann für Mann noch einmal approbiert werden mußten. Der Konsens darüber, wer zu wählen war und wer nicht, wurde nicht durch ein Gesetz festgelegt, doch konnte es nicht zweifelhaft sein, wer zum Adel gehörte. Seit die *populares veteres* und die *nobiles* um die Mitte des

---

[36] ASV Avogaria di Comun, Liber Magnus Capricornus f. 60.
[37] ASV Avogaria di Comun, Liber Presbiter f. 52.
[38] Vgl. oben Anm. 4.

13. Jahrhunderts zu einer einheitlichen Oberschicht zusammengewachsen waren, bestand in dieser Adelsklasse eine klare Vorstellung, wer zu ihr zu zählen sei und wen man wählen dürfe. Darüber hinaus bestand für den Dogen und seine Räte die Möglichkeit, *per gratiam* jemanden als für den Großen Rat wählbar zu erklären. So nahm der Doge Petrus Gradenigo Popolaren sowie diejenigen venezianischen Familien auf, die aus Akkon und Konstantinopel nach Venedig zurückkamen. Es ist das Verdienst dieser Eingliederungspolitik, daß jede Opposition gegen die Abschließungstendenzen der Oberschicht unterdrückt wurde beziehungsweise sich als gegenstandslos erweisen mußte[39]. Anstatt einer Serrata des Maggior Consiglio wurden nach den neuen Gesetzen zunächst einmal weitere Familien für ratsfähig erklärt, was nun sehr bald mit der Bestimmung des venezianischen Adels zusammenfallen sollte.

Die Tendenzen, den Zugang zum Rat immer genauer zu regeln, brachten neue Bestimmungen hervor. Im Jahre 1311 wurde das Mindestalter für die Erlangung eines Ratssitzes auf achtzehn Jahre festgelegt[40]. Da offensichtlich die Wahlmänner durch die Forderung, sofort nach ihrer Wahl in Klausur eine Liste für die Abstimmung in der Quarantia zusammenzustellen, überfordert waren, schritt man im Jahre 1315 zur Zusammenstellung einer Liste all jener, die wählbar waren: *Cum electores qui fiunt et eliguntur ad eligendum de M. C., incontinenti quando sunt electi detinentur et ponuntur in camera ne aliquis possit eis loqui, et illi qui approbati sunt, postea remanent ad eligendum, non possint tam subito habere in memoria illos, quos debent elegere, de quo Commune nostrum defectum patitur eo quod multoties propter oblivionem multorum meliores remanent et non eliguntur. Capta fuit pars quod de cetero omnes illi qui possunt esse eligi de M. C. debeant venire ad presbiteros de XLta et facere se scribi affidantes quod sint annorum XVIII iuxta formam consilii capti MCCCXI XXI die Nov. infra quod possint eligi et hoc etiam possint adimpleri per patres, fratres, consanguineos et alios propinquos. Et ipsi sic scripti legantur in presentia ipsorum dictorum electorum et nihilominus dimittatur sibi quaternus in quo fuerunt scripti antequam incipiunt suas electiones facere; ad hoc ut ipsi electores sint provisi de illis qui possent eligi, ut possint meliores facere electiones*[41].

Aus der Notwendigkeit heraus, die Wahlmänner zu unterstützen, die ganz offensichtlich den Überblick über die wählbaren Mitglieder des Adels verloren hatten, entstand somit eine Liste aller zur Verfügung stehenden Kandidaten der venezianischen Oberschicht. Diese heute leider verlorenen Unterlagen der Quarantia sind der Ursprung jener Adelsverzeichnisse, die später als Goldenes Buch bekannt wurden[42]. Nach dem Beschluß trug sich in der Folgezeit jeder, der das Recht hatte, zum Maggior Consiglio gewählt zu werden, oder der das Recht zu haben glaubte, in die Listen ein. Es kann nach dem Wortlaut der Entschließung gar kein Zweifel daran bestehen, daß darüber, wer gewählt

---

[39] Vgl. *Lane*, The Enlargement of the Great Council, S. 237f.

[40] Vgl. *Merores*, Der große Rat, S. 78.

[41] ASV Avogaria di Comun, Liber Clericus – Clivicus – Civicus f. 7'.

[42] Noch Marco Barbaro hat für seine Genealogien aus diesen Aufzeichnungen schöpfen können; vgl. auch Kap. 1 Anm. 7.

werden konnte, im Großen Rat Einigkeit bestand. Die Abschließungstendenzen in der Oberschicht waren nun so weit fortgeschritten, daß über die Wählbarkeit zum Großen Rat die Zugehörigkeit zum venezianischen Adel definiert war.

Da aber offensichtlich Einschreibungen vorgenommen worden waren, für die nach Meinung des Großen Rats die Berechtigung fehlte, wurde beschlossen, die Liste einer Revision zu unterziehen: *Cum vir nobilis Ser Thomas Dandulo existens olim caput de XL posuerit partem in XLta et in M. C. quod omnes illi qui possunt eligi de M. C. debeant venire ad presbiteros de XLta et faciant se scribi, et plures veniant ad faciendam se scribi qui non possint eligi; Capta fuit pars quod si de cetero aliquis faciet se scribi qui non possit eligi de M. C. cadat in penam librorum CCC: et si quis fecisset se scribi hactenus seu factus aliquis esset olim per aliquod tempus de M. C. qui eligi non potuisset exceptis illis qui per gratiam potuerunt eligi, debeant infra unum mensem postquam hec pars capta fuerit se cancellari sub pena predicta librarum CCC...* [43].

Wenn überhaupt irgendein Beschluß zur Reform der Wahlen des Maggior Consiglio den Namen einer Serrata verdient, dann die Abstimmung vom 8. Januar 1317. Hier wird aufgrund der Zusammenstellung aller wahlfähigen Kandidaten eine Überprüfung der Ansprüche beschlossen, die zudem eine hohe Geldstrafe für jeden vorsah, der nach Meinung der Prüfer unberechtigte Forderungen erhob. Am 25. November 1317 wurde schließlich die Kontrolle an die *advocatores comunis* abgegeben, die innerhalb von vierzig Tagen über den Fall ein Gutachten zu liefern hatten.

Welches das Kriterium für diese Überprüfung der Rechte gewesen ist, bleibt hier unausgesprochen. Erst im Jahre 1323 wurde eindeutig erklärt, daß die Tatsache, daß Vater oder Großvater im Rat gesessen hatten, entscheidend war für die Wahlfähigkeit einer Person [44]. Es stimmt mit dieser Politik überein, daß nunmehr mit wenigen Ausnahmen (wie dem Großkanzler der Republik) alle *officia* für Mitglieder des Maggior Consiglio reserviert waren [45]. Nur wer bereits Nachkomme von Ratsherren war, durfte selbst in den Großen Rat gewählt werden, nur wer im Großen Rat saß, hatte das passive Wahlrecht für die venezianischen Ämter. Ihren Abschluß fand die Gesetzgebung zum Großen Rat durch einen Beschluß vom 29. September 1321, der das Gremium der Wahlmänner beseitigte und zudem jedem Mitglied des venezianischen Adels, das ein Mindestalter von 25 Jahren erreicht oder überschritten hatte, einen Sitz im Rat zusicherte, wenn dieser beantragt wurde. Von den Jüngeren wurde eine bestimmte Zahl

---

[43] ASV Avogaria di Comun, Liber Clericus – Clivicus – Civicus Copia f. 330'.

[44] ASV Avogaria di Comun, Liber Neptunus Copia f. 226 1223 Sept. 25: *Cum pars capta de illis qui completis annis XXV possunt esse de Maggior Consiglio contineat inter cetera quod ipsi debeant probare sufficienter de etate predicta coram et duce et consiliaris et capitibus de XLta et nihil dicat dicta pars quod ostendant si de ipso parte et avo possint esse de consilio quod portat defectum nec est minus necessarium et utile istud scire quam annos sed multa plus. C.f.p.q. inter XL et nunc in Maggior Consiglio quod sicut dicta examinatio annorum fit coram d. duce et consiliariis et capitibus de XLta ita coram eis debeat fieri examinatio et probatio si illi, qui petunt, possunt esse pro suis de consilio secundum ordines terrae.*

[45] Vgl. *Lane*, The Enlargement of the Great Council, S. 257 f.

durch Losverfahren bereits im Alter von achtzehn Jahren für den Rat bestimmt. Da durch Eintrag in die Liste der Quarantia und der folgenden Untersuchung bereits feststand, daß jeder, der an den Losverfahren teilnahm, auch wirklich dem venezianischen Adel angehörte, bedurfte die Aufnahme der nicht ausgelosten Fünfundzwanzigjährigen keines besonderen Prüfungsverfahrens mehr[46].

Geschlossen war der Große Rat rechtlich jetzt noch immer nicht, bestand doch das Verfahren *per gratiam* weiter. Erst durch die Politik der venezianischen Räte wurden die Entwicklungen der ersten beiden Jahrzehnte des 14. Jahrhunderts zu einem Abschluß der Adelsklasse gegenüber dem Rest der Bevölkerung. Zwischen 1310 und der Beendigung des Chioggia-Kriegs siebzig Jahre später kam es zu keiner Aufnahme *per gratiam* in den Rat. Erst in den Kriegsnöten wurden Personen, die sich im Krieg durch besondere Leistungen verdient gemacht hatten, in den Maggior Consiglio und damit auch in den venezianischen Adel aufgenommen. Das Verfahren *per gratiam* blieb auch in der Folgezeit ein sparsam angewandtes Mittel der venezianischen Politik, bedeutende Neuaufnahmen erfolgten erst wieder im 17. Jahrhundert. Bis dahin wurde die Republik Venedig von der Nachkommenschaft jener Familien regiert, die im frühen 14. Jahrhundert die Führungsschicht Venedigs stellten.

Soweit der Gang der Ereignisse, wie er sich anhand der Beschlüsse des Maggior Consiglio feststellen läßt. Es erhebt sich nun die Frage nach den Gründen und Hintergründen, die zu der Reform der Wahl in den Großen Rat geführt haben. Noch Cracco hat, ganz in der Tradition der venezianischen Historiographie, in den Geschehnissen eine echte »Serrata« gesehen. Dem Adel sei es gelungen, das Volk von der Machtbeteiligung im Großen Rat fernzuhalten, der venezianische Adel habe über die Popolaren den Sieg davongetragen[47]. Diese Sicht der Ereignisse, die im übrigen bereits Merores[48] und Cessi[49] abgelehnt hatten, fand grundsätzlichen Widerspruch bei Lane[50]. Er betonte demgegenüber, daß der venezianische Adel vor und nach der »Serrata« in derselben Weise geherrscht habe wie schon lange, daß es also keinen Ausschluß irgendeiner Schicht aus dem Maggior Consiglio gegeben habe. Darüber hinaus hätte in Venedig im späten 13. Jahrhundert kein Klassenkonflikt zwischen Adligen und Popolaren bestanden. Die Gründe der Reform müßten deshalb innerhalb der Adelsschicht zu finden sein.

Der Altmeister der venezianischen Geschichte, Roberto Cessi, gab als erster eine rein technische Erklärung für die Reformen des Jahres 1297[51]. Die Entwicklung der übrigen Räte und der venezianischen *officia* sei im Laufe des 13. Jahrhunderts fortgeschritten, wobei der Brauch, diesen Kreis zu den Beratungen des Maggior Consiglio hinzuzuziehen, eine starke Disproportion mit sich gebracht habe. Die Vermehrung der Zahl der

---

[46] ASV Avogaria di Comun, Liber Fronensis f. 81.
[47] *Cracco*, Società e stato, S. 290 ff.
[48] *Merores*, Der große Rat, passim.
[49] *Cessi*, Maggior Consiglio 1, S. XIV ff.
[50] *Lane*, The Enlargement of the Great Council, passim.
[51] *Cessi* (wie Anm. 49).

ordentlichen Mitglieder auf einhundert Sitze brachte keinen Erfolg, da die Entwicklung immer neuer Ämter das Ungleichgewicht zwischen gewählten Mitgliedern und Mitgliedern dank Amtsgewalt vergrößerte. Der Große Rat bildete das einzige Gremium, das Allkompetenz für sich in Anspruch nehmen konnte. Da jedoch die Vertreter anderer Verfassungsorgane im Rat unbezweifelbar die Stimmenmehrheit besaßen, drohte den 100 ordentlichen Mitgliedern zunehmende Bedeutungslosigkeit. Die Intention des Wahlgesetzes von 1297 liege darin, stillschweigend das Prinzip einer festen Anzahl ordentlicher Mitglieder aufzugeben. Durch diese Maßnahme, die eine Erhöhung der Mitgliederzahlen bedingte, wurde der Große Rat in seiner eigentlichen Rolle als Mittelpunkt der venezianischen Verfassung gestärkt.

Dieser technischen Erklärung der Reform von 1297 hat Lane einen weiteren Aspekt hinzugefügt[52]. Er wies darauf hin, daß die politische Praxis, wie sie in den Mitgliedslisten des Großen Rates aus den Jahren 1261 bis 1282 zu erkennen ist, ein Gleichgewicht sicherte. Familien, die glaubten, ein Anrecht auf politische Mitsprache zu haben, erhielten diese zumeist auch. Durch die ständige Nachwahl ordentlicher Mitglieder des Maggior Consiglio, die in andere Ämter berufene Personen ersetzen sollten, wurden in jedem Jahr vier- bis fünfhundert venezianische Adlige von den Wahlmännern ausgesucht. Dies änderte sich in den Jahren vor der Reform des Großen Rats. Da offensichtlich eine immer größere Zahl von Ämtern, ob durch die Wahlmänner oder den Großen Rat, mit nicht dem Maggior Consiglio angehörigen Personen besetzt wurde, verringerte sich die Zahl der Nachrücker immer stärker. Im Jahr 1296 waren nur noch 250 Personen von den *electores* innerhalb von 12 Monaten zu benennen.

Damit trat die Gefahr ein, daß diejenigen, die bereits im Rate saßen, andere Adelsfamilien vom politischen Leben ausschließen könnten, denn ihre Neigung, möglichst viele Mitglieder der eigenen Familie in Amt und Würden zu bringen, war notorisch und allgemein bekannt. Da der alte Maggior Consiglio in jedem Jahr im September beschloß, wie das Nachfolgegremium zu wählen sei, erhöhte sich die Gefahr des Ausschlusses anderer Familien[53]. Es gibt Anzeichen dafür, daß die Einigkeit der großen Adelsgeschlechter, die die politische Stabilität des 13. Jahrhunderts bestimmt hatte, nun zu Ende ging[54]. Zudem konnte ein Blick auf die Zustände in Oberitalien, wo allenthalben Adelsparteien gegeneinander putschten, die Furcht vor einer parteiischen Wahl nur noch vergrößern[55].

Um einer Entwicklung in diese Richtung vorzubeugen und entgegenzuwirken, sicherte das Wahlgesetz von 1297 allen jenen, die bereits zur politischen Elite zählten, zu, daß sie nicht vom Maggior Consiglio ausgeschlossen werden konnten. Die Vergrößerung des Großen Rats – denn um eine solche handelte es sich in der Tat – sicherte den venezianischen Staat vor der Regierungsübernahme einer einzelnen Adelsfraktion. Der Rat wuchs, so daß sich sogar das Problem der Raumknappheit bei den Sitzungen

---

[52] *Lane*, The Enlargement of the Great Council, S. 252 ff.

[53] Ebd., S. 254.

[54] Ebd., S. 253.

[55] Ebd., S. 253 f.

einstellte: *Quod, quando Consilium erit ita plenum, quod comode gens non poterit sedere in sala Consilii, dominus Dux et Consiliarii possint dare licentiam sedendi in cameris, sicut eis videbitur*[56], beschloß der Große Rat am 11. September 1298.

Dazu kamen die Maßnahmen des Dogen Petrus Gradenigo, der durch seine Politik der Öffnung einmal die Zahl der Familien im Rat erhöhte, wodurch er verhindern wollte, daß Zwistigkeiten zwischen einzelnen Adelsgeschlechtern direkten Einfluß auf die Politik nehmen konnten. Zum anderen verringerte die Aufnahme aller Popolarenfamilien, die nach ihren wirtschaftlichen Möglichkeiten in der Lage gewesen wären, Anteil an der Politik zu fordern, die Gefahr, daß diese sich unter den anderen Popolaren und besonders unter den Zünften Verbündete suchten. Schließlich nahm der Doge im Jahr 1303 all jene auf, die durch den Verlust von Akkon zur Rückwanderung nach Venedig gezwungen waren[57].

Offenbar hat diese Öffnung des Großen Rats innerhalb des venezianischen Adels eine Gegenbewegung hervorgerufen. Es ist interessant, daß gerade die an der Tiepolo-Verschwörung des Jahres 1310 beteiligten Querini gegen die Wahl des Grafen Doimo von Veglia in den Rat des Dogen opponiert hatten[58]. Auch andere fremdenfeindliche Äußerungen aus diesem Kreis werden tradiert. Es scheint ein Angriff gegen die Öffnungspolitik des Dogen gewesen zu sein, daß der Vorschlag der Wahl eines *homo novus* durch den Dogen und seinen Rat an die Zustimmung der Quarantia gebunden wurde.

Es ist das Verdienst von Lane, darauf hingewiesen zu haben, daß die feststellbare Politik der Abschließung der Ämter, die vor allem seit dem Jahre 1315 deutlich wird, einhergeht mit einer zunehmenden Fremdenfeindlichkeit in der Handelspolitik[59]. Hatte Venedig noch im Krieg gegen Genua auswärtiges Kapital gebraucht, so wandte man sich seither von den Fremden ab. Es ist die Aufgabe der neu geschaffenen Provveditori di Comun, jedes Hinterziehen der venezianischen Zölle zu unterbinden. Da die Höhe der von den Venezianern verlangten Zahlungen sehr unterschieden war von der den Fremden vorgeschriebenen großen Summe, verlangte man rigoros den Nachweis der venezianischen Bürgerschaft[60]. Man verfiel in ein Extrem, als man einen Mann, der fünfundvierzig Jahre Steuern an das *comune* bezahlt hatte, zum Ausländer erklärte. Im Jahr 1305 wurde

---

[56] *Cessi*, Maggior Consiglio 3, S. 444 Nr. 32.

[57] *In 1303 mense Januario istius ducis tempore multas proles Surianorum quae de Acon et illis partibus evaserant, et Venetiis habitare venerant, ac etiam multos populares Venetos, qui in guerra Januensi supradetta se gesserant confidentes, dominus dux et alii nobiles de maiori Venetiarum consilio facere statuerunt.* – *Lane,* The Enlargement of the Great Council, S. 261 Anm. 2 = Venetiarum Historia (ed. *Cessi/Bennato*) S. 205.

[58] Cronaca Trevisan, Cod. Marc. It. cl. 7, 519 (8438) f. 90 f.; *Lane,* The Enlargement of the Great Council, S. 239.

[59] *Lane,* The Enlargement of the Great Council, S. 258 ff. Allgemein *R. Cessi,* »L'Officium de Navigantibus« e i sistemi della politica commerciale veneziana nel secolo XIV, in: *Ders.,* Politica e economia di Venezia nel Trecento, Roma 1952, S. 23–61.

[60] ASV Provveditori di Comun reg. 1, f. 6ᵛ, 8ʳ, 11. *Predelli,* I libri commemoriali 1, Nr. 250, 270, 276 u. ö.

das Bürgerrecht allen zuerkannt, die fünfundzwanzig Jahre in der Stadt gelebt hatten. Wer sich zehn Jahre hier aufgehalten hatte, bekam ein Bleiberecht, bis er die Wartezeit erfüllt hatte[61].

Der Handel der Fremden untereinander und auch der venezianischen Kaufleute mit den Auswärtigen wurde teilweise verboten, teilweise eingeschränkt[62]. Die Tendenzen finden ihren klarsten Ausdruck in den Ausführungen des venezianischen Bailo in Konstantinopel um das Jahr 1320: Er beklagt sich, daß manche venezianische Behörden darüber, wer als Venezianer zu gelten habe, derart strenge Regeln aufstellten, daß er selbst, Marcus Minotto, nicht sicher sei, ob er imstande wäre, den Anforderungen gerecht zu werden und sein Venezianertum zu beweisen. Dagegen fragten die Genuesen niemanden nach seinem Vater, sondern behandelten jeden als Genuesen, der sich dafür erkläre. Deshalb seien viele Venezianer und auch Griechen dazu übergegangen, sich als Genuesen auszugeben. Dies sei auch ein Grund dafür, daß der venezianische Handel in der Romania immer geringer werde[63].

Was Lane bei diesen Vorgängen nicht beachtet hat, ist der radikale Versuch der venezianischen Adelsschicht, sich selbst einen möglichst großen Anteil am Handel zu sichern und gleichzeitig diejenige Schicht in Venedig zurückzudrängen, die allein ihrer Herrschaft gefährlich werden konnte. Wer ratsfähig war, war eo ipso Venezianer. Alle anderen Kaufleute, die sich im Seehandel betätigen wollten, hatten dies erst einmal zu beweisen. Gelang es ihnen nicht, wurden jene weitaus höheren Zölle auf ihre Waren gelegt, die für Stadtfremde galten. Wichen diese zu Fremden erklärten Kaufleute nach Genua aus, so verloren sie ihren Anteil am Handel nach Norden, denn infolge der günstigen geographischen Lage hatte Venedig in Teilen Deutschlands ein faktisches Monopol in der Belieferung mit Levantewaren[64].

All dies konnte für den adligen venezianischen Kaufmann nur von Vorteil sein. Er zahlte auf seine Lieferungen aus der Levante und der Romania die niederen Zölle für Einheimische. Daneben aber verringerte diese Politik die Zahl jener Kaufleute, die reich genug gewesen wären, um mit dem venezianischen Adel politisch in Konkurrenz zu treten. Von den städtischen Handwerkern hatte die Adelsschicht nichts zu befürchten, solange nicht wirtschaftlich mächtige Führer unter den Popolaren erstanden. Daß dies nicht geschah, war das Nebenprodukt der venezianischen Fremdenpolitik.

Die bisher dargelegten Interpretationen der sogenannten Serrata des Maggior Consiglio haben einen erheblichen Einfluß auf die Interpretation der venezianischen Politik zwischen 1297 und 1310. Sowohl die Revolte gegen den Dogen Petrus Gradenigo im Jahr 1300[65] als auch der große Aufstand des Baiamonte Tiepolo 1310[66] werden im allgemeinen

---

[61] Vgl. *Lane*, The Enlargement of the Great Council, S. 274 Anm. 100–102; ASV Avogaria di Comun, Liber Magnus Capricornus f. 10′.

[62] Vgl. *Lane*, The Enlargement of the Great Council, S. 259.

[63] *Thomas Predelli*, Diplomatarium Veneto-Levantinum, S. 104.

[64] Vgl. *Rösch*, Venedig und das Reich, S. 78 ff. (mit weiterer Literatur).

[65] *Romanin*, Storia documentata 3, S. 7 ff.; *Kretschmayr*, Geschichte 2, S. 71.

[66] *Romanin*, Storia documentata 3, S. 21 ff.; *Kretschmayr*, Geschichte 2, S. 71; *V. Lazzarini*, Aneddoti della congiura Quirini – Tiepolo, NAV 10 (1895) S. 81–96.

in der Literatur als direkte Folge der Schließung des Großen Rats beschrieben. Es kann aber nach Ausweis der Quellen kaum einen Zweifel daran geben, daß der Doge Petrus Gradenigo eben nicht das Haupt einer Oligarchenpartei gewesen ist. Seine Politik ist im Gegenteil darauf ausgerichtet, neue Familien in den Großen Rat aufzunehmen und die Bildung von Adelsparteien zu verhindern.

Dagegen hat es in der damaligen Zeit eine geschlossene Popolarenpartei nicht gegeben, es sind nach wie vor einzelne Familien, die aus der Gruppe der nichtadligen Kaufleute durch den Gewinn von Reichtum und Ansehen der regierenden adeligen Kaufmannsschicht immer ähnlicher werden. Ihre Assimilation und ihre Aufnahme in den Adel erfolgt bis in das zweite Jahrzehnt des 14. Jahrhunderts in derselben Weise, wie sie auch schon seit dem 11. Jahrhundert zu beobachten war. Erst dann setzt eine Reaktion ein, die von der Aufnahme in den Rat *per gratiam* für Jahrzehnte keinen Gebrauch mehr macht, obwohl diese immer rechtlich möglich bleibt. Erst diese Politik der Führungsschicht im 14. Jahrhundert hat jene strenge Gliederung der venezianischen Bevölkerung geschaffen, die danach für Jahrhunderte bestehen blieb.

Im 14. Jahrhundert konnte sich deshalb auch jene Schicht ausbilden, die als *cives originarii* zwischen Adel und Volk standen[67]. Voraussetzung für die Zugehörigkeit waren Kaufmannschaft oder Grundbesitz, da bereits die dritte Generation keine handwerkliche Tätigkeit mehr ausüben durfte. Das Amt des Großkanzlers von Venedig, das Amt eines Notars und andere kleinere Würden blieben diesen Familien vorbehalten. Es sind dies jene Kaufmannsgruppen, deren Aufstieg in den venezianischen Adel bis in das 14. Jahrhundert hinein selbstverständlich gewesen ist. Erst als sich der Adel hermetisch abschließt, bildet sich auf der Stufe darunter eine Klasse, deren Stellung zwar geringer ist, die sich jedoch immer noch aus der Masse der Bevölkerung heraushebt. Auch unter den *cives originarii* entstehen bald Legenden über die uralte Herkunft der Familien, die mit der Realität nichts zu tun haben. Sie sind Ausdruck des Standesbewußtseins einer Gruppe, die sich vom gewöhnlichen Volk abhebt und dies auch zeigen möchte. Ihr Ehrgeiz wurde in erwünschte Bahnen gelenkt, die Aufnahme unter die *cives originarii* war ein Privileg, dessen Erreichung die Aufnahme in den Adel als nicht mehr so wichtig erscheinen ließ.

Durch dieses Zugeständnis kanalisierte Venedig das Machtstreben der »Neureichen«, der Herrschaftsanspruch der Adelsfamilien wurde weiter gefestigt. Wer als Popolare Ansprüche auf den Aufstieg erhob, konnte zunächst in die Reihe der alten Bürger aufgenommen werden. Ökonomisch stand dieser Schicht das gleiche Recht in Handelsangelegenheiten zu wie dem Adel selbst, auch gewisse Ämter blieben ihr vorbehalten. Was fehlte, war allein die Ratsfähigkeit. Daß allenfalls in Krisenzeiten eine Reihe von ihnen in den Adel aufgenommen wurde, führte zu jener Stabilität der sozialen Strukturen, die die venezianische Verfassung jahrhundertelang politischen Theoretikern als Vorbild erscheinen ließ.

---

[67] *Kretschmayr*, Geschichte 2, S. 161. Cronaca di Famiglie Cittadine Originarie venete, Museo Correr, Cod. Cicogna 2156 = Cod. Marc. It. cl. 7 Nr. 27 (7761); *G. Tassini*, Cittadini Veneti, Museo Correr Ms. P. D. 4c, 1–5 (1888); ASV Avogaria di Comun, Registro 440/8, Cittadinanze originarie.

Venezianischer Adel und venezianische Kirche
bis zum Ende des 13. Jahrhunderts

Die strenge Trennung, die zwischen Arbeiten über die Sozialgeschichte Venedigs und die venezianische Kirchengeschichte zu beobachten ist, liegt im historischen Verhältnis von Staat und Kirche in der Serenissima begründet[1]. Zwar mußten sich Venedig und das Papsttum allein schon wegen ihrer Stellung als hervorragende politische Kräfte der italienischen Politik ständig miteinander auseinandersetzen, doch in der Innenpolitik der Serenissima hatte eine weitgehende Trennung von Staat und Kirche um sich gegriffen. Bereits in der Mitte des 12. Jahrhunderts verliert der Klerus jeglichen Einfluß auf die aktuelle Politik, auch wenn das Verbot, Geistliche in irgendwelche Staatsämter zu wählen, erst aus dem 15. Jahrhundert stammt[2]. »Man kann vom 13. Jahrhundert her die politische Geschichte Venedigs erzählen, ohne der heimischen Kirche gedenken zu müssen«, konstatiert Heinrich Kretschmayr[3]. An diese These, die auch umkehrbar ist, haben sich die Historiker gehalten.

Dabei ging besonders auch für die früheste Zeit der venezianischen Geschichte die Frage nach den Beziehungen zwischen der Kirche und dem Adel unter. Gerade für Venedig gestaltet sich die Quellenlage zu diesem Problem günstiger als anderswo im Abendland. Die überlieferten Familiennamen der Prälaten erlauben das Aufzeigen von Zusammenhängen, wo sonst erst zufällige Überlieferung oder mühsame genealogische Forschung zu Ergebnissen gelangt[4].

Enge Beziehungen zwischen heimischer Oberschicht und der Kirchenleitung legt bereits die Organisation des Metropolitanverbandes nahe: Das Patriarchat Grado, das im 6. Jahrhundert aus dem spätantiken von Aquileia hervorgeht, umfaßt mit seinen Suffraganen den gesamten venezianischen Dogat[5]. Mochte auch die Unterstellung der

---

[1] Eine Geschichte der Beziehungen zwischen Kirche und Staat Venedig bleibt zu schreiben. Reiche Literatur zu Einzelfragen bietet *Zordan*, L'ordinamento giudiziario veneziano, S. 344 ff. Vgl. sonst die Bemerkungen bei *Kretschmayr*, Geschichte 2, S. 83–88, 302–305, 477–478, 577–579.

[2] 1474 erfolgte das Verbot, daß Kleriker Ämter in Venedig besetzen durften, 1498 wurde die Wahl in die Räte untersagt. Vgl. *Kretschmayr*, Geschichte 2, S. 84.

[3] *Kretschmayr*, Geschichte 2, S. 83.

[4] Vgl. für Deutschland die immer noch grundlegende Studie von *A. Schulte*, Der Adel und die deutsche Kirche im Mittelalter. Studien zur Sozial-, Rechts- und Kirchengeschichte, 2. Aufl. Stuttgart 1922.

[5] *W. Meyer*, Die Spaltung des Patriarchats Aquileia, Abh. d. Götting. Akad. NF 2, Göttingen 1898; *Kehr*, Rom und Venedig, passim; *G. Fedalto*, Organizzazione ecclesiastica e vita religiosa nella »Venetia marittima«, in: *A. Carile/G. Fedalto*, Le origini di Venezia, Bologna 1978, S. 253 ff.

istrischen Bistümer während des Mittelalters einen beständigen Streitpunkt zwischen Grado und Aquileia bilden, im Grunde war Grado die Kirchenprovinz Venedig. Auf eine weitere Besonderheit Venedigs ist in diesem Zusammenhang ebenfalls hinzuweisen: Nirgends im Abendland gab es so kleine Bistümer wie im Herrschaftsbereich des Dogen. Bei jeder Untersuchung der Bistumsbesetzungen in Venedig ist im Auge zu behalten, daß Machtbereich und Kirchenpfründen der venezianischen Bischöfe nicht dem entsprechen, was man sogar für das hochmittelalterliche Italien annehmen darf[6].

Für die früheste Zeit des neu geschaffenen Patriarchats von Grado haben sich nur die Namen der Metropoliten erhalten, die Überlieferung der Suffraganbistümer setzt erst später ein. Soweit den Amtslisten, die allesamt erst hochmittelalterlicher Zeit entstammen, zu trauen ist, wurden in den ersten Jahrhunderten keine Einheimischen als Leiter der Kirche von Grado berufen. Es spricht für die Glaubwürdigkeit der Überlieferung, daß die Herkunft der Patriarchen genau die politische Situation der Zeit wiedergab: Männer aus Griechenland, Istrien, Dalmatien und dem Exarchat Ravenna, stets jedoch Untertanen des byzantinischen Kaisers, werden als Patriarchen genannt[7].

Nach der venezianischen Tradition ist der erste Venezianer auf dem Patriarchenstuhl der im Jahr 825 gewählte Venerius gewesen, dessen Abstammung aus einem Tribunengeschlecht eigens hervorgehoben wird[8]. Die Berufung von Mitgliedern des ansässigen Adels als Metropolitane der heimischen Kirche fällt zusammen mit der beginnenden Loslösung Venedigs aus dem byzantinischen Staatsverband. Folgerichtig soll deshalb auch der Nachfolger des Venerius aus einem venezianischen Adelsgeschlecht gestammt haben[9]. Es entspricht den Interessen der Dogen, die im *placitum* neben den einheimischen Großen auch den hohen Klerus zu Beratungen heranzogen, daß mit dem Patriarchen Vitalis I. das Dogengeschlecht der Particiaco neben der weltlichen auch die kirchliche Leitung in den Händen einer Familie konzentrierte[10]. Zwar konnte sich diese Zusammenfassung der höchsten politischen und kirchlichen Macht in einem Geschlecht

---

[6] Vgl. *Kehr*, Rom und Venedig, S. 102.

[7] Cronica de singulis Patriarchis nove Aquileie (ed. *Monticolo*) S. 5–16; Origo (ed. *Cessi*) S. 123 ff.; *Ughelli*, Italia sacra 5, Sp. 1082 ff. (mit Angabe der angeblichen Herkunft); *Kretschmayr*, Geschichte 1, S. 402 f.

[8] Origo (ed. *Cessi*) S. 125: *Venerius patriarcha qui fuit nove Venecie genitus, pater autem Transmundus appellatus, qui vixit in patriarchatu ann. XXIIII mens. VIII.* Zur Familie vgl. ebd., S. 150: *Transmundi qui Stornati modo appellati sunt, de Tarvisio venerunt, tribuni anteriores fuerunt, sed iracundi et perfidiosi ac discordantes.* Vgl. auch *Ughelli*, Italia sacra 5, Sp. 1103; *Kretschmayr*, Geschichte 1, S. 403.

[9] Origo (ed. *Cessi*) S. 125: *Victor Patriarcha, qui fuit secundus nove Venecie genitus, filius autem Belli Ausibiazi, qui rexit patriarchatum ann. VI mens. III dies IIII.* Zur Familie vgl. ebd., S. 145 und 151.

[10] Origo (ed. *Cessi*) S. 125: *Vitalis patriarcha, qui fuit tercius nove Venecie filius Ioannaceni Particiaci, qui vixit in patriarchatu ann. XVIIII mens. I dies VI; Kretschmayr*, Geschichte 1, S. 403. Stammtafeln der Particiaci ebd., S. 423 und 431.

niemals als ständiger Brauch durchsetzen, doch stellten die Particiaco neben fünf Dogen auch drei Patriarchen von Grado.

Allerdings lassen die Namen auch der übrigen Prälaten durchweg erkennen, daß das Patriarchat Grado nunmehr eine feste Pfründe des venezianischen Adels geworden ist[11]. Im Jahr 976 gelang es den damals herrschenden Candiano, die als Dogendynastie die Particiaco abgelöst hatten, mit Vitalis IV. einen der ihren als geistliches Oberhaupt des Dogats einzusetzen[12]. Auch die ihnen nachfolgenden Orseolo betrieben diese Familienpolitik, so daß es nur konsequent war, wenn der Nachfolger des Vitalis zu Beginn des 11. Jahrhunderts Ursus Orseolo hieß[13].

Mit dem Sturz der Orseolo ist das Zeitalter der Dogendynastien vorbei, in der Folge stammen Doge und Patriarch niemals aus derselben Familie. Stets waren die Metropoliten von Grado jedoch Mitglieder des heimischen Adels. Nacheinander bestiegen nun Dominicus Bulzano[14], Dominicus Marango[15], Dominicus Cerbano[16] und Iohannes Saponario[17] den Stuhl von Grado. Es ist auffallend, daß sich im 11. Jahrhundert die kirchlichen Würdenträger sehr oft aus kleineren Adelsgeschlechtern rekrutieren. Es mag dies mit der kirchlichen Reform zusammenhängen, die in Dominicus Marango einen bedeutenden Vertreter in Venedig fand, doch sprechen auch wirtschaftliche Faktoren für diese Entwicklung. Durch die Auseinandersetzung zwischen Venedig und Poppo von

---

11 Vgl. Origo (ed. *Cessi*) S. 125 f. Als Familien treten auf: Particiaci, Marturio, Andreadi, Tribuni Dominici, Mastalico, Contarini, Blancanico, Barbolani. Vgl. *Kretschmayr*, Geschichte 1, S. 403. Zum Zusammenhang zwischen Particiaco, Paureta und Badoer vgl. ebd., S. 423 u. 431, und besonders *Pozza*, I Badoer, S. 9 ff.

12 Origo (ed. *Cessi*) S. 126: *Deinde electus est patriarcha Vitalis, filius Petri Candiani ducis interfecti, qui sedit anni L, mens. VI.* Vgl. auch *Kretschmayr*, Geschichte 1, S. 403.

13 Origo (ed. *Cessi*) S. 126: *Ursus patriarcha, filius Petri olim ducis Ursoyoli, sedit ann. XXXVIII, dies XLV.* Vgl. auch *Kretschmayr*, Geschichte 1, S. 403.

14 Nach der Nachricht der Origo (ed. *Cessi*) S. 126 ist es fraglich, ob der Elect, der bereits nach sieben Tagen starb, wirklich auch als Patriarch geweiht wurde: *Post huius obitum electus est Dominicus filius Cypriani Bulzani, clericus, cappellanus Sancti Marci, qui perductus est ad presbiteratum, qui vixit dies VII.* – *Kretschmayr*, Geschichte 1, S. 403, zählt ihn unter die Patriarchen. Zur Familie vgl. Origo (ed. *Cessi*) S. 47, 143, 151, 158.

15 Origo (ed. *Cessi*) S. 126: *Dominicus patriarcha, qui fuit filius Iohannis Marango; qui fuit nacione ipse et suorum parentorum de insula Matamauco, qui vixit ann. VII.* Vgl. *Kretschmayr*, Geschichte 1, S. 403. Die Herkunft von Malamocco erklärt das Fehlen der Familie in den Listen der Origo.

16 Origo (ed. *Cessi*) S. 126: *Dominicus patriarcha, qui fuit filius Iohannis Cerbani, qui vixit in patriarchatu ann. VII, mens. III.* Zur Familie vgl. Origo, S. 47, 148, 158. Vgl. auch *Kretschmayr*, Geschichte 1, S. 403.

17 Origo (ed. *Cessi*) S. 126: *Iohannes patriarcha, filius Iohannis Cerbani, qui vixit in patriarchatu ann...* (nach anderen Quellen steht hier die Zahl X), *et defunctus est apud urbem Constantinopolim et a Veneticis negotiatoribus in capsa Venecias eius corpus deductum est.* Zur Familie ebd., S. 47, 151, 158. Vgl. auch *Kretschmayr*, Geschichte 1, S. 403.

Aquileia, der zweimal Grado plünderte, verlor das Patriarchat seine gesamte wirtschaftliche Ausstattung, so daß es keinen besonderen Anreiz bot, nach der Würde dieses Patriarchen zu streben[18]. Es bedurfte erst ernster Ermahnungen seitens des Papstes, bis der Doge bereit war, durch Schenkungen aus dem Besitz des Dogats für eine angemessene Ausstattung seines höchsten geistlichen Würdenträgers zu sorgen[19].

Seit Grado dann eine dem Amt entsprechende Pfründe war, finden sich auch wieder Vertreter der vornehmsten venezianischen Adelsgeschlechter auf dem Metropolitansitz. Sowohl Badoer da Noale[20] als auch Gradenigo[21] zählen zu den wichtigsten Familien des beginnenden 12. Jahrhunderts. Nach ihnen führte mit Henricus Dandulo, dem Onkel des gleichnamigen Eroberers von Konstantinopel, eine der führenden Familien des 12. Jahrhunderts für fast sechzig Jahre das Patriarchat Grado[22]. In seine Amtszeit fällt jenes Ereignis, das oft als »venezianischer Investiturstreit« bezeichnet wird und das den venezianischen Klerus seinen Einfluß auf die Politik kosten sollte.

Die Vorgänge selbst sind nur ungenau zu fassen. Es entspricht den Intentionen des heimischen Adels, daß keine Chronik über die Ereignisse berichtet, von denen wir deshalb nur beiläufig aus Überlieferungen des 14. Jahrhunderts erfahren[23]. Es scheint sicher, daß hierbei die persönliche Feindschaft zwischen dem Patriarchen Henricus Dandulo und dem Dogen Petrus Polani eine Schlüsselrolle spielte. Dabei war auch die Trennungslinie der Parteien nicht einfach zu ziehen. Dandulo und Badoer standen zwei Würdenträger aus dem Haus Polani, Doge und Bischof von Castello, gegenüber. Es kam über die Frage der Umwandlung von einer Pfarrei in ein Kanonikerstift ebenso zum Streit wie wegen der Einrichtung der Residenz des Patriarchen in Venedig, wo nach Kirchenrecht der zuständige Bischof von Castello allein residieren sollte. Zeitweise mußte der Patriarch mit seinem Anhang aus dem Dogat fliehen, und Innozenz II. verhängte zwischenzeitlich das Interdikt über Venedig. Diese kirchliche Auseinandersetzung fällt mit dem Aufkommen des venezianischen *comune* zusammen. Sie endete

---

[18] *Kretschmayr*, Geschichte 1, S. 146 ff.; *Bresslau*, Konrad II., S. 150 ff. und 456–459; *Kehr*, Rom und Venedig, S. 70 ff.; *C. Violante*, Venezia fra papato e l'impero nel secolo XI, in: Storia della civiltà veneziana 1, S. 139–158; *Rösch*, Venedig und das Reich, S. 16.

[19] Die zwei weitgehend voneinander abweichenden Versionen der Urkunde sind gedruckt bei *Muratori*, Antiquitates 1, S. 243–245, und *Cicogna*, Delle inscrizioni veneziane 4, S. 290–291. Einen Versuch einer kritischen Edition bei S. Giorgio Maggiore (ed. *Lanfranchi*) 2, S. 24 Nr. 31.

[20] *Petrus … filius Badovarii Noeli.* Origo (ed. *Cessi*) S. 126 f.; *Kretschmayr*, Geschichte 1, S. 404.

[21] *Iohannes Patriarcha, filius Iohannis Gradonici, qui fuit episcopus Equilegensis et antea fuit Gradensis archidiaconus.* Origo (ed. *Cessi*) S. 127; vgl. *Kretschmayr*, Geschichte 1, S. 404.

[22] *Henricus Dandulus patriarcha vixit et revixit sanctam Gradensem ecclesiam ann. LXI.* Origo (ed. *Cessi*) S. 127. Dies ist etwas übertrieben, die wirkliche Amtszeit währte insgesamt von 1129 oder 1130 bis 1188; vgl. *Kretschmayr*, Geschichte 1, S. 404.

[23] Verstreute Nachrichten finden sich gesammelt bei *Kretschmayr*, Geschichte 1, S. 464, der über die Vorgänge hinausgehend den »Investiturstreit« betont. Kritisch hiergegen *Kehr*, Rom und Venedig, passim.

schließlich damit, daß in den folgenden Jahren alle Kleriker, die bisher im *placitum* des Dogen mitgewirkt hatten, von den politischen Beratungen ausgeschlossen blieben. Diese Entwicklung verhinderte jedoch nicht, daß auch in Zukunft die Patriarchen von Grado stets aus dem einheimischen Adel gewählt wurden. Iohannes Signolo, Benedictus Falier, Angelus Barozzi und Leonardus Querini folgten bis zur Mitte des 13. Jahrhunderts dem streitbaren Henricus Dandulo[24]. Länger als anderswo gelang es der ansässigen Oberschicht, stets Vertreter aus den eigenen Reihen in den Genuß höchster kirchlicher Pfründen zu bringen. Im Jahr 1255 wurde mit Jacobus Bellegno noch einmal ein Mitglied eines heimischen Adelsgeschlechts gewählt[25]. Als er kurz nach seiner Wahl starb, gelang es der Kirche, ihre eigenen Interessen durchzusetzen. Das Patriarchat Grado wurde nun in einer Weise besetzt, die den Intentionen und Vorstellungen der Kirche des 13. Jahrhunderts entsprach: Angelus Maltraverso war Venezianer, womit den Ansprüchen Venedigs auf einen einheimischen Metropoliten Rechnung getragen wurde. Zudem war er, der seine Laufbahn als Bischof von Ferrara begonnen hatte, Erzbischof des venezianischen Kreta gewesen. Vor allem aber war er ein Mitglied des Franziskanerordens[26].

In der Folge wird nun eine immer stärkere Einflußnahme des Papsttums, das nach dem Sieg über die Staufer auf der Höhe seiner Macht stand, auf die Patriarchenwahl spürbar. Für Jahrzehnte hat der venezianische Adel seinen Einfluß auf die Besetzung des höchsten geistlichen Amtes in Venedig verloren. Der Nachfolger des Angelus stammte aus Ancona[27], der nächste Patriarch war ein Augustinereremit, der mit der Kurie engsten Kontakt hatte[28], und auf einen Mann unbekannter Herkunft folgte am Ende des Jahrhunderts ein Franziskaner aus Ferrara[29]. Der venezianische Adel, der in dieser Zeit seinen Einfluß auf die Kirche weitgehend verloren hatte, konnte erst wieder unter den politisch geschwächten Päpsten in Avignon seine alte Macht zurückgewinnen.

Überliefern die Patriarchenlisten in dichter Folge die Namen der Amtsträger, so sind die Nachrichten über die Suffragane im Dogat meist erheblich dürftiger. Soweit die Quellen dies erkennen lassen, erfolgt die Besetzung der Bistümer wie Caorle[30],

---

[24] *Ughelli*, Italia sacra 5, Sp. 1082 ff.; *Eubel* 1, S. 265 f.

[25] *Eubel* 1, S. 265 f.

[26] *Ughelli*, Italia sacra 5, Sp. 1137; *Eubel* 1, S. 265 f.; seit 1252 war er Erzbischof von Kreta, davor Bischof von Ferrara; vgl. *Fedalto*, Chiesa 2, S. 104 ff.

[27] *Eubel* 1, S. 265 ff., (seit 1271?) Iohannes de Ancona; vgl. *Ughelli*, Italia sacra 5, Sp. 1137.

[28] Der Augustinereremit Guido vgl. *Eubel* 1, S. 265 ff.; *Ughelli*, Italia sacra 5, Sp. 1137. Les Registres de Nicolas III (ed. *M. J. Gay*), Paris 1898, Nr. 119 (1278 Aug. 19): Das Kapitel überträgt die Wahl dem Papst, der den Kaplan des Kardinaldiakons von S. Giorgio in Velo d'Oro wählt.

[29] 1279 wird Laurentius, ein Franziskaner, gewählt. Das Kapitel hatte zunächst einen Franziskaner namens Bonifatius wählen wollen, doch dann die Wahl dem Papst übertragen: Les Registres de Nicolas IV (ed. *E. Langlois*) 2, Paris 1891, Nr. 1907–1912 (1289 Dez. 28). 1296 wird Aegidius von Ferrara OP sein Nachfolger; vgl. *Eubel* 1, S. 266 ff.; *Ughelli*, Italia sacra 5, Sp. 1138.

[30] *Eubel* 1, S. 164; *Kretschmayr*, Geschichte 1, S. 404 (bis 1200); *Ughelli*, Italia sacra 5, Sp. 1335 ff.

Cittanova[31], Torcello[32], Malamocco (Chioggia)[33] und Iesolo[34] aus derselben Schicht, wie dies auch für das Patriarchat der Fall gewesen ist. Diese kleinen Bistümer, denen zumeist nur wenige Pfarreien und Klöster unterstanden, sind bis weit in das 13. Jahrhundert hinein ausschließlich Pfründen des venezianischen Adels. Dabei folgte die Besetzung der Prälaturen der Tendenz der heimischen Entwicklung, die Kandidaten wurden zunehmend aus der Oberschicht von Rialto berufen. Erst seit der Mitte des 13. Jahrhunderts dringen auch in diesen Bistümern die Kandidaten der Bettelorden ein, ohne jedoch imstande zu sein, den einheimischen Adel völlig zu verdrängen.

Zwar waren die Bischöfe der kleinen Bistümer des Dogats im Sinne der kirchlichen Hierarchie wichtige Würdenträger, doch verloren ihre Diözesen in demselben Maß an Bedeutung, wie Rialto, die spätere Stadt Venedig, als Regierungszentrale, Wirtschaftszentrum und Sitz des Adels aufstieg. Gleichzeitig nahm die Bedeutung des Sitzes von Castello als Bistum der Stadt Venedig zu. Dieser Bischof allein betreute die Diözese, die zahlreiche, mit Pfründen wohlausgestattete Pfarreien umschloß; in seinem Amtssprengel lag die dogale Kapelle San Marco, deren Primicerius an Wichtigkeit weit vor den Bischöfen des Dogats rangierte.

Als das Bistum 774/75 gegründet wurde, soll, nach einer nicht ganz sicheren Überlieferung, der erste Bischof aus dem Tribunenadel von Malamocco gestammt haben[35]. Der Bischof Obelerius wäre demnach aus dem damaligen Regierungszentrum an den Rialto berufen worden. Sein Nachfolger, der das Bistum zwölf Jahre lang verwaltet haben soll, entstammte dem ehemaligen Praefektengeschlecht von Ravenna, war also ebenfalls ein Mitglied des byzantinischen Provinzadels[36]. Seit der Rialto aber Regierungssitz geworden war, ging das Bistum als sichere Pfründe auf die herrschenden Familien des Dogats über.

Das Geschlecht der Particiaco, dessen Einfluß auf die venezianische Politik des 9. Jahrhunderts überragend war, konnte sich – nach einem kurzen Zwischenspiel – im

---

[31] Für Cittanova fehlt Material im 13. Jahrhundert; vgl. *Eubel* 1, S. 191; *Kretschmayr, Geschichte* 1, S. 405 (bis 1200).

[32] *Eubel* 1, S. 489; *Kretschmayr, Geschichte* 1, S. 405 (bis 1200); *Ughelli,* Italia sacra 5, Sp. 1364 ff. Ergänzungen bei *Kehr,* Rom und Venedig, S. 154 ff.: 1172 Martinus Urso, 1216 Stephanus Nadal.

[33] *Eubel* 1, S. 194; *Kretschmayr, Geschichte* 1, S. 406 (bis 1200); *Ughelli,* Italia sacra 5, Sp. 1346 ff. Ergänzungen bei *Kehr,* Rom und Venedig, S. 154 ff.: 1107 Stephanus Badoer, 1234 Sergius, 1236 Wido. G. *Vianelli,* Nuova serie de'vescovi di Malamocco e di Chioggia, Venezia 1790, S. 40–45.

[34] *Eubel* 1, S. 241, hat für das 13. Jahrhundert kein Material; *Kretschmayr, Geschichte* 1, S. 406 f. (bis 1200). Ergänzungen bei *Kehr,* Rom und Venedig, S. 154 ff.: 1084 Stephanus Dolfin, 1097 Iohannes Gradenigo, 1149 Dominicus Minio, 1170 Paschalis, 1172 Stephanus Minio, 1200 Andreas.

[35] *Kretschmayr,* Geschichte 1, S. 407 f.; *Ughelli,* Italia sacra 4, Sp. 1182: *Obeliebatus filius Enogini Metamauci tribuni.* – *Gams,* Series episcoporum, S. 781 f. Iohannes Diaconus (ed. *Monticolo*) S. 99 sagt: *in quo quendam clericum Obelliebatum nomine, episcopum ordinavit.* Origo (ed. *Cessi*) S. 46, 132, 155, 166 ff.

[36] Vgl. *Kretschmayr,* Geschichte 1, S. 407; *Ughelli,* Italia sacra 5, Sp. 1182 f.: *Christophorus frater Longini Ravennae praefectum* (796/97–808), und *Gams,* Series episcoporum, S. 781 f.

Jahr 822 mit Ursus auch den Bischofsstuhl der Stadt Venedig sichern[37]. In der Folge reißen im 9. Jahrhundert die chronologischen Nachrichten über den Bischofsstuhl von Castello ab, doch zeigen die Namen deutlich den Zusammenhang zwischen Politik und Episkopat auf: Maurus Busignago entstammte einem Geschlecht von Tribunen, das in der Politik des 9. Jahrhunderts eine nicht unbedeutende Rolle spielte[38]. Mit Iohannes Candiano können die Gegenspieler und späteren Nachfolger der Particiaco im Dogat erstmals eine einflußreiche Stelle besetzen[39]. Dominicus Apoli, ebenfalls aus einem Tribunengeschlecht abstammend, war außerdem ein Verwandter des damaligen Dogen Petrus Tradenico[40]. Es sind somit Vertreter der innenpolitisch einflußreichsten Familien, die das Bistum der Stadt Venedig im 9. Jahrhundert besetzen. Auch der nächste Bischof, Grausus, könnte aus einem der Tribunengeschlechter stammen, doch machte er seine Karriere vor allem in den Diensten des Dogen und des Patriarchen: er war vor seiner Wahl *cancellarius ducis et notarius patriarchae* gewesen[41]. Damit tritt aber die enge Verbindung von Prälaturen und politischer Macht nur um so stärker hervor.

Diese enge Bindung zwischen dem Dogat und dem stadtvenezianischen Bistum geht seit dem letzten Viertel des 9. Jahrhunderts verloren. Von den großen Dogengeschlechtern der Zeit, die ihr Amt zeitweise vom Vater auf den Sohn übertrugen, konnten weder die Candiano noch die Orseolo jemals einen Bischof von Castello stellen. Es sind jedoch nach wie vor ausschließlich Venezianer und, soweit es die Quellen erkennen lassen, auch ausschließlich Vertreter einflußreicher Familien, die gewählt werden[42]. Dennoch fällt auf, daß die allerersten Namen in der Liste der Bischöfe von Castello fehlen.

---

[37] Vgl. *Kretschmayr*, Geschichte 1, S. 407; *Ughelli*, Italia sacra 5, Sp. 1182 ff.: *Ursus filius Iohannis Particiacus.* – *Gams*, Series episcoporum, S. 781 f.

[38] *Maurus filius Germani Busignati;* vgl. *Gams*, Series episcoporum, S. 781 f.; *Kretschmayr*, Geschichte 1, S. 407; Origo (ed. *Cessi*) S. 144, 152, 159 zur Familie, zum Bischof S. 133.

[39] *Iohannes filius magni Candiani.* – *Kretschmayr*, Geschichte 1, S. 407; *Gams*, Series episcoporum, S. 781 f.

[40] *Dominicus filius Iohannis Apoli.* – *Kretschmayr*, Geschichte 1, S. 407; *Gams*, Series episcoporum, S. 781 f.; Origo (ed. *Cessi*) S. 133; über die Familie ebd., S. 47, 144, 147, 158.

[41] *Kretschmayr*, Geschichte 1, S. 407; *Gams*, Series episcoporum, S. 781 f.

[42] *Kretschmayr*, Geschichte 1, S. 407 f.; *Gams*, Series episcoporum, S. 781 f.:
   Iohannes filius Tribuni Mataturi – Amtszeit 11 Jahre;
   Laurentius filius Barba Taurelli – 883–908;
   Dominicus filius Barbaromani Vilinicus – Amtszeit 1 Jahr und 6 Monate;
   Dominicus Orcianicus;
   Iohannes – Urkunde von 919 Febr.;
   Petrus filius Petri ducis Dominici tribuni – Amtszeit 8 Jahre;
   Ursus filius Petri Magadisi – Amtszeit 12 Jahre;
   Dominicus filius Iohannis Tanolicus – Amtszeit 7 Jahre;
   Petrus filius Theodorio Marturio – Amtszeit 8 Jahre; Urkunde von 960;
   Georgius filius Andreadi Georgii – Amtszeit 1 Jahr und 6 Monate;
   Marinus filius Petrus Caveranicus – Amtszeit 20 Jahre und 2 Monate, Urkunden von 971 und 982.

Dies ändert sich zu Beginn des 11. Jahrhunderts grundlegend. Nacheinander sind zwei Vertreter der Familie Gradenigo auf dem Bischofsstuhl nachweisbar, sie lenkten fast fünfzig Jahre die Geschicke der Kirche von Castello[43]. Nach der Mitte des Jahrhunderts folgt erneut die Verbindung von Dogat und Episkopat in der Hand ein und derselben Familie: Dominicus Contarini ist ein naher Verwandter, nach einigen Chronisten sogar der Bruder des herrschenden Dogen[44]. Sein Nachfolger entstammte demselben Geschlecht und soll sogar der Sohn des Dogen gewesen sein[45]. Diese enge Verbindung bleibt bis weit in die kommunale Zeit hinein bestehen: der Bischof von Castello stammt aus dem Haus des regierenden Dogen. So gleichen sich die Listen der Bischöfe und Dogen für fast einhundert Jahre: Vitalis Michiel I., Bonifacius Falier, Iohannes Polani und Vitalis Michiel II. sind die obersten Geistlichen der Stadt Venedig bis zum Jahr 1162[45a].

Im späten 12. Jahrhundert war die Politik im *comune* unter Ausschluß der Geistlichkeit organisiert, und man trug der Trennung zwischen ihr und dem Klerus Rechnung: Philippus Casolo gehörte einer Familie an, die zwar seit dem 10. Jahrhundert in der venezianischen Politik eine Rolle gespielt hatte, im 12. Jahrhundert aber nicht mehr zu den ersten Geschlechtern zählte. Die Rolle in der Politik des *comune* war eher bescheiden, doch war es Marcus Casolo, ein Verwandter des neuen Bischofs, gewesen, der sich im Jahre 1172 des Mordes am Dogen Vitalis II. Michiel schuldig gemacht hatte[46]. War Philippus Casolo immerhin noch ein Vertreter alten venezianischen Adels, so stammte sein Nachfolger Marcus Nicola, auch er ein gebürtiger Venezianer, nicht aus einer Adelsfamilie[47]. Allerdings blieb dies, obwohl dieser Bischof bis zum Jahre 1225 Castello innehatte, eine Episode. Nachfolger wurde Marcus Michiel, Vertreter eines der

---

[43] *Kretschmayr*, Geschichte 1, S. 408; *Gams*, Series episcoporum, S. 781 f.:
Dominicus filius Dominici Gradonicus – Amtszeit 33 Jahre und 2 Monate; Urkunde von 1006/07;
Dominicus filius Iohannis Gradenigo – Amtszeit 10 Jahre.

[44] *Kretschmayr*, Geschichte 1, S. 408; *Gams*, Series episcoporum, S. 781 f.:
Dominicus Contarenus qui fuit frater domini ducis – Amtszeit 16 Jahre.

[45] *Kretschmayr*, Geschichte 1, S. 408; *Gams*, Series episcoporum, S. 781 f.:
Henricus filius Dominici Contareni ducis nepos Dominici episcopi superioris – Urkunde von 1074/75 und angeblich 1108 Nov. 15.

[45a] *Kretschmayr*, Geschichte 1, S. 408; *Gams*, Series episcoporum, S. 781 f.:
Vitalis Michiel I. – Urkunde von 1116 März 11;
Bonifacius Falier – Urkunde von 1125;
Iohannes Polani – 1138–1155 (Urkunden);
Vitalis Michiel II. – 1162 (?)–1182 (?).

[46] *Kretschmayr*, Geschichte 1, S. 408; *Gams*, Series episcoporum, S. 781 f.:
Philippus Casolo – 1182–1183.

[47] *Kretschmayr*, Geschichte 1, S. 408; *Eubel* 1, S. 171:
Marcus Nicola – 1184–1225.

einflußreichsten Adelsgeschlechter, und der ihm folgende Marcus Morosini stand ihm nicht nach[48].

Danach freilich wurde der Bischofsstuhl von Castello von Personen vertreten, die nicht dem engeren Kreis des venezianischen Adels zuzurechnen sind. Petrus Pino entstammt einer Familie, die im 12. Jahrhundert aufgestiegen war, ohne jemals zu den bedeutenderen venezianischen Geschlechtern zu zählen. Auch seine Nachfolger Thomas Arimundo und Thomas Franco sind Vertreter dieser Schicht[49]. Allerdings gehören die drei letzten Bischöfe des 13. Jahrhunderts wieder den führenden Familien an: Bartholomeus Querini, Simon Mauro und wiederum ein Bartholomeus Querini[50].

Das Bistum Castello hat eine Entwicklung gehabt, die von den Tendenzen der übrigen Kirchenprovinz Venedig unterschieden war. Von Anfang an bestanden besonders enge Bindungen zwischen dem Bischof der Hauptstadt und der regierenden Dogenfamilie. Bis in die zweite Hälfte des 12. Jahrhunderts hinein sind ausschließlich Vertreter des vornehmen Adels gewählt worden, danach löste sich die Bindung zwischen Politik und geistlichem Amt. Zwar sind unter den Bischöfen von Castello auch Popolaren und Mitglieder kleinerer Adelsgeschlechter zu finden, doch hat man bis zum Ende des 13. Jahrhunderts davon Abstand genommen, Auswärtige oder Vertreter der Bettelorden zu wählen, wie dies für das Patriarchat und die kleinen Bistümer des Dogats im späteren 13. Jahrhundert oft geübte Regel ist.

Ein Überblick über die Besetzung der Bistümer der Kirchenprovinz Grado ergibt ein einheitliches Bild: Nach der Loslösung vom byzantinischen Reichsverband sind die Bischöfe des Dogats bis zur Mitte des 13. Jahrhunderts fast ausschließlich Vertreter des heimischen Adels. Auswärtige werden nicht berufen, auch dem Papsttum gelingt es nicht, Einfluß auf die Wahlen zu erlangen. Erst seit der Mitte des 13. Jahrhunderts

---

[48] *Ughelli*, Italia sacra 5, Sp. 1182 f.:

  Marcus Michiel – 1225–1235;

  Marcus Morosini – 1235; diesen läßt *Eubel* 1, S. 151, weg.

[49] *Ughelli*, Italia sacra 5, Sp. 1182 ff., nennt den 1235–1255 (?) regierenden Bischof Petrus Pierius Venetus, bei *Eubel* 1, S. 171, steht der wohlbekannte Name Pino dafür. Danach laut *Eubel*, ebd., 1255 kurzfristig Gualterius Agnus Dei ep. Treviso O.P., also auch hier ein Franziskaner.

  Thomas Arimundo – 1256–1260;

  Thomas Franco – 1260–1275.

[50] So *Ughelli*, Italia sacra 5, Sp. 1182 ff.; *Eubel* nimmt nur einen Bischof Bartholomeus Querini an, doch ist Simon Mauro somit als Kleriker gut bezeugt. Die Wahl des damaligen Primicerius von S. Marco ist nicht unglaubwürdig, zumal die Amtszeit eines Bartholomeus sehr lange dauerte (1275–1303). Wobei zu bedenken ist, daß der Querini ja dann erst noch auf das Bistum Novara berufen wurde. Wahrscheinlicher wohl die Angaben bei *Ughelli*, Italia sacra, daß Simon Mauro 1291 Bischof wurde und sein Nachfolger als Primicerius von S. Marco, Bartholomeus Querini, ihm bei seinem Tode in der Bischofswürde gefolgt sei. Für Ughelli spricht auch, daß Bartholomeus Querini bereits 1160 bedeutende Pfründen besaß: in Venedig S. Bartholomeo, S. Zulian und S. Martino; auf dem Lido S. Pietro; auf Torcello das Plebanat und Dekanat des Domes und ungenannte Lehen in der Romania. Vgl. Les Registres d'Alexandre IV (ed. *C. Bourel* de la Roncière) Nr. 3210 (1260 Dez. 4).

werden zunehmend auch Auswärtige und vor allem Mitglieder der neuen Bettelorden auf die Bischofsstühle Venedigs berufen.

Unter den Weltgeistlichen ist an erster Stelle nach den Bischöfen und diese an politischer Bedeutung teilweise überragend der Primicerius von S. Marco in Venedig zu nennen. Der Erste des Kapitels der dogalen Kapelle hatte auch in den politischen Zeremonien seinen festen Platz. Er vertritt den Staatsheiligen, der den Staat Venedig ideell verkörpert; aus seiner Hand empfängt der neu gewählte Doge die Insignien seiner Herrschaft. Im Jahr 1251 trug Papst Innocenz IV. dieser Stellung Rechnung und erlaubte dem Primicerius die Verwendung der bischöflichen Insignien[51].

Wieviel mehr als ein Bistum im Dogat diese Pfründe bedeutete, macht der Fall des Simon Mauro deutlich: Der Pleban von S. Pantalon, mit Kanonikaten und Pfründen in Treviso, Grado, Mestre und S. Martino de Cornuda gesegnet, sollte im Jahr 1287 durch den Papst auf den Bischofsstuhl von Chioggia erhoben werden, für den das Besetzungsrecht nach zwiespältiger Wahl an den Papst gefallen war. Simon bedankte sich für die Ehre, lehnte aber ab, um die Wahl zum Primicerius von S. Marco anzunehmen. Die spätere Berufung auf den Bischofstuhl von Castello hingegen nahm er an[52]. Nach all dem bisher Gesagten kann es nicht verwundern, daß auch diese Pfründe – soweit sich dies eruieren läßt – ausschließlich dem einheimischen Adel vorbehalten blieb[53].

War in diesen höchsten Ämtern der venezianischen Kirche der Adel unter sich, so mußte er sich die Pfründen der Archipresbiter, Archidiakone und Primicerii an den Bischofskirchen bereits mit Klerikern geringerer Herkunft teilen. Zwar ist auch hier der adlige Pfründenbesitzer noch durchaus die Regel, doch konnten andere Bevölkerungsschichten bis in diese geistlichen Würden aufsteigen[54]. Es ist wohl die Begrenzung der Kirchensprengel, die dazu führt, daß etwa das Archidiakonat in Venedig nicht die Bedeutung einer hohen geistlichen Pfründe erhält.

---

[51] Urkunde Innocenz' IV. bei *Ughelli*, Italia sacra 5, Sp. 1330.

[52] Les Registres d'Honorius IV (ed. *M. Prou*) Nr. 716 (1287 Jan. 11); Pfründen des gewählten Primicerius werden genannt ebd., Nr. 711 (1286 Dez. 18).

[53] Liste bei *Ughelli*, Italia sacra 5, Sp. 1329 ff.:

   982 Iohannes presbiter;
  1038 Capuianus presbiter;
  1152 Bonoaldus;
  1180 Benedictus Falier;
  1208 Andreas da Canal;
  1229 Leonardus Querini;
  1251 Iacobus Bellegno;
  1284 Petrus Correr;
  1287 Simon Mauro;
  1291 Bartholomeus Querini;
  1293 Marcus Paradiso.

[54] Archipresbiter von Castello: *Corner* 13, S. 214; Archidiakone von Castello: ebd., S. 215 f.; Primicerii von Castello: ebd., S. 217. *Cappelletti* 2, S. 188 ff. und 198 ff.

Unterhalb der Ebene der Domkanoniker standen die Pfarrer der Pfarrkirchen des Bistums, außerhalb der Stadt Venedig weder zahlreich noch reichlich dotiert. Die Namen vieler Gemeindepfarrer sind erhalten, da sie im 12. Jahrhundert oft die Urkundenschreiber stellen, bevor es zur Ausbildung eines Notariats der Laien kommt. Auch unter den Plebanen sind die Vertreter des Adels in der Mehrzahl, ohne daß die Pfründen einem Stand reserviert geblieben wären. Allerdings waren die Divergenzen in den einzelnen Pfarren, wohl hervorgerufen durch die unterschiedliche Dotierung, enorm. Reichen Pfründen mit adligen Pfarrherrn, wie etwa S. Moisè, standen ärmere Gemeinden gegenüber, deren geistliche Vertreter unbekannter Herkunft waren[55]. Allerdings gilt auch noch auf der Ebene der Pfarreiorganisation, daß, abgesehen vom Stand, nur Einheimische zu diesen Pfründen gelangten.

Eine Stufe darunter, im niederen Klerus, findet sich eine bunte Fülle, abzulesen an den Privaturkunden: so waren zum Beispiel Diakone, die auf den Handelsschiffen mitfuhren, teils Vertreter adliger Geschlechter, teils Popolaren.

Die enge Bindung zwischen dem venezianischen Adel und der venezianischen Kirche könnte dazu verleiten, ein friedliches Nebeneinander von Politik und Klerus anzunehmen, da beider Vertreter derselben Schicht und nicht selten denselben Familien entstammten. In der Tat hat gerade die venezianische Chronistik diesen Eindruck zu erwecken versucht. Die *singularis cohaerentia* zwischen Venedig und dem Heiligen Stuhl, die Gregor VII. einmal anspricht, bestand nur zeitweise[56]. Zwar sind um das Jahr 1130 ein Gradenigo und ein Storlato die ersten venezianischen Kardinäle, doch zeigen die

---

[55] Umfangreiches, nicht immer zuverlässiges Material bei *Corner* unter den einzelnen Kirchen. Beispiel für eine Pfarrkirche: Plebani di S. Maria Formosa, in: S. Maria Formosa (ed. *Rosada*), S. XLII–XLIV (modern ergänzt):

Pietro Tiepolo	1081 Jan.;
Giovanni Moro	XI. Jh.?;
Pietro Musolino	1091 Juni;
Giovanni Marignoni	1109 Juni;
Giovanni Gisi	1139 Dez.;
Pietro Bon	1153 Okt.;
Leonardo Donà	1168 Juni; 1177 erwählter Bischof von Torcello, doch behält er das Plebanat wohl bis 1195;
Pietro Vitturi	1195 Dez.;
Giovanni Longo	1229 Jan.; 1251 Jan. 29;
Bartholomeus Quirini	1266 Mai 12; 1274 Apr. 5 zum Bischof von Castello gewählt;
Marco Lombardo	1279; 1293;
Marino Civrano	1296; 1297.

S. Moisè, *Corner* 3, S. 362ff.: neben Nichtadligen finden sich

Christoforus Greco,	Marinus Dandulo,
Iohannes Mairano,	Angelus Beacqua,
Iohannes Orseolo,	Marcus Lombardo.
Dominicus Franco,	

[56] J L 5037 = *Kehr*, Italia Pontificia 7, S. 58 Nr. 100.

eher zufällig überlieferten Nachrichten über die Beziehungen Venedigs zur Kurie, daß immer wieder Spannungen zwischen Staat und Klerus bestanden[57]. Nur durch einen Zufall erfahren wir von dem Interdikt, das 1225 über Venedig verhängt worden war[58].

Als im Jahr 1229 der neue Doge Iacobus Tiepolo seinen Promissionseid leistet, zeigt sich, wie wenig der venezianische Staat daran dachte, die Freiheit der Kirche zu respektieren. Der Doge versprach: *Si patriarchalis nostra sancta Gradensis mater ecclesia inordinata remanserit, electio nostri patriarchae in universo ceto cleri nostri et populi permaneat, nisi aliter per maiorem partem nostri consilii fuerit collaudatem... Electio universorum nostrorum episcoporum vacantium in suorum filiorum cleri et populi potestate consistat, et electio monasteriorum sibi suffragantium in ipsorum congregationibus cum suis episcopis absque ullius servicii exactione simili modo permaneat, unde nos intromittere non debemus nisi voluntate maioris partis nostri consilii...*[59].

Damit mußte der Doge nicht mehr und nicht weniger versprechen, als daß er die kanonische Wahl nur anerkennen wolle, solange sein Rat nichts Gegenteiliges beschlossen habe. Über die Frage des *privilegium fori* kam es wenige Jahre später zu einem weitaus härteren Konflikt. Da der Klerus die Zuständigkeit des Dogen generell und auch in Vermögensangelegenheiten für sich in Abrede stellte, beschloß dieser ein wirksames Gegenmittel: er verhandelte überhaupt keine Klagen irgendwelcher Kleriker vor seinem Gericht. Damit war es den Geistlichen unmöglich, ausstehende Schulden einzuklagen, ja es soll sogar zu ungesühnt gebliebenen Morden an Klerikern gekommen sein. Erbost schrieb Papst Gregor IX. an den Dogen: *apud vos clerus deterioris conditionis existat quam populus Israel sub Pharaone fuerit in Egypto*[60].

Es ist nicht erkennbar, wie der Konflikt gelöst wurde, allem Anschein nach brauchte der Papst aber die Venezianer in seiner Auseinandersetzung mit dem Staufer Friedrich II.[61]. Diese Beispiele sind lehrreich dafür, wie der in den Räten sitzende Adel Venedigs mit seinen Sekundogenituren umsprang, denen sämtliche hohe Pfründen des Patriarchats Grado und seiner Suffragane vorbehalten waren. Die Abstammung aus derselben Schicht hinderte keine Seite, gegen die andere mit schärfsten Waffen vorzugehen.

Dieses – jedem kanonischen Verfahren hohnsprechende – Eingreifen Venedigs in die Belange des Klerus hatte seine Wurzeln in den Vorgängen des vierten Kreuzzugs. Venedig verfolgte seine Politik unter Henricus Dandulo ohne Rücksicht auf die von Innocenz III. angedrohten und verhängten Kirchenstrafen. Als im Jahre 1203 Zara erobert worden war, mußten die Unterlegenen schwören: *Volunt Iadertini semper archiepiscopum eligere de Venetiis, et habere a Gradu videlicet usque ad Caput Aggeris;*

---

[57] *Kehr*, Rom und Venedig, S. 125.

[58] *Ficker*, Forschungen zur Reichs- und Rechtsgeschichte Italiens 4, S. 342–345, und *Cessi*, Maggior Consiglio 1, S. 80 f. Nr. 127; dazu *Rösch*, Venedig und das Reich, S. 129.

[59] Gedruckt bei *Romanin*, Storia documentata 2, S. 307 ff. Nr. 10 (bes. S. 309).

[60] Les Registres de Gregoire IX. (ed. *Auvray*) Nr. 1292 (1233 Mai 6).

[61] *Baer*, Die Beziehungen Venedigs zum Kaiserreich, S. 94 ff.; *Rösch*, Venedig und das Reich, S. 25 f.

eiusque electionem presentabunt domino patriarchae Gradensi, confirmationem ipsius electionis postulantes[62]. Die Besetzung des Stuhls des Erzbischofs sollte den Sicherheitsbedürfnissen der venezianischen Politik entsprechen, die einen der ihren als Metropoliten der immer zum Abfall bereiten Stadt sehen wollte. Der Gang der Ereignisse im 13. Jahrhundert hat verhindert, daß diese Forderung in die Tat umgesetzt wurde[63].

Es ist ein erster Hinweis auf die Richtung, die Venedig nach dem Fall von Konstantinopel in seiner Kirchenpolitik einschlagen sollte. Nachdem das Kaisertum an die Kreuzfahrer gefallen war, forderten die Venezianer das Patriarchat für einen der ihren. Es kam zur Wahl des Thomas Morosini, und der Papst stimmte der Wahl zu[64]. Doch war Venedig damit nicht zufrieden: Man nötigte den neuen Patriarchen, Mitglied einer der angesehensten Familien, zu dem Eid, auf alle bedeutenden Pfründen seines Amtssprengels nur Venezianer berufen zu wollen[65]. Um sicher zu gehen, verlangte man auch von den Kanonikern der Hagia Sophia einen entsprechenden Eid. Sie selbst waren ausnahmslos Venezianer, und sie sollten für die Würde des Archidiakon, Archipresbiter, Propst, Dekan, Thesaurar oder Kanoniker nur Personen wählen, die gebürtige Venezianer waren oder zumindest seit zehn Jahren in Venedig gelebt hatten[66].

Sollte sich diese Politik durchsetzen, so verfügte Venedig mit einer streng venezianisch gesinnten höheren Geistlichkeit über ein machtvolles Instrument zur Beeinflussung der Politik im lateinischen Kaiserreich. Daneben standen jedoch auch den Söhnen des venezianischen Adels glänzende Karrieren offen, wenn die venezianischen Kleriker in der Romania in derselben Weise verfuhren, wie sie es von zu Hause gewohnt waren.

Diese Bestimmungen, die der Freiheit der Kirche widersprachen, mußten das Papsttum auf den Plan rufen. Es war undenkbar, daß Innocenz III. den Venezianern gestattete, was seine Vorgänger dem Kaiser und den Königen Europas verboten hatten. Bereits im Jahr 1206 löste Innocenz den Patriarchen Thomas Morosini von seinem Eid, doch änderte sich auch danach an der Praxis der Pfründenvergabe wenig[67]. Dennoch gelang es dem Papst und seinen Legaten, eine Reihe von Franzosen in das Kapitel und in die Kirchenorganisation zu bringen. Als der Patriarch Thomas Morosini im Jahr 1211 starb, kam es zu einem offenen Konflikt zwischen Venezianern und Franzosen, der eine Sedisvakanz von vier Jahren zur Folge hatte. Eine erste Wahl wurde von Innocenz III. als unkanonisch abgelehnt, ein zweiter nunmehr notwendig gewordener Wahlgang brachte eine Doppelwahl.

---

[62] *Tafel/Thomas* 1, S. 421 Nr. 106 (anno 1203).
[63] Erster Venezianer nach dem Eid Iohannes Venier (1218 Elect–1238 Mai 8). Nachfolger 1239 Jan. 8 Dominicus Franco, nach ihm kommen keine venezianischen Adligen mehr; vgl. *Eubel* 1, S. 280 f.
[64] *Fedalto*, Chiesa 2, S. 90 ff. Zur Entwicklung des Patriarchats allgemein *Fedalto*, Chiesa 1, S. 161 ff.; *Eubel* 1, S. 205. Grundlegend *R. L. Wolff*, Politics in the Latin patriarchate of Constantinople, 1204–1261, in: Dumbarton Oaks Papers 8 (1954) S. 227–303, hier bes. S. 227 ff.
[65] Nicht erhalten, geht aber aus dem Brief des Papstes hervor; vgl. Anm. 67.
[66] *Tafel/Thomas* 2, S. 61 f. Nr. 184; ebd., S. 75 f. Nr. 190.
[67] *Tafel/Thomas* 2, S. 13 Nr. 167 = *Potthast* 2822; *Wolff*, Politics in the Latin Patriarchate, S. 237.

Die »französische Partei« wählte den Erzbischof Gervasius von Heracleia, der aber ein gebürtiger Venezianer war, die Venezianer den Pleban von S. Polo in Venedig[68]. Nach langen Verhandlungen wurde Gervasius als Patriarch anerkannt. Er bot als Mann der französischen Partei, zugleich jedoch als gebürtiger Venezianer für beide Seiten Vorteile. Als Gervasius 1219 starb, flammte der alte Streit von neuem auf: Es ist nicht bekannt, wer die Kandidaten beider Seiten gewesen sind, im Jahr 1221 bat der Klerus jedoch den Papst, denjenigen von ihnen auszuwählen, der ihm geeignet erscheine. Die Entscheidung des kirchlichen Oberhaupts wiederum zeigt, daß ihm bewußt war, wie sehr das Überleben des lateinischen Kaiserreichs von Venedig und seinem guten Willen abhängig war. Der neue Patriarch war Matheus, der bisherige Bischof von Iesolo, selbstverständlich ein Venezianer und, wenn wir die Berufungen der venezianischen Bischöfe der Zeit als Maßstab nehmen, wohl auch aus adligem Haus stammend[69].

Als dieser Patriarch im Jahr 1226 starb, nahm der Papst keine Rücksicht mehr auf Venedig. Er trug das Patriarchat dem Erzbischof Johann Halgrin von Besançon an. Dieser Cluniazenser aus vornehmer normannischer Familie hatte in Paris studiert und Theologie gelehrt. Er begab sich nach Rom, lehnte das Patriarchat aber ab; statt dessen wurde er Kardinalbischof von S. Sabina[70]. Offensichtlich dauerte danach die Sedisvakanz in Konstantinopel noch einige Zeit. Spätestens im Jahr 1229 jedoch trat Erzbischof Simon von Tyrus, dessen Herkunft nicht bekannt ist, die Nachfolge des Matheus an[71]. Sein Nachfolger wurde der Bischof von Spoleto, Nicolaus de Santo Arquato, der außerdem päpstlicher Vizekanzler war[72].

Nach dessen Tod im Jahr 1251, als die Lage des lateinischen Kaiserreichs immer verzweifelter wurde, besann sich Innocenz IV. auf die Hilfe Venedigs, die ein venezianischer Patriarch Konstantinopel vielleicht zu bringen vermochte. Mit Nicolaus Giustinian wurde erneut ein Mitglied eines der vornehmsten Geschlechter Venedigs installiert. Er sollte der letzte lateinische Patriarch vor dem Fall der Stadt sein[73]. Es wird deutlich, daß die ursprüngliche Politik Venedigs, die eine aus venezianischen Klerikern bestehende lateinische Kirche von Konstantinopel hatte schaffen wollen, an dem beharrlichen Widerstand des Papsttums gescheitert ist.

Für die übrigen Gebiete des ehemaligen byzantinischen Reiches, die im Gefolge der Ereignisse von 1204 unter venezianische Herrschaft gerieten, sind die Nachrichten über die Bistumsbesetzungen im 13. Jahrhundert äußerst spärlich[74]. Nur das lateinische

---

[68] *Wolff*, Politics in the Latin Patriarchate, S. 240 ff.; *Fedalto*, Chiesa 2, S. 90 ff.; *Eubel* 1, S. 205.

[69] *Wolff*, Politics in the Latin Patriarchate, S. 276 ff.; *Fedalto*, Chiesa 2, S. 90 ff.; *Eubel* 1, S. 205.

[70] *Wolff*, Politics in the Latin Patriarchate, S. 285; *Fedalto*, Chiesa 2, S. 90 ff.; *Eubel* 1, S. 206.

[71] *Wolff*, Politics in the Latin Patriarchate, S. 286; *Fedalto*, Chiesa 2, S. 90 ff.; *Eubel* 1, S. 206.

[72] *Wolff*, Politics in the Latin Patriarchate, S. 289; *Fedalto*, Chiesa 2, S. 90 ff.; *Eubel* 1, S. 206.

[73] *Wolff*, Politics in the Latin Patriarchate, S. 292 ff.; *Fedalto*, Chiesa 2, S. 90 ff.; *Eubel* 1, S. 206.

[74] Für Koron sind aus dem 12. Jahrhundert keine Namen erhalten vgl. *Fedalto*, La chiesa latina in oriente 2, S. 99 f. Auch für Modon kein Namensmaterial für diese Zeit; vgl. ebd., S. 156 ff. Dasselbe gilt für Negroponte; vgl. ebd., S. 176 f., und Ossero; vgl. *Eubel* 1, S. 66. Auch in Arbe sind für das 13. Jahrhundert keine Venezianer erkennbar; vgl. *Eubel* 1, S. 10 f. In Ragusa ist für 1269 Andreas

Erzbistum Kreta, das Venedig auf dieser wichtigen Insel installiert hatte, überliefert Namen. Sie lassen erkennen, daß auch das candianische Erzbistum in dieser Zeit eine sichere Pfründe des venezianischen Adels war[75]. In der ersten Hälfte des 13. Jahrhunderts hat der Einfluß venezianischer Geistlicher in der Kirche seinen Höhepunkt erreicht. Auf dem Gipfel dieser Entwicklung stellte der venezianische Adel durch seine Sekundogenituren zwei Patriarchen, mehrere Erzbischöfe und zahlreiche Bischöfe. Hinzu kam, daß auch die Kanoniker der jeweiligen Domkirchen in der Regel aus Venedig stammten.

Die Klöster des venezianischen Dogats hatten gegenüber den Bistümern nicht zurückzustehen. Oft waren schon bei der Gründung von geistlichen Instituten einzelne Adelsfamilien intensiv beteiligt. Das Männerkloster S. Ilario am Rande der Lagune und das Nonnenkloster S. Zaccaria, die im 9. Jahrhundert als Grablegen der Dogen und ihrer Familien eine Rolle spielten, sind in ihrer Anfangsgeschichte eng mit dem Hause Particiaco verknüpft[76]. Die Gründung des Klosters S. Giorgio Maggiore geht auf die Initiative der Familie Morosini, diejenige von S. Nicolo di Lido auf die Contarini zurück[77]. Die Kongregation von S. Salvatore hat enge Verbindungen zur Familie

---

Gausoni bezeugt; vgl. *Eubel* 1, S. 411; vgl. dazu *G. Fedalto*, La chiesa latina nei domini veneziani del Levante, Studi Veneziani 17–18 (1975–76) S. 43–93. Andreas Gausoni findet sich 1269 noch als canonicus in Padua, 1270 als administrator des Erzbischofs von Ragusa; vgl. *Smičiklas* 5, Nr. 490 und 531.

[75] *Eubel* 1, S. 215, ist hier nicht zuverlässig: *Fedalto*, La chiesa latina in oriente 2, S. 104 ff.:

1212–1215	Iacobus Viadro;
1247–1252	Iohannes Querini;
1252–1255	Angelus Maltraverso (ehemals Bischof von Ferrara)
1259–1279	Leonardus Pantaleo;
1286	Schisma: Paganus Chironensis, Matheus Venier;
1289	Matheus (Venier);
1293	Iacobus Romanus;
1294	Angelus Beacqua.

Eine Liste der Erzbischöfe und daneben der Nachweis zahlreicher venezianischer Kanoniker findet sich ebenfalls bei *Borsari*, Il dominio veneziano a Creta, S. 107 ff.

[76] Ss. Ilario e Benedetto e S. Gregorio (ed. *Lanfranchi/Strina*) S. 8 ff. Nr. 1 vom Jahr 819. Die Tradition der Origo hingegen, wonach die Familie Calbani das Kloster gegründet haben soll, ist nicht nachweisbar. S. Zaccaria soll nach der (gefälschten) Gründungsurkunde von Kaiser Leo V. 819 gegründet worden sein; vgl. Andreae Danduli Chronica (ed. *Pastorello*) S. 142–143, weist auf die Mithilfe des Dogen Agnellus hin. Es ist jedoch aus dem Jahr 829 das Testament des Iustinianus Particiaco erhalten, in dem dieser das Kloster mit reicher Ausstattung bedenkt. Hier klingt an, daß er S. Zaccaria gegründet und ausgestattet hat.

[77] S. Giorgio Maggiore (ed. *Lanfranchi*) 2, S. 19 Nr. 1: *tu Iohannes Mauroceni monachus religione Christi traditus locum tibi abtum et ceteris secutoribus Christi diu considerans petisti tibi et posterie Christo servituris monachis dari, hoc est aecclesiam Beati Gregorii Martiris…*: Andreae Danduli Chronica (ed. *Pastorello*) S. 185. *Kretschmayr*, Geschichte 1, S. 155, für S. Nicolo di Lido. *Kehr*, Italia Pontificia 7, 2, S. 189. Dandolo (wie oben) S. 213.

Acotanto[78], und selbst Bettelordenskirchen und Minoritenkonvente des 13. Jahrhunderts erfreuten sich der Förderung durch Geschlechter wie Badoer und Ziani[79].

Für eine Untersuchung der Zusammensetzung der Konvente bis zum Ende des 13. Jahrhunderts fließen die Quellen nur spärlich. Namen von Mönchen und Nonnen sind nur in Ausnahmefällen überliefert, auch führen Äbte und Äbtissinnen in der Regel keine Familiennamen in den Urkunden der Klöster. Damit muß für die Familienabstammung die Klostertradition herangezogen werden, ohne daß die Listen näher überprüfbar sind. Für das Männerkloster der Benediktiner von S. Giorgio Maggiore, das seit dem 10. Jahrhundert an Bedeutung das Kloster von S. Ilario überflügelte, scheint dabei sicher, daß die Äbte in der Regel aus dem Adel Venedigs stammten:

seit	982	Iohannes Morosini	seit 1139	Otto
seit	1012	Wilhelmus	seit 1150	Leonardus Cupo
seit	1021	S. Gerhardus Sagredo[80]	seit 1156	Leonardus Venier
seit	1030	Iohannes Tradenico	seit 1190	Marcus Zorzi
seit	1036	Dominicus	seit 1220	Paulus Venier
seit	1056	Iustus	seit 1236	Benincasa
seit	1059	Ursus	seit 1239	Petrus Querini
seit	1075	Placidus	seit 1249	Petrus Bon
seit	1086	Carimannus	seit 1255	Marcus Bollani
seit	1103	Ambrosius	seit 1294	Saladin Dandulo[81].
seit	1105	Tribunus Memo		

Ansonsten sind gerade die Männerklöster in der Überlieferung ihrer Abtskataloge für die frühe Zeit sehr lückenhaft, so daß sich genauere Untersuchungen als unmöglich erweisen.

Was für den Dogat bei den Männerklöstern S. Giorgio Maggiore und S. Ilario bedeuten, ist für die Frauenklöster des Mittelalters S. Zaccaria. Auch hier scheinen die Äbtissinnen, zumindest in der überwiegenden Mehrzahl, aus dem einheimischen Adel gekommen zu sein:

seit	855	Agnes Morosini	seit 1005	Vita
seit	880	Iohanna Particiaco	seit 1037	Maria Morosini
seit	936	Iohanna (stammt aus Ravenna)	seit 1040	Bona
seit	997	Petronia	seit 1055	Maria Orseolo

---

[78] Über die Umwandlung in Regularkanoniker unter dem Vikar Bonfilius Michiel bei Andreae Danduli Chronica (ed. *Pastorello*) S. 239. *Barbaro*, Famiglie nobile venete, Cod. Vind. 6155 fol. 6′–7.

[79] Die Badoer schenkten einen Teil des Geländes, auf dem die Frarikirche steht; vgl. *Corner* 6, S. 301 ff. Der Platz von S. Francesco della Vigna kommt aus dem Familienbesitz der Ziani in S. Giustina.

[80] Vgl. Kapitel 1 Anm. 31.

[81] *Cappelletti*, Storia della chiesa di Venezia 4, S. 271.

seit 1068	Stella Michiel	seit 1221	Miliana
seit 1098	Maria Falier	seit 1224	Guidota Corner
seit 1113	Nella Michiel	seit 1227	Emerenziana
seit 1116	Vita Michiel	seit 1255	Angeleria Cauco
seit 1151	Giseltruda	seit 1269	Tomasina Venier
seit 1175	Casota Casolo	seit 1284	Maria Cupo
seit 1199	Calandria	seit 1290	Alisia Falier[82].

Macht bereits die Liste der Äbtissinnen deutlich, daß im vornehmsten Frauenkloster des Dogats der venezianische Adel eine herausragende Rolle spielte, so wird dies in einer Urkunde des Jahres 1195 vollends klar, in der offensichtlich der gesamte Konvent unterschreibt. Danach waren der Äbtissin Casota Casolo folgende Nonnen unterstellt: Richelda Casolo, Maria Saponario, Agnes Ziani, Agnes Contarini, Celestina da Molin, Agathea Calbo, Calandria Cupo, Maria Dolfin, Maria da Molin, Imiglia Falier, Balvina Ziani, Sabina Centranico, Palma Zitino, Gibertina Sagredo, Auria Ardizon, Palmera Longo, Widota Aurio, Angela Aunario, Agnes Barozzi, Tomasina da Molin, Iacobina Sten, Emiliana Zantani, Emerentiana Bobizo, Olivera Iubianico, Gisela Zane, Maria Tonisto, Faletra Falier, Perpetua, Dalita, Castilia Cupo, Agnes Mudazzo, Gentiliana Dolfin, Sulismera Bembo, Widota Antolino, Maralda, Agnes Aunario, Gulathea Falier, Iuliana Marcello, Braimunda Dauro, Anna, Ota Damiano, Maria Cupo, Maria Odelrici, Marieta Sten[83]. Die überwiegende Mehrheit der Namen gehört den venezianischen Adelsgeschlechtern an, außerdem ist keine Nonne nachweisbar, die nicht aus dem Dogat gestammt hätte.

Die Annahme, daß zumindest die Äbtissinnen in der Regel aus dem venezianischen Adel stammen, legt auch die Liste der Vorsteherinnen des Nonnenklosters von S. Lorenzo in Venedig nahe:

853	Romana Particiaco
Wende 10./11. Jhdt.	Petronia
1160–1169	Sicara Caroso
1182–1206	Tenda Albizo
1208–1221	Maria Barbarigo
1227–1259	Agnes Querini
1262–1271	Maria Contarini
1279–1280	Maria Gradenigo
1281–1297	Elisa Flabianico[84].

---

[82] *Corner* XI, 342 ff., und *Cappelletti*, Storia della chiesa di Venezia 4, S. 152 f.

[83] Urkunde von 1195 Dez. 22 Verona/Venedig: ASV San Zaccaria, Original und Abschrift Catastico Ronco I, fol. 50–55.

[84] S. Lorenzo (ed. *Gaeta*) S. X Anm. 1 mit verbesserten Nachrichten gegenüber *Cappelletti*, Storia della chiesa di Venezia 4, S. 191.

Insgesamt zeigen die Klöster, daß der einheimische Adel seinen Einfluß auf die venezianische Kirche bis zum Ende des 13. Jahrhunderts voll behaupten konnte. Auch hier gilt, wie bei den Pfründen der Weltgeistlichkeit, daß die venezianische Kirche, sogar als sie keine Adelskirche mehr war, doch eine rein venezianische geblieben ist. Patriarchat, Episkopat, Domkapitel, Pfarreien, Abteien und Frauenklöster sind bis zur Mitte des 13. Jahrhunderts fast ausschließlich mit Venezianern belegt, erst nach der Jahrhundertmitte gelangt die Bewegung der Bettelorden, unterstützt durch das Papsttum, zu Einfluß auf die venezianische Kirche.

Vor dem Hintergrund der bisher dargestellten Besetzung geistlicher Pfründen kann es nicht verwundern, daß auch die Laien aus dem venezianischen Adel enge Bindungen an die Kirchen und Klöster hatten. Dennoch unterscheidet sich die Entwicklung im Dogat grundlegend von der Entwicklung im übrigen Abendland. Daß das Eigenkirchenwesen eine Rolle gespielt hätte, kann in Venedig nicht festgestellt werden. Auch Gründungen, die auf eine bestimmte Adelsfamilie zurückgehen, besetzten die Pfründen nicht mit Mitgliedern dieses Geschlechts [85].

Kurz muß auf die Entwicklung der Vogtei in Venedig eingegangen werden, die eng mit diesen Problemen zusammenhängt: Da es den Klöstern an ausgebildeten Grundherrschaften mangelte, tritt die Rolle des Vogtes in den Hintergrund. Zur Vertretung vor Gericht scheinen aber alle Klöster einen Vogt herangezogen zu haben. Dabei ist jedoch klar ersichtlich, daß dieser Vogt niemals das Amt auf ein Mitglied seiner Familie hat vererben können, auch sind Befugnisse, die über ihre Rolle als Vertreter vor Gericht hinausgehen, nicht erkennbar. In aller Regel sind die Vögte Mitglieder der vornehmsten venezianischen Familien, nur in Ausnahmefällen wird ein Fremder herangezogen [86]. Die Probleme, die aus der Vogteiherrschaft in anderen Bereichen des Abendlandes erwachsen sind, hat Venedig nicht gekannt.

---

[85] Dies zeigt jeder Vergleich der angeblichen Kirchengründer in Origo (ed. *Cessi*) S. 142 ff. mit den Amtslisten der Gründungen.

[86] Hierzu mögen einige Angaben genügen. Für das Kloster S. Zaccaria in Venedig hatte um die Mitte des 12. Jahrhunderts Petrus Badoer die Vogtei (1136 Juni 28 – ASV S. Zaccaria B. 38 Perg.; 1148 April–Juni – ASV S. Zaccaria B. 1 Perg.; 1159 *Cecchetti*, AV 2 [1871] S. 102). Zwischen diesen Nennungen hat sich das Kloster 1153 Nov. durch Vitalis Dandulo als Vogt vertreten lassen (ASV S. Zaccaria B. 1 Perg.); im Jahre 1195 war Petrus Michiel der Vogt des Klosters (ASV S. Zaccaria, Catastico Ronco, Urkunde von 1195 Dez. 22, Original und Abschrift). Vogt von S. Giorgio Maggiore war im Jahr 1191 der spätere Doge Petrus Ziani (S. Giorgio Maggiore [ed. *Lanfranchi*] 3, S. 348 Nr. 540), S. Ilario hatte 1225 Marinus Zen zum Vogt *Cessi*, Maggior Consiglio 1, S. 95 Nr. 163). Einen Überblick über die Vogteien der achtziger Jahre des 13. Jahrhunderts geben die Prozesse des Codice del Piovego:

    1283   S. Lorenzo di Ammiana: Angelus Bragadin;

    1284   S. Secundo: Iohannes Malipiero;

    1285   S. Lorenzo: Iacobus Donà;

    1286   S. Zaccaria: Laurencius Sagredo;

    1287   S. Adriano di Costanciaco: Thomasinus Bragadin.

Insgesamt wird deutlich, daß die venezianische Kirche im Hochmittelalter engste Bindungen an den venezianischen Adel gehabt hat. Alle kirchlichen Ämter, die irgendwelche Bedeutung hatten, waren mit Mitgliedern des einheimischen Adels besetzt, auch als zu Beginn der vierziger Jahre des 12. Jahrhunderts die Teilnahme des Klerus an der Politik unterbunden wurde. Dennoch hat gerade auch Venedig harte Auseinandersetzungen zwischen Kirche und Staat gekannt, die hier in radikaler Weise frühzeitig zur Ausbildung eines weitgehend säkularen Staats geführt haben. Dies wird besonders im 13. Jahrhundert deutlich, als sich die abendländische Kirche mit der Frage der Ketzerei auseinandersetzen mußte. Venedig galt zeitweise als sicherer Hort für Häretiker aller Art[87], und dem Einzug der Inquisition und Ketzerverfolgung setzte Venedig einen zähen Widerstand entgegen.

Als die Dogenpromission vom Jahr 1249 die Verfolgung von Ketzern anerkannte, machte sie jedoch sowohl das Verfahren als auch das Urteil ausdrücklich von der Zustimmung des Dogen und seines Großen und Kleinen Rates abhängig[88]. Das Papsttum erreichte erst 1289, nach langen Verhandlungen mit den venezianischen Gesandten, eine allgemeine Regelung der Ketzergerichte in Venedig durch ein Gesetz. Dieses machte die immer noch bestehenden Reserven der venezianischen Räte gegen die Ketzerverfolgung deutlich: Jedes Verfahren konnte in Venedig nur mit der ausdrücklichen Zustimmung des Dogen in Gang gesetzt werden. Die *sapientes haeresiarum*, die Venedig einsetzte, wurden verpflichtet, die Wahrung der Glaubensreinheit, den Schutz der venezianischen Untertanen und die Rechte der Regierung in Einklang zu bringen[89].

Dem nüchternen Sinn venezianischer Räte waren Prozesse solcher Art fremd, was in völligem Gegensatz zu ihrem strengen Vorgehen bei einer Bedrohung des Staates und seiner Verfassung stand. Ein Berichterstatter forderte im Venedig der Renaissance deshalb: *Dico quod tales processus debent formari per homines peritissimos theologos et canonistas bonae conscientiae et Deum timentes, cum agatur de morte hominis*[90].

---

[87] Matheus Parisiensis, MG SS 28, S. 317: *...multorum cepit fides vacillare Veneta quoque civitas nobilissima et multe civitates Ytalie, quas inhabitant semi – christiani, in apostariam prolapsi essent, nisi episcoporum et sanctorum virorum ... consolacione roborarentur.*

[88] *Kretschmayr*, Geschichte 2, S. 87. Vgl. A. *Tornielli*, Promissione del Doge Marin Morosini 1249, Venezia 1853.

[89] *Kretschmayr*, Geschichte 2, S. 87; *Cessi*, Maggior Consiglio 3, S. 240 f., nimmt nur Bezug auf die Abmachung ... *sicut continetur in litteris quas ambaxatores nostri de Curia nobis miserunt* (1289 Aug. 4).

[90] Vgl. *Kretschmayr*, Geschichte 2, S. 589.

Zusammenfassung

Die Anfänge des venezianischen Adels gehen auf jene Zeit zurück, als sich der Küstenstreifen an der Adria nach der langobardischen Eroberung Italiens weiterhin unter der Herrschaft Konstantinopels halten konnte. Die Sozialstruktur des Lagunengürtels unterschied sich in nichts von derjenigen der übrigen byzantinischen Provinzgebiete des Landes und vollzog deren Entwicklungen getreulich mit. Aus der lokalen Beamtenschicht der *tribuni* formt sich – in Venedig im 9. Jahrhundert urkundlich faßbar – eine Oberschicht, deren Macht und Ansehen bald erblich wird. Grundbesitz und politische Macht gehen dabei Hand in Hand bei der Ausbildung der provinzialen Führungsschicht. Über die Zusammensetzung und lokale Machtansammlung dieser Gruppen schweigen die venezianischen Quellen weitgehend, Analogieschlüsse auf das weitaus besser dokumentierte Istrien müssen das lückenhafte einheimische Material ergänzen. Im Gegensatz zu der Fülle der Sekundärliteratur über die venezianischen Tribunen stehen die Quellen, die kaum etwas über sie aussagen.

Gegen Ende des 9. Jahrhunderts beginnt in der Verfassung und Gesellschaft Venedigs ein Wandel spürbar zu werden. Während die politischen Institutionen sich immer mehr unter Berücksichtigung der Verhältnisse auf dem benachbarten Festland ändern, verschwinden die *tribuni* aus den Urkunden völlig. Wenn im 10. Jahrhundert Mitglieder der Oberschicht bezeichnet werden sollen, so heißen sie in der Folge *nobiles, proceres, nobiliores, magnates, principes.*

Dieser Bruch in der Geschichte der venezianischen Führungsschicht wurde bisher in der Literatur immer wieder überdeckt durch die Aussagen der Origo civitatum Italiae seu Venetiarum. Die wirren und teilweise in sich widersprüchlichen Erzählungen der Sammlung, die vom Vorhandensein venezianischer Tribunen bis in das hohe Mittelalter berichten, sind nach den Forschungen von Roberto Cessi im Laufe des 12. und beginnenden 13. Jahrhunderts kompiliert worden. Ihr Quellenwert ist somit für das 10. Jahrhundert oder die Anfänge des venezianischen Staates gering, soweit sich nicht für einzelne Fragmente genauere Aussagen über ihre Entstehungszeit machen lassen.

Dies gilt auch für die beiden Adelsverzeichnisse, die die Origo enthält. Da sie vorgeben, die Mitglieder der Adelsschicht aufzuzeichnen, müssen sie zum Zeitpunkt ihrer Abfassung der Zusammensetzung der Führungsschicht weitgehend entsprochen haben. Führt man einen Vergleich der Geschlechter, die die Origo kennt, mit den Nennungen der Urkunden durch, so wird deutlich, daß das ältere der beiden Verzeichnisse dem 10. Jahrhundert angehört, während das jüngere wahrscheinlich ebenfalls im 10., wenigstens aber noch im 11. Jahrhundert entstanden sein muß. Offensichtlich wurden sie als vorgefundenes Material in die Kompilationen der späteren Zeit aufgenommen.

Doch nicht nur das Namensmaterial, auch die politischen Aussagen entsprechen der Zeit. Für die Geschlechter der beiden Kataloge wird die Herkunft aus der Schicht jener *tribuni* postuliert, deren Nennung im 10. Jahrhundert nicht mehr üblich ist. Die Betonung der Abstammung aus einer Tribunenfamilie scheint jedoch erst zu einem Zeitpunkt notwendig und sinnvoll, zu dem sie im Alltagsleben nicht mehr ständig durch das Führen des entsprechenden Titels zum Ausdruck gebracht wird. Zugleich setzt man sich indes von Sippen ab, deren Herkommen aus der alten Führungsschicht nicht behauptet werden kann. Urkundenvergleiche legen in der Tat eine Kontinuität maßgebender Familien zwischen dem 9. und 10. Jahrhundert nahe.

Gleichzeitig machen die Urkunden jedoch deutlich, daß neben diese alten Familien eine Gruppe neuer Geschlechter getreten ist, die in immer stärkerem Maße in die Ämter drängt und politische Herrschaft ausübt. Aus der Verschmelzung dieser beiden Gruppen, der alten Tribunenfamilien und der Aufsteiger, deren Vermögen offenbar aus dem Handel stammt, entsteht die neue Führungsschicht Venedigs, die sich selbst als adlig begreift.

Diese neue Oberschicht des Dogats schließt sich jedoch niemals ständisch ab, der stetige Prozeß der Assimilation neuer Familien bleibt bis in das 13. Jahrhundert hinein ein Charakteristikum der venezianischen Gesellschaft. Dieser Vorgang wurde dadurch erleichtert, daß Adel und Kaufmannschaft niemals als Gegensatz begriffen wurden. Als im 11. Jahrhundert die Überlieferung der Handelsurkunden einsetzt, zeigt sie ein Nebeneinander von adligem und nichtadligem Geschäftsmann, von Familien, deren Beteiligung an der Macht manifest ist, und neuen Namen. Wuchsen mit dem Geschäftserfolg das Ansehen und der Reichtum, trug der Kaufmann auch finanzielle Lasten, und zog man ihn schließlich zu den politischen Beratungen hinzu, so wurde er seinen handeltreibenden adligen Kollegen immer ähnlicher, bis schließlich die Aufnahme unter die herrschenden Familien vollzogen war.

Die venezianische Adelsschicht hatte somit weitaus unschärfere Konturen als diejenige des benachbarten Festlands. Hatte die Forschung das städtische Oberitalien meist nur als gering von der Feudalwelt überformte Region gesehen, so zeigten neuere Arbeiten, daß auch hier die Standeszugehörigkeit mit der Qualität der lehensrechtlichen Stellung einhergeht (H. Keller). In dieser Hinsicht unterscheidet sich Venedig grundsätzlich von seinen Nachbarn, aber auch von den Seestädten Genua, Pisa und Amalfi. Die Feudalisierung des Staates blieb aus, Venedig nahm seinen Weg von der byzantinischen Provinz zu einem Beamtenstaat.

Diese Entwicklung hatte auch für die heimische Elite Konsequenzen. Der venezianische Adlige ist kein Lehensmann, kein ritterlicher Krieger. Allein die Tatsache, daß ihn seine Standesgenossen als ebenbürtigen Mann anerkannten, der berufen war, Ämter zu übernehmen, und dessen Stimme bei der Beratung gehört werden sollte, bestimmte seine Zugehörigkeit zur Adelsschicht. Um so bedeutender ist die Tatsache, daß auch in der diplomatischen Korrespondenz der Zeit dieser venezianische *nobilis*, der sich so sehr von den Adelsvorstellungen des europäischen Mittelalters abhebt, in seiner Standesqualität anerkannt wurde.

Die Frage nach der Herkunft und dem Zeitpunkt des Aufstiegs einer Familie kann nur an die Urkunden gestellt werden. Die Adelsverzeichnisse seit dem späten Mittelalter, als der venezianische Adel längst eine geschlossene Kaste geworden war, behaupten von allen Mitgliedern ratsfähiger Familien, daß ihre Vorfahren seit urdenklichen Zeiten der Oberschicht angehört hätten. Da die Privaturkunden keinerlei Standesangaben machen, sind es im wesentlichen drei Quellen, die bis in das 12. Jahrhundert den venezianischen Adligen erkennen lassen: die Familienverzeichnisse der Origo, die Zusammenstellung der venezianischen *iudices* und die Zeugenunterschriften der Dogenurkunden. Dabei sind freilich nur die beiden ersten Quellengruppen sichere Indikatoren. Wer im Adelsverzeichnis erscheint, und wer zu den sechs *iudices* gehört, die unter dem Dogen juridische und politische Macht ausüben, ist sicher zum Adel zu rechnen. Wer als Konsenszeuge eine Dogenurkunde unterfertigt, die die Beschlüsse des dogalen *placitum* niederlegt, hebt sich unter den Teilnehmern der Versammlung hervor. Ist eine Familie hier häufiger vertreten, ist ihre Zugehörigkeit zum Adel wahrscheinlich.

Auf diese Weise wird deutlich, daß der venezianische Adel, wie er sich als Stand im 14. Jahrhundert darstellt, entgegen den einheimischen Traditionen erst im Hochmittelalter entstanden ist. Denn von den Familien, die die Origo nennt, ist im Maggior Consiglio des 13. Jahrhunderts nur noch ein Viertel vertreten, alle anderen sind zwischen dem 10. und 13. Jahrhundert erst in den Adel aufgestiegen.

Als um die Mitte des 12. Jahrhunderts das *comune Venetiarum* entstand, hatte dies auch unmittelbare Auswirkungen auf die Sozialstruktur des Dogats. Die Schwureinung der *cives* des Rialto schloß andere *fideles* des Dogen aus. Das *comune* beschränkte sich auf die Oberschicht und auf die Kaufleute von Rialto, andere Personen hatten in der Hauptstadt nur den Status eines *habitator*. Allein die *cives* bestimmen in Hinkunft neben dem Dogen über politische Angelegenheiten, die Bewohner aller übrigen Orte werden von der Macht ausgeschlossen. Dabei wird innerhalb der Gruppe der *cives* bald eine Zweiteilung erkennbar: Wer bereits vor der kommunalen Zeit unter den *nobiles* zu finden war, tritt auch weiterhin führend in den sich ausbildenden neuen politischen Organen handelnd auf. Wer sonst das Bürgerrecht besaß, ohne zu diesem engen Kreis der *nobiles* zu gehören, wird in Anlehnung an oberitalienische Bräuche als *popularis* bezeichnet, soweit er politisch handelnd oder fordernd auftritt. Letzteres scheint im Jahre 1177 kurz vor dem Friedensschluß zwischen Papst und Kaiser in Venedig der Fall gewesen zu sein. Eine Popularenpartei, die den herrschenden Familien planvoll entgegengetreten wäre, lassen die Quellen aber nicht erkennen.

Auch während der Frühzeit des *comune Venetiarum* vor dem vierten Kreuzzug setzt sich die Assimilation neuer Familien an die Oberschicht fort. Die Privaturkunden, die für diese Zeit reichlicher überliefert sind, lassen erkennen, daß nunmehr stets der Handel den Aufstieg in die Oberschicht hervorgerufen hat. Daneben besitzt der venezianische Adlige vor allem städtischen Grundbesitz, Teile des knappen Ackerlandes im Dogat und vielfach Salinen, deren Erträge besonders bedeutend waren, da dieses notwendige Handelsgut einen Monopolartikel Venedigs darstellte.

Für die Sozialgeschichte Venedigs im 13. Jahrhundert ist der vierte Kreuzzug mit der Eroberung Konstantinopels von besonderer Bedeutung. Durch die Errichtung eines weitverzweigten Mittelmeerreichs entsteht ein Beamtenstaat, dessen Verwaltung weitaus personalintensiver ist, als es die Herrschaft über den Dogat als Kernland des Staats im 12. Jahrhundert gewesen war. Hervorgerufen durch die Notwendigkeit, ständige Vertreter an vielen Orten im Mittelmeerraum zu präsentieren, vollzieht sich die Verschmelzung weiterer Geschlechter, die im 12. Jahrhundert unter den Popolaren zu finden gewesen waren, mit dem alten Adel. Da diese Familien bereits seit längerem unter die *cives* gerechnet werden und andererseits in immer stärkerem Maße auch die Handwerker Aufnahme in das *comune* fanden, bezeichnet die Chronistik des 14. Jahrhunderts diese Familien als *populares veteres*. Nach der Verschmelzung der alten Adelsfamilien mit den *populares veteres* zu einer Schicht gelingt seit der Mitte des 13. Jahrhunderts nur noch wenigen der Aufstieg in die Oberschicht.

Die Aufnahme weiterer Familien unter die herrschenden Geschlechter bedeutet jedoch keineswegs einen tatsächlichen Machtverlust der alten Familien. Im Großen Rat haben diese um die Mitte des 13. Jahrhunderts eindeutig die Oberhand. Vierundzwanzig vornehmste Familien stellen regelmäßig über 40 Prozent der Räte, während zahlreiche andere Familien oft nur alle paar Jahre bei der Wahl berücksichtigt werden. Dieses Ungleichgewicht verstärkt sich noch, wenn man den Kleinen Rat des Dogen betrachtet. Für die höchsten Führungsaufgaben kommen nur die Vertreter vornehmster Geschlechter in Betracht, Angehörige anderer Familien bilden in diesem Kreis die Ausnahme. Andererseits scheinen diesen »kleineren« Familien, soweit es die hier lückenhaften Quellen zu bestimmen erlauben, die zahlreichen niederen Ämter offengestanden zu haben.

Die Notwendigkeit, ständig für die Aufgaben der Politik und Verwaltung ausgebildete Mitglieder des Adels bereitzuhalten, läßt unter den großen Familien eine Schicht von Berufspolitikern entstehen. Sie dienen nicht nur ihrer Heimatstadt als Rat, *comes*, Bailo oder Podestà, sie sind auch in Oberitalien gefragte Podestaten, deren Erfahrung die großen Kommunen schätzen.

Einen Weg des sozialen Aufstiegs, den die italienischen Städte sonst kennen, hat Venedig niemals zugelassen: Das Rechtswesen blieb fest in der Hand der Adelsfamilien, nur der Großkanzler und die Notare wurden nicht aus diesem Kreis genommen. Das Amt des *iudex* versahen die Mitglieder der Geschlechter. Ebenfalls im Unterschied zu den oberitalienischen Kommunen handelte die venezianische Adelsschicht in allen wichtigen politischen und sozialen Fragen gegenüber der Umwelt als Einheit. Venedig kennt keinen Parteiengegensatz von Guelfen und Ghibellinen; die Auseinandersetzungen, die stattgefunden haben, gehen auf Familienfehden zurück.

Dieser Zusammenhalt des venezianischen Adels ermöglichte diesem auch den Sieg über die Zünfte. Wie im übrigen Italien werden in der zweiten Hälfte des 13. Jahrhunderts die Handwerker unruhig und fordern Anteil an der Macht. Während dort jedoch die Popularenkämpfe zu schwersten inneren Unruhen führten, die etwa in Genua auch die Mittelmeer- und Handelspolitik beeinträchtigten, gelang es dem Adel Venedigs, den Einfluß der Zünfte in unpolitische Bahnen zu lenken. Man gewährte den Zünften begrenzte Selbstverwaltung, ließ sie auch in auffälliger Form am Staatszeremoniell teilnehmen, gestand ihnen jedoch keinerlei Entscheidungsrecht zu.

Die angebliche »serrata« des Maggior Consiglio, die Schließung des Großen Rats im

Jahre 1297, war keinesfalls jenes Datum überragender Bedeutung, zu der es die venezianische Historiographie machen wollte. Bereits seit der Mitte des 13. Jahrhunderts liegt durch Herkommen fest, wer in den Rat gewählt werden darf. Vielleicht hervorgerufen durch die außenpolitischen Krisen des Krieges gegen Padua und Genua, schritt man gegen Ende des 13. Jahrhunderts zu einer Wahlreform. Diese brachte zunächst nicht eine Einschränkung des Zugangs, sondern im Gegenteil eine Ausweitung der Mitgliedschaft hervor.

Immer wieder wurde über zwei Jahrzehnte hinweg der Wahlmodus geändert und verfeinert, bis in den zwanziger Jahren des 14. Jahrhunderts der Zugang jedem Fünfundzwanzigjährigen offenstand, dessen Vater und Großvater ebenfalls im Rat gesessen waren. Daneben blieb jedoch immer noch die Möglichkeit, *per gratiam* neue Familien zum Rat zuzulassen. Erst die Tatsache, daß dieses Verfahren in der Folgezeit nur äußerst sparsam angewendet wurde, ließ die Regelung zu jener »Schließung« werden, die seit den Historiographen der Renaissance berühmt ist.

Kehren wir zu der einleitend gestellten Frage zurück, ob die venezianische Sozialgeschichte mit derjenigen des benachbarten Festlandes in Gleichklang verlaufen ist, so müssen wir dies verneinen. Aus dem byzantinischen Provinzialadel der Tribunenfamilien hat sich durch den Aufstieg von Kaufleuten eine Schicht entwickelt, die sich als adelig begriff. Es ist das Ausbleiben der Rezeption des Lehenswesens, das Venedig den Übergang von der byzantinischen Provinz zu einem Beamtenstaat ermöglicht. Die Schaffung eines Levantereichs im Gefolge des vierten Kreuzzugs tat ein übriges, um Venedig gegenüber den Kommunen des Festlands unvergleichlich zu machen. Schließlich hat das Fehlen der Adelsparteien den weiteren Weg Venedigs vorgezeichnet. Wo sich die Familien in der Ratsversammlung einigen konnten, brauchte man niemals einen fremden Podestà, der die Stadt regierbar erhielt. Gegen die in der Verfolgung ihrer Interessen einigen Geschlechter konnte sich auch keine Signorie entwickeln, die sonst in Italien die Vorstufe zum modernen Territorialstaat bilden sollte.

Materialien zur Besetzung der venezianischen Staatsämter im 13. Jahrhundert

Die Mitglieder des Kleinen Rates (Consiliarii) 1204–1297

Vorbemerkung: Die Zahl der Consiliarii betrug sechs, doch kam es, wie die Listen zeigen, in einigen Jahren offenbar zu Nachrückungen. Die Consiliarii sind grundsätzlich zu ihrem Amtsjahr angegeben; wenn es Veränderungen gab, sind die Belege hierfür gesondert ausgewiesen.

Jahr	Namen	Quellen
1204/05	Petrus Ziani, Henricus Navazoso, Petrus Barboni, Laurentius Querini, Iohannes Tonisto.	Tafel/Thomas 1, S. 548 Nr. 144.
1205/06	Petrus Giustinian, Iacobus Baseggio, Rogerius Permarin, Benedictus Grillioni, Paulus Querini, Rogerius Morosini.	Cechetti, AV 2, S. 107; Tafel/Thomas 2, S. 16 Nr. 168; Morozzo/Lombardo, Nuovi Documenti, S. 69 f. Nr. 63; Barbaro, Famiglie nobile venete, Cod. Vind. 6156 f. 325'.
1206/07	Propheta da Molin, Petrus Giustinian, Philippus Zancarolo, Philippus Gradenigo.	Tafel/Thomas 2, S. 48 Nr. 179.
1207/08	Iohannes Tonisto, Iohannes Barozzi, Marinus Dandulo, Paulus Querini, Bartholomeus da Canal.	Luzatto, I prestiti, S. 27 ff. Nr. 7; Morozzo/Lombardo 2, S. 24 f. Nr. 485. Miscellanea atti diplomatici e privati B. 2. 61.
1210/11	Iohannes Barozzi, Marcus Vitturi, Bartolomeus da Canal, Marcus Venier, Marinus Dandulo, Marinus Permarin.	Tafel/Thomas 2, S. 123 Nr. 225.
1211/12	Rainerius Dolfin, Stefanus Sanudo, Marcus Morosini.	Tafel/Thomas 2, S. 136 Nr. 229.
1212/13 (A)	Henricus Navazoso, Ungarus Nadal, Iohannes Bobizo.	Barbaro, Famiglie nobile venete, Cod. Vind. 6155 f. 16', 306', 311.
1212/13 (B)	Henricus Navazoso, Iacobus da Molin, Henricus Morosini, Paulus Querini, Ungarus Nadal.	Tafel/Thomas 2, S. 149 Nr. 233; Barbaro, Famiglie nobile venete, Cod. Vind. 6155 f. 271. Miscellanea atti diplomatici e privati B. 2. Nr. 68.
1218	Propheta da Molin, Dominicus Signolo, Marinus Zen, Petrus Zulian, Marinus Soranzo, Nicolaus Querini.	Liber iurium Reipublicae Genuensis, Torino 1859, Sp. 614.
1219	Marinus Storlato, Iacobus Acotanto, Andreas da Canal.	Miscellanea atti diplomatici e privati B. 2. Nr. 79.

Jahr	Namen	Quellen
1222/23	Propheta da Molin.	Tafel/Thomas 2, S. 248 Nr. 263.
1223/24	Marcus Soranzo, Iacobus Acotanto, Iohannes Michiel, Marcus Dandulo, Iohannes Ghisi.	Cessi, Maggior Consiglio 1, S. 6 Nr. 10; ebd., S. 10 Nr. 26 und 29; ebd., S. 17 Nr. 52.
1224/25	Nicolaus Cauco, Petrus Bocasso, Nicolaus Falier, Iohannes Querini, Andreas da Canal, Marinus Zen.	Cessi, Maggior Consiglio 1, S. 28 Nr. 105; ebd., S. 29 Nr. 110; ebd., S. 30 Nr. 111; ebd., S. 32 Nr. 120; ebd., S. 34 Nr. 128; Smičiklas 3, S. 242.
1225/26	Andreas Marignoni, Iacobus da Molin, Dominicus Dolfin, M. Storlato, Petrus Barbo.	Cessi, Maggior Consiglio 1, S. 35 Nr. 134; ebd., S. 37 Nr. 144; ebd., S. 38 Nr. 149.
1226/27	Dominicus Querini, Marinus Zen, Stephanus Bettani, Philippus Giustinian, Petrus Bocasso, Stephanus Badoer.	Cessi, Maggior Consiglio 1, S. 135.
1227/28	Marinus Storlato, Andreas Marignoni, Dominicus Dolfin, Stephanus Giustinian, Iohannes Morosini, Iohannes Badoer.	Cessi, Maggior Consiglio 1, S. 151.
1228/29	Benedictus Falier, Theophilus Zen, Nicolaus Cauco, Marinus Donà, Iohannes Michiel, Marcus Querini.	Cessi, Maggior Consiglio 1, S. 159; Tafel/Thomas 2, S. 271 Nr. 274.
1231/32	Marinus Storlato, Benedictus Falier, Theophilus Zen, Simon Bon, Petrus da Molin, Leonardus Querini.	Tafel/Thomas 2, S. 288 Nr. 277.
1232/33	Dominicus Dolfin, Petrus Barbo, Iacobus Acotanto.	Cod. Marc. lat. 5, 130 (3198) f. 53; Barbaro, Famiglie nobile venete, Cod. Vind. 6155 f. 7, 20', 112.
1233/34	Romeus Querini, Leonardus Gradenigo, Iacobus Duodo.	ASV Miscellanea ed atti diplomatici B. 3 Nr. 102.
1234/35	Philippus Corner, Iacobus Trevisan, Petrus da Molin, Romeus Querini, Marcus Zen, Marinus Morosini.	ASV Miscellanea ed atti diplomatici B. 3 Nr. 107.
1236	Albertinus Contarini.	PSM Ultra Miscellanea Perg. B. 2.
1237	Stephanus Badoer.	Cessi, Maggior Consiglio 1, S. 265.
1237/38	Marinus Storlato, Dominicus Aurio, Iohannes Dauro, Marcus Zen, Petrus da Molin, Angelus Flabianico.	ASV Miscellanea ed atti diplomatici B. 3 Nr. 110.
1241	Lucas Barbani.	Cancelleria inferiore B. 2.
1242	Lucas Barbani.	Morozzo/Lombardo 2, S. 270 ff. Nr. 743.
1247	Laurentius Tiepolo, Marinus Morosini, Iohannes da Canal, Petrus Zorzi.	Codice del Piovego, Prozeß Nr. 33.
1250	Iohannes Michiel, Albertus Morosini, Egidius Querini.	Morozzo/Lombardo 2, S. 321 f. Nr. 789.

Jahr	Namen	Quellen
1251	Stephanus Giustinian, Stephanus Marignoni, Thomasinus Zane, Philippus Contarini, Nicolaus Navazoso, Iohannes Zulian.	Tafel/Thomas 2, S. 460 Nr. 318.
1252 März	Iohannes Barbarigo, Iohannes da Canal, Leonardus Venier, Petrus Zorzi, Philippus Bellegno.	Cessi, Maggior Consiglio 2, S. 120.
1252 April	Petrus da Molin, … Corner, Marinus Casolo, Angelus Morosini.	Tafel/Thomas 2, S. 479 Nr. 322.
1259	Marcus Corner, Marcus Totulo, Leonardus Dandulo, Iohannes Sagredo.	Tafel/Thomas 3, S. 24 f. Nr. 338.
1260	Nicolaus Querini, Marcus Barbarigo.	Barbaro, Famiglie nobile venete, Cod. Vind. 6155 f. 45'; Cod. Vind. 6156 f. 348'.
1264	Petrus Totulo.	Barbaro, Famiglie nobile venete, Cod. Vind. 6156 f. 400'.
1267	Petrus Susenullo, Thomas Minotto, Marinus Valaresso, Victor Dolfin.	PSM Misti, Miscellanea Pergamene B. 4.
1267/68	Petrus Zivran.	Cessi, Maggior Consiglio 1, S. 281.
1268/69	Nicolaus Michiel, Iohannes Ferro, Pangracius Barbo, Petrus Totulo, Philippus Bellegno, Iohannes Dandulo.	Andreae Danduli Chronica (ed. Pastorello) RIS 12, S. 315; Martin da Canal, Les Estoires de Venise (ed. Limentani) S. 270; Tafel/Thomas 3, S. 101 Nr. 359; Cessi, Maggior Consiglio 1, S. 382; Tafel/Thomas 3, S. 100 Nr. 358 ist zu korrigieren. Die unter *tunc consiliarii* eingeordneten Leonardus Venier und Petrus Barbarigo waren nach Ausweis der übrigen Belege offensichtlich nicht *consiliarii* des Dogen gewesen.
1269	Leonardus Venier, Marcus Aurio, Marcus Gradenigo, Paulus da Molin, Iohannes Corner.	Miscellanea atti diplomatici e privati B. 5 Nr. 192.
1270	A. da Molin, M. Contarini, M. Polani, P. Zen.	Cessi, Maggior Consiglio 2, S. 59.
1271	Iacobus Dandulo, Nicolaus Michiel, Tomasinus Morosini, Iacobus Falier, Iohannes Campulo, Vitalis Corner.	Tafel/Thomas 3, S. 124 Nr. 363. Miscellanea atti diplomatici e privati B. 6 Nr. 197.
1272	Iohannes Campulo, Marcus Gradenigo, Andreas Zen, Ermolaus Zusto, Petrus Barbarigo, Nicolaus da Canal.	Cancelleria inferiore B. 9.
1273	Michael Dauro.	Barbaro, Famiglie nobile venete, Cod. Vind. 6155 f. 123'.
1274	Nicolaus Navazoso, Gerardinus Longo, Marcus Aurio, Philippus Bellegno, Michael Dauro, Gabriel Barbarigo.	Miscellanea ducali ed atti diplomatici B. 8. Miscellanea atti diplomatici e privati B. 6 Nr. 211.

Jahr	Namen	Quellen
1275 (A)	Philippus Bellegno, Marcus Badoer, Iohannes Polani, Petrus Barbarigo, Marcus Barbo, Marcus Contarini.	Andreae Danduli Chronica (ed. Pastorello) RIS 12, S. 321; Cessi, Maggior Consiglio 2, S. 162 Nr. 107; Barbaro, Famiglie nobile vene-
1275 (B)	Philippus Bellegno, Petrus Barbarigo, Iacobus Dandulo, Iohannes Corner, Rugerius Morosini.	te, Cod. Vind. 6155 f. 20' und 23. Eine andere Zusammensetzung bietet Cessi, Maggior Consiglio 2, S. 162 Nr. 107. Vielleicht ist der Rat im Lauf des Jahres umgestaltet worden.
1275/76	Leonardus Dandulo.	Cessi, Maggior Consiglio 1, S. 299.
1276/77 (A)	Andreas da Molin, Michael Dauro, Marinus Badoer, Rogerius Morosini, Andreas Bellegno, Rainerius Zen.	Miscellanea atti diplomatici e privati B. 5 Nr. 171bis.
1276/77	Iacobus Querini, Almorus Zusto, Petrus Mocenigo, Marcus Baseggio, Petrus Barbarigo, Marcus Aurio.	Barbaro, Famiglie nobile venete, Cod. Vind. 6155 f. 168'.
1277/78	Marcus da Canal, Angelus Marcello, Laurentius Sagredo, Andreas da Molin, Marinus Zane, Petrus Tiepolo.	Barbaro, Famiglie nobile venete, Cod. Vind. 6156 f. 374.
1278/79	Marcus da Canal, Almorus Zusto, Petrus Barbarigo, Marinus Polani, Iacobus Gabriel, Nicolaus Falier.	Barbaro, Famiglie nobile venete, Cod. Vind. 6155 f. 58.
1278	Dominicus Signolo, Iohannes Morosini.	PSM Misti de Citra comm. Quintavalle Nicola cf. S. Maria Formosa.
1278	Petrus Mocenigo.	Barbaro, Famiglie nobile venete, Cod. Vind. 6155 f. 267. Da die Liste der Räte für dieses Jahr komplett ist, handelt es sich vielleicht um einen nachrückenden *consiliarius*.
1279/80	Iohannes Grisoni, Marinus Valaresso, Nicolaus da Canal, Petrus Barbarigo, Nicolaus Querini, Iacobus Tiepolo.	Tafel/Thomas 3, S. 294 Nr. 373.
1279	Nicolaus Navazoso, Marcus Signolo.	Barbaro, Famiglie nobile venete, Cod. Vind. 6156 f. 311, 381. Nicolaus Navazoso trägt auch den Titel *maior consiliarius:* Andreae Danduli Chronica (ed. Pastorello) RIS 12, S. 327 (zu 1280).
1280	Iacobus Sten, Bartholomeus da Mugla.	Barbaro, Famiglie nobile venete, Cod. Vind. 6155 f. 300', 380'.
1280/81	Iohannes Zulian, Andreas da Molin, Marinus Gradenigo, Dominicus Michiel, Marcus Badoer, Andreas Zen.	Cessi, Maggior Consiglio 2, S. 168 Nr. 128.
1280	Iohannes Zulian, Marcus Badoer, Iohannes Barbo, Iacobus Tiepolo.	Verci, Marca Trevigiana 3, S. 77.
1280	Nicolaus Morosini.	Cancelleria inferiore B. 106.

Jahr	Namen	Quellen
1281/82	Marcus da Molin, Nicolaus Falier, Nicolaus Querini, Marcus Soranzo, Meneco Michiel, Marcus Baseggio.	Tafel/Thomas 3, S. 307 Nr. 375.
1282/83	Petrus Foscarini, Albertinus Morosini, Rainerius Zen, Marinus Valaresso, Ermolaus Zusto, Petrus Giustinian.	Cessi, Maggior Consiglio 3, S. 22 Nr. 15.
1283 Jan.	Marinus Valaresso, Hermolaus Zusto, Marinus Gradenigo, Albertinus Morosini, Rainerius Zen, Petrus Giustinian.	Kandler, Codice diplomatico istriano, 1283 Jan. 26.
1283/84	Marinus Polani, Marcus Signolo, Marinus Gabriel, Marinus Zorzi, Bartholomeus Contarini.	Cessi, Maggior Consiglio 3, S. 76 Nr. 93; Barbaro, Famiglie nobile venete, Cod. Vind. 6155 f. 58, 381.
1284/85	Marcus Michiel.	Cessi, Maggior Consiglio 3, S. 131 Nr. 217.
1284/85 (A)	Leonardus Venier, Marcus Constantino, Marcus Contarini, Nicolaus Falier, Petrus Gradenigo.	Cessi, Maggior Consiglio 3, S. 93 Nr. 196.
1284/85 (B)	Leonardus Venier, Marcus Constantino, Pangracius Malipiero, Nicolaus Falier, Andreas Zen, Petrus Gradenigo.	Tafel/Thomas 3, S. 308 Nr. 376.
1285/86	Iacobus Dandulo, Iohannes Barbo, Marcus Querini, Marcus Michiel, Albertinus Morosini, Andreas Valaresso, Leonardus Giustinian.	Tafel/Tomas 3, S. 352 Nr. 379. PSM Misti de Citra comm. Canal Marco cf. S. Marina.
1285/86	Marinus Morosini.	Cessi, Maggior Consiglio 3, S. 127 Nr. 194. Er ersetzt den vorzeitig aus dem Amt scheidenden Marcus Querini.
1285/86	Marinus Pasqualigo.	Cessi, Maggior Consiglio 3, S. 121 Nr. 152. Barbaro, Famiglie nobile venete, Cod. Vind. 6155 f. 318'.
1285/86	Leonardus Giustinian.	Cessi, Maggior Consiglio 3, S. 98 Nr. 11.
1285/86	Leonardus Venier.	Cessi, Maggior Consiglio 3, S. 131 Nr. 217.
1286	Iohannes Foscarini.	Cessi, Maggior Consiglio 3, S. 174 Nr. 44.
1286/87	Mattheus Manolesso.	Cessi, Maggior Consiglio 3, S. 193 Nr. 153; Barbaro, Famiglie nobile venete, Cod. Vind. 6155 f. 240'.
1286/87	Marinus Bellegno.	Cessi, Maggior Consiglio 3, S. 174 Nr. 44; Barbaro, Famiglie nobile venete, Cod. Vind. 6155 f. 23.
1286	Iohannes Baseggio, Laurentius Sagredo, Marinus Gabriel, Marinus Zorzi, Peracius Gradenigo.	PSM Ultra comm. Foscolo Andrea cf. S. Ermagora.
1288	Nicolaus Morosini.	Cancelleria inferiore B. 153.

Jahr	Namen	Quellen
1288/89	Peracius Gradenigo.	Cessi, Maggior Consiglio 3, S. 215 Nr. 117; Barbaro, Famiglie nobile venete, Cod. Vind. 6155 f. 184'.
1289	Petrus Baseggio.	Cessi, Maggior Consiglio 3, S. 229 Nr. 193.
1289	Pangracius Barbo, Ieremias Ghisi, Marcus Baseggio, Andreas Zen, Nicolaus Querini.	Miscellanea atti diplomatici e privati B. 8 Nr. 275.
1289/90	Andreas Zen.	Cessi, Maggior Consiglio 3, S. 258 Nr. 189.
1290	Andreas da Molin, Leonardus Venier, Marinus Ruzzini, Craton Dandulo, Gabriel Dolfin, Iohannes Soranzo.	Miscellanea atti diplomatici e privati B. 8 Nr. 281.
1292	Nicolaus Malipiero.	Barbaro, Famiglie nobile venete, Cod. Vind. 6155 f. 233.
1295	Iohannes Soranzo.	Cessi, Maggior Consiglio 3, S. 376 Nr. 23.
1296	Iohannes da Canal, Benedictus Falier, Iohannes Foscarini, Michael Morosini.	Libri Commemoriali (ed. Predelli) 1, S. 6 Nr. 14.
1296	Leonardus Ghisi, Mapheus Soranzo, Craton Dandulo, Marinus Baseggio.	Cancelleria inferiore B. 2.

Die venezianischen Iudices Examinatorum (1204/1205–1297)

Jahr	Namen	Quellen
1205	Petrus Michiel, Dominicus Zorzi, Iacobus da Molin.	Morozzo/Lombardo 2, S. 14 f. Nr. 473–474. Morozzo/Lombardo 1, S. 455 f. Nr. 465.
1206	Andreas Donà, Iohannes Falier.	Cancelleria Inferiore B. 85. Tafel/Thomas 1, S. 560 Nr. 154.
1207	Marcus Barozzi, Marinus Storlato.	Morozzo/Lombardo 2, S. 24 f. Nr. 485. Morozzo/Lombardo 1, S. 417 f. Nr. 425.
1208	Iacobus da Molin.	Morozzo/Lombardo, Nuovi documenti, S. 69 Nr. 76.
1209	Iohannes Tonisto, Dominicus Dolfin.	Cancelleria Inferiore B. 8 und 218; PSM Ultra Misti, Miscellanea Pergamene B. 1. Morozzo/Lombardo 2, S. 48 Nr. 509.
1210	Marinus Storlato, Iacobus da Molin.	Cancelleria Inferiore B. 1; Morozzo/Lombardo 2, S. 20 Nr. 479.
1212	Benedictus Grillioni, Rainerius Dolfin.	Cancelleria inferiore B. 178; Morozzo/Lombardo 2, S. 82 f. Nr. 540.
1213	Leonardus Navazoso.	Morozzo/Lombardo 1, S. 415 f. Nr. 424.
1214	Leonardus Navazoso, Iacobus da Molin, Andreas Donà.	S. Zaccaria B. 7 Perg. (S. Provolo). Cancelleria inferiore B. 8; Cancelleria Inferiore B. 1. Morozzo/Lombardo 2, S. 63 f. Nr. 523.

Jahr	Namen	Quellen
1215	Iacobus da Molin, Marinus Storlato, Marinus Michiel, Dominicus de Aibulo.	Fees Nr. 250. Fees Nr. 254. S. Zaccaria B. 8 Perg. (S. Provolo). Morozzo/Lombardo 2, S. 102 f. Nr. 559.
1216	Iohannes Tonisto.	S. Zaccaria B. 8 Perg. (S. Provolo).
1217	Marinus Gradenigo, Iohannes Badoer, Nicolaus Morosini.	Fees Nr. 42. Morozzo/Lombardo 2, S. 91 f. Nr. 548. Morozzo/Lombardo 2, S. 108 f. Nr. 565.
1218	...Venier, Rainerius Dolfin.	Cancelleria Inferiore B. 218. PSM Ultra carte Molin Giac. cf. S. Stae.
1220	Thomas Centranico.	Morozzo/Lombardo 2, S. 127 Nr. 568.
1221	Dominicus Querini.	Morozzo/Lombardo 2, S. 133 Nr. 593; ebd., 134 ff. Nr. 595.
1223	Iacobus da Molin, Paulus Querini, Iohannes Badoer.	S. Zaccaria B. 11 Perg. Cancelleria Inferiore B. 73. PSM Ultra comm. Balbi Damiano pbr. pievano di S. Agostin. S. Zaccaria B. 1 Perg. (Abschrift UK von 1170). S. Zaccaria B. 1 Perg. (Abschrift UK von 1193). Morozzo/Lombardo 2, S. 148 f. Nr. 609.
1224	Rainerius Dolfin, Marinus Soranzo, Marinus Morosini, Iohannes Badoer.	Fees Nr. 5 = Romanin 1, S. 281–283. PSM Ultra comm. Canal Giovanni cf. S. Maria Mater Domini. PSM Misti, Miscellanea Pergamene B. 1 und 122. PSM Citra comm. Barozzi Bartolomeo. PSM Misti de citra comm. Boccadomo Nicolotta cf. S. Antonin. S. Maffio Nr. 51. S. Maffio Nr. 53.
1225	Dominicus Dolfin, Marinus Morosini, Marinus Soranzo, Marcus Contarini.	Fees Nr. 273. Cancelleria Inferiore B. 218. PSM Ultra comm. Gritti Matteo cf. S. Ermagora. PSM Ultra comm. Semiteculo Marco diac. can. S. Marco. PSM Ultra Misti, Miscellanea Pergamene B. 1. PSM Misti de citra comm. Boccadomo Nicolotta cf. S. Antonin. S. Maffio Nr. 55; Morozzo/Lombardo, Nuovi documenti, S. 88 Nr. 81.
1226	Henricus Morosini, Marinus Zen, Marinus Badoer.	Ss. Secondo ed Erasmo (Ss. Cosma e Damiano) Nr. 720. Cancelleria Inferiore B. 85. Mensa Patriarcale B. 4. PSM Ultra comm. Raguseo Zaccaria cf. Ss. Apostoli. Morozzo/Lombardo 2, S. 168 ff. Nr. 629 und 630.
1227	Iacobus da Molin, Bartholomeus da Canal, Philippus Corner.	Fees Nr. 162. S. Zaccaria B. 8 Perg. (S. Provolo). S. Zaccaria B. 36 Perg. PSM Ultra comm. Michiel Gabriele cf. S. Giacomo Orio. Morozzo/Lombardo 2, S. 174 ff. Nr. 636.
1228	Marinus Zen, Dominicus Dolfin, Bartholomeus da Canal.	Fees Nr. 277. S. Zaccaria B. 8 Perg. (S. Provolo). S. Zaccaria B. 36 Perg. PSM Ultra carte Canal Bartolomeo d. cf. S. Aponal. PSM Ultra comm. Fontana Palma cf. S. Pantalon. S. Zaccaria B. 1 Perg. (Abschriften mehrerer UK von 1170).

Jahr	Namen	Quellen
1229	Marinus Morosini, Marinus da Canal.	Fees Nr. 278. Fees Nr. 280. Cancelleria Inferiore B. 138. PSM Citra Miscellanea Testamenti B. 321.
1230	Nicolaus Cauco, Henricus Morosini.	S. Zaccaria B. 11 Perg. (alt B. 1): Fees Nr. 194. Cancelleria Inferiore B. 30. PSM Ultra carte Giovanni Dio-ti-aiuti cf. S. Stefano Confessore. S. Zaccaria B. 1 Perg. (Abschrift einer UK von 1134).
1230	Marinus da Canal	Roma: Archivio Vaticano Fondo veneto I San Giorgio in Alga Nr. 542.
1231	Marinus Gradenigo, Petrus Foscarini, Iohannes Michiel, Petrus Tonisto.	Fees Nr. 282–283. S. Zaccaria B. 13 Perg. S. Zaccaria B. 12 (S. Zulian). Mensa Patriarcale B. 21. PSM Misti, Miscellanea Pergamene B. 2. PSM comm. miste B. 288 Abschrift UK von 1150–1160.
1232	Marinus Gradenigo, Stefanus Giustinian.	S. Zaccaria B. 36 Perg. PSM Ultra carte Giovanni Dio-ti-aiuti cf. S. Stefano Confessore. PSM Ultra comm. Permarino Marino cf. S. Margharita.
1233	Marcus Querini, Stefanus Giustinian, Dominicus Dolfin, Stephanus Bettani.	S. Zaccaria B. 8 Perg. (S. Provolo). Cancelleria Inferiore B. 85. PSM Ultra comm. Simeon Michele cf. S. Vio. PSM Misti, Miscellanea Pergamene B. 1. Miscellanea Atti Diplomatici e Privati B. 2 Nr. 100. Morozzo/Lombardo, Nuovi documenti, S. 96 f. Nr. 86.
1234	Stephanus Bettani, Pangracius Dauro.	Cancelleria Inferiore B. 65 und 85. Mensa Patriarcale B. 7. PSM Ultra comm. Gisi Marco cf. S. Agostino. PSM Misti, Miscellanea Pergamene B. 2. S. Maffio Nr. 86 und 87.
1236	Marcus Zen, Balduinus Querini, Dominicus Dolfin, Marcus Querini, Craton Dandulo.	S. Zaccaria B. 11 Perg. Cancelleria Inferiore B. 218. Mensa Patriarcale B. 7. PSM Ultra comm. Darpo Renieri cf. S. Cassiano. PSM Ultra comm. Leocari Giacomo cf. S. Fantin. PSM Ultra carte Tiepolo. PSM Misti, Miscellanea Pergamene B. 2. PSM Misti, Miscellanea Pergamene B. 4. S. Maffio Nr. 91.
1237	Stephanus Bettani, Marinus Morosini, Iacobus Zane.	S. Zaccaria B. 11 Perg. PSM Misti, Miscellanea Pergamene B. 2. Corner 6, S. 161. Famiglia Zusto (ed. Lanfranchi) S. 19 Nr. 4.
1238	Iohannes Michiel, Pangracius Dauro, Dominicus Dolfin, Craton Dandulo, Iacobus Zane.	PSM Ultra comm. Darpo Renieri cf. S. Cassiano. PSM Ultra comm. Fontana Gio: cf. S. Pantalon. PSM Ultra comm. Gisi Marco cf. S. Agostino. PSM Misti, Miscellanea Pergamene B. 2. Morozzo/Lombardo, Nuovi documenti, S. 100 f. Nr. 88. S. Maffio Nr. 83 und 98.
1239	Albertinus Morosini, Marinus Badoer, Craton Dandulo, Dominicus Dolfin,	S. Zaccaria B. 13 Perg. Cancelleria Inferiore B. 218 und 85. PSM Ultra comm. Fontana Gio: cf.

Jahr	Namen	Quellen
	Iohannes Michiel, Pangracius Dauro, Iacobus Querini, Stephanus Bettani.	S. Pantalon. PSM Ultra comm. Gisi Marco cf. S. Agostino. PSM Ultra comm. Lombardo Tommasina v. Ugolino cf. S. Felice. PSM Ultra Misti, Miscellanea Pergamene B. 1. S. Zaccaria B. 13 Perg. Abschrift UK von 1181. S. Maffio Nr. 107 und 108. Morozzo/Lombardo 2, S. 256 ff. Nr. 728–730. Morozzo/Lombardo, Nuovi Documenti, S. 101 f. Nr. 89. S. Maffio Nr. 107 und 108.
1240	Pangracius Dauro, Marinus Badoer, Marcus Zen, Nicolaus Michiel, Petrus Gradenigo, Marinus Baseggio.	Fees Nr. 280. Fees Nr. 293. Cancelleria Inferiore B. 2. PSM Ultra comm. Alessio Gio: fio qd. Giacomo cf. S. Agnese. PSM Ultra carte Zorzi cf. S. Giacomo Confessore. PSM Misti, Miscellanea Pergamene B. 2. PSM Misti de citra carte Boccadomo Nicolotta cf. S. Antonin. Morozzo/Lombardo 2, S. 262 f. Nr. 735. Morozzo/Lombardo 2, S. 259 Nr. 731.
1241	Nicolaus Tonisto, Marcus Zen, Craton Dandulo.	Fees Nr. 296. S. Maffio Nr. 116 und 120. S. Maffio Nr. 109.
1242	Craton Dandulo, Iohannes da Canal, Iacobus Baseggio, Nicolaus Tonisto, Nicolaus Michiel, Iacobus Barozzi.	Fees Nr. 299. Cancelleria Inferiore B. 2. Cancelleria Inferiore B. 85. Cancelleria Inferiore B. 65. PSM Ultra comm. Pepo Giovanni cf. S. Cassiano. PSM Misti, Miscellanea Pergamene B. 2. S. Maffio Nr. 105. Morozzo/Lombardo 2, S. 270 ff. Nr. 743. Morozzo/Lombardo 2, S. 277 ff. Nr. 749 und 750.
1243	Nicolaus Michiel, Theophilus Zen, Iohannes Dauro, Philippus da Molin, Albertinus Morosini.	Fees Nr. 161. S. Maffio Nr. 125. Corner 4, S. 264. S. Maffio Nr. 125.
1244	Marcus Baseggio, Nicolaus Michiel, Marinus Baseggio, Iacobus Zane, Andreas Zen, Leonardus Morosini, Marinus Contarini, Marcus Contarini, Stephanus Giustinian, Paulus da Molin.	Fees Nr. 300. Cancelleria Inferiore B. 65. PSM Ultra comm. Belli Odorico cf. S. Stefano Confessore. PSM Ultra comm. Fontana Gio: cf. S. Pantalon. PSM Ultra comm. Mercadante Lazaro cf. S. Simeone Profeta. PSM Ultra Misti, Miscellanea Pergamene B. 1. PSM Misti, Miscellanea Pergamene B. 2. PSM Misti de citra comm. Frizziero Pietro piev. S. Gio: Novo. S. Zaccaria B. 25 Perg. (Abschrift einer UK von 1186). Morozzo/Lombardo 2, S. 291 f. Nr. 765. Morozzo/Lombardo 2, S. 293 Nr. 767.
1245	Petrus Foscarini, Marcus Contarini, Iohannes Permarin.	Fees Nr. 210. Cancelleria Inferiore B. 153. PSM Ultra Misti, Miscellanea Pergamene B. 1. PSM Misti, Miscellanea Pergamene B. 2. PSM Misti de Citra comm: Frizziero Pietro p. S. Gio: Novo. Miscellanea Ducali ed Atti Diplomatici B. 7. Corner 1, S. 328.

Jahr	Namen	Quellen
1246	Marcus Grausoni, Iacobus Dandulo, Matteus Gausoni, Matteus Dandulo, Iohannes Gradenigo, Marcus Gausoni, Marinus Gausoni.	Cancelleria Inferiore B.153. PSM Ultra carte famiglia Pino. PSM Ultra Misti, Miscellanea Pergamene B. 1. PSM Misti, Miscellanea Pergamene B. 2. PSM Misti de citra comm. Frizziero Pietro p. S. Gio: Novo.
1247	Iohannes Michiel, Petrus Gradenigo, Iacobus Barozzi, Philippus da Molin.	PSM Ultra comm. Greco Michele cf. S. Raffaele. S. Maffio Nr. 141.
1248	Petrus Gradenigo, Pangracius Giustinian, Iohannes Michiel, Angelus Morosini, Albertus Contarini, Iohannes Badoer, Leonardus Morosini, Dominicus Michiel.	Cancelleria Inferiore B. 8. Cancelleria Inferiore B. 153. PSM Ultra carte Marino prb. dal cf. S. Aponal. PSM Ultra comm. Marino prb. cf. S. Aponal. PSM Ultra comm. Michiel Auremplase cf. S. Cassiano. PSM Ultra comm. Querini Marco cf. S. Polo. PSM Misti, Miscellanea Pergamene B. 2. PSM Misti de citra carte Battiauro Bernardo cf. S. M. Formosa. Famiglia Zusto (ed. Lanfranchi) S. 11 Nr. 2.
1249	Gratianus Zorzi, Paulus Gradenigo, Petrus Dolfin, Petrus Zorzi, Petrus Gradenigo.	Cancelleria Inferiore B. 106. Cancelleria Inferiore B. 153. PSM Ultra carte Marino prb. cf. S. Aponal. PSM Misti de citra comm. Pesaro Bellelo di S. Fosca.
1250	Petrus Contarini, Gratianus Zorzi, Philippus Contarini, Philippus Morosini, Petrus Zorzi, Iohannes Zorzi, Pangracius Giustinian, Angelus Morosini.	PSM Ultra comm. Barastro Omobono da cf. di S. Basilio. PSM Ultra carte Marino prb. cf. S. Aponal. PSM Ultra comm. Trevisan Pietro cf. S. Aponal. PSM Misti, Miscellanea Pergamene B. 3. PSM Misti de citra comm. Pesaro Belello cf. S. Fosca.
1251	Iohannes Badoer, Angelus Morosini, Iacobus Constantino, Iohannes Zorzi, Iacobus Querini, Petrus Querini, Iacobus Contarini, Iohannes Zorzi, Iohannes Corner, Albertinus Morosini.	Cancelleria Inferiore B.138. PSM Ultra comm. Fontana Gio: cf. S. Pantalon. PSM Ultra carte Trevisan Vivian cf. S. Maria di Murano. PSM Misti, Miscellanea Pergamene B. 3. PSM Misti de citra carte Battiauro Bernardo cf. S. M.Formosa. Morozzo/Lombardo 2, S. 195 f. Nr. 658 Morozzo/Lombardo 2, S. 322 f. Nr. 806. S. Maffio 2 Nr. 17.
1252	Iacobus Baseggio, Johannes Dolfin, Iohannes Permarin, Petrus Foscarini, Iohannes Badoer.	Cancelleria Inferiore B. 153. Cancelleria Inferiore B. 8 und 65. S. Zaccaria B. 1 Perg. PSM Ultra Misti, Miscellanea Pergamene B. 2. PSM Misti de citra carte Battiauro Bernardo cf. S. M. Formosa. Morozzo/Lombardo, Nuovi documenti, S. 112 Nr. 95. S. Maffio Nr. 150.
1253	Nicolaus Michiel, Aegidius Querini, Iacobus da Molin, Iohannes Badoer, Stadius Querini, Iacobus Contarini, Gratianus Zorzi, Albertinus Morosini,	Cancelleria Inferiore B. 65. Cancelleria Inferiore B. 153. PSM Ultra carte Signolo Gio: cf. S. Maria Zobenigo. PSM Ultra comm. Valier Polo e Nicolò. PSM Ultra Misti, Miscellanea Pergamene B. 1.

Jahr	Namen	Quellen
	Petrus Foscarini, Philippus Gradenigo.	PSM Misti, Miscellanea Pergamene B. 3. Morozzo/Lombardo 2, S. 338 Nr. 812.
1254	Petrus Storlato, Pangracius Giustinian, Philippus Contarini, Iacobus Dolfin, Iohannes Dandulo, Marcus Querini, Egidius Querini, Petrus Zorzi.	Fees Nr. 312. Cancelleria Inferiore B. 153. S. Zaccaria B. 1 Perg. PSM Misti, Miscellanea Pergamene B. 3.
1255	Bartholomeus Barozzi, Philippus Contarini, Petrus Dandulo, Iohannes Gradenigo, Marsilius Zorzi, Marinus Badoer, Iohannes Badoer.	Fees Nr. 79. Cancelleria Inferiore B. 138. Cancelleria Inferiore B. 153. PSM Ultra comm. Bendolo Stefano cf. S. Polo. PSM Ultra carte Mes Giacomo cf. S. Polo. PSM Ultra comm. Nani Adamo cf. S. Croce. PSM Ultra comm. Trevisan Pietro cf. S. Aponal. PSM Misti, Miscellanea Pergamene B. 1. Morozzo/Lombardo 2, S. 354 f. Nr. 827. S. Maffio Nr. 112 und 115.
1256	Iohannes Gradenigo, Iohannes Bellegno, Philippus Morosini, Philippus Gradenigo, Thomas Michiel.	Fees Nr. 316. Cancelleria Inferiore B. 198. Cancelleria Inferiore B. 8. PSM Ultra comm. Semiteculo Marco diac. canonico S. Marco. PSM Ultra Misti, Miscellanea Perg. B. 2.
1257	Philippus Gradenigo, Thomas Michiel, Philippus Morosini, Nicolaus Querini.	Cancelleria Inferiore B. 8. PSM Ultra comm. Michiel Tommaso cf. S. Giovanni Grisostomo. PSM Misti, Miscellanea Pergamene B. 3. PSM Misti de citra carte Mocenigo Gio: e Pietro cf. S. Cassiano.
1258	Paulus Gradenigo, Marinus Giustinian, Hermolaus Zusto, Iohannes da Canal, Thomas Michiel, Marcus Corner, Philippus Gradenigo, Iohannes Permarin, Marinus Badoer, Albertinus Morosini, Raphael Bettani.	Ss. Secondo ed Erasmo (Ss. Cosma e Damiano) Nr. 736. Cancelleria Inferiore B. 8. PSM Ultra comm. Blanzon Pasqualetta d. cf. S. Gregorio. PSM Ultra comm. Michiel Tommaso cf. S. Giovanni Grisostomo. PSM Misti de citra carte Mocenigo Gio: e Pietro cf. S. Cassiano. Ss. Ilario e Benedetto e S. Gregorio, S. 73 Nr. 21. Morozzo/Lombardo 2, S. 367 f. Nr. 843.
1259	Rainerius Badoer, Nicolaus Querini, Iohannes Permarin, Marinus Badoer.	Cancelleria Inferiore B. 8. PSM Misti de citra carte Mocenigo Gio: e Pietro cf. S. Cassiano. Famiglia Zusto (ed. Lanfranchi) S. 5 f. Nr. 1.
1260	Vivaldus Navazoso, Leonardus Venier, Thomas Viaro, Marcus Zen.	PSM Ultra comm. Damiano Maria ved. Matteo cf. S. Lio. PSM Ultra comm. Lombardo Damiano cf. S. Agostin. Maffio Nr. 172 und 177.
1261	Thomas Viaro, Antonius Soranzo, Nicolaus Navazoso, Acritone Soranzo, Raffael Bettani, Leonardus Morosini, Leonardus Dandulo, Marcus Dandulo.	Cancelleria Inferiore B. 8. PSM Ultra comm. Navager Tomasina cf. S. Giacomo Orio. PSM Misti, Miscellanea Pergamene B. 4. PSM Misti de citra carte Battiauro Bernardo cf. S. M. Formosa. Corner 5, S. 111. Morozzo/Lombardo, Nuovi documenti, S. 119 f. Nr. 103.
1262	Petrus Dauro, Bartholomeus Viglari, Ottavianus Querini, Venerius Badoer, Thomas Viaro, Bartolomeus da Mugla,	S. Zaccaria B. 1 Perg. PSM Ultra comm. Lancia Cunizza v. Marino cf. S. Cassiano. PSM Ultra comm. Lombardo Damiano cf. S. Agostin. PSM

Jahr	Namen	Quellen
	Petrus Gradenigo, Pangracius Giustinian, Petrus Badoer, Petrus Querini, Nicolaus Gradenigo.	Ultra Misti, Miscellanea Perg. B. 2. PSM Ultra Misti, Miscellanea Pergamene B. 2. PSM Misti, Miscellanea Pergamene B. 4. S. Maffio 2 Nr. 37.
1263	Andreas da Molin, Thomasinus Zane, Marinus Morosini, Iacobus Dandulo, Leo Donà, Marcus Malipiero.	S. Zaccaria B. 37 Perg. PSM Ultra comm. Canal Nicolo cf. S. Maria Mater Domini. PSM Ultra comm. Fontana Simeone cf. S. Pantalon. PSM Ultra comm. Lombardo Damiano cf. S. Agostin. PSM Ultra carte Tumba Pasquale cf. S. Simeone Profeta.
1264	Paulus da Molin, Iohannes Polani, Petrus Contarini, Iohannes Morosini, Pangratius Barbo, Marcus da Molin, Philippus Gradenigo.	Cancelleria Inferiore B. 106. PSM Ultra comm. Barozzi Elena dal cf. S. Moisè. PSM Ultra comm. Canal Nicolo cf. S. Maria Mater Domini. PSM Ultra comm. Falier Petro cf. S. Moisè. PSM Ultra comm. Navager Pietro cf. S. Giacomo Orio. PSM Ultra comm. Tagliapetra Francesco vesc. di Torcello. PSM Misti, Miscellanea Pergamene B. 4. S. Maffio Nr. 192.
1265	Iohannes Ferro, Marinus Badoer, Philippus Morosini, Iohannes Polani, Iacobus Zorzi.	S. Zaccaria B. 11 Perg. Cancelleria Inferiore B. 8 und 153. S. Zaccaria B. 1 Perg. PSM Misti, Miscellanea Pergamene B. 4.
1266	Iohannes Polani, Nicolaus Dolfin, Iacobus Falier, Iacobus Zorzi.	Cancelleria Inferiore B. 8. PSM Ultra comm. Fontana Simeone cf. S. Pantalon. PSM Ultra comm. Gisi Marco cf. S. Agostino. PSM Misti de citra comm. Frizziero Pietro p. S. Gio: Novo.
1267	Iohannes Ferro, Marinus Badoer, Philippus Morosini, Philippus Badoer, Gabriel Querini, …da Molin, Marinus Dandulo.	Fees Nr. 340–341. Cancelleria Inferiore B. 102. PSM Ultra comm. Basilio Nicola fio qd. Marino S. Gio: Grisostomo. PSM Ultra comm. Fontana Gio: cf. S. Pantalon. PSM Ultra Misti, Miscellanea Pergamene B. 1. PSM Misti, Miscellanea Pergamene B. 4.
1268	Marinus Tiepolo, Marcus da Molin, Paulus Gradenigo.	S. Zaccaria B. 9 Perg. Cancelleria Inferiore B. 85. PSM Ultra comm. Fontana Gio: cf. S. Pantalon. PSM Ultra comm. Gabriel Giovanni cf. S. Maria Mater Domini. PSM Misti de citra comm. Marignoni Gabriel cf. S. Maria Formosa.
1269	Iacobus Dandulo, Philippus Gradenigo, Thomas Viaro, Hermolaus Zusto, Iohannes Dandulo, Marcus Michiel.	S. Zaccaria B. 9 Perg. Cancelleria Inferiore B. 138. PSM Ultra Misti, Miscellanea Pergamene B. 2. PSM Misti, Miscellanea Pergamene B. 4. Famiglia Zusto (ed. Lanfranchi) S. 19 Nr. 4.
1270	Rogerius Zorzi, Philippus Manolesso, Nicolaus Contarini, Iacobus Querini, Homodeus Zusto, Marinus Polani.	Cancelleria Inferiore B. 8. PSM Ultra comm. Belli Pietro cf. S. Polo. PSM Ultra comm. Darpo Renieri cf. S. Cassiano. PSM Ultra comm. Noale Viviano cf. S. Appolinare. Famiglia Zusto (ed. Lanfranchi) S. 5 Nr. 1. Famiglia Zusto (ed. Lanfranchi) S. 17 Nr. 3.

Jahr	Namen	Quellen
1271	Michael Dauro, Marinus Giustinian, Rogerius Zorzi, Nicolaus Contarini, Philippus Manolesso.	Cancelleria Inferiore B. 106. Cancelleria Inferiore B. 2. Cancelleria Inferiore B. 8. PSM Ultra comm. Fontana Englese cf. S. Pantalon. PSM Ultra comm. Fontana Gio: cf. S. Pantalon. PSM Ultra comm. Fontana Simeone cf. S. Pantalon. PSM Ultra comm. Mercadante Gio: cf. S. Polo. PSM Ultra comm. Noale Viviano cf. S. Apollinare. PSM Ultra carte Vicenza Giacomo cf. S. Simeone Apostolo.
1272	Victor Dolfin, Marinus Giustinian, Ieremias Ghisi, Iohannes Campulo, Michael Dauro, Marinus Contarini.	Cancelleria Inferiore B. 8. PSM Ultra comm. Barastro Omobono dal cf. S. Basilio. PSM Ultra comm. Foscari Filippo cf. S. Cassiano. PSM Ultra comm. Lombardo Damiano cf. S. Agostin. PSM Ultra carte Mes Giacomo cf. S. Polo. PSM Ultra Misti, Miscellanea Pergamene B. 2. PSM Misti, Miscellanea Pergamene B. 5. S. Giovanni Evangelista (ed. Lanfranchi) S. 156 Nr. 109.
1273	Nicolaus Venier, Antonius Silvo, Iohannes Polani, Petrus Querini, Pangratius Malipiero, Iohannes Michiel, Michael Dauro, Marinus Contarini.	S. Zaccaria B. 32 Perg. Cancelleria Inferiore B. 153. PSM Misti, Miscellanea Pergamene B. 5. PSM Citra comm. Aicardo Sebastiano. PSM Citra comm. Zeno Rainieri doge. S. Lorenzo di Ammiana (ed. Lanfranchi) S. 108 Nr. 88.
1274	Marinus Dauro, Marcus Bembo, Rogerius Morosini, Tomasinus Barbarigo, Marinus Contarini, Thomas Viaro, Marinus Polani, Iohannes Michiel, Philippus Morosini, Thomas Michiel, Iohannes Polani.	PSM Misti B. 5. Cancelleria Inferiore B. 107. Cancelleria Inferiore B. 106. PSM Ultra comm. Lombardo Damiano cf. S. Agostin. PSM Misti, Miscellanea Pergamene B. 20. PSM Misti, Miscellanea Pergamene B. 5. Cancelleria Inferiore B. 8. S. Giorgio Maggiore (ed. Lanfranchi) 2, S. 522 Nr. 267.
1275	Leonardus Dandulo, Marcus Michiel, Marinus Contarini, Thomas Viaro, Thomasinus Barbarigo, Thomas Barbarigo, Marcus Contarini, Victor Dolfin, Iohannes Gradenigo.	S. Zaccaria B. 9 Perg. PSM Misti B. 5. Cancelleria Inferiore B. 9. Cancelleria Inferiore B. 8. PSM Ultra comm. Fontana Gio: cf. S. Pantalon. PSM Ultra comm. Venier Maria monaca in S. Lorenzo. PSM Ultra Misti, Miscellanea Pergamene B. 34. PSM Misti de citra comm. Frizziero Pietro p. S. Gio: Noc. Cessi, Maggior Consiglio 1, S. 197.
1276	Marinus Contarini, Michael Barbarigo, Victor Dolfin, Marcus Zen, Iohannes Gradenigo, Marcus Greco, Dominicus Zen.	S. Zaccaria B. 9 Perg. Cancelleria Inferiore B. 102. PSM Ultra carte Gritti Maria ved. Marco cf. S. Giaco: Orio.
1277	Stephanus Lugnano, Menicus Villari, Nicolaus Morosini, Marinus Contarini, Iohannes Marcello, Ieremias Ghisi, Nicolaus Baseggio, Michael Barbarigo.	PSM Misti B. 6. Cancelleria Inferiore B. 198. PSM Ultra carte Gritti Maria cf. S. Giacomo dell'Orio. PSM Ultra comm. Mercadante Lazaro cf. S. Simeone Profeta. Miscellanea Ducali ed Atti Diplomatici B. 8. Morozzo/Lombardo, Nuovi documenti, S. 98 ff. Nr. 87.

Jahr	Namen	Quellen
1278	Ieremias Ghisi, Nicolaus Baseggio, Nicolaus Querini, Nicolaus Minio, Stephanus Lugnano, Menicus Viglari, Paulus Gradenigo.	Fees Nr. 351. Fees Nr. 353. Cancelleria Inferiore B. 107. Cancelleria Inferiore B. 107 und 9. PSM Ultra comm. Mudazzo Andrea prb. S. Raffaele. PSM Misti de citra comm. Ziani Marco cf. S. Giustina.
1279	Stephanus Lugnano, Marcus Contarini, Marcus Viglari.	PSM Misti B. 6. Cancelleria Inferiore B. 30. PSM Ultra comm. Bellosello Marco cf. S. Margherita. PSM Ultra comm. Raguseo Zaccaria cf. Ss. Apostoli.
1280	Nicolaus Miglani, Marinus Trevisan, Nicolaus Zulian, Nicolaus Vigloni, Iohannes Grisoni, Thomas Viaro, Marinus Contarini, Marinus Ruzzini.	PSM Misti B. 7. Fees Nr. 358. Cancelleria Inferiore B. 106. S. Zaccaria B. 1 Perg. PSM Ultra comm. Grimani Gio: cf. S. Zan Degola. PSM Ultra comm. Mercadante Lazaro cf. S. Simeone Profeta.
1281	Marinus Contarini, Nicolaus Navazoso, Marinus Ruzzini, Marcus Dandulo, Marcus Viaro.	Fees Nr. 361. Cancelleria Inferiore B. 8 und 102. Cancelleria Inferiore B. 107. PSM Ultra comm. Fontana Simeone cf. S. Pantalon. PSM Ultra comm. Scafolo Albrico cf. S. Gervasio. PSM Ultra comm. Schifato Pietro cf. S. Apostoli. PSM Ultra Misti, Miscellanea Pergamene B. 3. S. Zaccaria B. 1 Perg. (Abschrift einer UK von 1170).
1282	Menicus Viglari, Marcus Viaro.	PSM Misti B. 7. Cancelleria Inferiore B. 153. PSM Ultra comm. Contarini Marchesina cf. S. Silvestro. PSM Ultra comm. Fontana Simeone cf. S. Pantalon. Morozzo/Lombardo, Nuovi documenti, S. 121 Nr. 104.
1283	Nicolaus Falier, Marcus Contarini, Marcus Sanudo.	PSM Misti B. 7. PSM Ultra tutela Querini Antonio f. qd. Giacomo cf. S. Polo. PSM Ultra Misti, Miscellanea Pergamene B. 3.
1284	Marinus Contarini, Nicolaus Minio, Andreas Bon, Marcus da Canal, Marcus Dolfin, Petrus da Molin, Paulus da Molin.	S. Zaccaria B. 9 Perg. PSM Misti B. 7. PSM Ultra comm. priv. Arimondo Maria v. Donato cf. S. Gervasio. PSM Ultra carte Famiglia Gisi cf. S. Moisè. PSM Ultra comm. Greco Michele cf. S. Raffaele. PSM Ultra comm. Lugnano Marino cf. S. Matteo.
1285	Marcus da Canal, Marcus Dolfin, Andreas Bon.	S. Zaccaria B. 9 Perg. PSM Misti B. 7. Cancelleria Inferiore B. 2. PSM Ultra comm. Alberto Uliana ved. Simeone d. cf. S. Polo. PSM Ultra comm. Basilio Bailiolo dal cf. S. Gio: Grisostomo. PSM Ultra comm. Lugnano Maria cf. S. Matteo. PSM Ultra comm. Manfredo Benedetto cf. S. Polo. PSM Ultra comm. Semiteculo Marco diac. can. S. Marco.
1286	Iohannes Zulian, Marinus Contarini, Sebastianus Vitturi, Marinus Venier, Marinus Regini, Menicus Viglari.	S. Zaccaria B. 9 Perg. PSM Misti B. 8. PSM Ultra comm. Maciamano Giacomo cf. S. Polo. PSM Citra comm. Zanasi Ubaldo.

Jahr	Namen	Quellen
1287	Marinus Venier, Iohannes Morosini, Menicus Viglari, Marinus Viaro, Marinus da Molin, Marcus Trevisan.	PSM Misti B. 8. S. Zaccaria B. 1 Perg. Cancelleria Inferiore B. 107. Cancelleria Inferiore B. 106. Cancelleria Inferiore B. 9.
1288	Marinus da Molin, Marcus Venier, Petrus Falier, Iohannes Bosio, Iohannes Zulian.	PSM Misti B. 8. PSM Ultra comm. Avolnar Marina dal cf. S. Fosca. Corner 12, S. 210; Barbaro, Cod. Vind. 6155 f. 28.
1289	Iohannes Zulian, Iohannes Bosio, Iohannes Dolfin, Marcus Valaresso, Petrus Falier, Menicus Vilioni, Michael Tiepolo, Andreas Valaresso.	Fees Nr. 366. Cancelleria Inferiore B. 30 und 198. Cancelleria Inferiore B. 153. PSM Ultra comm. Avolnar Marina dal cf. S. Fosca. PSM Ultra comm. Basilio Nicola f. qd. Marino S. Gio: Grisostomo. PSM Ultra comm. Canal Nicolo cf. S. Maria Mater Domini. PSM Misti, Miscellanea Pergamene B. 8.
1290	Marinus Pasqualigo, Andreas Valaresso, Iohannes Zulian, Petrus Falier, Iohannes Bosio, Iohannes Dolfin, Marinus Contarini, Marcus Contarini.	Ss. Secondo ed Erasmo (Ss. Cosma e Damiano) Nr. 651. Cancelleria Inferiore B. 153. Cancelleria Inferiore B. 198. Cancelleria Inferiore B. 106. Cancelleria Inferiore B. 102. PSM Misti, Miscellanea Pergamene B. 3. PSM Misti, Miscellanea Pergamene B. 8.
1291	Simon Paradiso, Nicolaus Minio, Marinus Venier, Marinus Contarini, Iohannes Bosio, Iohannes Zulian.	S. Zaccaria B. 13 Perg. Ss. Secondo ed Erasmo (Ss. Cosma e Damiano) Nr. 653. Cancelleria Inferiore B. 73. Cancelleria Inferiore B. 102. PSM Ultra comm. Lombardo Filippo etc. PSM Ultra carte Signolo Agnese cf. S. Maria Zobenigo.
1292	Simon Paradiso, Nicolaus Minio, Marcus Venier, Marcus Contarini.	S. Zaccaria B. 32 Perg. PSM Ultra comm. Contarini Marchesina cf. S. Silvestro. PSM Ultra comm. Darpo Renieri cf. S. Cassiano. PSM Ultra comm. Lombardo Filippo etc. S. Maffio Nr. 272.
1293	Marinus Pasqualigo, Nicolaus Falier, Mapheus Vitturi, Rainerius Venier, Menicus Dolfin, Marcus Dolfin, Michael Falier, Petrus Querini, Marcus Pasqualigo.	S. Zaccaria B. 13 Perg. Cancelleria Inferiore B. 30. Cancelleria Inferiore B. 107. PSM Ultra comm. Bertaldo Giacopo vescovo di Veglia. PSM Ultra comm. Gabriel Giacomo cf. S. Maria Mater Domini. PSM Ultra comm. Lombardo Filippo etc. PSM Citra Miscellanea Testamenti B. 317. PSM Citra Miscellanea Testamenti B. 328. Corner 8, S. 260; Tafel/Thomas 3, S. 353 Nr. 379.
1294	Raynerius Venier, Marcus Vitturi, Mapheus Vitturi, Iohannes Bosio, Marcus Maciamano, Marcus Dolfin, Marcus Zen.	Fees Nr. 379. S. Zaccaria B. 1 Perg. Cancelleria Inferiore B. 11. PSM Ultra comm. Agadi Marino f. qd. Giuliano cf. S. Apostoli. PSM Ultra comm. Frescada Prosdocimo cf. S. Pantalon. PSM Ultra carte Rainerio Giacomina cf. S. Polo. PSM Citra comm. Quintavalle Lorenzo. PSM Misti de citra comm. Arimondo Nicolo cf. S. Luca. Barbaro, Cod. Vind. 6155 f. 28. ASV Mensa Patriarcale: S. Cipriano di Murano.

Jahr	Namen	Quellen
1295	Iohannes Bosio, Marcus Maciamano, Nicolaus Falier, Marcus Contarini, Laurentius Viaro, Petrus Dandulo, Pangracius Barozzi.	S. Zaccaria B. 13 Perg. PSM Ultra carte Sanudo Torsello Marco cf. S. Severo. PSM Ultra comm. Zane Leonardo cf. S. Maria Mater Domini. PSM Misti de citra comm. Arimondo Nicolo cf. S. Luca.
1296	Laurentius Viaro, Marcus Venier, Franciscus Zorzi, Petrus Dandulo, Marcus Vitturi, Pangracius Barozzi.	Cancelleria Inferiore B. 178. PSM Ultra comm. Ezzelino di Pace cf. S. Simeone Prof. PSM Misti, Miscellanea Pergamene B. 9. S. Maffio Nr. 290 und 294; 2 Nr. 68 und 69.
1297	Franciscus Zorzi, Marcus Vitturi, Marcus Venier, Petrus Falier, Angelus Zancarolo, Petrus Foscarini, Iohannes Permarin, Zaninus Querini, Fantinus Dandulo, Franciscus Vitturi, Iohannes Querini.	Cancelleria Inferiore B. 9. Cancelleria Inferiore B. 65. Cancelleria Inferiore B. 102. PSM Ultra comm. Adoaldo Marco da S. Simeone Apostolo. PSM Ultra comm. Greco Giacomo cf. S. Barnaba. PSM Misti, Miscellanea Pergamene B. 10. Miscellanea Atti Diplomatici e Privati B. 9 Nr. 310. S. Maffio Nr. 89. S. Maffio Nr. 298. I Libri commemoriali (ed. Predelli) 1, S. 16 Nr. 44.

Die Iudices Publicorum (Piovego) 1282–1297

Vorbemerkung: Die Liste der Richter beruht auf der Sammlung der Prozeßurkunden des Gerichtshofs, die im Codice del Piovego enthalten sind. Original: Venezia Museo Correr Ms. Cicogna 3824 (2562) saec. XIII–XIV. Abschriften: Venezia Museo Correr Ms. Cicogna 3825 (2563); Venezia Cod. Marc. Lat. cl. 5, Nr. 7–9 (2381–2382); Cod. Marc. Lat. cl. 5, Nr. 104 (2360); ASV Giudici del Piovego B. 3). Der Codex ist bis heute als Gesamthandschrift nicht publiziert, enthält aber, da in die Prozeßurkunden alle vorgelegten älteren Urkunden inseriert wurden, wichtiges Material für die frühe Geschichte Venedigs. Eine Edition wurde inzwischen begonnen: Codex Publicorum (Codice del Piovego) 1 (ed. *B. Lanfranchi-Strina*), Venezia 1985.

Datum	Namen
1282 Nov.	Marcus da Canal, Philippus Ghisi, Nicolaus Falier.
1283 Feb.	Dieselben.
1283 Sept. 13	Iacobus da Molin, Marcus da Canal, Laurentius Bello[1].
1284 März	Philippus Bello, Iacobus da Molin, Marcus da Canal.
1284 April	Dieselben.
1284 Juni	Delfinus Dolfin, Marcus da Canal, Iacobus da Molin.
1284 Aug.	Marinus Zorzi, Marcus da Canal, Delfinus Dolfin.
1285 März	Marinus Baseggio, Iohannes Foscarini, Marinus Zorzi.
1285 März	Thomas Grausoni, Marinus Baseggio.
1286 Feb.	Marinus Viaro, Bartholomeus Contarini, Andreas Aurio.
1286 März	Dieselben.
1287 Sept.	Andreas Viglari, Thomas Grausoni, Nicolaus Storlato.
1288 Juni	Marinus Badoer, Iohannes Grimani, Margaritus Cupo.
1288 Juli	Dieselben.
1289 Sept.	Marinus Bellegno, Marcus Venier.
1292 März	Matheus Donà, Petrus Cauco, Iacobus Contarini.
1292 April	Dieselben.
1292 Juli	Matheus Donà, Petrus Cauco[2].
1293 Aug.	Iohannes Sucugullo, Donatus Memo, Iacobus Romano.
1294 Mai	Thomas Istrigo, Iacobus Zorzi, Andreas Morosini.
1294 Juni	Dieselben.
1295	Iohannes de Priuli[3].
1296 Juli	Iohannes Vigloni, Iohannes de Priuli, Marinus Zusto.
1296 Aug.	Dieselben.
1296 Aug.	Dieselben[4].
1296 Sept.	Dieselben.
1297 März	Marcus Tiepolo, Petrus Grimani.
1297 Sept.	Andreas Malipiero, Marcus Tiepolo, Petrus Grimani.

[1] *Cessi*, Maggior Consiglio 3, S. 48 Nr. 155.
[2] ASV PSM Ultra comm. Valier Polo e Nicola.
[3] *Barbaro*, Famiglie nobile venete, Cod. Vind. 6156 f. 340'.
[4] Vgl. Anm. 2.

Die venezianischen Iudices Procuratorum (1248–1297)

Jahr	Namen	Quellen
1248	Albertus Contarini, Iohannes Permarin, Iohannes Badoer.	Famiglia Zusto, S. 5f. Nr. 1.
1254	Iacobus Dolfin, Marcus Querini.	Ss. Ilario e Benedetto e S. Gregorio.
1255	Marinus Baseggio, Marcus Querini.	Famiglia Zusto, S. 22 Nr. 5.
1262	Leonardus Dandulo, Andreas Barozzi, Iohannes Corner.	PSM Citra comm. Gausoni Maria ved. Gio: cf. S. Lio.
1263	Marsilius Zorzi, Petrus Foscarini, Nicolaus Dolfin.	PSM Citra carte Dolfin Marco cf. S. Canciano.
1267	Stefanus Lugnano, Marcus Bembo, Iohannes Polani, Paulus Gradenigo, Marcus Dandulo.	PSM Ultra comm. Navager Pietro cf. S. Giacomo dal Orio, PSM Ultra comm. Trevisan Pietro cf. S. Aponal.
1268	Marcus Barozzi, Simeon Venier.	PSM Ultra comm. Mozze Maria ved. Marco cf. S. Pantalon.
1273	Paulus Falier, Iohannes Corner.	PSM Ultra comm. Barastro Omobono cf. S. Basilio.
1274	Philippus Manolesso, Mattheus Gradenigo, Albertinus da Molin.	PSM Citra comm. Canal Cecilia n. Bovizzo cf. S. Marina.
1275	Iohannes Querini, Iohannes Zulian, Iohannes Barbo, Iohannes Gradenigo, Paulus da Molin.	Cessi, Maggior Consiglio 1, S. 296, PSM Ultra comm. Navager Pietro cf. S. Giacomo dal Orio, PSM Citra comm. Morosini Rometica ved. Marino Doge.
1276	Victor Dolfin, Petrus Querini, Marinus Gradenigo, Iohannes Bendulo, Iohannes Zulian, Iohannes Barbo, Iacobus Dandulo, Stephanus Lugnano, Iohannes Querini.	Ss. Ilario e Benedetto e S. Gregorio, S. 15 Nr. 1, PSM Ultra comm. Navager Pietro cf. S. Giacomo dal Orio, PSM Citra comm. Canal Cecilia n. Bovizzo cf. S. Marina, PSM Ultra comm. Acotanto Perera ved. Simeone cf. Ss. Apostoli.
1278	Michael…, Iohannes Morosini.	PSM Ultra comm. Querini Gio: cf. S. Polo.
1279	Paulus Gradenigo, Marinus Contarini, Nicolaus Zane, Iohannes Morosini.	Cessi, Maggior Consiglio 2, S. 166 Nr. 124 (vor 1279), PSM Ultra comm. Querini Marco cf. S. Polo.
1281	Philippus Manolesso, Ieremias Ghisi, Marinus Contarini, Tiepolo.	PSM Ultra comm. Belligno Marino cf. S. Michael Cassiano, PSM Ultra comm. Mercadante Lazaro cf. S. Simeone Profeta.
1283	Marinus Contarini, Michael Tiepolo.	PSM Ultra comm. Mercadante Lazaro cf. S. Simeone Profeta.
1284	Marinus da Molin, Vitalis Corner, Iohannes Malipiero, Paulus Contarini.	Cancelleria inferiore B. 1, PSM Ultra comm. Canal Giovanni cf. S. Cassiano, PSM Ultra comm. Michiel Auremblase cf. S. Cassiano.
1285	Petrus Dandulo, Sebastianus Vitturi, Marcus Boscolo, Marcus Corner, Petrus Querini.	PSM Ultra comm. Mercadante Lazaro cf. S. Simeone Profeta, Cancelleria Inferiore B. 102.
1286	Marcus Barozzi, Simeon Venier, Marcus Corner, Marcus Baseggio, Menicus Viglari.	PSM Ultra comm. Molin Nicoletta ved. Filippo cf. S. Stae, PSM Citra comm. Canal Marco e Guidone cf. S. Marina.

Jahr	Namen	Quellen
1287	Thomas Permarin, Marcus Corner.	Cancelleria Inferiore B. 1.
1288	Thomas Permarin, Petrus Foscarini.	Cancelleria Inferiore B. 1.
1289	Nicolaus Arimundo, Iohannes Pepo, Menicus Viglari, Marinus da Molin.	Barbaro, Cod. Vind. 6155 f. 10', PSM Citra comm. Romano Giacomo cf. S. Moisè, PSM Ultra comm. Avolnar Marina cf. S. Fosca.
1290	Iohannes Zen, Marcus Maciamano, Iohannes da Molin, Petrus Falier, Marcus Viaro, Marcus Longo, Marcus Venier.	PSM Ultra comm. Gradenigo Maria cf. S. Gio: Decollato, PSM Ultra comm. Michiel Tomaso e Marco cf. S. Gio: Grisostomo, PSM Ultra comm. Navager Pietro cf. S. Giacomo dal Orio, PSM Ultra comm. Raguseo Gio: cf. S. Polo.
1291	Iohannes Querini, Simon Paradiso, Marcus Maciamano.	PSM Ultra comm. Storlato Andrea cf. S. Tomà.
1292	Iohannes Dolfin.	PSM Ultra comm. Contarini Marchesina cf. S. Silvestro.
1293	Petrus Venier, Philippus de Equilo, Marcus Dolfin.	PSM Ultra comm. Gradenigo Maria cf. S. Gio: Decollato, PSM Ultra comm. Navager Pietro cf. S. Giacomo dal Orio.
1294	Marinus Regini, Andreas Bon.	PSM Ultra comm. Gradenigo Maria cf. S. Gio: Decollato.
1296	Margaritus Cupo.	Barbaro, Cod. Vind. 6155 f. 64.
1297	Angelus Zancarolo, Petrus Venier, Marcus Michiel, Andreas Querini, Iohannes Polani, Nicolaus Sanudo, Marinus Sanudo, Petrus Bon, Nicolaus Zancarolo.	S. Zaccaria B. 2 Perg., Ss. Ilario e Benedetto e S. Gregorio S. 17 Nr. 1, PSM Ultra comm. Badoer Marino cf. S. Stefano Confessore, PSM Misti de Citra, Miscellanea Pergamene B. 10, PSM Citra comm. Zorzi Marino Doge, PSM Citra comm. Ziani Marco cf. S. Giustina, S. Zaccaria B. 2 Perg.

Die venezianischen Iudices Mobilium (1254–1297)

1254	Iacobus Dandulo, Marinus Baseggio, Iohannes Dandulo, Iohannes Permarin.	PSM Ultra comm. Bon Pignola cf. S. Simeone Profeta; Morozzo/Lombardo 2, S. 347 ff. Nr. 822. PSM Ultra Misti, Miscellanea Pergamene B. 2.
1258	Iohannes Permarin, Iohannes Dolfin.	PSM Misti de Citra comm. Mocenigo Gio: e Pietro cf. S. Cassian.
1259	Petrus Gradenigo, Petrus Badoer, Paulus da Molin.	PSM Misti de Citra carte Dolfin Marco e Domenico cf. S. Canciano.
1260	Iohannes Sagredo, Graciolus Goro, Andreas Zen.	PSM Ultra Misti, Miscellanea Pergamene B. 2.
1261	Philippus Dandulo, Paulus da Molin.	PSM Ultra comm. Cocasso Pietro cf. S. Simeone Profeta.
1262	Thomas Viaro, Iacobus Dandulo, Iacobus Querini.	PSM Ultra comm. Concio Angelo cf. S. Tomà.
1266	...cus Barbo.	PSM Ultra carte Bonio Agnese e Matelda cf. S. Simeone Profeta.

227

Jahr	Namen	Quellen
1269	Iacobus Falier, Marinus Contarini.	S. Zaccaria B. 2 Perg.
1270	Ubertus Zanasi, Iohannes Acotanto, Michael Morosini.	PSM Ultra comm. Querini Marco cf. S. Polo.
1274	… Dandulo, Marcus Michiel, Petrus Querini, Mattheus Gradenigo.	PSM Misti Miscellanea Perg. B. 5. PSM Ultra comm. Marcello Perera v. Marino. PSM Ultra Misti, Miscellanea Pergamene B. 5.
1279	Nicolaus Alduino.	Barbaro, Famiglie Nobile Venete, Cod. Vind. 6155 f. 3′.
1280	Nicolaus Alduino, Philippus Manolesso, Ieremias Ghisi.	PSM Ultra comm. Vendelino Marco cf. S. Giac. Orio.
1284	Marcus Feriolo, Laurentius Mengulo, Rainerius Darpo, Nicolaus Alduino.	PSM Misti Miscellanea Pergamene B. 7 Cancelleria Inferiore B. 138.
1285	Laurentius Mengulo, Marcus Giustinian.	PSM Misti Miscellanea Pergamene B. 7.
1287	Guido Marcello, Marinus Aimo.	Cancelleria Inferiore B. 65.
1288	Mattheus Bellegno, Philippus Navazoso.	PSM Ultra comm. Magno Frisina v. Nicola cf. S. Polo.
1290	… Zen.	PSM Misti de Citra comm. Nani Zaccaria cf. S. Basso.
1291	Iohannes Polani, Petrus Contarini, Marcus Dolfin.	PSM Ultra Misti B. 8.
1292	Iohannes Pepo, Thomas Gausoni.	PSM Ultra comm. Darro Renieri cf. S. Cassiano. PSM Ultra carte Famiglia Pino.
1293	Marcus Picamano.	Barbaro, Famiglie nobile venete, Cod. Vind. 6155 f. 327′.
1294	Sebastianus Vitturi, Franciscus Susenullo, Marcus Dauro.	Cancelleria Inferiore B. 30.
1295	Franciscus Susenullo, Marcus Dauro.	PSM Ultra Misti, Miscellanea Pergamene B. 9.
1296	Marcus Longo, Petrus Contarini.	PSM Ultra comm. Barbamazzolo Marino cf. S. Gervasio.
1297	Laurentius Viaro, Iacobus Romano, Ieremias Ghisi, Iacobus Polani, Thomas Ghisi.	PSM Ultra Misti, Miscellanea Pergamene B. 10. Miscellanea Atti Diplomatici e Privati B. 9 Nr. 311. Cancelleria Inferiore B. 65.

Die Podestaten von Chioggia im 13. Jahrhundert

Als Grundgerüst der folgenden Amtsliste dienen zwei Quellen: 1. Die Ämterliste der Venetiarum Historia (ed. Cessi/Bennato) S. 287–289 aus der Mitte des 14. Jahrhunderts. 2. Eine Liste, die ein Anonymus des 18. Jahrhunderts zusammenstellte (Serie de Podestà di Chioggia, Venezia 1767), der seine Materialien anhand der Archivalien des Podestatsarchivs Chioggia überprüfte. Wenig hilfreich sind hingegen die Angaben Cod. Marc. It. cl. 7, 198 (8383), Regimina f. 101. Soweit die Listen voneinander abweichen, wurde urkundliches Material herangezogen, ebenso zusätzliches Namensmaterial.

Jahr	Name	Bemerkungen
1205/06	Marinus Iacobe.	Für die frühesten Amtsinhaber weisen beide Listen Unzuverlässigkeiten auf. Daß Marinus der erste Podestà gewesen ist, bezeugt Andreae Danduli Chronica (ed. Pastorello) RIS 12, S. 282.
annos II 1211	Pantaleo Barbo. Benedictus Grillioni.	Datierung nach dem Anonymus. Dieser weist neben dem Genannten noch einen Benedictus Grison aus. Daß dies ebenderselbe gewesen ist, vgl. Venetiarum Historia ebd., Benedictus Grilioni vel Grisoni.
1215/16	Iacobus Baseggio.	Vgl. Dandulo ebd., S. 286.
1225	Nicolaus Tonisto.	Cessi, Maggior Consiglio 1, S. 83 Nr. 109 f.
1226/27	F. Zulian.	Fehlt in beiden Listen. Cessi, Maggior Consiglio 1, S. 109 f.
1228	Rainerius Zen. Angelus Simiteculo.	S. Maffio 1, Nr. 62 und Nr. 64.
1229	Albertinus Contarini.	In beiden Listen erst später genannt; vgl. aber Cessi, Maggior Consiglio 1, S. 206 Nr. 127.
1229/30	Rainerius Zen. Petrus Barbo. Stephanus Badoer. Nicolaus Cauco. Iohannes Badoer. Matheus Giustinian. Philippus Zulian. Iohannes da Canal. Romeus Querini.	Cessi, Maggior Consiglio 1, S. 207 Nr. 130. Vom Anonymus zu 1239 datiert.
1243	Marcus Morosini. Michael Morosini. Iohannes Badoer.	Datierung nach dem Anonymus.
1244–46	Iohannes Michiel. Andreas Zen.	Andrea Dandulo ebd., S. 300.
1248	Petrus Foscarini. Iohannes Permarin. Marcus Badoer.	Datierung nach dem Anonymus. Nur in Venetiarum Historia.

Jahr	Name	Bemerkungen
1251	Philippus Storlato. Iohannes Badoer.	Datierung nach dem Anonymus.
1253	Nicolaus Zane. Gratianus Zorzi. Petrus Mocenigo.	Datierung nach dem Anonymus.
1256	Gregorius Dolfin. Thomasinus Giustinian.	Datierung nach dem Anonymus. So Venetiarum Historia. Nach dem Anonymus war der Podestà Thomasinus Zane.
1258	Iohannes Polani.	Datierung nach dem Anonymus.
1259	Raphael Bettani.	Datierung nach dem Anonymus.
1260	Nicolaus Querini. Marcus Mastropetro. Matheus Giustinian. Angelus Marcello. Philippus Bellegno.	S. Maffio 1, Nr. 180. Nur beim Anonymus.
1265	Iohannes Dandulo.	Vgl. Hagemann, Studia Picena 25 (1957) S. 107 Nr. 2.
1266	Marcus Giustinian. Iohannes Polani. Thomasinus Giustinian. Petrus Zivran.	Datierung nach dem Anonymus.
1270	Andreas Zen. Petrus Querini. Marinus Polani. Philippus Bellegno. Philippus Gradenigo.	Datierung nach dem Anonymus.
1275	Iacobus Tiepolo.	Laut Aussage des Anonymus sind Namen und Daten ab diesem Jahr durch die Statuten von Chioggia und ihre Korrekturen regelmäßig nachweisbar.
1276	Petrus Barbarigo.	
1277	Marinus Morosini.	
1278	Iohannes Zen.	
1279	Marinus da Molin.	
1280	Thomasinus Giustinian.	
1281	Marinus Valaresso.	
1282	Marcus Badoer.	
1283	Albertinus Morosini.	Vgl. Cessi, Maggior Consiglio 3, S. 38 Nr. 100.
1284	Rogerius Morosini.	
1285	Marinus Zorzi.	
1286	Marcus Zen.	
1287	Filofius Morosini.	
1288	Leonardus Venier.	
1289	Marcus Dandulo.	So der Anonymus. Bei Venetiarum Historia Marcus da Canal: Vgl. aber Cessi, Maggior Consiglio 3, S. 256 Nr. 176.

Jahr	Name	Bemerkungen
1290	Nicolaus Giustinian.	
1291	Andreas Valaresso.	
1292	Leonardus Giustinian.	Vgl. auch Cessi, Maggior Consiglio 3, S. 345 Nr. 76.
1293	Iohannes Soranzo.	
1294	Albertinus Morosini.	
1295	Nicolaus Morosini.	Die Reihenfolge der beiden Podestaten aus dem Hause Morosini nach dem Anonymus. Bei der Venetiarum Historia ist die Reihenfolge umgekehrt.
1296	Nicolaus Querini.	
1297	Marinus Zorzi.	Vgl. auch Libri Commemoriali (ed. Predelli) 1, S. 6 f. Nr. 15.

Venezianische Baili von Negroponte (1216–1297)

Grundlage der folgenden Liste sind die Verzeichnisse der Amtsinhaber bei Venetiarum Historia (ed. Cessi/Bennato) S. 311 ff. aus der Mitte des 14. Jahrhunderts und die Zusammenstellung der Amtsinhaber bei Hopf, Chroniques gréco romanes, S. 371. Andere urkundliche Belege werden nur angeführt, soweit sie über diese beiden Quellen hinausführen.

Jahr	Name	Bemerkungen
1216	Petrus Barbo.	
1222–24	Benedictus Falier.	Nur bei Hopf.
1247	Iohannes Bellegno.	Morozzo/Lombardo 2, S. 309 Nr. 783.
	Stephanus Giustinian.	Die drei Namen finden sich ohne Datierung in
	Petrus Polani.	der Venetiarum Historia vor der Amtszeit des
	Andreas Baseggio.	Marcus Gradenigo.
1252	Leo Sanudo.	Nur bei Hopf.
1256/57	Marcus Gradenigo.	Ein Bailo gleichen Namens muß vor 1270 noch eine Amtsperiode gehabt haben, ohne daß sich das Jahr genau feststellen ließe.
1258	Andreas Barozzi.	
1259	Thomasinus Giustinian.	
1261	Laurentius Tiepolo.	Andreae Danduli Chronica (ed. Pastorello) RIS 12, S. 311.
1262/63	Andreas Barbarigo.	
1264	Iacobus Dolfin.	Datum erschlossen. Der Name findet sich nur in der Venetiarum Historia als Vorgänger des Gibertus Dandulo.
1265	Gibertus Dandulo.	
1266	Philippus Aurio.	
1267	Marcus Bembo.	
1268	Andreas Dandulo.	
1269	Andreas Zen.	

Jahr	Namen	Quellen
1271	Nicolaus Miglani.	
1272	Iacobus Dandulo.	Datum erschlossen. Findet sich nur in der Venetiarum Historia vor Victor Dolfin.
1273–75	Victor Dolfin.	
1275	Nicolaus Querini.	
1276	Andreas Dandulo.	
1277	Petrus Zen.	
1278	Nicolaus Morosini.	
1280	Nicolaus Falier.	
1282	Andreas Zen.	
1283	Iohannes Zen.	
1285	Iacobus da Molin.	
1287	Marinus Soranzo.	
1289	Marcus Michiel.	
1291	Nicolaus Giustinian.	
1293	Michael Morosini.	Datum erschlossen. Findet sich in der Venetiarum Historia vor Franciscus Dandulo, der 1302 Bailo war. Da aber bis auf den Bailo von 1293/94 alle Amtsträger bekannt sind, wurde Michael Morosini hier eingereiht.
1295	Iacobus Barozzi.	
1297	Franciscus Contarini.	

Die venezianischen Podestaten von Capodistria (1278–1297)

Grundlage der Liste ist das Verzeichnis der Amtsinhaber in Venetiarum Historia (ed. Cessi/ Bennato) S. 299 aus der Mitte des 14. Jahrhunderts, das durch chronikalische und urkundliche Belege ergänzt wird.

Jahr	Name	Bemerkungen
1278/79	Rogerius Morosini.	Andreae Danduli Chronica (ed. Pastorello) RIS 12, S. 326.
	Thomas Querini.	
	Contarenus Contarini.	
	Iohannes Dandulo.	
1283	Thomas Querini.	Cessi, Maggior Consiglio 3, S. 26 Nr. 36.
1284	Marcus Bembo.	Cessi, Maggior Consiglio 3, S. 65 Nr. 24.
	Pangracius Malipiero.	
	Rogerius Morosini.	
	Marinus Morosini.	
	Petrus Gradenigo.	
	Petrus Giustinian.	
1289	Petrus Gradenigo.	Venetiarum Historia (ed. Cessi/Bennato) S. 194f. In der Liste mit dem Zusatz versehen: *bis et ente potestate creatus est dux.*

Jahr	Name	Bemerkungen
1293/94	Marcus Bembo. Nicolaus Querini. Marcus Querini, Albertinus Morosini, Marinus Badoer, Rogerius Morosini.	Cessi, Maggior Consiglio 3, S. 340 Nr. 38.

Venezianische Baili in Syrien (Akkon) 1192/1198–1291

Grundlage der Liste ist die Zusammenstellung von D. Jacoby, L'expansion occidentale dans le levante: les Vénitiens à Acre dans la seconde moitié du treizième siècle, Journal of Medieval History 3 (1977) S. 251 ff., ergänzt durch weitere Belege.

Jahr	Name	Erläuterungen
vor 1198	Pantaleo Barbo.	Heyd 1, S. 331; Kretschmayr 2, S. 119 f.
1199	Dominicus Acotanto.	Heyd 1, S. 331.
1207–14	Andreas Vidal.	Heyd 1, S. 331 (von 1207 bis 1212 mit dem alten Titel eines Vizegrafen. Tafel/Thomas 2, S. 174 Nr. 230.
1216	Angelus Michiel.	Cod. Marc. It. cl. 7, 198 (8383) f. 250.
1217	Theofilus Zen.	Tafel/Thomas 2, S. 196 Nr. 250.
1221	Philippus Corner.	ASV Miscellanea Atti Diplomatici e privati B. 2 Nr. 83.
1227	Nicolaus Tonisto. Iohannes Tonisto, Stephanus Giustinian.	Morozzo/Lombardo 2, S. 174 ff. Nr. 636. Heyd 1, S. 331. Beide Namen im Bericht des Marsilius Zorzi als Amtsvorgänger erwähnt, ohne genaue Nennung von Daten.
1240–44	Marsilius Zorzi.	Heyd 1, S. 331; Tafel/Thomas 2, S. 351 ff. Nr. 299 ff.
1256–59	Marcus Giustinian.	Andreae Danduli Chronica (ed. Pastorello) RIS 12, S. 307 f.
1260–61	Iohannes Dandulo.	
1261	Iohannes Bellegno.	Mas-Latrie, Bibl. de l'Ecole des Chartes 31 (1870) S. 411.
1263	Nicolaus Querini.	Andreae Danduli Chronica (ed. Pastorello) RIS 12, S. 312.
1264–69	Michael Dauro.	
1270–71	Philippus Bellegno.	
1272	Nicolaus Michiel.	
1272–73	Petrus Zen.	
1274–75	Iohannes Dandulo.	
1276	Nicolaus Querini.	
1277–78	Albertinus Morosini.	Blieb eventuell Bailo bis zum Jahr 1286.
1288–89	Rogerius Morosini.	
1289–90	Nicolaus Querini.	

Quellen- und Literaturverzeichnis

1. Abkürzungsverzeichnis

AfD	Archiv für Diplomatik
ASV	Archivio di Stato di Venezia
AV	Archivio Veneto
AV V^a ser.	Archivio Veneto, V^a serie
B.	Busta
BZ	Byzantinische Zeitschrift
cf.	confinium
CFHB	Corpus Fontium Historiae Byzantinae
cfpq.	capta fuit pars quod
CIL	Corpus Inscriptionum Latinarum
comm.	commissaria
CSHB	Corpus Scriptorum Historiae Byzantinae (Bonner Corpus)
DA	Deutsches Archiv für Erforschung des Mittelalters
f.	figlio
HZ	Historische Zeitschrift
lib.	librae
MG AA	Monumenta Germaniae Historica, Auctores Antiquissimi
MG Const.	Monumenta Germaniae Historica, Constitutiones et acta publica
MG LL	Monumenta Germaniae Historica, Leges (in Folio)
MG SS	Monumenta Germaniae Historica, Scriptores (in Folio)
MG script. rer. ger.	Monumenta Germaniae Historica, Scriptores rerum germanicarum
MIÖG	Mitteilungen des Instituts für Österreichische Geschichtsforschung
n.	nata
NAV	Nuovo Archivio Veneto
NAV NS	Nuovo Archivio Veneto, Nuova Series
p.	pievano
Perg.	Pergamene
prb.	Presbiter
PSM	Archivio di Stato di Venezia: Procuratori di San Marco
qd.	quondam
QFIAB	Quellen und Forschungen aus italienischen Archiven und Bibliotheken
RIS	Rerum Italicarum Scriptores
RSI	Rivista storica Italiana
ved.	vedova
vesc.	vescovo
VSWG	Vierteljahrschrift für Sozial- und Wirtschaftsgeschichte

2. Ungedruckte Quellen

PADOVA:
Archivio di Stato
S. Zaccaria: Gio: Andrea Viaro: Catastico A (Copia) T° II° (saec. XVIII).

PISA:
Archivio di Stato
Atti Publici Nr. 8.

ROMA:
Archivio Vaticano
Fondo Veneto I S. Giorgio in Alga Nr. 542.

VENEZIA:
Archivio di Stato
1. Urkundensammlungen:
   Codice diplomatico veneziano 1–30.
   Corpus Membranarum Italicarum saec. XIII (etwa 30000 Regesten von L. Lanfranchi).
   1.1. Sammlungen des venezianischen Staats:
   Ducali ed atti diplomatici B. 1–8.
   Miscellanea atti diplomatici e privati B. 1–9.
   Cancelleria inferiore B. 1, 2, 8, 9, 11, 13, 25, 30, 65, 73, 85, 102, 106, 107, 109, 138, 153, 178, 198, 218, 285.
   1.2. Kirchenarchive:
   Madonna dell'Orto (Bestand S. Tomaso dei Borgognoni di Torcello).
   Mensa Patriarcale (alte Zählung) B. 4, 7, 21, 24 (Bestand S. Cipriano di Murano).
   S. Andrea di Lido B. 40.
   S. Daniele, Processi, Venezia Castello.
   S. Maria della Carità B. 24, 38, 39.
   S. Nicolò di Lido, Proc. 77.
   Ss. Secondo ed Erasmo (Ss. Cosma e Damiano) B. 651, 653, 720, 736.
   S. Zaccaria, Pergamene B. 1, 2, 5, 7, 8, 9, 11, 12, 13, 24, 25, 32, 36, 37, 38, 85.
2. Offizielle und halboffizielle Vertragssammlungen:
   Libri pactorum 1–9 (saec. XIII–XV), Copia 1–9 (saec. XIX).
   Liber albus (saec. XIV).
   Liber Blancus (saec. XIV).
   Codex Trevisaneus (saec. XVI).
3. Behördenfonds:
   Avogaria di Comun: Liber Clericus–Clivicus–Civicus (Copia).
   Avogaria di Comun: Liber Fronensis (saec. XIV).
   Avogaria di Comun: Liber Magnus Capricornus (saec. XIV).
   Avogaria di Comun: Liber Neptunus (Copia).
   Avogaria di Comun: Liber Presbiter (saec. XIV).
   Avogaria di Comun: Registro 440/8: Cittadinanze Originarie.
   Giudici del Piovego B. 3: Codice del Piovego (Copia saec. XVIII).

Procuratori di San Marco (PSM) (benutzt in den Regesten von L. Lanfranchi, da der Bestand neu geordnet werden soll):

a: Citra:
carte Dolfin Marco cf. S. Canciano.
comm. Aicardo Sebastiano.
comm. Barozzi Bartolomeo.
comm. Canal Cecilia n. Bovizzo cf. S. Marina.
comm. Canal Marco e Guidone cf. S. Marina.
comm. Gausoni Maria ved. Giovanni cf. S. Lio.
comm. Morosini Rometica ved. Marino Doge.
comm. Quintavalle Lorenzo.
comm. Romano Giacomo cf. S. Moisè.
comm. Zanasi Ubaldo.
comm. Zeno Rainieri Doge.
comm. Ziani Marco cf. S. Giustina.
comm. Zorzi Marino Doge.
Miscellanea Pergamene B. 10.
Miscellanea Testamenti B. 317, 321, 328.
Misti: carte Battiauro Bernardo cf. S. M. Formosa.
Misti: carte Boccadomo Nicolotta cf. S. Antonin.
Misti: carte Dolfin Marco e Domenico cf. S. Canciano.
Misti: comm. Arimondo Nicolo cf. S. Luca.
Misti: comm. Canal Marco cf. S. Marina.
Misti: comm. Frizziero Pietro presb. S. Giovanni Novo.
Misti: comm. Marignoni Gabriel cf. S. M. Formosa.
Misti: comm. Mocenigo Giovanni e Pietro cf. S. Cassian.
Misti: comm. Nani Zaccaria cf. S. Basso.
Misti: comm. Pesaro Bellelo cf. S. Fosca.
Misti: comm. Quintavalle Nicola cf. S. M. Formosa.
b: Misti:
B. 1–10, 20.
Miscellanea Pergamene B. 5–8.
c: Ultra:
carte Bonio Agnese e Matelda cf. S. Simeone Profeta.
carte Canal Bartolomeo cf. S. Aponal.
carte Famiglia Gisi.
carte Famiglia Maciamano.
carte Famiglia Pino.
carte Famiglia Tiepolo.
carte Famiglia Zorzi cf. S. Giacomo Confessore.
carte Giovanni Dio-ti-aiuti cf. S. Stefano Confessore.
carte Gritti Maria ved. Marco cf. S. Giacomo dall'Orio.
carte Marino prb. S. Aponal.
carte Mes Giacomo cf. S. Polo.
carte Molin Giacomo cf. S. Stae.
carte Rainerio Giacomina cf. S. Polo.
carte Sanudo Torsello Marco cf. S. Severo.
carte Signolo Agnese cf. S. Maria Zobenigo.
carte Signolo Giovanni cf. S. Maria Zobenigo.

carte Trevisan Vivian cf. S. Maria di Murano.

carte Tumba Pasquale cf. S. Simeone Profeta.

carte Vicenza Giacomo cf. S. Simeone Apostolo.

comm. Acotanto Perera ved. Simeone cf. Ss. Apostoli.

comm. Adoaldo Marco cf. S. Simeone Apostolo.

comm. Agadi Marino f. qd. Giuliano cf. S. Apostoli.

comm. Alberto Uliana ved. Simeone cf. S. Polo.

comm. Alessio Giovanni f. qd. Giacomo cf. S. Agnese.

comm. Arimondo Maria ved. Donato cf. S. Gervasio.

comm. Avolnar Marina cf. S. Fosca.

comm. Badoer Marino cf. S. Stefano Confessore.

comm. Balbi Damiano prb. pievano S. Agostin.

comm. Barastro Omobono cf. S. Basilio.

comm. Barbamazzolo Marino cf. S. Gervasio.

comm. Barozzi Elena cf. S. Moisè.

comm. Basilio Bailiolo cf. S. Giovanni Grisostomo.

comm. Basilio Nicola f. qd. Marino cf. S. Giovanni Grisostomo.

comm. Belli Odorico cf. S. Stefano Confessore.

comm. Belli Pietro cf. S. Polo.

comm. Belligno Marino cf. S. Cassiano.

comm. Bellosello Marco cf. S. Margherita.

comm. Bendolo Stefano cf. S. Polo.

comm. Bertaldo vescovo di Veglia.

comm. Bilongo Palma cf. S. Giacomo dall'Orio.

comm. Blanzon Pasqualetta cf. S. Gregorio.

comm. Bon Pignola cf. S. Simeone Profeta.

comm. Canal Giovanni cf. S. Maria Mater Domini.

comm. Canal Nicolo cf. S. Maria Mater Domini.

comm. Cocasso Pietro cf. S. Simeone Profeta.

comm. Concio Angelo cf. S. Tomà.

comm. Contarini Marchesina cf. S. Silvestro.

comm. Damiano Maria ved. Matteo cf. S. Lio.

comm. Darpo Renieri cf. S. Cassiano.

comm. Ezzelino di Pace cf. S. Simeone Profeta.

comm. Falier Petro cf. S. Moisè.

comm. Fontana Englese cf. S. Pantalon.

comm. Fontana Giovanni cf. S. Pantalon.

comm. Fontana Palma cf. S. Pantalon.

comm. Fontana Simeone cf. S. Pantalon.

comm. Foscari Filippo cf. S. Cassiano.

comm. Foscolo Andrea cf. S. Ermagora.

comm. Frescada Prosdocimo cf. S. Pantalon.

comm. Gabriel Giacomo cf. S. Maria Mater Domini.

comm. Gabriel Giovanni cf. S. Maria Mater Domini.

comm. Gisi Marco cf. S. Agostino.

comm. Greco Giacomo cf. S. Barnaba.

comm. Greco Michele cf. S. Raffaele.

comm. Grimani Giovanni cf. S. Zan Degola.
comm. Gritti Matteo S. Ermagora.
comm. Gradenigo Maria cf. S. Giovanni Decollato.
comm. Lancia Cunizza ved. Marino cf. S. Cassiano.
comm. Leocari Giacomo cf. S. Fantin.
comm. Lombardo Damiano cf. S. Agostin.
comm. Lombardo Filippo cf. S. Agostin.
comm. Lombardo Giacomo cf. S. Agostin.
comm. Lombardo Tommasina ved. Ugolino cf. S. Felice.
comm. Lugnano Maria cf. S. Matteo.
comm. Lugnano Marino cf. S. Matteo.
comm. Maciamano Giacomo cf. S. Polo
comm. Magno Frisina ved. Nicola cf. S. Polo.
comm. Manfredo Benedetto cf. S. Polo.
comm. Marino prb. S. Aponal.
comm. Marcello Perera ved. Marino.
comm. Mercadante Giovanni cf. S. Polo.
comm. Mercadante Lazzaro cf. S. Simeone Profeta.
comm. Michiel Auremblase cf. S. Cassiano.
comm. Michiel Gabriele cf. S. Giacomo dall'Orio.
comm. Michiel Tommaso e Marco cf. S. Giovanni Grisostomo.
comm. Molin Nicoletta ved. Filippo cf. S. Stae.
comm. Mozze Maria ved. Marco cf. S. Pantalon.
comm. Mudazzo Andrea prb. S. Raffaele.
comm. Nani Adamo cf. S. Croce.
comm. Navager Pietro cf. S. Giacomo dall'Orio.
comm. Navager Tomasina cf. S. Giacomo dall'Orio.
comm. Noale Viviano cf. S. Apollinare.
comm. Pepo Giovanni cf. S. Cassiano.
comm. Permarin Marino cf. S. Margherita.
comm. Querini Giovanni cf. S. Polo.
comm. Querini Marco cf. S. Polo.
comm. Raguseo Giovanni cf. S. Polo.
comm. Raguseo Zaccaria cf. S. Apostoli.
comm. Scafolo Albrico cf. S. Gervasio.
comm. Schifato Pietro cf. S. Apostoli.
comm. Semiteculo Marco diacono canonico S. Marco.
comm. Simeon Michele cf. S. Vio.
comm. Storlato Andrea cf. S. Tomà.
comm. Tagliapetra Francesco vesc. di Tòrcello.
comm. Trevisan Pietro cf. S. Aponal.
comm. Valier Polo e Nicolò.
comm. Vendelino Marco cf. S. Giacomo dall'Orio.
comm. Venier Maria monaca in S. Lorenzo.
comm. Zane Leonardo cf. S. Maria Mater Domini.
Misti: Miscellanea Pergamene B. 1–10.
Tutela Querini Antonio f. qd. Giacomo cf. S. Polo.

4. Sonstiges:
Segretario alle voci: Regimina.
Miscellanea Codici III, vol. 1–4, Codici Soranzo 34 (già Miscellanea Codici 889): G. A. Cappellari Vivaro, Il Campidoglio Veneto.
Miscellanea Codici I., Storia Veneta 17–23 (già Miscellanea Codici 893–900): Marco Barbaro, Arbori de'Patritii Veneti 1–7 (saec. XVIII).
Miscellanea Codici Nr. 905: Regimina.

VENEZIA: *Biblioteca Marciana:*
Cod. Marc. Lat. cl. 5 Nr. 7–9 (2381–2382): Codice del Piovego (Copia saec. XVIII).
Cod. Marc. Lat. cl. 5 Nr. 104 (2360): Codice del Piovego (Copia saec. XVIII).
Cod. Marc. Lat. cl. 5 Nr. 130 (3198): Miscellanea (saec. XIII).
Cod. Marc. It. cl. 7 Nr. 15–18 (8304–8307): G. A. Cappellari, Campidoglio Veneto, cioè Alberi delle Famiglie Venete Patrizie 1–4 (saec. XVIII).
Cod. Marc. It. cl. 7 Nr. 27 (7761): Cronaca di Famiglie Cittadine Originarie venete.
Cod. Marc. It. cl. 7 Nr. 198 (8383): Regimina (saec. XVIII).
Cod. Marc. It. cl. 7 Nr. 519 (8438): Nicolò Trevisan, Cronaca di Venezia, continuata da altro autore sino all'anno 1585 (saec. XVI).
Cod. Marc. It. cl. 7 Nr. 925–928 (8594–8597): Marco Barbaro, Genealogie delle famiglie patrizie venete (saec. XVIII).
Cod. Marc. It. cl. 7 Nr. 947 (7429): Le aggregazioni principali alla veneta nobiltà (saec. XVIII).
Cod. Marc. It. cl. 7 Nr. 2000 (7716): Cavallieri grandi di Venezia (saec. XVIII).

VENEZIA: *Biblioteca del Museo Correr:*
Cod. Cicogna 2156: Cronaca di Famiglie Cittadine Originarie (saec. XVII).
Cod. Cicogna 3824 (2562): Codice del Piovego (saec. XIII–XIV).
Cod. Cicogna 3825 (2563): Codice del Piovego (Copia saec. XVIII)
Mss. II, 174 (2498–2504): Marco Barbaro, Genealogie Patrizie (saec. XVIII).
Mss. P. D. 4c: G. Tassini, Cittadini veneti 1–5 (1888).

WIEN: *Österreichische Nationalbibliothek, Handschriftensammlung:*
Cod Vind. 6155–6156: Marco Barbaro, Famiglie nobile venete (saec. XVI).
Cod Vind. 6175: Marco Barbaro, Cronaca de'Procuratori di San Marco (saec. XVI).

3. Gedruckte Quellen

A. A., Serie de Podestà di Chioggia, Venezia 1767.
Annales Sanctae Iustinae Patavini a. 1207–1270 (ed. *Ph. Jaffé*), MG SS 19, Hannover 1866, S. 148–193.
Annales Venetici breves (ed. *H. Simonsfeld*), MG SS 14, Hannover 1883, S. 69–72.
Annales Veneti saec. XII (ed. *H. V. Sauerland*) NAV 7 (1894) S. 5–8.
Anne Comnène, Alexiade (ed. *B. Leib*) 1–3, Paris 1945–1967.
Bernardi, J.: Antichi testamenti tratti dagli archivi della congregazione di Carità di Venezia, Venezia 1882–1893.
Bertaldus, Iacobus: Splendor Venetorum consuetudinum (ed. *F. Schupfer*), Bibliotheca Iuridica Medii Aevi 3, Bologna 1901, S. 99–153.

Besta, E.: Bilanci generali della Repubblica di Venezia 1, Documenti finanziari della Repubblica di Venezia 2/1/1, Venezia 1912.

Canal, Martin da: Les Estoires de Venise. Cronaca veneziana in lingua francese dalle origini al 1275 (ed. *A. Limentani*), Civiltà veneziana. Fonti e Testi 12, Firenze 1972.

Cassiodori, Magni Aurelii senatoris Variarum libri duodecim (ed. *Th. Mommsen*), MG AA 12, S. 1–392.

Cessi, R.: Le deliberazioni del consiglio dei rogati (Senato), Serie Mixtorum 1–2, Venezia 1960/61.

–: Deliberazioni del Maggior Consiglio di Venezia, Atti delle assemblee costituzionali italiane dal medio evo al 1831, ser. 3, sez. 1, 1–3, Bologna 1931–1950.

–: Documenti relativi alla storia di Venezia anteriori al mille, 1–2, Padova 1940/41.

–: Pactum Clugie, Atti del R. Istituto Veneto, Scienze, Lettere ed Arti 87 (1927/28) S. 991 ff.

Antiche cronache veronesi (ed. *C. Cipolla*) 1, Venezia 1890.

Chronicon venetum quod vulgo dicunt Altinate (ed. *H. Simonsfeld*), MG SS 14, Hannover 1883, S. 1–69.

Chroniques Gréco-romanes inédites ou peu connues (ed. *Ch. Hopf*), Paris 1873.

Cinnami, Ioannis Epitome rerum Ioanne et Alexio Comnenis gestarum (ed. *A. Meineke*), CSHB 9, 2. Aufl. Bonn 1936.

Cipolla, C.: Note di storia veronese. Trattati commerciali e politici del sec. XII inediti o imperfettamente noti, NAV 15 (1898) S. 288–352.

Codex Publicorum (Codice del Piovego) 1 (ed. *B. Lanfranchi-Strina*), Fonti per la Storia di Venezia sez. 1. Archivi pubblici, Venezia 1985.

Constantinus Porphyrogenitus, De administrando imperio (ed. *G. Moravcsik/R. J. H. Jenkins*), CFHB 1, Washington 1967.

Corner, F.: Ecclesiae venetae antiquis documentis nunc etiam primum illustratae ac in decades distributae 1–14 (in 7 Bdn.), Venezia 1749.

Cronica de singulis patriarchis nove Aquileie (ed. *G. Monticolo*) in: Cronache veneziane antichissime, Fonti per la storia d'Italia 10, Roma 1890, S. 9–16.

Andreae Danduli ducis Venetiarum chronica per extensum descripta (ed. *E. Pastorello*), RIS 12, 1–2, Bologna 1933.

Andreae Danduli Chronica brevis (ed. *L. A. Muratori*), RIS 12.

Andreae Danduli Chronica brevis (ed. *E. Pastorello*), RIS 12/1, Bologna 1938, S. 351–373.

DH IV. = Monumenta Germaniae Historica. Die Urkunden der deutschen Könige und Kaiser (ed. *D. von Gladiss/A. Gawlik*) 6. Die Urkunden Heinrichs IV. 1–3, Berlin–Weimar–Hannover 1941–1978.

DL I. = Monumenta Germaniae Historica. Die Urkunden der Karolinger (ed. *Th. Schieffer*) 3. Die Urkunden Lothars I. und Lothars II (Lothar I.), München 1966.

DO II. = Monumenta Germaniae Historica. Die Urkunden der deutschen Könige und Kaiser (ed. *Th. Sickel*) 2/1. Die Urkunden Ottos II., Hannover 1888.

Dölger, F.: Regesten der Kaiserurkunden des oströmischen Reiches von 565–1453, Bd. 1–3, München 1924–1932.

Famiglia Zusto (ed. *L. Lanfranchi*), Venezia 1955.

Galliciolli, G. B.: Delle memorie venete antiche, profane ed ecclesiastiche 1–6, Venezia 1795.

Ghetti, B.: I patti tra Venezia e Ferrara dal 1191 al 1313, Roma 1906.

Giomo, G.: I misti del senato della Repubblica Veneta (1293–1331), Venezia 1887.

Gloria, A.: Codice diplomatico padovano 1–3, Padova 1877–1881.

Hagemann, W.: Le lettere originali dei dogi Ranieri Zeno (1253–1268) e Lorenzo Tiepolo (1268–1275) conservate nell' Archivio Diplomatico di Fermo, Studia Picena 25 (1957) S. 87–111.

Historia ducum Veneticorum (ed. *H. Simonsfeld*), MG SS 14, S. 72–94.

Venetiarum historia vulgo Petro Iustiniani filio adiudicata (ed. *R. Cessi/F. Bennato*), Monumenti storici pubblicati dalla Deputazione di storia patria per le Venezie NS 18, Padova 1964.

Die *Honorantiae* civitatis Papiae (ed. *C. Brühl/C. Violante*), Wien–Köln–Graz 1983.

Imbreviature di Pietro Scardon 1271 (ed. *A. Lombardo*), Torino 1942.

Iohannes Diaconus, La Cronaca veneziana (ed. *G. Monticolo*) in: Cronache veneziane antichissime, Fonti per la storia d'Italia 9, Roma 1890, S. 57–171.

Kandler, A.: Codice diplomatico istriano, s.l.s.a.

Laurentii de Monacis Veneti Cretae Cancellarii de rebus Venetis ab u. c. ad annum MCCCCLIV (ed. *Flaminius Cornelius*), Venetiis 1758.

Delle *lettere* di Messer Claudio Tolomei, Venezia Giolito 1547.

Liberali, G.: Gli statuti del comune di Treviso 3, Deputazione di storia patria per le Venezie, Monumenti storici NS 4, Venezia 1955.

Liber iurium Reipublicae Genuensis, Historiae Patriae Monumenta, Torino 1859.

Liber regiminum Paduae (ed. *A. Bonardi*), RIS 8/1, S. 267–376.

I *Libri commemoriali* della Repubblica di Venezia 1–7 (ed. *R. Predelli*), Venezia 1876–1914.

Ljubič S.: Monumenta spectantia historiam slavorum meridionalium 1, Zagreb 1868.

Lombardo, A.: Le deliberazioni del consiglio dei XL della Repubblica di Venezia 1–2, Venezia 1957/58.

Pasquale *Lugo* notaio in Corone 1283–1311 (ed. *A. Lombardo*), Venezia 1951.

Luzzatto, G.: I più antichi trattati tra Venezia e le città Marchigiane, NAV NS 11 (1906) S. 5 ff.

–: I prestiti della Repubblica di Venezia (saec. XIII–XV). Introduzione storica e documenti, Padova 1929.

Marcello, Leonardo: Notaio di Candia (1278–1281) (ed. *M. Chiaudiano/A. Lombardo*), Venezia 1960.

Ex *Mathei Parisiensis* operibus (ed. *F. Liebermann*), MG SS 28, Hannover 1888, S. 74–443.

Minotto, A. S.: Acta et diplomata e R. tabulario Veneto chronologico ordine ac principium rerum ratione inde a recessiore tempore usque ad medium saeculum XIV summatim regesta 1–4, Venezia 1870 ff.

Monticolo, G. (Hg.): Cronache veneziane antichissime, Fonti per la storia d'Italia 9, Roma 1890.

–: Il testo del patto giurato dal Doge Domenico Michiel al comune di Bari, NAV 18 (1899) S. 96–140.

MG *Const.* = Monumenta Germaniae Historica. Legum sectio 4. Constitutiones et acta publica imperatorum et regum (ed. *L. Weiland*) 1–2, Hannover 1893–1896 (ND Hannover 1963).

Morozzo della Rocca, R./Lombardo, A.: Documenti del commercio veneziano nei secoli XI–XIII 1–2, Documenti e studi per la storia del commercio e del diritto commerciale 19–20, Torino 1940 (ND Torino 1971).

–: Nuovi documenti del commercio veneto dei secoli XI–XIII, Deputazione di storia patria per le Venezie, Monumenti Storici NS 7, Venezia 1953.

Muratori, L. A.: Antiquitates Italiae Medii Aevi 1–6, Milano 1738–1742 (ND Bologna 1965).

Nicetae Choniatae historia (ed. *J. A. van Dieten*), CFHB 11, 1–2, Berlin–New York 1975.

N. Nicolini, Codice diplomatico sui rapporti veneto-neapolitani durante il regno di Carlo I d'Angiò, Regesta chartarum Italiae 36, Roma 1965.

Notaio di Venezia del secolo XIII (1290–1292) (ed. *M. Baroni*), Venezia 1977.

Origo civitatum Italiae seu Venetiarum (ed. *R. Cessi*), Fonti per la storia d'Italia 73, Roma 1933.

Otto von Freising: Chronica sive historia de duobus civitatibus (ed. *A. Hofmeister*), MG Script. rer. ger. 45, Hannover 1912.

Papadopoli-Aldobrandini, N.: Le monete di Venezia 1–3, Milano–Venezia 1893–1919 (ND Bologna 1967).

Predelli, R.: Documenti relativi alla guerra pel fatto de Castello di Amore, AV 30 (1885) S. 439 ff.

–: Il liber comunis detto anche plegiorum del R. Archivo generale di Venezia, Venezia 1872.

Regesta Pontificum Romanorum. Italia Pontificia (ed. *P. F. Kehr*) 7, 1–2. Venetia et Histria. Berlin 1923–25 (ND Berlin 1961).

Die *Register* Innocenz' III. (ed. *O. Hageneder/A. Haidacher*) 1, Publikationen der Abteilung für historische Studien des Österreichischen Kulturinstituts in Rom 2. Abt. 1. Reihe, Graz–Köln 1964.

Les *registres* d'Alexandre IV (ed. *C. Bourel de la Roncière/A. Coulon/J. de Loy/P. de Cenival*) 1–3, Paris 1902–1953.

Les *registres* de Grégoire IX (ed. *L. Auvray*) 1–4, Paris 1896–1955.

Les *registres* de l'Honorius IV (ed. *M. Prou*), Paris 1888.

Les *registres* d'Innocent IV (ed. *E. Berger*) 1–4, Paris 1884–1921.

Les *registres* de Nicolas III (ed. *M. J. Gay*) Paris 1898.

Les *registres* de Nicolas IV (ed. *E. Langlois*) 1–2, Paris 1886–1891.

Roberti, M.: Dei giudici veneziani prima del 1200, NAV NS 8 (1904) S. 230–245.

Rolandini Patavini cronica in factis et circa facta Marchie Trivixane (ed. *A. Bonardi*), RIS 8/1.

Sabellico, Marco Antonio: Dell'Historia Venitiana libri XXXIII, Venetia 1678.

S. Giorgio di Fossone (ed. *B. Strina*), Venezia 1957.

S. Giorgio Maggiore (ed. *L. Lanfranchi*), 2–3, Venezia 1968.

S. Giovanni Evangelista di Torcello (ed. *L. Lanfranchi*), Venezia 1948.

S. Lorenzo (ed. *F. Gaeta*), Venezia 1959.

S. Lorenzo di Ammiana (ed. *L. Lanfranchi*), Venezia 1947.

S. Maffio di Mazzorbo e S. Margherita di Torcello (ed. *Frizziero*), Firenze 1965.

S. Maria Formosa (ed. *B. Lanfranchi-Strina*), Venezia 1972.

Ss. Ilario e Benedetto e S. Gregorio (ed. *L. Lanfranchi/B. Strina*), Venezia 1965.

Ss. Secondo ed Erasmo (ed. *E. Malipiero–Ucropina*), Venezia 1958.

Ss. Trinità e S. Michele Arcangelo di Brondolo (ed. *B. Lanfranchi–Strina*), Venezia 1981.

Sanudo, Marin: Le vite dei Dogi (ed. *G. Monticolo*), RIS 22/4, Città di Castello 1911.

Simonsfeld, H.: Der Fondaco dei Tedeschi und die deutsch-venezianischen Handelsbeziehungen, Stuttgart 1887 (ND Aalen 1967).

Smičiklas, T.: Codex diplomaticus regni Croatie, Dalmatie et Slavonie 1–7, Zagreb 1904–1909.

Gli *statuti* civili di Venezia anteriori al 1242 (ed. *E. Besta/R. Predelli*) NAV NS 1 (1901) S. 205–300.

Tafel, G. L. Fr./Thomas, G. M.: Urkunden zur älteren Handels- und Staatsgeschichte der Republik Venedig mit besonderer Beziehung auf Byzanz und die Levante 1–3, Fontes Rerum Austriacarum 2/12, Wien 1856/57 (ND Amsterdam 1964).

Thomas, G. M./Predelli, R.: Diplomatarium Veneto-Levantinum sive Acta et Diplomata 1–2, Venezia 1880–1899.

Tjäder, J. O.: Die nichtliterarischen lateinischen Papyri Italiens aus der Zeit 445–700, Bd. 1, Lund–Uppsala 1955.

Tornielli, A.: Promissione del doge Marin Morosini 1249, Venezia 1853.

Ughelli, F.: Italia sacra 5. Editio secunda aucta et emendata cura et studio Nicolai Coleti…, Venezia 1720 (ND Bologna 1973).

Verci, G.: Storia della Marca Trevigiana 1–20, Venezia 1786–1791.

Villehardouin: La conquete de Constantinople (ed. *E. Faral*) 1–2, Les Classiques de l'Histoire de France au Moyen Age 18–19, Paris 1961.

4. Literatur

Antoniadis-Bibicu, H.: Note sur les relationes de Byzance avec Venise. De la dépendance à l'autonomie et à alliance: un point de vue byzantin, Thesaurismata 1 (1962) S. 162–178.

Bach, E.: La cité de Gênes au XIIe siècle, Kopenhagen 1955.

Baer, A.: Die Beziehungen Venedigs zum Kaiserreiche in der staufischen Zeit, Innsbruck 1888.

Balletto, L.: Genova nel Ducento. Uomini del porto e uomini sul mare, Genova 1983.

Bauer, C.: Venezianische Salzhandelspolitik bis zum Ende des 14. Jahrhunderts, VSWG 23 (1916) S. 273–323.

Bellemo, V.: Il territorio di Chioggia, Chioggia 1893.

Bertelli, S.: Il potere oligarchico nello stato – città medievale, Firenze 1978.

Besta, E.: Intorno a due opere recenti sulla costituzione e sulla politica veneziana nel medioevo, NAV NS (1908) S. 195–245.

–: L'ordinamento giudiziario del dogado veneziano fino al 1300, in: Scritti storici in memoria di Giovanni *Monticolo*, Padova 1922, S. 263–282.

–: Il senato veneziano, Origini, costituzione, attribuzione e riti, Venezia 1899.

Blackstein, E.: Der venezianische Staatsgedanke im 16. Jahrhundert und das zeitgenössische Venedigbild in der Staatstheorie des republikanischen Florenz, Frankfurt 1973 (phil. Diss.).

Bloch, M.: Die Feudalgesellschaft, Berlin 1982 (deutsche Ausgabe von La société féodale 1–2, Paris 1939/40).

Borsari, S.: Il commercio veneziano nell'impero bizantino nel XII secolo, RSI 76 (1964) S. 982–1011.

–: Il dominio veneziano a Creta nel XIII secolo, Napoli 1963.

–: Una famiglia veneziana del medioevo: Gli Ziani, AV V^a ser. 110 (1978) S. 54–64.

–: Per la storia del commercio veneziano col mondo bizantino nel XII secolo, RSI 88 (1976) S. 104–126.

–: Studi sulle colonie veneziane in Romania nel XIII secolo, Napoli 1966.

Bratti, R.: I codici nobiliari del Museo Correr di Venezia, Roma 1908.

Brentano, R.: Violence, Disorder and Order in Thirteenth Century Rome, in: L. *Martines* (Hg.), Violence and Civil Disorder in Italian Cities 1200–1500, Berkeley–Los Angeles–London 1972, S. 308–330.

Bresslau, H.: Jahrbücher des deutschen Reiches unter Konrad II. 1–2, Leipzig 1879–1884.

–: Venezianische Studien, in: Festgabe für Gerold Meyer von Knonau, Zürich 1913, S. 69–92.

Buck, A.: »Laus Venetiae« und Politik im 16. Jahrhundert, Archiv für Kulturgeschichte 57 (1957) S. 186–194.

Burke, P.: Venice and Amsterdam. A Study of Seventeenth Century Elites, London 1974.

Burian, J.: Die kaiserliche Akklamation in der Spätantike, Eirene 17 (1980) S. 17–43.

Cappelletti, G.: Storia della chiesa di Venezia dalla sua fondazione fino ai nostri giorni 1–6, Venezia 1849–50.

–: Storia delle magistrature venete, Venezia 1873.

Carabellese, F./Zambler, A.: Le relazioni commerciali fra la Puglia e la Repubblica di Venezia dal sec. X al XV, 1–2, Trani 1897–98.

Carile, A.: La coscienza civica di Venezia nella sua prima storiografia, in: La coscienza cittadina nei comuni italiani del duecento. Convegni del Centro di Studi sulla Spiritualità Medievale 11, Todi 1972, S. 95–136.

–: La cronachistica veneziana (secoli XIII–XVI) di fronte alla spartizione della Romania nel 1204, Civiltà Veneziana, Studi 25, Firenze 1969.

−: Le origini di Venezia nella tradizione storiografica, in: Storia della Cultura Veneta 1. Dalle origini al trecento, Vicenza 1976, S. 135–166.

−: Le origini di Venezia nella tradizione storiografica, in: A. Carile/G. Fedalto, Le origini di Venezia, Bologna 1978, S. 19–123.

−: Partitio terrarum imperii Romanie, Studi Veneziani 7 (1965) S. 124–305.

Caro, G.: Genua und die Mächte am Mittelmeer 1257–1311, 1–2, Halle 1895–99.

Cassandro, G.: Concetto, caratteri e struttura dello stato veneziano, Rivista del Diritto Italiano 36 (1964) S. 23–49.

Cassandro, G. I.: La curia di Petizion e il diritto processuale a Venezia, Venezia 1937.

Cessi, R.: Le colonie medioevali italiane in Oriente 1, Bologna 1942.

−: La curia forinsecorum e la sua prima costituzione, NAV NS 28 (1914) S. 202–207.

−: L'iscrizione torcellana del secolo VII, in: Ders., Le origini del ducato veneziano, Napoli 1954, S. 33–36.

−: L'»Officium de navigantibus« e i sistemi della politica commerciale veneziana nel secolo XV, in: Ders., Politica e economia di Venezia nel Trecento, Roma 1952, S. 23–61.

−: Le origini del patriziato veneziano, in: Ders., Le origini del ducato veneziano, Napoli 1954, S. 323–339.

−: Le origini territoriali del ducato veneziano, in: Ders., Le origini del ducato veneziano, Napoli 1954, S. 13–32.

−: Pacta Veneta 1–2, in: Ders., Le origini del ducato veneziano, Napoli 1954, S. 175–234; 245–321.

−: Paulitius dux, in: Ders., Le origini del ducato veneziano, Napoli 1954, S. 155–174.

−: Politica, economia, religione, in: Storia di Venezia 2, Venezia 1958, S. 69–426.

−: La regolazione delle entrade e delle spese, Documenti finanziari della Repubblica di Venezia 1/1/1, Venezia 1925.

−: Rialto. L'isola, il ponte, il mercato, Bologna 1934.

−: Studi sopra la composizione del cosidetto »Chronicon Altinate«, Bolletino dell'Istituto Storico Italiano 49 (1933) S. 1–116.

−: La tregua fra Venezia e Genova nella seconda metà del XIII secolo, AV Tridentino 4 (1923) S. 1–55.

−: Venezia ducale 1–2/1, Venezia 1963 ff.

Cecchetti, B.: I nobili e il popolo di Venezia, AV 3 (1872) S. 421–448.

Chambers, D.: The Imperial Age of Venice, London 1970.

Chojnacki, S.: In Search of the Venetian Patriciate: Family and Factions in the Fourteenth Century, in: J. R. Hale (Hg.), Renaissance Venice, London 1973, S. 47–90.

Cicogna, E. A.: Delle inscrizioni veneziane 1–6, Venezia 1824 ff.

−: Saggio di bibliografia veneziana, Venezia 1847.

Cipolla, C.: Scritti 1–2, Biblioteca di Studi Storici Veronesi 12, Verona 1978.

Claar, M.: Die Entwicklung der venezianischen Verfassung von der Einsetzung bis zur Schließung des großen Rates, München 1895.

Classen, P.: Italien zwischen Byzanz und dem Frankenreich, in: Nascita dell'Europa ed Europa Carolingia, Settimana 27, Spoleto 1981, S. 919–967.

−: Karl der Große, das Papsttum und Byzanz, in: Karl der Große. Lebenswerk und Nachleben 1, Düsseldorf 1965, 3. Aufl. Sigmaringen 1986.

−: Die hohen Schulen und die Gesellschaft im 12. Jahrhundert, Archiv für Kulturgeschichte 48 (1966) S. 155–180.

Colangelo, M.: Le relazioni commerciali di Venezia con la Puglia, Trani 1925.

Conze, W.: Art. Adel, Aristokratie, in: Geschichtliche Grundbegriffe 1, Stuttgart 1977, S. 1–49.

Cracco, G.: Badoer Stefano, in: Dizionario biografico degli Italiani, Roma 1963, S. 126–127.

–: Società e stato nel medioevo veneziano (secoli XII–XIV), Firenze 1967.

Cristiani, E.: Nobiltà e popolo nel comune di Pisa, Napoli 1962.

Dennis, G. T.: Problemi concernenti i rapporti tra Venezia e le signorie feudali nelle isole greche, in: *A. Pertusi* (Hg.), Venezia e il Levante fino al secolo XV, 1/1, Firenze 1973, S. 219–235.

Diehl, Ch.: Etudes sur l'administration byzantine dans l'exarchat de Ravenne, Paris 1888.

Dilcher, G.: Die Entstehung der lombardischen Stadtkommune, Aalen 1967.

Dockès, P.: Medieval Slavery and Liberation, London 1982.

Doren, A.: Italienische Wirtschaftsgeschichte 1, Jena 1934.

Dorigo, A.: Venezia origini. Fondamenti, ipotesi, metodi, 1–3, Milano 1983.

Dupré Theseider, E.: Venezia e l'impero d'occidente durante il periodo delle crociate, in: Storia della civiltà veneziana 1, 2. Aufl. Firenze 1979, S. 241–252.

Elze, R.: Sic transit gloria mundi. Zum Tode des Papstes im Mittelalter, DA 34 (1978) S. 1–18.

Eubel, C.: Hierarchia Catholica medii aevi 1, 2. Auflage Münster 1913.

Faccioli, G.: Della corporazione dei notai di Verona e del suo codice statutario del 1268, Verona 1966.

Fasoli, G.: Dalla civitas al comune nell'Italia settentrionale, Bologna 1968.

–: La coscienza civica nelle »laudes civitatum«, in: La coscienza civica cittadina nei comuni italiani del duecento, Todi 1972, S. 9–44.

–: Comune Venetiarum, in: Storia della civiltà veneziana 1, 2. Aufl. Firenze 1979, S. 261–278.

–: I fondamenti della storiografia veneziana, in: *A. Pertusi* (Hg.), La storiografia veneziana fino al secolo XVI, Civiltà veneziana. Saggi 18, Firenze 1970, S. 11–44.

–: Nascita di un mito. Il mito di Venezia nella storiografia, in: Studi storici in onore di Gioacchino Volpe, Firenze 1958, S. 445–479.

–: Per la storia di Vicenza dal IX al XII secolo, AV Vª ser. 36/37 (1946) S. 208–242.

Favreau, M. L.: Die italienische Levante-Piraterie und die Sicherheit der Seewege nach Syrien im 12. und 13. Jahrhundert, VSWG 65 (1978) S. 461–510.

–: Zur Pilgerfahrt des Grafen von Pfullendorf. Ein unbeachteter Originalbrief aus dem Jahre 1180, Zeitschrift für Geschichte des Oberrheins 123 (1975) S. 31–45.

Fedalto, G.: La chiesa latina nei domini veneziani del Levante, Studi Veneziani 17–18 (1975–76) S. 43–93.

–: La chiesa latina in oriente 1–3, Verona 1973–78.

–: Organizzazione ecclesiastica e vita religiosa nella »Venetia marittima«, in: *A. Carile/G. Fedalto,* Le origini di Venezia, Bologna 1978, S. 253ff.

Fees, I.: Reichtum und Macht im mittelalterlichen Venedig – Die Familie Ziani (Diss. Masch. Marburg) 1985 (demnächst Bibliothek des Deutschen Historischen Instituts in Rom 68, Tübingen 1988).

Ferrard, Ch.: The Amount of the Constantinopolitine Booty in 1204, Studi Veneziani 13 (1971) S. 95–104.

Fichtenau, H.: »Politische« Datierungen des frühen Mittelalters, in: *H. Wolfram* (Hg.), Intitulatio 2, MIÖG Erg. Bd. 24, Wien–Köln–Graz 1973, S. 453ff.

Fleckenstein, J.: Die Entstehung des niederen Adels und das Rittertum, in: *Ders.* (Hg.), Herrschaft und Stand, Untersuchungen zur Sozialgeschichte des 13. Jahrhunderts, Veröffentlichungen des Max Planck Instituts für Geschichte 51, Göttingen 1977, S. 17–39.

Folena, G.: Gli antichi nomi di persona e la storia civile di Venezia, Atti del Istituto Veneto, Scienze, Lettere ed Arti 129 (1970/71) S. 445–484.

Folkeringham, J. K.: Marco Sanudo, Conqueror of the Arcipelago, Oxford 1915.

Foscarini, M.: Della letteratura veneziana, Venezia 1854.

Fried, J.: Die Entstehung des Juristenstandes im 12. Jahrhundert. Zur sozialen Stellung und politischen Bedeutung gelehrter Juristen in Bologna und Modena, Forschungen zur neueren Privatrechtsgeschichte 21, Köln 1974.

Fritze, W. H.: Papst und Frankenkönig. Studien zu den päpstlich-fränkischen Rechtsbeziehungen von 754 bis 824, Vorträge und Forschungen. Sonderband 10, Sigmaringen 1973.

Gaeta, F.: Alcune considerazioni sul mito di Venezia, Bibliothèque d'Humanisme et Renaissance 23 (1962) S. 451–492.

Gams, P. B.: Series episcoporum ecclesiae catholicae, Regensburg 1873–1886.

Ganshof, F. J.: Was ist das Lehenswesen, 2. Aufl. Darmstadt 1972.

Georgelin, J.: Venise au siècle des lumières, Paris–La Haye 1978.

Gilmore, M.: Myth and Reality in Venetian Political Theory, in: *J. R. Hale* (Hg.), Renaissance Venice, London 1973, S. 431–444.

Gloria, A.: Degli illustri italiani che avanti la dominazione carrarese furono podestà in Padova, Padova 1859.

Goetz, W.: Die Entstehung der italienischen Kommunen im frühen Mittelalter, SB der Bayer. Akad. d. Wissenschaften phil.-hist. Kl. 1, München 1944.

Grahn-Hoek, H.: Die fränkische Oberschicht im 6. Jahrhundert. Studien zu ihrer rechtlichen und politischen Stellung, Sigmaringen 1967.

Grumel, V.: La Chronologie, Bibliothèque Byzantine, Traité d'Etudes Byzantines 1, Paris 1958.

Guastalla, L.: Le relazioni e divergenze economiche tra l'Istria e la repubblica di Venezia X–XV sec., Pagine Istriane 23 (1955) S. 38–43.

Guillou, A.: Régionalisme et indépendance dans l'empire byzantin au VIIe siècle. L'exemple de l'Exarchat et de la Pentapole d'Italie, Rome 1969.

Hain, A. G.: Der Doge von Venedig seit dem Sturz der Orseolo im Jahre 1032 bis zur Ermordung Vitale Michiels II. im Jahre 1172, Königsberg 1883.

Hanauer, G.: Der Berufspodestat im 13. Jahrhundert, MIÖG 23 (1902) S. 337–426.

Hartmann, L. M.: Die wirtschaftlichen Anfänge Venedigs, VSWG 2 (1904) S. 434–442.

–: Geschichte Italiens im Mittelalter 1, 2. Aufl. Gotha 1923, 2, 1–2 Leipzig 1900–1903.

–: Untersuchungen zur Geschichte der byzantinischen Verwaltung in Italien, Leipzig 1889.

Hattenhauer, H.: Geschichte des Beamtentums, Köln 1980.

Haverkamp, A.: Die Städte im Herrschafts- und Sozialgefüge Reichsitaliens, in: HZ Beihefte NF 7, München 1982.

Heers, J.: Le clan familial au Moyen Age, Paris 1974.

Heinemayer, W.: Die Verträge zwischen dem oströmischen Reiche und den italienischen Seestädten Genua, Pisa und Venedig vom 10.–12. Jahrhundert, AfD 3 (1957) S. 79–161.

Herlihy, D.: Family Solidarity in Medieval Italian History, in: Ders., Economy, Society and Government, Kent 1969.

Hessel, A.: Geschichte der Stadt Bologna von 1116–1280, Historische Studien 76, Berlin 1910. (Italienische Übersetzung Bologna 1975).

Heyd, W.: Histoire du commerce du Levant au Moyen Age 1–2, Leipzig 1885/86.

Heynen, R.: Zur Entstehung des Kapitalismus in Venedig, Stuttgart 1905.

Hocquet, J.-C.: Oligarchie et patriciat à Venise, Studi Veneziani 17/18 (1975/76) S. 401–410.

–: Le sel e la fortune de Venise 1–2, Villeneuve d'Asq 1978 ff.

Hoffmann, J.: Die östliche Adriaküste als Hauptnachschubbasis für den venezianischen Sklavenhandel bis zum Ausgang des 11. Jahrhunderts, VSWG 55 (1968) S. 165–181.

Hopf, Ch.: Veneto-byzantinische Analekten, Sitzungsberichte der Kais. Akad. d. Wissenschaften phil.-hist. Kl. 32/3, Wien 1859.

Hopkins, K.: Elite, Nobility in the Roman Empire, Past and Present 32 (1965) S. 12–36.

Hyde, J. K.: Padua in the Age of Dante, Manchester 1966.

–: Contemporary Views on Faction and Civil Strife in Thirteenth and Fourteenth Century Italy, in: *L. Martines* (Hg.), Violence and Civil Disorder in Italian Cities 1200–1500, Berkeley–Los Angeles–London 1972, S. 273–307.

Irsigler, F.: Untersuchungen zur Geschichte des frühfränkischen Adels, Bonn 1969.

Jacoby, D.: Les archontes grecs et la féodalité en Morée franque, Travaux et Mémoires 2 (1967) S. 421–481.

–: L'expansion occidentale dans le levante: les Vénitiens à Acre dans la seconde moitié du treizième siècle, Journal of Medieval History 3 (1977) S. 225–264.

Jarnut, J.: Prosopographische und sozialgeschichtliche Studien zum Langobardenreich in Italien, Bonn 1972.

Kantorowicz, E.: Kaiser Friedrich II. 1–2, Berlin 1928.

–: Laudes regiae, 2. Aufl. Berkeley–Los Angeles 1958.

Kehr, P.: Rom und Venedig bis ins 12. Jahrhundert, QFIAB 19 (1927) S. 1–180.

Keller, H.: Adelsherrschaft und städtische Gesellschaft in Oberitalien (9.–12. Jahrhundert), Bibliothek des Deutschen Historischen Instituts in Rom Bd. 52, Tübingen 1979.

–: Einwohnergemeinde und Kommune. Probleme der italienischen Stadtverfassung im 11. Jahrhundert, HZ 224 (1977) S. 561–579.

–: Die Entstehung der lombardischen Stadtkommune als Problem der Sozialgeschichte, Frühmittelalterliche Studien 10 (1976) S. 169–211.

–: Militia, Vasallität und frühes Rittertum im Spiegel oberitalienischer miles-Belege des 10. und 11. Jahrhunderts. QFIAB 62 (1982) S. 59–118.

–: Die soziale und politische Verfassung Mailands in den Anfängen des kommunalen Lebens. Zu einem neuen Buch über die Entstehung der lombardischen Stadtkommunen, HZ 211 (1970) S. 34–64.

Koder, J.: Negroponte, Untersuchungen zur Topographie und Siedlungsgeschichte der Insel Euboia während der Venezianerherrschaft, Österr. Akad. der Wissenschaften phil.-hist. Klasse 112, Wien 1973.

Kohlschütter, O.: Venedig unter dem Herzog Petrus II. Orseolo 991–1009, Göttingen 1868.

Krekič, B.: Le relazioni tra Venezia e Ragusa e le popolazioni serbo-croate, in: *A. Pertusi* (Hg.), Venezia e il Levante fino al secolo XV, 1/1, Firenze 1973, S. 389–401.

Kretschmayr, H.: Die Beschreibung der venezianischen Inseln bei Konstantin Porphyrogenitus, BZ 13 (1904) S. 482–506.

–: Geschichte von Venedig 1–2, Gotha 1905 ff.

Kretzenbacher, L.: Alt-Venedigs Sport und Schaubrauchtum als Propaganda der Republik Venedig zwischen Friaul und Byzanz, in: *H. Beck/A. Manoussacas/A. Pertusi* (Hg.), Venezia. Centro di Mediazione tra Oriente ed Occidente 1, Firenze 1973, S. 249–277.

Krueger, H. C.: Genoese merchants, their associations and investments 1155 to 1230, in: Studi in onore di A. Fanfani, Milano 1962, S. 413–426.

Lamma, P.: Comneni e Staufer. Ricerche sui rapporti fra Bisanzio e l'occidente nel secolo XII, 1–2, Roma 1955–57.

Lane, F. C.: The Funded Debt of the Venetian Republic, in: *Ders.*, Venice and History, Baltimore 1966, S. 87–98.

–: The Enlargement of the Great Council of Venice, in: *J. G. Rowe/W. H. Stockdale* (Hg.), Florilegium Historiale. Essays presented to Wallace K. Ferguson, Toronto 1971, S. 237–274.

–: Medieval Political Ideas and the Venetian Constitution, in: *Ders.*, Venice and History, Baltimore 1966, S. 285–308.

–: Investment and Usury, in: *Ders.*, Venice and History, Baltimore 1966, S. 56–68.

–: Family Partnership and Joint Ventures in the Venetian Republic, in: *Ders.*, Venice and History, Baltimore 1966, S. 36–55.

–: Venetian Seamen in the Nautical Revolution of the Middle Ages, in: *A. Pertusi* (Hg.), Venezia e il Levante fino al secolo XV, 1/1, Firenze 1973, S. 403–429.

–: Venice. A maritime Republic, Baltimore 1973.

Lanfranchi, L./Zille, G. G.: Il territorio del ducato veneziano, in: Storia di Venezia 2, Venezia 1958, S. 3–65.

Larner, J.: Italy in the Age of Dante and Petrarch 1216–1380, London–New York 1980.

Lazzarini, V.: Aneddoti della congiura Querini-Tiepolo, NAV 10 (1895) S. 81–96.

–: Un'iscrizione torcellana del secolo VII, in: *Ders.*, Scritti di Paleografia e diplomatica, 2. Aufl. Padova 1969, S. 387–397.

–: Antiche leggi venete intorno ai proprietari nella terraferma, NAV NS 38 (1919) S. 5–31.

–: Possessi e feudi veneziani nel ferrarese, in: Miscellanea in onore di Roberto Cessi 1, Roma 1958, S. 213–232.

–: I titoli dei dogi di Venezia, in: *Ders.*, Scritti di paleografia e diplomatica, 2. Aufl. Padova 1969, S. 183–219.

Leclerq, J.: San Gerardo di Csanád e il monachesimo, in: *V. Branca* (Hg.), Venezia e Ungheria nel rinascimento, Civiltà Veneziana. Studi 28, Firenze 1973.

Lenel, W.: Die Entstehung der Vorherrschaft Venedigs an der Adria. Mit Beiträgen zur Verfassungsgeschichte, Straßburg 1897.

Lentz, E.: Der allmähliche Übergang Venedigs von faktischer zu nomineller Unabhängigkeit von Byzanz, BZ 3 (1894) S. 64–115.

Lilie, R.-J.: Handel und Politik zwischen dem byzantinischen Reich und den italienischen Kommunen Venedig, Pisa und Genua in der Epoche der Komnenen und Angeloi (1081–1204), Amsterdam 1984.

Loenertz, R. J.: Marino Dandolo seigneur d'Andros et son conflit avec l'évêque Jean, in: *Ders.*, Byzantina et Franco-Graeca, Roma 1970, S. 399–419.

–: Les Ghisi. Dynastes vénitiens dans l'Archipel 1207–1390, Civiltà Veneziana. Studi 26, Firenze 1975.

–: La guerra di Curzola e la classifica delle cronache veneziane, in: *Ders.*, Byzantina et Franco-Graeca 2, Roma 1978, S. 395–404.

Luzzatto, G.: Les activités économiques du Patriciat vénitien (X^e–XIVe siècle), in: *Ders.*, Studi di storia economica veneziana, Padova 1954, S. 125–165.

–: Capitale e lavoro nel commercio veneziano, in: *Ders.*, Studi di storia economica di Venezia, Padova 1954, S. 89–116.

–: La commenda nella vita economica dei secoli XIII e XIV con particolare riguardo a Venezia, in: *Ders.*, Studi di storia economica veneziana, Padova 1954, S. 59–79.

–: Il patrimonio privato di un doge del secolo XIII, in: *Ders.*, Studi di storia economica veneziana, Padova 1954, S. 59–79.

–: I più antichi trattati tra Venezia e le città Marchigiane, NAV NS 11 (1906) S. 5ff.

Magnante, G.: Il consiglio dei rogati a Venezia dalle origini alla metà del secolo XIV, AV V^a ser. 1 (1927) S. 70–111.

Maksimovič, L.: Art. Adel/Byzanz, in: Lexikon des Mittelalters 1, München–Zürich 1982, S. 131.

Maltezu, Chr.: 'Ο θεσμος τοῦ ἐν Κωνσταντινωρόλει βένετου βαιλοῦ, Athen 1970.

Marangoni, G.: Associazioni di mestiere nella Repubblica Veneta, Venezia 1974.

Maranini, G.: La costituzione di Venezia 1, Venezia 1927.

Marchesini, A.: Commercio dei veneziani nel territorio di Verona ai primi tempi della dominazione scaligera, Verona 1889.

Martines, L.: Political Violence in the Thirteenth Century, in: *Ders.* (Hg.), Violence and Civil Disorder in Italian Cities 1200–1500, Berkeley–Los Angeles–London 1972, S. 331–353.

Marx, B.: Venezia – Altera Roma? Ipotesi sull'umanesimo veneziano, Centro Tedesco di Studi Veneziani, Quaderni 10, Venezia 1978.

–: Venedig – »altera Roma«? Transformationen eines Mythos, QFIAB 60 (1980) S. 325–373.

de Mas-Latrie, M.: Rapport sur le recueil des archives de Venise intitulé Libri pactorum ou patti, Archives de Missions Scientifiques et Litteraires 2 (1851) S. 261–300 und 341–358.

Mayer, E.: Italienische Verfassungsgeschichte 2, Leipzig 1909.

Mestieri ed arti a Venezia 1173–1806. Mostra documentaria 28. giugno–28. settembre 1986. Archivio di Stato, Venezia 1986.

Merores, M.: Der venezianische Adel. Ein Beitrag zur Sozialgeschichte, VSWG 19 (1926) S. 193–237.

–: Gaeta im frühen Mittelalter, Gotha 1911.

–: Der große Rat von Venedig und die sogenannte Serrata vom Jahre 1297, VSWG 21 (1928) S. 33–113.

–: Die venezianischen Salinen der älteren Zeit in ihrer wirtschaftlichen und sozialen Bedeutung, VSWG 13 (1916) S. 71–107.

–: Die ältesten venezianischen Staatsanleihen und ihre Entstehung, VSWG 15 (1921) S. 381–398.

–: Der venezianische Steuerkataster von 1379, VSWG 16 (1922) S. 415–419.

Meyer, W.: Die Spaltung des Patriarchats Aquileia, Abhandlungen der Göttinger Akademie, Neue Folge 2, Göttingen 1898.

Mitteis, H.: Lehensrecht und Staatsgewalt, Weimar 1933.

Modzelewski, K.: Le vicende della »pars dominica« nei beni fondiari del monastero di San Zaccaria a Venezia (sec. X–XIV), Bollettino dell'Istituto di Storia della Società e dello Stato 4 (1962), 5–6 (1963–64).

Mor, C. G.: Aspetti della vita costituzionale veneziana fino alla fine del X secolo, in: Storia della civiltà veneziana 1, 2. Aufl. Firenze 1979, S. 85–93.

Mueller, R.: The Procurators of San Marco in Thirteenth and Fourteenth Centuries: A Study of the Office as Financial Trust Institution, Studi Veneziani 13 (1971) S. 105–220.

Muir, E.: Civic Ritual in Renaissance Venice, Princeton 1981.

Nehlsen-von Stryk, K.: Die boni homines des frühen Mittelalters, Berlin 1981.

Nicolini, N.: Un feudo veneziano nel regno di Sicilia, RSI 76 (1964), S. 1012–1021.

Notestein, R. B.: The Patrician, International Journal of Comparative Sociology 9 (1968).

Ohnsorge, W.: Das Kaiserbündnis von 842–844 gegen die Saracenen, in: *Ders.,* Abendland und Byzanz, 2. Aufl. Darmstadt 1979, S. 131 ff.

Ottokar, N.: Il comune di Firenze alla fine del dugento, 2. Aufl. Torino 1962.

Owen-Hughes, D.: Urban Growth and Family Structure in Medieval Genoa, Past and Present 66 (1975) S. 3–28.

Pauler, R.: Das Regnum Italiae in ottonischer Zeit. Markgrafen, Grafen und Bischöfe als politische Kräfte, Bibliothek des Deutschen Historischen Instituts in Rom, Bd. 54, Tübingen 1982.

Pavanello, G.: Di una antica laguna scomparsa, AV Tridentino 3 (1923) S. 263–364.

Pertile, A.: Storia del diritto italiano 2/1, 2. Aufl. Torino 1896.

Pertusi, A.: L'impero bizantino e l'evolvere dei suoi interessi nell'alto adriatico, in: Storia della civiltà veneziana 1, 2. Aufl. Firenze 1979, S. 58–69.

–: Quaedam regalia insignia. – Ricerche sulle insegne di potere ducale a Venezia durante il medioevo, Studi Veneziani 7 (1965) S. 3–123.

–: Venezia e Bisanzio nel secolo XI, in: Storia della civiltà veneziana 1, 2. Aufl. Firenze 1979, S. 175–198.

Peyer, H. C.: Stadt und Stadtpatron im mittelalterlichen Italien, Zürich 1955.

Pitzorno, B.: Il »liber romanae legis« degli »iudicia a probis iudicibus promulgata«, Rivista Italiana per le scienze storiche 44 (1908) S. 269–292.

–: Il »liber romanae legis« della »Ratio de lege romana«, Rivista Italiana per le scienze giuridiche 43 (1907) S. 101–131.

Pozza, M.: I Badoer. Una famiglia veneziana dal X al XIII secolo, Abano Terme 1982.

–: Vitale Ugo Candiano, Alle origini di una famiglia comitale del regno italico, Studi Veneziani NS 5 (1981) S. 15–32.

–: Mercanti e proprietari. Il possesso fondiario veneziano in terraferma (saec. VIII–XIV) 1–2, Tesi di Laurea, Venezia 1979/80.

Prawer, J.: Etudes sur quelques problèmes agraires et sociaux d'une seigneurie croisée au XIIIe siècle, Byzantion 22 (1952) S. 5–61; 23 (1953) S. 143–170.

–: I Veneziani e le colonie veneziane nel regno latino di Gerusalemme, in: A. Pertusi (Hg.), Venezia e il Levante fino al secolo XV, 1/2, Firenze 1973, S. 625–656.

Pryor, J. H.: The Origins of the Commenda Contract, Speculum 52 (1977) S. 5–37.

Queller, D. E.: The Office of Ambassador in the Middle Ages, Princeton 1967.

–: The Venetian Patriciate. Reality versus myth, Urbana–Chicago 1986.

Raveggi, S.: Le famiglie di parte ghibellina nella classe dirigente fiorentina del secolo XIII, in: I ceti dirigenti dell'età comunale nei secoli XII e XIII, Pisa 1982, S. 279–299.

Riedmann, J.: Die Beziehungen der Grafen und Landesfürsten von Tirol zu Italien bis zum Jahre 1335, Österr. Akad. d. Wissenschaften, phil.-hist. Kl., Abhandlungen 307, Wien 1977.

Rippe, G.: »Feudum sine fidelitate«. Formes féodales et structures sociales dans la région de Padoue à l'époque de la première Comune. 1131–1237, Melanges de l'Ecole Française de Rome 87 (1975) S. 187–239.

Roberti, M.: Le magistrature giudiziarie veneziane 1–3, Padova 1907–1911.

Rösch, G.: Onoma Basileias, Studien zum offiziellen Gebrauch der Kaisertitel in spätantiker und frühbyzantinischer Zeit, Byzantina Vindobonensia 10, Wien 1979.

–: Venedig und das Reich. Handels- und verkehrspolitische Beziehungen in der deutschen Kaiserzeit. Bibliothek des Deutschen Historischen Instituts in Rom, Bd. 53, Tübingen 1983.

Romanin, S.: Storia documentata di Venezia 1–10, 3. Aufl., Venezia 1973.

de Roover, R.: The Commercial Revolution of the Thirteenth Century, Bulletin of the Business Historical Society 16 (1942) S. 34–39.

Sacerdoti, A.: Il consolato veneziano del regno hafsida di Tunisi (1274–1518), Studi Veneziani 11 (1969) S. 531–536.

–: Venezia e il regno hafsida di Tunisi: Trattati e relazioni diplomatiche (1231–1543), Studi Veneziani 8 (1966) S. 303–346.

Salvemini, G.: Magnati e popolani in Firenze dal 1280 al 1295, 2. Aufl. Milano 1966.

Schaube, A.: Handelsgeschichte der romanischen Völker des Mittelmeergebiets bis zum Ende der Kreuzzüge, Handbuch der mittleren und neueren Geschichte, hg. v. G. von Below und F. Meinecke, 3. Abt., München 1906.

Schmeidler, B.: Der dux und das comune Venetiarum von 1141–1229. Beiträge zur Verfassungsge-
schichte Venedigs, vornehmlich im 12. Jahrhundert, Berlin 1902.
–: Venedig und das deutsche Reich 983–1024, MIÖG 25 (1904) S. 515 ff.
Schmidinger, H.: Patriarch und Landesherr. Die weltliche Herrschaft der Patriarchen von Aquileia
bis zum Ende der Staufer, Publikationen des Österr. Kulturinstituts in Rom 1/1, Graz–Köln
1954.
Schreiner, K.: Adel oder Oberschicht? Bemerkungen zur sozialen Schichtung der fränkischen
Gesellschaft im 6. Jahrhundert, VSWG 68 (1981) S. 225–331.
Schwarz, U.: Amalfi im frühen Mittelalter. Bibliothek des deutschen Historischen Instituts in Rom,
Bd. 49, Tübingen 1978.
–: Alle origini della nobiltà amalfitana: i comites e la loro discendenza, in: Amalfi nel Medioevo,
Salerno 1977, S. 367–380.
Sestan, E.: La composizione etnica della società in rapporto allo svolgimento della civiltà in Italia nel
secolo VII, in: Caratteri del secolo VII, Settimana 5, Spoleto 1958, S. 649–677.
–: La Conquista veneziana della Dalmazia, in: Storia della civiltà veneziana 1, 2. Auf., Firenze 1979,
S. 159–174.
Simeoni, L.: Il comune Veronese sino ad Ezzelino e il suo primo statuto, Studi Storici Veronesi 10
(1959) S. 5–129.
Simonsfeld, H.: Das Chronicon Altinate, München 1878.
–: Miszellen zur Geschichte Venedigs, HZ 84 (1900) S. 430–451.
Solmi, A.: L'amministrazione finanziaria del regno italico nell'alto medioevo, Pavia 1932.
Soranzo, G.: Bibliografia veneziana in aggiunta e continuazione del »saggio« di E. A. Cicogna,
Venezia 1885.
–: La guerra fra Venezia e la S. Sede per il dominio di Ferrara, Città di Castello 1905.
Stefani, F.: I conti feudali di Cherso e Ossero, AV 3 (1872) S. 1–15.
Storia di Venezia 1–2 (Centro Internazionale delle Arti e del Costumi), Venezia 1958.
Szegfü, L.: La missione e politica ed ideologia di San Gerardo, in: *V. Branca* (Hg.), Venezia e
Ungheria nel rinascimento. Civiltà Veneziana, Studi 28, Firenze 1973.
Tabacco, G.: Art. Adel/Italien, in: Lexikon des Mittelalters 1, München–Zürich 1982, S. 129–
131.
–: Egemonie sociali e strutture del potere nel medioevo italiano, 2. Aufl. Torino 1979.
–: Su nobiltà e cavalleria nel medioevo. Un ritorno a Marc Bloch? In: Studi di Storia medievale e
moderna per E. Sestan, Firenze 1980, S. 31–55.
Tafel, G. Fr. L./Thomas, G. M.: Der Doge Andreas Dandolo und die von demselben angelegten
Urkundensammlungen, Abhandlungen der bayer. Akad. d. Wiss. 3. Kl. 8. Bd. 1. Abt., München
1855.
Tangheroni, M.: Famiglie nobili e ceto dirigente a Pisa nel XIII secolo, in: I ceti dirigenti nell'età
comunale nei secoli XII e XIII, Pisa 1982, S. 323–346.
Tarassi, M.: Le famiglie di parte guelfa nella classe dirigente della città di Firenze durante il XIII
secolo, in: I ceti dirigenti dell'età comunale nei secoli XII e XIII, Pisa 1982, S. 300–321.
Thiriet, F.: La Romanie vénitienne au Moyen Age. Le développement et l'exploitation du domaine
colonial vénitien (XIIᵉ–XVᵉ siècles), Paris 1959.
Topping, P.: Co-existence of Greeks and Latins in Frankish Morea and Venetian Crete, XVᵉ
Congrès International d'Etudes Byzantines, Athen 1977, S. 3–23.
Uhlirz, K.: Jahrbücher des deutschen Reiches unter Otto II. und Otto III., Leipzig 1902.
Uhlirz, M.: Jahrbücher des deutschen Reiches unter Otto II. und Otto III. 2. Otto III. 983–1002,
Berlin 1954.

–: Venezia nella politica di Ottone III, in: Storia della civiltà veneziana 1, 2. Aufl. Firenze 1979, S. 131–137.

de Vergottini, G.: Venezia e l'Istria nell'alto medioevo, in: Storia della civiltà veneziana 1, 2. Aufl. Firenze 1979, S. 71–83.

Verlinden, Ch.: L'esclavage dans l'Europe médiévale 2, Gent 1977.

Vianelli, G.: Nuova serie de'vescovi di Malamocco e di Chioggia, Venezia 1790.

Violante, C.: Venezia fra papato e impero nel secolo XI, in: Storia della civiltà veneziana 1, 2. Aufl. 1979, S. 139–158.

Wenskus, R.: Art. Adel, in: Reallexikon der germanischen Altertumskunde 1, 2. Aufl. Berlin–New York 1973, Sp. 60–75.

–: Amt und Adel in der frühen Merowingerzeit, in: Mitteilungsheft des Marburger Universitätsbundes 1959, S. 83–142.

Werner, K. F.: Art. Adel, in: Lexikon des Mittelalters 1, München–Zürich 1982, S. 118–128.

Wirth, P.: Zum Verzeichnis der venezianischen Baili in Konstantinopel, BZ 54 (1961) S. 324–328.

Wolff, R. L.: A New Document from the Period of the Latin Empire at Constantinople: The Oath of the Venetian Podestà, Annuaire de l'Institut de Philologie et d'Histoire Orientales et Slaves 12 (Mélanges Grégoire 4), Brüssel 1953, S. 538 ff.

–: Mortage and Redemption of an Emperor's Son: Castile and the Latin Empire of Constantinople, Speculum 29 (1954) S. 45–84.

–: Politics in the Latin Patriarchate of Constantinople, 1204–1261, Dumbarton Oaks Papers 8 (1954) S. 227–303.

Zordan, G.: I visdomini di Venezia nel secolo XIII, Padova 1971.

Zovatto, P. L.: Grado, Antichi monumenti, Bologna 1971.

Ortsregister

Aachen 75 A.
Abydos 100
Adria 19, 35 f., 44, 116
Ägypten 196
Ägäis 113, 156
Akkon 86 f., 97, 115, 138, 143, 157, 178, 182
Alexandria 52, 115
Altino, S. Stefano 49 A.
Amalfi 54, 205
Ammiana 13 A., 36 A.
Ancona 189
Andros 121, 163
Antiochia 86, 87 A., 115
Apulien 85, 117 A.
Aquileia 25, 48 A., 117 A., 186
–, Patriarchat 50, 76, 117, 140, 188 A.
Arbe 138
–, Bistum 198 A.
Armenien, Königreich 115
Athen 134
Avignon 189

Bari 57 A., 62, 64, 86, 123 A.
Bebbe 74, 118
Beirut 115
Bologna 143, 146 A., 147, 150 A.
Brenta 74, 83, 118
Brondolo 13 A., 60 A.
Burano 36 A.
Byzanz 48 A., 105

Caorle 32, 118
–, Bistum 189
Capodistria 45 A., 116, 140, 143 f.
Cavarzere 36, 53, 118, 196
Cervia 25
Cesena 25
Cherso 139
Chioggia 36, 49 A., 55 A., 56, 59 A., 74 f., 106, 109, 118, 140, 143 f.

–, Bistum 57 A., 190, 194
– minore 108
Cittanova (Istrien) 36, 116
–, Bistum 190
– s. Eraclea 22 A., 26 A., 30 A., 31 f.
Concordia 322
Constanciaco 31 A., 36 A., 202 A.
Cortenova 146 A.
Curzola 163

Dalmatien 17, 44, 51 A., 70, 99, 106, 115, 138 f., 141, 145, 153, 163, 186
Damiette 79
Deutschland 183

Eraclea 31 f., 36 f., 40 A.
Este 25 A.
Etsch 28 A., 36, 74
Euboia s. Negroponte 137

Fano 25, 76 A., 81, 83, 117
Fermo 146 A.
Ferrara 117, 146 A., 154 f., 189
–, Bistum 189
Florenz 147, 151 A.
Forlì 25
Frankreich 164
Friaul 146 A., 167

Gaeta 44 A.
Genua 54, 86, 143, 157, 174, 182 A., 183, 205, 207 f.
Germine 36 A.
Görz 140
Grado 24 A., 25, 36, 53, 76, 118, 194
–, Patriarchat 21 A., 22 A., 36, 50, 52, 57, 59 A., 185 ff., 193, 196 f.
–, S. Eufemia 35
Griechenland 33 A., 86, 97, 186

Namensregister

Fermo, Octavianus, Herr von Korfu 121
Ferro, Angelus 164
–, F. 128, 166
–, Iohannes 164
– –, 1267 i. e. 220
– –, 1268/69 c. 211
Figario, F. 68
Fiolario, F. 68
Firiolo, F. 131
Firiulfo, F. 68
Flabianici s. Flabianico 30 A., 40 A.
Flabianico, Angelus, 1227 Quarantia 113 A.
– –, 1237/38 c. 210
–, Elisa, Ä. in S. Lorenzo 201
–, F. 22, 30 A., 40 A., 42 A., 65
–, Florencius, 1064 i. 59
Flabiano, F. 22, 28, 65
–, Petrus, 1064 i. 59
Flocax aurifex 158 A.
Florencio, F. 42 A., 67, 78, 79 A.
della Fontana, F. 129, 165
Fontanive, Uberto de 70
Foscari, F. 42 A., 67, 75 f., 79 A., 103, 122, 123 A., 131, 165
–, Francesco, 1423–1457 D. 169
Foscarini, F. 33, 67, 72 A., 128, 166
–, Iohannes, 1284 vicedominus Ravennae 117 A.
– –, 1285 i. pub. 225
– –, 1286, 1296 c. 213 f.
–, Marco, 1762–1763 D. 9
–, Petrus, 1173, 1175 i. 92 f.
– –, 1231, 1245, 1252–1253 i. e. 217 f.
– –, 1248 P. Chioggia 229
– –, 1263 i. p. 226
– –, 1282/83 c. 213
– –, 1288 i. p. 226
– –, 1297 i. e. 224
–, Stephanus, Herr von Korfu 121
Foscolo, F. 122, 131
Fradello, F. 68, 132
–, Leonardus, Procurator S. Marci 119 A.
Franco, Dominicus, Erzbischof von Zara 197 A.
– –, Pf. S. Moisè 195 A.
–, F. 67
–, Thomas, B. von Castello 193

della Frascada, F. 132, 165
Friedrich I. (Barbarossa), 1152–1190 Dt. Kg., 1155–1190 K. 107
– II., 1212–1250 dt. Kg., 1220–1250 K. 146 A., 196
Fumaria, F. 68
Fundacini s. Fundacino 42 A.
Fundacino, F. 26, 42 A.
Fundoni, F. 68
Fuschello, F. 42 A., 67, 78

Gabriel, F. 85, 129, 166
–, Iacobus, 1278/79 c. 212
–, Marinus, 1283/84, 1286 c. 213
Gamberino, F. 131
Gardoco, F. 23, 25
Gardocus s. Gradenigo 25
Gardolicus s. Gradenigo 25
Garilesio, F. 22, 68, 74
Gatulo, F. 68
Gauli s. Gaulli 44 A.
Gaulli, F. 44 A., 125 A.
Gausoni, Andreas 165
–, Andreas, B. von Ragusa 198 A., 199 A.
–, F. 66, 74 A., 103, 129
–, Marcus, 1182 i. 94
– –, 1246 i. e. 218
–, Marinus, 1246 i. e. 218
–, Matteus, 1246 i. e. 218
–, Thomas, 1292 i. m. 228
Gauta, Bartolameus 158 A.
Gemani s. Gemano 25 A., 42 A.
Gemano, F. 25 A., 26, 42 A., 66
Gemo, F. 25 A.
Genuo, F. 25 A.
Gervasius, Pat. von Konstantinopel 198
Ghisi, Andreas 121 A.
–, F. 121, 128, 156, 163 f., 166
–, Ieremias 121 A.
– –, 1272, 1277–1278 i. e. 221 f.
– –, 1280, 1297 i. m. 228
– –, 1281 i. p. 226
– –, 1289 c. 214
–, Iohannes 1223/24 c. 210
– –, Pf. S. Maria Formosa 195 A.
–, Leonardus, 1296 c. 214
–, Peregrinus, 1196 c. 102

265

-, Philippus, 91 A.
- -, 1172 W. 107
- -, 1173 c. c. 98
Greculo, F. 68
-, Iohannes 44 A.
Gregor VII., 1073–1085 Papst 195
- IX., 1227–1241 Papst 196
Gregorio, F. 68
Gretulo, F. 68
Gricioso, F. 68
Griffo, F. 78
Grillioni, Benedictus, 1196, 1200, 1205/06 c.
209
- -, 1211 P. Chioggia 229
- -, 1212 i. e. 214
-, F. 79 A., 103, 129, 166
Grimani, F. 78 A., 122, 129, 166
-, Iohannes, 1288 i. pub. 225
-, Marcus, Z. 99
-, Petrus, 1297 i. pub. 225
Grisoni, F. 129
-, Iohannes, 1279/80 c. 212
- -, 1280 i. e. 222
Gritti, F. 131
Grotulo, F. 78
Guido, Pat. von Grado 189 A.
Gumbario, F. 66
Guriano, F. 67, 78 A.
Gursoni, F. 22

Halgrin, Iohannes, Pat. von Konstantinopel
198
Heinrich II., 1002–1024 Dt. Kg., 1014–1024 K.
50
- IV. 1056–1106 Dt. Kg. 1084–1106 K. 64
Hellaro, F. 68
Helliadi, F. 44 A.
Herakleios I., 610–641 K. (Byzanz) 48 A.
Honoradi, F. 68
Hvillarem, Constantinus s. Viglari, Constantinus 23 A.

Iacobe, F. 78
-, Marinus, 1205–1206 P. Chioggia 229
Ianaseni, F. 22, 68
Iani, F. 26, 42 A., 45 A., 123 A.
Ianlongo, F. 78 A.

Ianobri, F. 24 A.
Incicopo, F. 68
Innocenz II., 1130–1143 Papst 188
- III., 1198–1216 Papst 111, 196 f.
- IV., 1243–1254 Papst 194, 198
Ioanaceni, F. s. Iohannaceni 22, 44 A.
Ioeiorio, F. 68
Iohanna, Ä. von S. Zaccaria 200
Iohannaceni, F. 44 A.
Iohannes, B von Castello 191 A.
- I. Tzimiskes, 969–976 K. (Byzanz) 49 A.
-, Pat. von Grado 189 A.
-, primicerius S. Marci 194 A.
Iolo, F. 68
Istrigo, F. 67, 78, 129
-, Thomas, 1294 i. pub. 225
Iubano, F. 79 A.
Iubanus, Henricus 108 A.
Iubianico, Olivera, Nonne in S. Zaccaria 201
Iustiniani s. Giustinian 125 A.
Iusto s. Zusto
Iustus, A. von S. Giorgio Maggiore 200
Iuvardo, F. 68

Justin II., 565–578 K. (Byzanz) 33 A., 44 A.
Justinian I., 527–565 K. (Byzanz) 35, 48

Kalabrisini, F. 45 A.
Karabi, F. 45 A.
Karl I. (der Große), 768–814 Frankenkg.,
800–814 K. 50
Koloman, 1095–1116 Kg. von Ungarn 64
Komnena, Anna, byz. Prinzessin und Geschichtsschreiberin 64
Konrad II., 1024–1039 dt. Kg., 1027–1039 K.
50
Konstantin VII., Porphyrogenetos 911–959 K.
(Byzanz) 37 A., 49 A.
- VIII., 961–1028 K. (Byzanz) 49 A.

Lanfranchi, F. 132
Langobardo, Ioannes 46 A.
Langobardus 46
de Laurentio, F. 131
Laurentius, Pat. von Grado 189 A.
da Lecce, F. 132
Ledi, Marcus 85

–, Petrus 15 A.
– –, 1267 c. 211

Tagliapetra, F. 132
Talarico, F. 23, 66
Talonico, F. 23, 42 A.
Tanolici s. Tanolico 42 A.
Tanolico, Dominicus, B. von Castello 191 A.
–, F. 23 f., 42 A., 66, 130
–, Iohannes 191 A.
Tanoligo s. Tanolico 130
Tassanico, F. 69
Taurelli, Laurentius, B. von Castello 191 A.
Taurello, F. 26
Tentoretto, F. 69
Teoduni, F. 44 A.
Teuple, Laurens s. Tiepolo, Laurentius
Theophilos, 821–842 K. (Byzanz) 48 A.
Thomado, F. 132
Tiberio, F. 74
Tiepolo, Baiamonte 152 ff., 183
–, F. 33, 69, 72 A., 75, 78, 79 A., 123, 125 A.,
    126 f., 141, 143, 145, 151 ff., 156, 165, 173, 182
–, Iacobus 114, 123 f., 152
– –, 1221 P. Treviso 146 A.
– –, 1229–1249 D. 114, 123 f., 141, 146 A., 150,
    152, 154 A., 169, 196
– –, 1263, 1277 P. Treviso 146 A.
– –, 1271/72 P. Fermo 146 A.
– –, 1275 P. Chioggia 230
– –, 1279/80 c. 212
–, Iohannes, 1264 P. Treviso 146 A.
–, Laurentius, 1247 c. 210
– –, 1268–1275 D. 51 A., 146, 153, 154 A.
– –, W. 123 A.
–, Marinus, 1268, 1297 i. e. 220, 224
–, Michael, 1283 i. p. 226
– –, 1289 i. e. 223
–, Petrus, 1236 P. Treviso 146 A.
– –, 1277/78 c. 212
– –, P. Mailand 146 A.
–, Pietro, Pf. S. Maria Formosa 195 A.
–, …, 1281 i. p. 226
Timodeo, F. 132
Tino, Dominicus 51 A., 52 A., 72 A.
Tino, F. 79 A.
Tinto, N., 1227 Quarantia 113 A.

Tolomei, Claudio 134
Tonisto, F. 78 A., 97, 104, 122, 132
–, Iohannes 97
– –, 1198, 1200 i. 95 f.
– –, 1204/05, 1207/08 c. 209
– –, 1209, 1216 i. e. 214 f.
– –, Ba. Akkon 233
–, Maria, Nonne in S. Zaccaria 201
–, Nikolaus, 1225 P. Chioggia 229
– –, 1227 Ba. Akkon 97 A., 233
– –, 1241–42 i. e. 217
– –, Ba. Akkon 233
–, Petrus, 1231 i. e. 216
Tornariaci s. Tornarico 24 A.
Tornarici s. Tornarico 24 A.
Tornarico, F. 24
–, Iohannes 24 A.
Torsello, F. 132
Totulo, F. 131
–, Marcus, 1259 c. 211
–, Petrus, 1264, 1268/69 c. 211
Traculo, F. 41 A., 79 A.
Tradenico, Iohannes 59 A.
– –, A. von S. Giorgio Maggiore 200
–, Petrus D. 191
Tradonicus s. Tradenico
Traenanti, F. 132
Transmundi, F. 24 A., 45 A., 186 A.
Trevisan, Dominicus, 1191 c. c. 99
–, F. 45 A., 69, 104, 128, 165
–, Iacobus, 1234/35 c. 210
–, Marcus, 1287 i. e. 223
–, Marinus, 1280 i. e. 222
–, Nicolo, Chronist 169
Tribuni, Apoli, F. 23, 24 A.
Tribuni, Dominici, F. 61 A., 187 A.
Tribunus, Petrus, 888–911 D. 23, 49 A., 62 A.,
    63
Tribunus Dominicus, Petrus, B. von Castello
    191 A.
Trodoio, F. 69
Tron, F. 78 A., 130
Trundomenico, F. 23 f., 97, 104
–, Petrus, 1160–61 i. 92
–, …, 1152 i. 91
Trundominici, F. s. Trundomenico 24 A.
Trundonici, F. 45 A.

Udrico, F. 78 A.
Unica, F. 132
Ursiolus s. Orseolo 25 A.
Ursiulus s. Orseolo 25 A.
Urso, Martinus, B. von Torcello 190 A.
Ursoylus s. Orseolo 25 A., 187 A.
Ursoyolo s. Orseolo 25 A.
Ursus, A. von S. Giorgio Maggiore 200

Vaizo, Iohannes 99 A.
Valaresso, 1291 P. Chioggia 231
–, Andreas, 1285/86 c. 213
– –, 1289–90 i. e. 223
–, F. 23, 27, 66, 130, 145, 166
–, Marcus, 1289 i. e. 223
–, Marinus, 1267, 1279/80, 1282/83 c. 211 ff.
– –, 1281 P. Chioggia 230
Valerio, F. 69, 78
Vamario, F. 69
Vasallo, F. 69, 131
Vasano, F. 23, 66, 131
Vasauno, F. 23
Vasilio, F. 69
Veio, F. 130
Vendelin, F. 131, 166
Venerius, 825–851 Pat. von Grado 186
Veneter 17
Venier, Angelus, 1227 Quarantia 113 A.
–, F. 26, 42 A., 55 A., 66, 78 A., 128, 165
–, Iohannes, Erzbischof von Zara 197 A.
–, Leonardus, 1252, 1269, 1284/85, 1285/86, 1290 c. 211 ff.
– –, 1260 i. e. 219
– –, 1288 P. Chioggia 230
– –, A. von S. Giorgio Maggiore 200
–, Marcus, 1210/11 c. 209
– –, 1288, 1292, 1296–97 i. e. 223 f.
– –, 1289 i. pub. 225
– –, 1290 i. p. 227
–, Marinus, 1286–87, 1291 i. e. 222 f.
–, Matheus, Erzbischof von Kreta 199 A.
–, Nicolaus, 1273 i. e. 221
–, Paulus, A. von S. Giorgio Maggiore 200
–, Petrus, 1293, 1297 i. p. 227
–, Rainerius, 1293–94 i. e. 223
–, Simeon, 1268, 1286 i. p. 226
–, Tomasina, Ä. von S. Zaccaria 201

–, …, 1218 i. e. 215
Vesica, F. 132
Viadro s. Viaro 166
–, Iacobus, Erzbischof von Kreta 199 A.
Viaro, F. 122, 128, 165 f.
–, Laurentius, 1295–96 i. e. 224
– –, 1297 i. m. 228
–, Marcus, 1281–82 i. e. 222
– –, 1290 i. p. 227
–, Marinus, 1286 i. pub. 225
– –, 1287 i. e. 223
–, Thomas, 1260–62, 1269, 1274–75, 1280 i. e. 219 ff.
– –, 1262 i. m. 227
Vicencio, F. 24
Victor, F. 69
Vidal, Andreas, 1207–14 Ba. Akkon 233
–, F. 69, 72 A., 74 A., 122, 132, 165
Vido, F. 122, 132
Vidoro, F. 131
Vidoso, F. 69
Vigelli, F. 69
Viglari, Andreas, 1287 i. pub. 225
–, Bartholomeus, 1262 i. e. 219
–, F. 23 A., 67, 79 A., 130
–, Marcus, 1279 i. e. 222
–, Menicus, 1278, 1282, 1286–87 i. e. 222 f.
– –, 1286, 1289 i. p. 226 f.
Vigloni, F. 23, 66, 78 A., 104, 122, 130, 166
–, Iohannes, 1188 a. c. 101
– –, 1296 i. pub. 225
–, Nicolaus, 1280 i. e. 222
Viliareno, F. 23
Vilielmo, F. 132
Vilinico, F. 26 A.
Vilinicus, Barbaromanus 191 A.
–, Dominicus, B. von Castello 191
Vilioni, Menicus, 1289 i. e. 223
Villari, Menicus, 1277 i. e. 221
–, F. 23 A. s. Viglari
Vincentius, Dominicus 24 A.
da Vinea, Iohannes 162
Vita, Ä. von S. Zaccaria 200
Vitabio, F. 69
Vitaliano, F. 42 A., 67, 78 A.
Vitalis II., Pat. von Grado 52 A., 62 A., 63
Viti, F. 55 A.

Vitolino, F. 104
–, Georgius, 1189 c. 102
Vitriniaco, F. 23, 69
Vitturi, Andreas, 1188 a. c. 100
–, F. 104, 128, 166
–, Franciscus, 1297 i. e. 224
–, Mapheus, 1293–94 i. e. 223
–, Marcus, 1210/11 c. 209
– –, 1294, 1296–97 i. e. 223 f.
– –, Z. 161
–, Petrus, Pf. S. Maria Formosa 195 A.
–, Sebastianus, 1285 i. p. 226
– –, 1286 i. e. 222
– –, 1294 i. m. 228
Viviano, F. 126 A.
Volpe, F. 132
Voltani, F. 79 A.

Wadeleta 108 A.
Wido, B. von Malamocco/Chioggia 190 A.
Wilhelmus, A. von S. Giorgio Maggiore 200
– de Novara, notarius 149 A.
Winitherius, Markgraf von Istrien 45 A.

Ystoyoli s. Orseolo 25 A.

Zabari, F. 69
Zahireto, F. 69
Zanasi, F. 131
–, Ubertus, 1270 i. m. 228
Zancarolo, 1192 i. 95
–, Angelus, 1297 i. e. 224
– –, 1297 i. p. 227
–, Dominicus, Z. 161
–, F. 78 A., 97, 104, 122, 132
–, Marcus, Z. 161
–, Nicolaus, 1297 i. p. 227
–, Petrus 98
–, Philippus, 1187 c. c. 98
– –, 1206/07 c. 209
Zane, F. 69, 72 A., 104, 122, 127, 166
–, Gisela, Nonne in S. Zaccaria 201
–, Iacobus, 1237–38, 1244 i. e. 217
–, Marinus, 1277/78 c. 212
–, Nicolaus, 1253 P. Chioggia 230
– –, 1279 i. p. 226
–, Rugerius, 1172 W. 107

–, Thomasinus, 1251 c. 211
– –, 1263 i. e. 220
–, Widotus, 1195, 1197 i. 95
– –, 1189 c. 102
Zanelo, F. 132
Zanicolo, F. 132
Zantani, Emiliana, Nonne in S. Zaccaria 201
–, F. 69, 130, 165
Zen, Andreas, 1157 i. 92
– –, 1244 i. e., 217
– –, 1256 P. Fermo 146 A.
– –, 1260 i. m. 227
– –, 1269 Ba. Negroponte 231
– –, 1270 P. Chioggia 230
– –, 1272, 1280/81, 1284/85, 1289/90 c. 212 ff.
– –, 1282 Ba. Negroponte 232
– –, P. Chioggia 229
–, Dominicus, 1276 i. e. 221
–, F. 25, 33, 69, 78 A., 104, 109 A., 125 A., 127, 145, 165
–, Iohannes, 1278 P. Chioggia 230
– –, 1283 Ba. Negroponte 232
– –, 1290 i. p. 227
–, Marcus, 1234/35, 1237/38 c. 210
– –, 1236, 1240–41, 1260, 1276, 1294 i. e., 216 f., 219, 221, 223
– –, 1286 P. Chioggia 230
–, Marinus, 1218, 1224/25, 1226/27 c. 209 f.
– –, 1226, 1228 i. e. 215
– –, P. in Konstantinopel 135
– –, Vogt S. Ilario 202 A.
–, P., 1270 c. 211
–, Petrus 159
– –, 1272–73 Ba. Akkon 233
– –, 1277 Ba. Negroponte 232
–, Rainerius, 1175 a. c. 100
– –, 1192–93 i. 95
– –, 1228–30 P. Chioggia 144 A., 229
– –, 1235 P. Treviso 146 A.
– –, 1252/53 P. Fermo 146 A.
– –, 1253–1268 D. 157, 162, 164
– –, 1276/77, 1282/83 c. 212 f.
– –, P. Piacenza 146 A.
–, Theofilus, 1217 Ba. Akkon 233
–, Theophilus, 1228/29, 1231/32 c. 210
– –, 1243 i. e. 217
– –, Z. 160 f.

Aus der Reihe »Kieler Historische Studien«

Band 31 **GOTLAND**

Tausend Jahre Kultur- und Wirtschaftsgeschichte im Ostseeraum

Zugleich »Veröffentlichung des Zentrums für Nordische Studien, II«
Bearbeitet von Robert Bohn
218 Seiten mit 12 Graphiken und 97 Abbildungen. Leinen

Als Ursprungsort der Hanse nahm Gotland während des Mittelalters in der gesamten Ostseeregion eine zentrale Stellung ein. Die Beiträge des vorliegenden Bandes belegen aber nicht nur diese oftmals verkannte Bedeutung der Insel. Sie untersuchen vielmehr die kulturellen, politischen und wirtschaftlichen Aspekte in ihrer Geschichte über einen Zeitraum von mehr als tausend Jahren, von der Wikingerzeit bis zu Beginn des 20. Jahrhunderts. Das mit vielen Abbildungen ausgestattete Buch liefert so einen wichtigen Beitrag zur Erforschung der gotländischen und darüber hinaus der nordeuropäischen Kultur- und Wirtschaftsgeschichte.

Band 32 **Landgemeinde und frühmoderner Staat**

Beiträge zum Problem der gemeindlichen Selbstverwaltung in Dänemark, Schleswig-Holstein und Niedersachsen in der frühen Neuzeit

Herausgegeben von Ulrich Lange
282 Seiten mit 3 Abbildungen und 5 Strichzeichnungen. Leinen

Der von Ulrich Lange herausgegebene Band sammelt die überarbeiteten Vorträge eines Kolloquiums, das sich mit der kommunalen Selbstverwaltung norddeutscher Gemeinden im Zeitalter des sich ausbildenden absolutistischen Fürstenstaates befaßte. Die Autoren schöpfen aus zahlreichen, bislang kaum zugänglichen Quellen und zeichnen ein lebendiges Bild von der Vielfalt der gemeindlichen Organisation. Sie erörtern im Detail die Probleme der kommunalen Autonomie und legen dar, in welcher Mannigfaltigkeit politische Beteiligung auf der lokalen Ebene konkret stattfand.

 Jan Thorbecke Verlag Sigmaringen